高职高专"十二五"规划教材

上海"十二五"重点图书出版规划项目

连锁店营运管理

周 勇 池丽华 主编

徐慧群 副主编

图书在版编目(CIP)数据

连锁店营运管理 / 周勇,池丽华主编. —上海:
立信会计出版社,2012.5(2020.10 重印)
高职高专"十二五"规划教材. 连锁经营管理系列
ISBN 978-7-5429-3383-6

Ⅰ.①连… Ⅱ.①周… ②池… Ⅲ.①连锁店-运营管理-高等职业教育-教材 Ⅳ.①F717.6

中国版本图书馆 CIP 数据核字(2012)第 082958 号

责任编辑　赵志梅
封面设计　周崇文

连锁店营运管理
Liansuodian Yingyun Guanli

出版发行	立信会计出版社			
地　　址	上海市中山西路 2230 号	邮政编码	200235	
电　　话	(021)64411389	传　　真	(021)64411325	
网　　址	www.lixinaph.com	电子邮箱	lixinaph2019@126.com	
网上书店	http://lixin.jd.com		http://lxkjcbs.tmall.com	
经　　销	各地新华书店			
印　　刷	浙江临安曙光印务有限公司			
开　　本	787 毫米×960 毫米	1/16		
印　　张	23.25	插　　页	1	
字　　数	431 千字			
版　　次	2012 年 5 月第 1 版			
印　　次	2020 年 10 月第 3 次			
印　　数	6 201—7 300			
书　　号	ISBN 978-7-5429-3383-6/F			
定　　价	39.00 元			

如有印订差错,请与本社联系调换

"连锁经营管理"专业系列教材编委会

主　任　冯伟国
副主任　乔　刚　曹　静
编　委（以姓氏笔画为序）
　　　　王胜桥　冯国珍　刘　斌
　　　　池丽华　汪　明　沈荣耀
　　　　易艳红　周　勇　郑　蓓
　　　　赵文竹　徐慧群　曹　静

序 <<< Preface

"连锁经营管理"专业是20世纪90年代我国内地商业营运模式发生重大变革,并在上海市首先出现"连锁经营"模式的背景下,由上海商学院于1998年率先创设的,旨在培养商业管理高技能人才的高等教育专业。2001年,该专业获批为上海市第一批高职高专教育教学改革试点专业,当年10月,经上海市教委报教育部批准为全国第二批高职高专改革试点专业。该专业在建设过程中,首创实质性"产学研"全面结合模式,联手行业专家首创全国连锁企业的行业标准,首创培养"连锁经营"高技能人才的主干课程系列教材,教学成果被全国有关高校广为应用,继荣获2005年高等教育上海市教学成果一等奖之后,又荣获2005年高等教育国家级教学成果二等奖。

随着连锁业态在我国各行各业的广为呈现,其内涵越来越清晰,模式越来越丰富,管理手段越来越先进和高效,有关研究也越来越深入。因此,高等教育必须对社会经济的发展予以及时反映,也应当在研究的基础上预判其发展趋势,并通过教育教学和对企业实践的指导做出正确引领。

本教材系列由《连锁经营管理原理》、《连锁店营运管理》、《连锁企业商品管理》、《连锁店开发与设计》、《连锁企业物流与配送管理》、《特许经营原理与实务》、《连锁企业信息管理》和《连锁企业人力资源管理》组成，由上海市人力资源和社会保障局组建的上海商贸类专业理事会秘书长曹静老师领衔的专业教学团队具体开发和提升，其编写具有以下特点：

1. 基于校企合作、双证融通，彰显出鲜明的高等职业教育属性。上海是全国商业发达城市，志在打造国际贸易中心。根据近年的市场调研，在上海商业从业人员中，大专以上文化程度者尚不足20%；目前大专层次的毕业生首次就业对应的职场岗位一般是店长助理、店长或营运助理、部门主管；其对应的职业资格等级证书可以是上海市人力资源与社会保障局颁发的"营业员"（三级），也可以是该局颁发的"营销师"（三级）。为此，根据社会企业对高职毕业生的人才培养规格要求，我们先期做了三项"提升"工作。首先是在集团常务副理事长、上海商学院副院长冯伟国教授主持下完成了《各级各类职业教育协调发展研究》[1]，作为上海市教委委托的《上海市中长期教育改革和发展规划纲要（2010—2020）》重点子课题，明确了职教、普职渗透、双证融通、校企合作、集团化办学、中高职贯通等关键词的内涵，对"协调发展"有了思想理念上的"提升"。其次是在集团理事长、原上海商学院院长方名山研究员的主持下，联手百联集团有限公司等行业专家完成了上海市人力资源与社会保障局委托的"营业员（五级）和营业员（食品）（四、三级）职业提升项目"；"营业员（日用百货、五金建材、家用电器）（四、三级）职业开发项目"；"营销师（三、二、一级）职业开发项目"和"营销师（国际商务）（四、三级）职业提升项目"，在完善和健全商贸类职业资格等级证书内涵上实现了"提升"。然后在上述基础上，完成了有关专业教学方案[2]以及核心课程标准的

---

[1] 2011年荣获上海市第十届教育科学研究二等奖。
[2] 2011年荣获上海市第十届教育科学研究三等奖。

"提升"。进而得以基于校企合作、双证融通,组编体现培养高素质、高技能人才需要的适用教材。

2. 吸纳了我国近年来连锁经营发展的最新理念和典型案例。连锁经营管理自20世纪90年代在我国内地出现以来,获得了突飞猛进的发展,特别是近10年来,各种零售业态和新型的连锁业种不断涌现,连锁经营管理的侧重点和发展趋势也有了新的变化。行业的迅速发展要求教材也必须不断地进行更新。本教材系列在原有教材第一版和第二版的基础上,进行了较大的调整,将近年来连锁经营发展的最新理念、趋势和典型案例融入其中,联合行业、企业专家,共同进行教材提纲的讨论和教材内容的编写,既兼顾教材必须具备的基础知识和原理内容,又具有一定的操作实战内容。

3. 体现了下衔中职、上接本科的职业教育协调发展的思想,是对国家和上海市中长期教育改革和发展规划纲要精神的贯彻和创新实践。由上海商贸职业教育集团牵头,集聚20多家校企单位、百余名专家学者研制和论证完成了包括"连锁经营管理"专业在内、体现"中高职教育有效衔接"思想的8个商贸大类专业教学方案,对各阶段人才培养规格、对应的职场岗位(群)、对应政府主导的职业资格等级证书(含等级)以及课程体系作了具体规划。同时通过对应用型本科的办学定位和人才培养规格研究和实践,勾勒出本科人才乃至未来向专业硕士人才提升的教育教学发展空间。目前,通过依法自主招生,已经在中职与高职教育的有效衔接、专科层次向应用型本科有效提升等方面开始了实质性的改革实践,本教材系列是这种改革探索的继续,也是这种改革探索的成果固化和推进的必要保证。

课程建设是专业建设的重要内容之一,是专业建设改革的核心,是教学研究的重要平台;教材建设是课程教改的重要内容之一,但由于教材编写总有一定的滞后性,同时教师在使用教材过程中也会有不同的把握和处理,因而对教材的认识也应当有较正确的尺度,即:它既是教材,又是学材;既是教学的依据,又是教学中举一反三的起点;既有既往经验成果的积聚意义,又有未来发展的局限性。而且,在主编负责制的教材编写过程中,也难免会有不足和疏漏之处,这些都将在教学实践中逐步完善,同时也希望使用者批评指正。

上海商贸职业教育集团秘书长
上海商学院高等技术学院院长　乔　刚

2011 年 9 月

前 言

源自生产领域的营运管理方法与技术,其应用范围正在向现代服务业延伸,尤其是在连锁经营领域,营运管理体系与技术已成为核心竞争力的重要组成部分。

我国连锁经营大致经历了三个发展阶段。

第一阶段:以规模扩张为中心,注重外延发展。本地市场基本饱和以后向全国拓展,主导业态的发展达到基本规模以后向相关业态延伸。

第二阶段:以商品管理为中心,注重连锁经营规模优势与店铺资源的充分利用,以及商品盈利能力的提升。连锁经营规模扩张以后,通道费成为连锁企业利润的主要来源;随着店铺营业面积的扩大,店铺资源的综合利用也成为连锁企业利润的增长点;最终,连锁企业将运用品类管理技术,通过精细化的品类规划与管理,以及与供应商的良好合作,提升商品的盈利能力。

第三阶段:以营运管理为中心,注重顾客的体验与反馈。在这个阶段,连锁企业实施差异化营销,有明确的目标顾客群,通过供应链的有效组织,提升顾客的满意度与忠诚度,实现连锁经营的高效率。

我国目前的连锁经营正处于转折时期,有些企业正处于从第二阶段向第三阶段过渡时期,大部分企业仍处于第二阶段。

我国连锁经营面临来自诸如网络购物、食品安全、营运成本等方面的挑战,应关注三个突破口:① 依靠技术降低损耗;② 通过业态优化与提升,实施差异化营销;③ 坚持诚信经营,降低交易成本,提高经营效率。连锁经营的唯一出路已经从关注POS转向关注顾客需求,实现这一转变需要信息技术、设备技术与营运技术的支撑,更需要商业精神的支撑。勇猛有余、诚信不足,这是我国连锁经营难以实现转型的核心问题。连锁经营的"小伙俩时代"即将结束,要迎接连锁经营的"大智慧时代"。

本教材共分12章,第一至第二章为原理部分:第一章连锁店营运管理导论,介绍营运管理的发展过程与标准化营运管理原理;第二章连锁店营运管理工具,介绍工作改进的基本思路、方法与技术。第三至第五章为总部营运管理部分:第三章连锁店筹划,介绍从选址到开业全过程的基本流程与方法;第四章连锁店供应链管理与采购控制,介绍连锁总部商品采购的组织与控制方法;第五章营运督导,介绍营运督导人员的组织与督导作业方法。第六至第十二章为门店营运管理部分:分别介绍了店长作业管理、服务管理、进销存管理、营销管理、防损管理、安全管理、绩效管理等内容。

本教材每章开篇的"学习目标"明确了必须掌握的基本内容,"引导案例"提出了值得关注的实践问题,穿插在章节中的"专栏"反映了行业的发展现状或最新的研究发现与成果,最后部分是"本章小结"、"问题思考"与"实践应用",可以作为学生课后作业或课堂讨论的内容。

本教材体现了校际合作、校企合作的特色,可作为普通高等院校连锁经营管理、工商管理、市场营销、物流管理等专业的教材,也可以作为商业企业、物流企业、连锁企业等从业人员的培训教材或参考书。需要教学课件的老师,可以直接向立信会计出版社(网址:www.lixinaph.com,电子邮件:lixinaph@163.com)免费索取。

本教材由周勇、池丽华主编,徐慧群副主编。参加编写的人员有:史浩刚、蒯建平、徐纪扬、朱亚萍、甘平忠、张大成、章田侠。道书荣先生担任主审,对全书的结构和内容提出了宝贵意见,使本书更符合连锁企业的实际运作。在教材编写过程中,我们参考了许多专家学者的著作,在此对这些著作的作者一并致谢!我们真诚希望与同行们互动交流,不断完善教材内容,并邀请更多的专家、学者、职业经理人参与教材的修订。我们的联系方式:周勇(fhh915@sina.com),池丽华(chilihua99@sina.com)。

编 者

2012年4月

目 录
<<< Contents

第一章 连锁店营运管理导论 1
  学习目标 1
  引导案例 1
  第一节 营运管理概述 2
  第二节 营运管理的发展 5
  第三节 竞争力与营运战略 8
  第四节 连锁店营运管理体系 11
  第五节 连锁店营运管理标准化体系的建立与实施 17
  本章小结 23
  问题思考 23
  实践应用 24

第二章 连锁店营运管理工具 26
  学习目标 26
  引导案例 26
  第一节 工作改进原则与问题分类 28
  第二节 营运管理工具介绍 31
  本章小结 44
  问题思考 45
  实践应用 45

第三章 连锁店筹划 46
  学习目标 46
  引导案例 46
  第一节 店铺设计 47
  第二节 招商管理 64

第三节　店铺筹建管理与开业计划 …………………………… 67
　　本章小结 ……………………………………………………… 68
　　问题思考 ……………………………………………………… 69
　　实践应用 ……………………………………………………… 69

第四章　连锁店供应链管理与采购控制 …………………………… 71
　　学习目标 ……………………………………………………… 71
　　引导案例 ……………………………………………………… 71
　　第一节　供应链管理原理 …………………………………… 72
　　第二节　供应链管理模式 …………………………………… 74
　　第三节　采购组织 …………………………………………… 78
　　第四节　采购方式与采购控制 ……………………………… 81
　　本章小结 ……………………………………………………… 90
　　问题思考 ……………………………………………………… 91
　　实践应用 ……………………………………………………… 92

第五章　营运督导 …………………………………………………… 95
　　学习目标 ……………………………………………………… 95
　　引导案例 ……………………………………………………… 95
　　第一节　营运督导体系 ……………………………………… 96
　　第二节　督导人员的组织与管理 …………………………… 100
　　第三节　督导方式与督导作业 ……………………………… 106
　　本章小结 ……………………………………………………… 116
　　问题思考 ……………………………………………………… 117
　　实践应用 ……………………………………………………… 117

第六章　门店营运管理基础 ………………………………………… 119
　　学习目标 ……………………………………………………… 119
　　引导案例 ……………………………………………………… 119
　　第一节　门店营运管理概述 ………………………………… 120
　　第二节　店长的地位、职责与素质要求 …………………… 123
　　第三节　店长的工作内容 …………………………………… 129
　　第四节　门店基础管理 ……………………………………… 135
　　本章小结 ……………………………………………………… 142

问题思考 …………………………………………………… 143
　　实践应用 …………………………………………………… 144

第七章　门店服务管理 …………………………………………… 153
　　学习目标 …………………………………………………… 153
　　引导案例 …………………………………………………… 153
　　第一节　收银服务规范 …………………………………… 154
　　第二节　收银服务管理 …………………………………… 165
　　第三节　前台顾客服务管理 ……………………………… 173
　　第四节　顾客投诉处理 …………………………………… 179
　　本章小结 …………………………………………………… 184
　　问题思考 …………………………………………………… 185
　　实践应用 …………………………………………………… 185

第八章　门店进货与存货管理 …………………………………… 196
　　学习目标 …………………………………………………… 196
　　引导案例 …………………………………………………… 196
　　第一节　门店进货管理 …………………………………… 198
　　第二节　门店存货管理 …………………………………… 211
　　本章小结 …………………………………………………… 219
　　问题思考 …………………………………………………… 220
　　实践应用 …………………………………………………… 221

第九章　门店营销管理 …………………………………………… 222
　　学习目标 …………………………………………………… 222
　　引导案例 …………………………………………………… 222
　　第一节　门店营销策略 …………………………………… 224
　　第二节　门店商品组合 …………………………………… 229
　　第三节　门店促销管理 …………………………………… 240
　　本章小结 …………………………………………………… 256
　　问题思考 …………………………………………………… 257
　　实践应用 …………………………………………………… 258

第十章　门店防损管理 …………………………………………… 260
　　学习目标 …………………………………………………… 260

引导案例…… 260
　　第一节　损耗的定义、分类与计算方法…… 261
　　第二节　商品损耗的原因…… 265
　　第三节　损耗的预防与控制…… 269
　　本章小结…… 278
　　问题思考…… 278
　　实践应用…… 279

第十一章　门店安全保障…… 281
　　学习目标…… 281
　　引导案例…… 281
　　第一节　门店安全管理概述…… 282
　　第二节　消防安全管理…… 289
　　第三节　突发事件的处理…… 296
　　第四节　商品质量安全管理…… 300
　　本章小结…… 319
　　问题思考…… 320
　　实践应用…… 320

第十二章　门店绩效管理与经营数据分析…… 321
　　学习目标…… 321
　　引导案例…… 321
　　第一节　绩效管理体系…… 322
　　第二节　数据分析目的与方法…… 328
　　第三节　数据分析指标…… 335
　　第四节　经营数据分析…… 344
　　本章小结…… 352
　　问题思考…… 353
　　实践应用…… 353

主要参考文献…… 355

第一章　连锁店营运管理导论

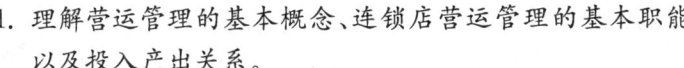

1. 理解营运管理的基本概念、连锁店营运管理的基本职能以及投入产出关系。
2. 熟悉连锁店增收节支的基本途径与基本方法。
3. 了解建立营运管理标准的基本流程与方法。
4. 领会营运标准实施过程的注意事项。

连锁经营模式已广泛应用到超市、便利店、专业专卖店、百货、建材、石油、咖啡、眼镜、快餐、正餐、医药、家电、服饰、西点、通讯、书报、家居、美容美发、沐浴等众多业态。购物中心、商业地产与连锁组织模式相结合,把所有业态都吸纳进来,成为可以不断复制的零售巨无霸。在业态多样化发展的同时,连锁企业的发展战略也开始从"规模扩张型"向"价值创新型"转变。如何通过有效的营运管理全面提升顾客满意度与经营业绩,已成为连锁企业进一步发展所面临的核心问题。

【引导案例】

家乐福"价格欺诈"事件

2011年1月26日,国家发改委发布通报:一些城市的部分超市存在虚构原价、低价招徕顾客高价结算、不履行价格承诺、误导性价格标示等欺诈行为,并点名上海3家家乐福超市存在价格欺诈。1月28日,上海市有关部门组织召开了一个通报会,发出了通知。1月29日,上海市价格部门根据《价格违法行为行政处罚规定》对家乐福超市联洋店、南翔店和张江店各开出了50万元的罚单,并发出行政处罚事先告知书送达各门店。其后有更多的连锁门店被查实存在同样的问题,并受到不同程度的处罚。

在此期间，新闻媒体推波助澜，先是说国际零售巨头到了中国就"变坏"，后来发现在国外的连锁店也存在此类问题，就改口说，这是商人的"胎里坏"。

阅读思考：
1. 查阅有关法律法规，了解"价格欺诈行为"的具体表现。
2. 简述避免"价格欺诈"事件发生的基本思路与妥善处理的方法。

第一节　营运管理概述

一、营运管理的概念

财务、营运和营销是企业的三项基本职能。营运管理（Operations Management，OM）是针对营运部门或营运系统的管理，是企业组织中的职能化管理活动，是对组织中负责制造产品或提供服务的系统进行设计、运行和改进的活动。

营运管理的前身是"生产管理"（Production Management），后来演变为"生产与运作管理"（Operation and Production Management），简称为"营运管理"（Operation Management）。可见，营运管理源自生产领域。如今，营运管理方法与技术的应用范围正在向商业服务业延伸，尤其是在连锁与零售组织，营运管理水平已成为企业核心竞争力的重要组成部分。

二、营运管理的基本问题

营运管理的范围因组织而异。在生产制造领域，营运管理的工作包括产品和服务设计、工艺选择、技术的选择和管理、工作系统设计、选址规划、设施规划、质量管理、预测与计划、进度安排、库存管理、员工激励等。在一个以提供服务为主的组织中，如洲际集团旗下的"假日酒店"，营运就是服务，其目标是"建造客人会面、放松和憧憬的场所"。而在以商品销售为主的零售组织中，店铺筹建、商品采购和顾客服务，是三项最基本的营运活动。

在组织结构上，制造型企业与服务型企业也有所不同，制造型企业把营运活动集中到一个部门（如工厂），由部门经理负责管理产品生产，而服务型企业则是将营运活动分散到整个组织中。例如，航空公司的订票计划工作是由非营运部门来完成的，但它却属于飞行服务过程的一部分。又如，零售连锁企业，邮报（DM）计划由非营运部门（商品部或营销部）来完成，但邮报的执行情况直接影响到顾客的满意度，顾客常常会因为邮报商品缺货而投诉，所以，邮报计划是与营运管理密切相关的活动。

无论是制造型企业还是服务型企业，营运管理必须通过整体协调才能达到持续改进的目的。为了使顾客满意，必须把企业整合成为一个有机整体，不仅要协调营运部门内部的关系，还要协调营运部门与非营运部门之间的关系，使企业中的所有部门都具有强烈的"用户意识"。例如，在生产企业，上一道工序为下一道工序服务，生产为销售服务，销售为顾客服务；在连锁企业，则是总部为门店服务，门店为顾客服务。

营运管理不仅仅是执行问题，也涉及决策问题。既然营运管理具有整体性要求，就必须符合企业的整体战略，并制定相应的营运战略、营运计划和执行控制方案。营运战略问题包括：如何制造产品？如何选择厂址？如何确定生产能力？如何配置企业的设施与设备？营运战略的有效性取决于能否充分考虑与满足顾客需求。营运计划问题包括：企业需要多少员工？何时需要他们？加班还是安排第二个班次？何时运送原料？库存策略应该如何？营运计划的有效性取决于生产要素如何有效地组合。营运执行控制主要解决实际运作问题，这是一个不断反馈与改进的闭环控制过程。

概括地说，营运管理需要解决三个基本问题：

(1) 如何确保营运过程的有序？解决这一问题的基本思路是：运作过程的流程化，流程管理的信息化，人员配备的专业化。所以，标准化营运管理流程的设计，信息管理系统的健全，专业人才的配置与专业培训，这三者构成了营运管理的基础性工作。

(2) 如何确保营运过程的效率？运作有序是营运管理的基本要求，而运作有效则是营运管理的核心要求。所谓运作有效，主要是考虑运作过程的投入产出关系，如果投入产出不平衡，就难以长期维持下去。

(3) 如何确保服务对象的满意？运作效益最终通过服务顾客来实现，企业内部的效率只有与顾客的满意度相结合，才能转化为营运效益。

三、营运管理的基本要素

营运管理的基本要素包括以下八个方面：

(1) 过程。营运管理是对营运职能所包括的输入、转换与输出过程的管理。生产系统普遍存在于任何企业，尽管生产型企业与服务型企业存在差异，但都越来越重视发挥服务部门的作用是相同的。

(2) 资源。在早期经济学说中，常把资源分为三种：劳力、资金和土地；近代经济学家把人类生产商品及劳务所需的资源增加为四种：劳力、资金、土地及管理。资源三分法与四分法都是以农业经济为导向的思想。早期的工业管理学家创立了资源五分法：人力、金钱、原材料、机器设备、产销方法或技术。到了现代，又加上了时间、信息、企业形象三个要素，把企业资源分为七项：人、财、物、方法或技术、时间、信息及企业形象。

（3）对象。资源常常被混淆，当做管理的对象。其实，资源是用于满足对象需要的各种要素，而对象则是指组织的服务目标，是目标顾客。营运管理不是单纯地对产品生产过程的管理，也不是单纯地对服务提供过程的管理，前提是要明确：为谁生产？为谁服务？这是以顾客为导向的营运。营运与顾客联系以后，问题就更复杂了。例如，餐厅的营运对象是"想吃饭的人"，酒店的营运对象是"想住宿的人"，商店的营运对象是"想购物的人"。但是，顾客的需要是变化的，餐厅可以是"聊天打牌的场所"，酒店可以是"会面、放松和憧憬的场所"，商店可以是"享受、体验的场所"。对象变了，需要变了，投入的资源与转换过程也都需要随之发生变化。这就是明确对象的重要性。

（4）质量。过程控制的基本要求是保证产品或服务能符合要求。但符合质量标准的产品并不一定能满足顾客的特定需要，所以，质量还应具备"适用性"要求。适用性比符合性更难。同时，产品质量取决于工作质量，工作质量取决于人的质量，而人的质量取决于管理人的制度和体系。例如，绩效评估体系就具有很强的导向性。

（5）需要。商业活动的关键是发现顾客的核心需要，只有这样才能使营运有价值。例如，经济型酒店顾客的核心需要是：沐浴、睡觉、上网。因此，卫生间、床、宽带是核心需要所要求的设施，这三类设施出问题，就不是令人舒适的经济型酒店。事实上，酒店的问题也往往出现在这三个方面。设备一应俱全，就是不方便、不好使。例如，洗手间中放置洗发水和沐浴露的地方高了10厘米；自来水龙头很好，水也大，但下水管道不配套，下水比较小、比较慢，沐浴时水会溢出淋浴房。类似的状况在多家宾馆都会遇到。细心、细节、细化，才能发现顾客的核心需要。核心需要满足得好，"适用性"质量就高。

（6）时间。时间虽然是资源的一个重要因素，但这里所指的时间主要与客户相关。在商业活动中，交易条件明确以后，最关键的问题就是交货期。市场需求有时间要求，店铺促销有时间要求，顾客吃饭有时间要求，过早过晚都没有需求，所以，有时候时间决定一切。于是，零售商要求供应商"及时到货"就成为供销合同的必备条款，如果不能及时到货，供应商将被处罚。实际上，如果零售商不能及时供货，也将受到顾客的"处罚"——满意度下降，减少光顾。

（7）效率。利用资源输入转化为理想输出的过程，是一切商业活动的基本特征。通过这一过程,输入的资源实现价值增值,主要应体现两个方面的价值:一是对顾客有价值,从而使营运有效;二是营运过程有效率,如耗费与成本能有效控制。可见,有效与效率是两个不同层面的概念。

(8) 标准。通过制定作业流程、作业标准与作业规范,使生产与服务活动保持统一,这不仅有利于提高效率,也是服务质量的基本保证。在生产制造领域,从泰罗时代(甚至更早)起就开始利用标准化来提高生产力,如人员的标准化、工具的标准化、操作的标准化等,现在发展到了数字化与自动化阶段。在服务领域,由于连锁组织模式的发展,标准化方式被应用到了零售营运管理,如店铺形象的标准化、商品展示与陈列的标准化、员工培训的标准化等。

总之,营运管理要关注过程、资源、对象、质量、需要、时间、效率、标准等八项要素,要以顾客的需要为导向,既要有效果,又要有效率。

第二节 营运管理的发展

一、营运管理的发展阶段

营运管理的起源可以追溯到 20 世纪初,管理理论与管理实践的发展推动了营运管理的发展,从 20 世纪 50 年代末 60 年代初,营运管理逐渐发展成为一门独立的学科。

从 20 世纪初到 21 世纪初的 100 多年间,营运管理技术的发展可以概括为以下几个阶段:

(1) 20 世纪 50 年代末到 60 年代初:运筹学的进一步发展推动了定量方法的应用,营运管理开始发展成为一门独立的学科。

(2) 20 世纪 60~70 年代:20 世纪 60 年代中期,随着计算机技术的发展,短时间内对大量数据进行复杂运算成为可能,从而在订货点法(Order Point)的基础上提出了物料需求计划(MRP)。到 20 世纪 70 年代,在 MRP 的基础上增加了能力计划和执行计划的功能,进一步发展成为闭环 MRP(Closed-Loop MRP)。闭环是指信息的闭环和管理运作的闭环。闭环 MRP 体现了一个完整的计划与控制系统,它把需要与可能结合起来,或者说把需求与供给结合起来。闭环 MRP 系统的实质是实现有效控制,只有闭环系统才能把计划的稳定性、灵活性和适应性统一起来。这一阶段的支撑技术是数控机床。

(3) 20 世纪 80 年代:随着计算机网络技术的发展,企业内部各子系统之间的信息逐步实现了共享,传统的 MRP 发展成为集采购、库存、生产、销售、财务、工程技术等为一体的第二代 MRP——制造资源计划(MRP Ⅱ)，它除了信息集成外，还与管理会计的概念相结合，用货币形式说明了执行企业"物料计划"带来的效益。这一阶段的代表技术是计算机集成制造系统(CIMS)。准时生产(JIT)、看板(Kanban)管理、精益生产(LP)、全面质量管理(TQC)、大规模定制(MC)等成为营运管理的新概念与新方法。

(4) 20 世纪 90 年代：由于市场竞争的加剧，主要面向企业内部资源的全面计划管理的思想，逐步发展成为有效利用和管理整体资源的管理思想，于是就产生了企业资源计划(ERP)，除了传统的制造、财务、销售等管理功能外，还增加了分销管理、人力资源管理、运输管理、仓库管理、质量管理、设备管理、决策支持等功能，并支持集团化、跨地区、跨国界营运。全面质量管理以及国际标准化组织(ISO)颁布的 ISO9000 认证体系，对企业建立质量管理体系、提高产品质量等发挥了重要作用。与此同时，先进制造技术(AMT)、敏捷制造(AM)以及互联网信息技术(IT)被广泛应用，供应链管理(SCM)越来越受到重视，并成为营运管理的一项重要内容。此外，面临经济衰退，许多企业寻求对营运过程的革新，从而产生了业务流程再造(BPR)的思想。

(5) 21 世纪：电子商务(EC)、业务外包(BO)、企业并购(M&A)以及经济全球化(EG)、社会道德等问题越来越受到关注。

二、营运管理的发展趋势

过去 50 年营运管理的发展，大致有三个层面：一是制造技术，从数控机床到计算机集成制造，再发展到先进制造技术，发展方向是精益化；二是组织技术，从单一的生产制造过程的管理延伸到供应链管理，发展方向是全球化；三是信息技术，从 MRP 到 MRP Ⅱ 再到 ERP，发展方向是集成化。信息技术与互联网改变了整个世界，当然也改变着营运管理。这些变化的根源是市场和消费需求的变化。企业为了适应市场、增强竞争力，才创造了一系列新概念、新方法与新技术，从而也增强了营运管理的柔性化。

1995 年，当 IBM 公司发布电子商务战略时，许多计算机厂商和客户还没有意识到电子商务会带来什么影响，认为这只不过是一些概念性的东西。如今，企业不仅认识到了电子商务的发展潜力，而且利用电子商务拓展了新的业务(如网上销售)，改变了企业组织管理以及与顾客和供应商相互交往的方式。例如，连锁零售店的营运督导员，可以通过无线终端查阅门店订货信息，以便更有效地指导门店经营。

企业通过业务外包，将一些重复性的业务外包给供应商，集中资源发挥自己的核心优势，这不仅有利于降低经营成本，提高核心竞争力，并能保持管理与业务的灵活性和多样性，从而提高服务质量。例如，物流企业将运输作业外包，大大降低了车辆购置、人员管理、运输安全等方面的管理成本，从而集中力量做好物流信息系统及其营运控制等工作。

企业并购是指企业之间的兼并与收购行为，如公司合并、资产收购、股权收购等。企业并购虽然是扩大经营规模的有效途径，但由于文化与技术基础的差异，并购的风险也非常大。

经济全球化是世界经济发展的重要趋势，也是企业创造竞争优势的重要途径。以服装企业为例，位于中国香港的某服装公司接到来自欧洲某零售商的成衣订单，该公司可能会从韩国买纱，运往中国台湾进行纺织和染色，同时会从中国内地的工厂购买日本的纽扣和拉链，然后考虑到配额与人工等情况，将所有物料送到泰国，并向泰国工厂下达订单。这条供应链的形成主要基于两个方面的考虑：一是质量，二是成本（价格），供应链的价值就由这两个方面决定。全球化营运也同样会面临各种风险，如文化、法律等环境条件的风险。

1970年以后，西方社会对"商业的一切就是商业"的观念提出了全面挑战，兴起了一场商业道德运动，道德价值重新受到商业人士的重视与承诺。但是，很多企业仍然因涉及道德问题而受到舆论的谴责甚至面临法律诉讼。例如，某些零售巨头委托工厂为其代加工，纺织女工每天要工作12～14小时，月平均工资却只有70美元，而养活一家人至少需要240美元。加工厂的1个工人给衬衣上袖子，每天工作10小时，一共要完成1 200件衬衣，1分钟要上两件衬衣的袖子。又如，阿里巴巴上市时，马云遭受的"卖鱼翅"质问，也是一个道德选择的典型例子。

营运管理将提供一套以尽可能少的投入生产出尽可能好的产品与服务的思路、体系、方法和技术。这也是一种职业，在制造业、零售业以及专业服务业等一切商业领域，营运管理都提供了广泛的事业发展空间，包括直接从事营运督导工作或者从事供应链管理和质量管理工作，提供专业服务的咨询公司也需要资深的营运管理专家。

技术与需求的变革正在深刻影响企业的营运管理。在生产领域，生产运作超越了"制造加工"的过程，扩展到了供应链的上游与下游各环节，如原材料供应系统与产品供应系统；在商业服务领域，由于信息技术与盈利模式的创新，传统的商业运作模式已经发生了巨大变化，金融资本、商业地产与商业活动已密不可分，连锁经营与特许加盟不仅改变了商业运作模式，还改变着业务流程。所有这些变化都推动着营运管理的新发展。

从连锁企业来说，其发展一般会经历三个阶段：第一阶段是以规模为中心，发展部成为公司的核心部门，营运的中心任务是配合新店开发；第二阶段是以商品为中心，商品部成为公司的核心部门，试图通过有效的商品管理来改善经营业绩；第三阶段是以营运为中心,试图通过有效的管理来提高经营业绩。营运的核心目标是提高店铺的经营业绩,它的两个重点是商品与服务。这一目标需通过营运部、区经理、督导三个层面来实施,其工作依据是营运标准,常用的方法是巡视、沟通、分析、指导与建议。

第三节 竞争力与营运战略

面对复杂多变的消费者与无穷无尽的竞争者,营运管理已成为企业竞争力的重要支柱。下面探讨竞争力、营运战略与生产率。

一、竞争力

企业在市场上销售产品和提供服务,必然会面临竞争。在竞争过程中,有些企业由小变大,另一些企业则由大变小,决定企业命运的重要因素是竞争力的强弱。企业的竞争力可能来自各个方面,但主要可以分为营销职能的竞争力与营运职能的竞争力。

1. 营销职能竞争力

营销职能通过定位与占位影响竞争力。

(1) 定位。定位就是要明确产品或服务的目标顾客群与市场地位,定位的结果是实现竞争的差异。其中,明确消费者的需求是最基本的环节,也是影响竞争力的核心。

(2) 占位。明确了目标顾客群及其需求以后,就要想办法占有市场,从营销的一般原理来说,这些活动包括产品、品牌、价格、渠道、促销等一系列策略的组合,即市场营销组合。但在众多的策略中,最普遍的策略是价格与促销,最能体现差异化的则是品牌。

在定位与占位过程中,有三点特别重要:一是要区分企业定位与顾客定位的差异,有些企业宣称自己能提供最好的产品与服务,但必须得到顾客的认同;二是要使企业定位与顾客定位的差异逐步融合,要通过品牌认知与营销沟通来磨合,这是一个长期的过程;三是竞争力最根本的来源是差异,但差异必须聚焦,也就是要集中在某些关键要素上。例如,7-Eleven 便利店与其他便利店的差异主要体现在供应商品的即食化。又如,大卖场与小超市相比,最大的特点是品种齐全与廉价,而折扣店则以就近便利与价格优惠体现其特色。

2. 营运职能竞争力

营运职能通过工艺、系统与组织影响竞争力。

(1) 基于工艺的竞争力。这是从劳动者利用生产工具对各种原材料、半成品进行加工和处理，最后使之成为预期产品的方法及过程演化而来的。好的生产工艺能够达到低消耗、低成本、高质量的要求，从而可以建立产品质量与成本方面的优势，这是竞争力的基本来源，也是产品被消费者认可的前提条件。如果产品成本高、质量差，就无法建立竞争优势，最终将被市场淘汰。

(2) 基于系统的竞争力。这是通过协调整个营运系统而产生的竞争力，如较短的订货周期，范围广阔的产品与服务，快速响应顾客要求的能力（敏捷性）以及库存管理、供应链管理等。基于系统的竞争力要依靠信息技术与生产组织管理方式的改进，如完善 ERP 系统，实施先进制造技术等。

(3) 基于组织的竞争力。这是最核心的竞争力，如设计和引进新产品的能力，把握未来发展态势并快速适应环境变化的能力，员工积极主动且富有创造力和执行力，各个部门普遍地尊重顾客并努力实践等。这些能力既有大的方面，也有小的方面，如接听客户电话的姿态、门卫保安对来访者的态度等都能体现出一个组织的文化。

二、营运战略

1. 营运战略的概念

一个企业为了在市场竞争中建立、保持自己的地位，就必须从战略高度来规划与计划生产经营活动。企业的所有决策和计划由使命、组织目标、组织战略、职能战略（财务、营销、营运）、具体的策略、具体的营运等构成。

组织战略为企业提供整体性发展的方向，它涵盖整个组织；营运战略是组织战略的重要支撑，主要涉及组织内的营运系统，它通过利用企业资源最大限度地支持企业的组织战略，与产品、工序、方法、资源、质量、成本、生产准备时间及进度安排紧密相关。

既然营运战略从属于组织战略，而组织战略会随着市场环境的变化而变化。所以，营运战略的规划应该预计到未来的需要与变化。

2. 营运竞争重点

在市场竞争中，不同行业、不同时期、不同国家的企业，树立竞争优势的侧重点往往存在很大差异。例如，第二次世界大战以后各国的消费需求都大幅度增长，在这一背景下，美国制造业所采取的是大批量生产方式，而日本制造企业则重点关注成本与质量。美国高耗能的大型车与日本低耗能的小型车之间的竞争，就是最典型的例子。营运战略成败的关键是明确竞争的重点，要考虑到每个选择可能产生的后果，并作出相应的战略抉择。

一般来说，营运竞争重点包括如下方面：

(1) 价格。价格始终是消费者关注的一个重点,因而也是营运竞争的重点。但价格优势来源于成本优势,所以,企业必须以低成本生产产品。低成本生产应该注意三个基本问题:一是把低成本作为生产的基本原则,即尽可能以较低的成本生产符合质量与市场需要的产品,这是一个普遍原则。二是把"低成本—低价格"的产品当做一个特定的细分市场来看待,并通过这种策略获得在该细分市场的生存空间。三是把低价作为一种新的经营模式挑战现有模式,如网店销售的商品价格比实体店更便宜但质量相同,所以网购吸引了越来越多的消费者。

(2) 质量。质量有两个方面的含义:一是指工艺质量,就是产品符合质量标准的程度。符合质量标准的产品是可靠的、没有缺陷的产品。二是指需求质量,就是满足消费者需要的程度。没有缺陷的产品,不一定是顾客需要的产品,顾客需要的产品是适用的产品。所以,质量应包含符合性与适用性双重属性。

(3) 时间。时间包括交货速度与交货可靠性。交货速度迅速的企业往往更有竞争力,在服务提供领域,交货速度就是响应速度,如计算机系统的维护,有些公司提供全天候(7天×24小时)服务,软件系统的维护则通过"呼叫中心"(Call Center)提供"在线服务"(Online Serving)。交货可靠性是指在规定的时间送达。例如,在物流配送中如果采取"越库配送"(Cross Docking)模式,对供应商及时送达商品的要求就很高,因为采用这种方式配送,收货后商品不经过储存就直接装运发货。但如果有些供应商未能及时将货物送到,就会延误整个配送流程与时间。又如,便利店的盒饭配送,如果不能按照规定在午餐时间前送到店铺,而是在午餐时间后送达,就会导致午餐时间前的缺货与午餐时间后的报废。

(4) 灵活性。灵活性是指企业为顾客提供多种类型产品的能力,实际上是指适应变化的能力和特性,这种能力需要以生产体系的柔性为支撑。这取决于新产品开发以及建立新产品的工艺流程所需要的时间。从某产品的生产转向另一种产品的生产所耗费的时间越短,其灵活性就越好。

此外,顾客服务、地点的便利性等也都是营运竞争的重点,尤其是在零售服务行业,店铺选址与提供优良的顾客服务是营运管理的重要内容。

根据顾客的需求、自身条件、竞争对手的策略以及市场竞争环境等因素选择适当的竞争重点,这是一个权衡的过程。因为一个重点目标可能会与另一个重点目标相矛盾,如提高服务水平一般就意味着增加成本,也就是说,侧重一方面就会削弱另一方面。为此,应该注意两点:一是要集中资源,确保重点;二是要综合平衡,协同发展,如营运与营销必须紧密配合。

三、生产率

生产率是衡量营运绩效的指标。下面主要介绍生产率的概念与生产率的计算。

1. 生产率的概念

生产率是反映产出（产品或服务）与投入（劳动力、原材料、机器设备、厂房、能源以及其他资源）之间比例关系的一个指标，即生产率＝产出/投入。这个指标无论对国家还是对各类组织，都具有十分重要的意义。较高的生产率意味着较低的成本，而较低的成本则意味具有较强的竞争力。所以，提高生产率是提升竞争力的基础。

衡量一个企业的生产率水平的方法有两种：一是横向比较，即与行业中同类企业进行比较，从而找出本企业的优势或差距；二是纵向比较，即从时间上来比较本企业的生产率发展水平，用本期的生产率与上期的生产率比较。

2. 生产率的计算

生产率的计算有三种方法，即单要素度量法、多要素度量法与总度量法。

(1) 单要素度量法。这是指按照单一投入来度量的方法。产出与劳动工时比构成劳动生产率，如每小时的产值；产出与机器工时比构成机器生产率，如每机时的产值；产出与资本比构成资本生产率，如每元投入的产出；产出与能源比构成能源生产率，如每千瓦小时的产值。计算单要素生产率时，不一定要用总产出作为分子。

(2) 多要素度量法。这是指按照两种以上的投入来度量的方法，如产出/（劳动力＋资本＋能源）或产出/（劳动力＋资本＋原料）。计算多要素生产率时，也不一定要用总产出作为分子。

(3) 总度量法。这是指按照全部投入来度量的方法，产出则是指总产出，即总产出/总投入。

第四节 连锁店营运管理体系

连锁店营运管理体系由总部与门店两个部分组成，随着连锁经营规模的不断扩张以及地域范围的不断扩展，为了有效地管理众多的连锁店，就需要建立区域组织。

"商品部"与"营运部"是大型连锁企业的两个核心部门，在大多数企业里，这两个部门由商品总监与营运总监分别管理。营运管理与商品管理在组织设计上保持相对独立性，主要目的是为了相互制衡。但也有企业认为，两者的合作应该多于制衡，所以应把这两个部门纳入一个组织体系中，由一个副总经理统御管理。

一、连锁店营运管理的基本目标

连锁店营运管理的核心目标是:围绕顾客需要与顾客满意,提高营运业绩。具体可以分为增收与节支两个方面。

1. 连锁店的收入来源

连锁店收入主要分为"营业内收入"与"营业外收入"两部分。提高"营业内收入"的主要途径包括:提升时效、增加平效、提升人效、提升毛利、提升客单价,最终表现为增加毛利收入;提高"营业外收入"的主要途径包括:品牌供应商费用支持与门店资源的利用与争取,财务上表现为"其他收益"与"其他收入"。一家连锁企业的综合收益最终由毛利、其他收益、其他收入三个部分构成。如图1-1、表1-1和表1-2所示。

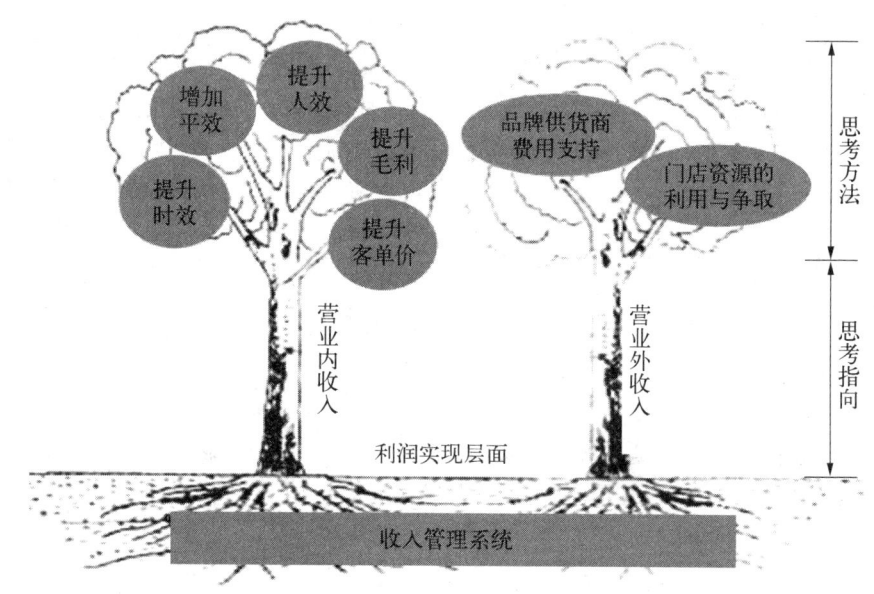

图 1-1　连锁店收入管理系统

表 1-1　连锁店五大营业收入来源表

序列	利润公式	系统应用与操作重点
1	利润＝平均毛利率×单品销售额×单品数－经营费用	提升平均毛利率 提升单品销售额 提升有效单品数及新品引进数
2	利润＝客单价×客单数×平均毛利率－经营费用	增加高毛利产品销售额

(续表)

序列	利润公式	系统应用与操作重点
3	利润＝平效×平数×平均毛利率－经营费用	提升营业面积的利润贡献率
4	利润＝人效×人数×平均毛利率－经营费用	提升营业人员的使用效能
5	利润＝时效×时间量×平均毛利率－经营费用	提升客流低峰时间段的时效利润

表1-2 连锁店两大营业外收入来源表

序列	思考方法	应用重点
1	积累和丰富门店资源并通过上游供应厂商进行价值转化，增加门店的收入	通过多元化经营以及同业、异业联盟，挖掘营业外收入资源
2	充分挖掘上游供应厂商尤其是品牌企业的市场资源，充分利用和依靠他们的优良资源包括资金、培训、会议、管理帮助、门店促销活动等方面的支持	通过门店资源的利用与争取，提升品牌企业的费用支持

2. 连锁店的节流途径

开源与节流相互结合，才能产生效益。连锁店的费用开支包括：经营费用、管理费用、财务费用。从战略上来说，战略投资的失误是最大的损失。从日常营运角度来分析，工资福利、租金、折旧、电费这四项费用通常占总费用的80%以上，应该作为控制重点。从店铺营运的可控性角度来分析，主要有三个重点：人力成本、能源成本、商业损耗。尤其是商业损耗的控制，更应该作为节流的重中之重。2010年全年，我国零售业内外盗偷走了约1 284亿元人民币，全世界商业行业的年财产损失达到了1 045亿美元，占零售额的1.34%，北美和欧洲地区的零售商损耗均超过1%。世界金融危机发生以来，商场特别是超市的商品失窃率急剧上升。可见，商业损耗对商业利润会产生巨大影响，应该建立规范的防损体系，采取人防与技防相结合的方式，有效地加以管理。

连锁店营运管理应该围绕核心目标，把握两个派生目标之间的平衡：一是严格执行营运标准；二是营运过程适时应对。这两者往往存在一定的矛盾，需要建立沟通与反馈、纠正与预防等机制来协调矛盾。顾客需求与市场环境都在不断变化，所以营运标准不能一成不变；营运过程会发生一系列突发事件，应该建立有效的应对预案，及时加以处理。有的企业，突发食品安全或人身安全等方面的事件以后，往往一味掩饰或否认，后来又全盘接受，完全没有章法，其问题的关键是没有建立有效的应急处理体系。

二、营运部的组织架构与工作职责

营运部的主要工作是新店筹建和营运督导,如图1-2所示。但有些企业的新店筹建工作由总部的营销策划部门负责,各相关部门协作完成。在这一体制下,店长往往要较早进入角色,在新店筹备过程中就入店实施管理。

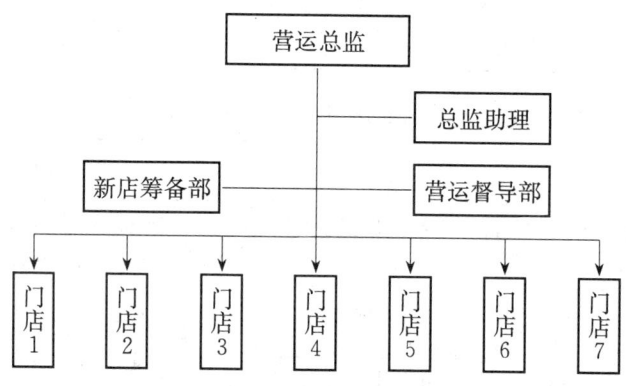

图1-2 营运部组织架构图

1. 新店筹备部

新店筹备部的工作包括:在营运总监的领导与授权下,全面负责新店筹备的各项营运工作;根据已制定的年度新店开设计划,筹备各家新店的开业工作;在新店合约签署后,由新店筹备部组建新店筹备委员会,全面负责新店筹备工作,新店筹备部派人担任筹备委员会负责人;筹备委员会负责人负责与发展部、商品部、人力资源部一起拟定新店开业计划,实施新店开业倒计时;筹备委员会负责人负责定期(每周)召集总经理办公室、采购部、人力资源部、店务拓展部等部门召开新店筹备进展会议,推动新店开业前期计划的有效实施;新店筹备部与人力资源部一起,共同选拔新店的管理人员,确定新店管理架构;与商品部沟通确定新店的商品结构、品项数;与人力资源部沟通确定新店的人员架构、招聘、培训等工作;与发展部沟通决定卖场布局、设备安装、货架布置、电脑系统安装等工作;与营销部讨论新店开业促销活动及开业典礼仪式;负责新店的卖场布置、商品陈列等开业前的营运工作;负责新店开业后一个星期的营业工作,直到与新店店长完全交接。

2. 营运督导部

营运督导工作包括:在营运总监的领导与授权下,直接监督营运部门的各项工作;根据已制定的年度营运目标及考核指标,监督各门店完成公司的业绩指标;定期组织营运工作培训,针对督导工作中发现的问题及时纠正和改进;与各店进行密切的交流与沟通;每月组织采购部与各门店店长举行"营采沟通会",交流日常工作中的各种问题；监督各店的营运工作是否按规范流程操作；负责监督及检查店面执行岗位工作职责和行为规范状况；定期巡店，督导店面的商品管理、商品陈列及顾客服务状况；负责检查门店生鲜区域的卫生控制及生鲜商品的品质管理状况；根据巡店情况提出店面营运过程中的整改意见；负责每个季度盘点工作的计划与组织。

有些公司专门成立开店小组，专事新店筹建工作，待店铺开张以后再交由店长管理。有些公司没有这样一个专业的部门，新店开张的工作由各部门分工负责，并由营运部协调。一般而言，连锁企业都设有工程部与总务部，工程部只负责工程项目的过程管理，总务部负责设备用品的采购和工程项目的招标，这两个部门也是相互牵制的，但联系紧密。几乎所有的连锁企业都十分重视消防安全方面的工作，所以，在总部往往设有安全保卫部门，并负责防损方面的工作。

除营运督导部、新店筹备部外，营运部一般还会再设置安全保卫部或独立于营运体系的防损部。营运督导部是主体部门，一般会因店铺区域的扩大和店铺数量的增加而设立区域督导。

三、门店的组织架构与工作职责

门店的主要职能包括：① 销售服务：店头外观、内部环境、出样陈列、人员服务、客诉处理、执行规范；② 商品管理：促销活动、进货作业、存货作业、盘点作业、损耗管理；③ 绩效管理：员工激励、关系协调、冲突处理、情报分析、业绩改善。

门店实行店长负责制，店长下设副店长、店长助理、出纳（兼录入员）、各部门主管（处长、科长、组长）、收银员、防损员、理货员等岗位，其组织架构如图1-3所示。

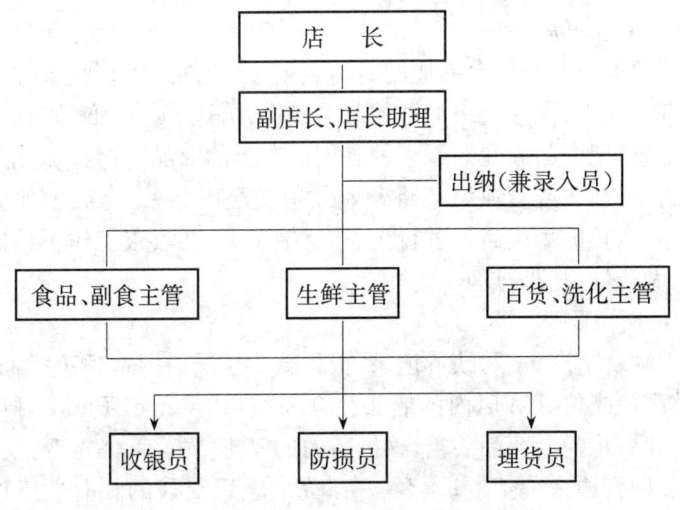

图1-3　门店组织架构图

1. 店长岗位职责

店长完成总公司下达的门店经营指标；门店人员的管理和培训，成本的控制；促销计划的确认与有效执行；提供门店的营业额、毛利，加快商品周转次数；控制生鲜毛利；商品陈列标准的规范执行及提高；维持商品的续订量，保证卖场不缺货；商品品项的建议与调整；同业市场的调查与分析；为顾客提供良好的服务；为顾客提供舒适安全的购物环境；门店固定资产、设备的管理和维护，保护公司财产不受损失；处理好门店同政府部门和周边社区的关系；对全店的人、财、物安全负责。

2. 门店主管岗位职责

负责门店商品的验收，保证商品与单据相符；每日巡场，检查昨天工作的完成情况，组织员工检查价格标签工作；负责处理商品订货、退换货工作，保证店内商品不断档，保证货架商品丰满；安排员工做好商品的陈列、码放以及清洁卫生工作；组织员工进行商品排面的调整和整理；配合店长或店长助理做好店内的各项促销活动；根据电脑报表，分析A类、C类商品品项，配合店长或店长助理调整商品品种结构与品项数；根据公司全年促销计划及门店促销活动计划，做好门店的促销活动实施；与采购及时沟通，针对商品的销售状况提出建议，及时作出调整，提高销售额，完成预期目标；督促理货员补货、理货，上报商品的缺货情况；做好店内商品的防盗、防损工作，避免商品的丢失；处理顾客的投诉和退换货商品，及时修复破包商品；生鲜部主管注意生鲜的经营工作；注意生鲜的损耗控制；生鲜部主管做好生鲜商品每日、每周的工作分析和工作总结；定期对生鲜设备进行检查，保证设备的正常运行。

3. 收银员岗位职责

负责在营业前打扫收银台四周的清洁卫生；营业期间负责收银和接待顾客；接受顾客的咨询与投诉；完成上级交办的各项工作；拾送"孤儿"商品（顾客已经挑选，但临时改变主意，把商品放在非原来的陈列位置上的商品，称为"孤儿"商品）；填制现金差异报告单；当班或营业结束将营业款项交至出纳处，完成款项交接手续；积极主动与主管、店长助理或店长进行沟通，反馈意见；在收银工作不忙的时段，协助理货员上货、做清洁、整理排面。

4. 理货员岗位职责

检查排面缺货情况，填写缺货记录，报告缺货情况；补货，整理排面，打扫货架，清洁商品；整理商品价签和店内的店头公众海报（Poster of Public，POP）；整理退换货及破损商品，将问题商品装箱；根据店内的安排，做好商品的盘点工作；将孤儿商品收集并放回到原来货架上；顾客服务；完成上级交代的临时性工作；检查商品的保质期、保鲜期，提前发出预警通知；对商品进行防盗、防损。

5. 防损员岗位职责

值班站岗，接受顾客的咨询、投诉，帮助顾客；负责门店消防安全工作，参加消防训练、演习，定期进行消防检查；处理其他紧急事件；协助店长或店长助理完成闭场、夜班工作；做好店内的商品防盗、防损工作；举报员工的违规、违章行为。

第五节　连锁店营运管理标准化体系的建立与实施

连锁店营运管理的基本要求是标准化。总部负责营运标准的制定和督导，门店负责营运标准的实施，两者相辅相成，从而为顾客提供商品与服务，通过顾客满意来获得营运效益。

在实际运作过程中，必须充分认识到，营运管理标准化工作的推进是一个漫长的过程。这项工作推进，需要考虑诸多问题，是一项系统工程。

一、营运管理标准化的基本含义

标准化营运管理有四层含义：一是建立标准；二是选择合适的人员；三是按标准对人员进行培训；四是把标准与掌握标准的人结合起来，以创造出效益。简单地说，标准化管理＝标准＋执行标准的人。

1. 建立标准

建立标准的过程是一个持续改进的过程，大型连锁企业应该设立专业机构以推进标准化营运管理的发展。营运管理的标准，主要表现在两个方面：一是企业整体形象标准化，二是作业、流程与管理的标准化。总部、门店及配送中心对商品的订货、采购、配送、销售等各司其职，并且制定规范化规章制度，整个程序严格按照总公司所拟定的流程来完成。商店的开发、设计、设备购置、商品的陈列、广告设计、技术管理等都集中在总部，总部提供连锁店选址、开办前的培训、经营过程中的监督指导和交流等服务，从而保证了各连锁店整体形象的一致性。

食品连锁店为了确保食品安全卫生，营运标准的制定越来越细致，连洗手的方法也作了规定，如作业人员在作业前要洗净或消毒手部，并保持干净。手部的细菌有两种：一种是永久性细菌，须戴手套方能阻止其污染；另一种是暂时性细菌，附着于皮肤表面，可以用清洁剂洗去。手部清洁的方法是：水润湿手部；擦上肥皂或清洁剂；两手掌和手指相互摩擦；两手背和手指相互摩擦；用力搓两手的全部，包括手掌与手背；做拉手的姿势以擦洗指尖；用刷子除去指甲内的污垢及细菌；以手肘打开水龙头用水冲洗干净；以纸巾或已消毒的毛巾擦干或以热风吹干；以手指消毒器消毒手部残留细菌。手部清洗完毕后,进入作业场时不能用手推门,而应以手肘或脚部推门进入作业场。为了帮助员工快速掌握这些标准,连锁企业往往通过图示的方法来解释作业标准。

2. 确保每个岗位由符合要求的专业员工任职

企业由硬件、软件与活件三项基本要素组成。硬件是指物资设备与设施等有形要素,软件是指系统、程序、文化、制度等无形要素,活件是指人的要素。制定了标准以后,最关键的是要通过人去实施标准,人是最活跃的要素,比"硬件"与"软件"更难管理。

首先,要基于适当的教育、培训、技能和经验,使各类人员能够胜任工作,包括:① 确定各类人员的能力要求;② 上岗人员必须经过培训,并开展持续的岗位培训(复训),或采取其他措施(如调离与引进)使员工符合要求;③ 评价所采取的措施的有效性;④ 确保员工认识到所从事的工作的相关性和重要性,以及如何为实现目标作出贡献。

其次,要在执行标准的过程中持续改进:要把个人的经验上升为集体的经验,即从实践中积累经验,并用科学的方法将经验上升为可形成文字及可传授的标准;标准化管理应该与信息化相结合,依靠信息技术把标准固化在信息系统中,并强调适用性、渐进性和实践性,使标准的合理制定与有效的贯彻实施相结合。

二、营运管理标准化建设的基本要求

成功的营运,有赖于各系统的建立及相应程序的有效执行。在营运管理标准化建设中,一要掌握"常理",二要注意"细节",三要加强"配合"。例如,库存不当会严重影响销售,顾客对收银服务不满意会影响商店的整体满意度,商品陈列严格执行台账图才能实施有效的商品管理等。既然这些都是重点,在制定标准与制度时就要特别细致。又如,台账图必须由系统部、采购部、营销部、营运部、门店执行等多个部门配合,才能有效实施。

例如,屈臣氏在营运标准化建设中就考虑以下五点:① 必须让顾客带着满意的心情离开店铺;② 以销售为本,删除所有不必要的工作;③ 积极及训练有素的员工是成功的重要元素,重要性仅次于顾客;④ 系统和程序旨在帮助达成生意的目标,而非限制运作,不然就需要作出修订;⑤ 工作须具有乐趣,员工对公司作出贡献应该获得公平的回报。

标准化建设是一个很大的难题,其困难不在于制定标准,而在于实施标准。比较有效的办法是把大的难题化解成多个小难题,一个个解决。首先,把容易的、必须标准化的事项马上标准化,如公司 LOGO、员工制服。其次,要运用现代技术手段改善和控制业务流程,让基层员工的操作越来越简单,这样就能降低标准化的难度。例如,货架管理到位后,补货的工作可以交给固定的几个人做;盘点变得更快捷准确,使几百人加班突击清点盘货几个通宵的历史一去不复返。

三、营运管理标准化建设的实施步骤

构建企业的标准化营运管理体系,需要把握以下步骤。

1. 明确目标顾客与企业定位

营运管理的目标是通过顾客满意而获得业绩。所以,营运标准的制定必须把了解顾客需求放在第一位。企业的市场定位、目标顾客、经营项目以及经营承诺,直接影响到标准化的要求。例如,企业如果以经营生鲜产品为主导,向顾客作出了"新鲜安全"的承诺,就必须建立与此相适应的质量目标以及质量监控标准,每一个理念都有数量化配套措施相对应。

2. 作业活动的职能化

推行标准化必须有一系列保障,最重要的是组织保障、员工保障与系统保障,通过确定作业活动、作业岗位、岗位职责,才能进一步制定作业流程以及相应的作业标准。所以,职能化是基础。

3. 作业活动的流程化

将每一项作业活动用流程与标准要求加以固化,这就是流程化的过程。这个过程需要两个方面的配合:一个方面是系统的配合,信息系统可以充分有效地发挥固化作业流程的作用;另一方面是系统外的问题需要制度加以规范。

对大多数企业来说,这是一个"业务流程再造"(Business Process Reengineering,BPR)的过程,主要分为以下步骤:

(1) 明晰企业业务流程,并找出关键业务流程,对原有流程进行全面的效率和功能分析,发现其存在的问题,绘制细致明了的作业流程图。

(2) 通过业务流程图,将流程中所涉及的业务人员的岗位职责和部门职责重新界定,并作精确的指标要求。

(3) 应用信息技术,建立共享数据库,实现数据和信息在部门间的共享和有序流动。

(4) 设计新的流程改进方案,并进行评估。对于提出的多个流程改进方案,从成本、效益、技术条件和风险程度等方面进行评估。

(5) 制定与流程再造方案相配套的组织结构、人力资源配置等,形成系统的再造方案。

(6) 组织实施与持续改进。流程再造,必然会触动原有的利益格局,必须精心组织,谨慎推进。

应该注意:业务改进或流程重组是渐进的而不是突变的。不变革的企业成功的概率会很小,但是错误变革的企业成功的概率会更小。公司在快速发展过程中

不能有"孤注一掷的赌徒心态",而应该持平常心,练真功夫。在目前的情况下,用消防管理方式为标杆进行持续改进,是一种最有效也是最经济的做法。如加强"预防"职能;制定灭火预案,形成"应变策略";苦练过硬技术和本领,做到召之即来、来之能战、战之能胜,即"提高素质"。业务改进或重组,必须明确指导思想:最简单的商业规则——用最简单的办法把商品卖出去!沃尔玛依靠科技实现了大规模经营情况下的简单法则,最大限度地降低了成本,提高了效率。如果我们不能做到"舍繁就简",这样的重组是毫无意义的。

4. 管理标准的细化

标准的具体表现形式可以各不相同,但有一个基本要求:形成可以传授的工作手册与培训手册,如程序文件、作业手册、技术文件等。

5. 培训

培训是为了确保员工技能达到岗位要求,并使他们掌握标准要求与操作方法,以确保提供的服务符合顾客的要求。另外,培训不仅仅是操作技能的训练,它包括对企业文化的认同与团队精神的培育,以增强凝聚力与对工作的热情。值得关注的一个基本趋势是部门化培训。所谓部门化培训,是指部门主管把培养下属作为自己的基本职责,采取"师傅带徒弟"与"标准化"相结合的培训方法,这是一种十分有效的培养人才的方法。大型公司一般都实行统一培训与部门培训相结合的方法。

6. 检查

检查是对执行情况的验证,是评估执行过程与执行结果符合标准的程度。人非机器,开关一开就能按照标准要求自动工作,即使已经通过培训且掌握了操作要求与技能的员工,其工作状态也会受内外部各种因素的影响。检查是为了预防与纠正,并为下一轮培训以及人力资源安排提供依据。常用的方法是通过各种量化的检查表,来评估工作的符合程度以及工作业绩。为了保证检查的独立性与公正性,检查工作外包也是很多大型公司所采取的一种办法,如沃尔玛的第三方食品安全审核。沃尔玛在全球范围内进行的食品安全审核项目,聘请了庄臣公司作为第三方检测机构负责实施。庄臣公司介绍,沃尔玛还委托其不定时地到供应商的生产车间进行检测,以便对供应商有更为客观、全面的了解。食品安全审核以食品安全承诺为依托,共涵盖个人卫生、清洁消毒、温度控制等28个检查项目。

7. 考评

考评是对执行者的评价,通过评价给予奖惩处分,以便改进工作。如前述的检查,庄臣审核员每月会依据食品安全审核检查表对沃尔玛商场的7个部门(肉类、面包、熟食、海鲜、果蔬、杂货、员工餐厅)展开突击性审核,并以红灯、黄灯、绿灯(红灯:一个或多个检查项得到危险的审核结论;黄灯:一个或多个检查项得到"潜在危险"的审核结论;绿灯:所有检查项得到"通过"或"需改进"的审核结论)三个级别将审核结论直接汇报给总部。通过沃尔玛全球数据库系统(IMAP),可以及时追踪全球任何一家沃尔玛商店的食品安全审核结果及其所在国家的平均分。针对商场的食品安全审核结果,会有具体的跟进计划及奖励措施。据介绍,商场总经理如果在1年中被认定有5个红灯项,就须自费到美国接受相关的培训。

8. 控制

控制是为了纠正偏差,并使其执行符合既定目标的要求。控制的理论与方法已成为人们认识和改造世界进程中不可或缺的基本手段。控制是非常重要的管理职能,为了防止重大安全事件的出现,企业会制定一系列预防措施,以控制风险。各部门都必须遵守公司安全和风险控制标准,以及地方法律或有关公共安全方面的规定,如最低通道宽度、出口通畅、商品展示安全、喷水装置、叉车使用程序、锁定贴封、事故报告程序等。在日常检查中,发现轻微的非普遍性的不符合项,常常采取现场指导与纠正的办法。对普遍性的问题或优良的实践经验,则通过纠正措施或相互交流得以纠正、推广。总之,控制是实现持续改进的基本手段。

四、营运管理标准化建设的主要内容

1. 店铺标准化

店铺标准化的作用是实现统一的店铺形象及有效地展示商品,让顾客有更好的服务体验。例如,店铺布局、商品陈列、出样方式等,其核心是:在合适的时间,提供合适的商品;以合适的价格,陈列合适的数量于合适的地方。

2. 服务标准化

服务标准化的作用是通过人员服务扩大销售并使顾客满意,从而成为忠诚顾客。连锁企业应该建立简单而又有效的顾客服务标准。例如,与顾客打招呼时,一要微笑,二要眼神接触。只有眼神接触的招呼才是有效的,才是让顾客感觉有诚意的。又如,在收银台前,排队买单的顾客一般不能超过5个,如果排队顾客多了,必须马上呼叫其他员工帮忙。其他员工在听到帮忙呼叫时,无论在忙什么,都应在第一时间赶到收银台,解决收银排队问题。

3. 管理标准化

管理标准化的作用是为了保障营运工作按照统一的流程与方法执行。如"收银程序标准化"、"现金管理标准化"、"物流管理标准化"、"店铺操作流程标准化"、"店铺保安安全标准化"、"办公室管理标准化"等。

4. 异常处理标准化

异常处理的作用是为了在突发事件出现时做到临危不乱,有条不紊地处理突发应急或危机事件。例如,公共关系、顾客投诉以及店铺防盗系统不能启动、停电、收银机不能操作、刷卡机故障、火警、自然灾害日常操作异常处理等。

连锁企业要推行标准化,必须提供充分的资源,以确保各项标准化工作的有效开展。

五、标准化管理文件

按照"一切按既定标准办事"的要求,连锁企业应该建立相应的管理文件来实现标准化和规范化管理。这些管理文件主要包括:

(1) 组织结构图及职务说明书。连锁企业应通过图示方式明确表示出公司的组织结构,包括最高层管理机构和总部的具体部门以及门店的管理方式。每项职务的职权和责任要用职务说明书进行具体说明,使各项活动有章可循。

(2) 员工手册。员工手册是连锁企业统一经营思想,培养良好的作风,展现公司风貌的重要手段。手册要详细具体规定以下内容:员工形象(着装、化妆、仪容)、员工素质(专业技能、文化水平、服务思想)、服务标准(微笑服务、问候用语、服务忌语)以及企业的其他特殊要求。

(3) 企业形象手册。按照现代CIS理论,详细规定出公司的理念识别系统、行为识别系统和形象识别系统。

(4) 营业手册。该手册主要规定:一是各门店的营业标准,包括营业时间、服务项目、货架陈列、灯光照明、门店装潢等;二是操作标准,包括卖场内各类作业活动的标准,如店长每日工作流程、收银作业标准、理货作业标准、客诉处理程序等。

(5) 工作业绩考核手册。该手册主要规定对各项工作业务进行考核的指标体系以及奖惩标准。指标体系的内容包括对门店考核指标、对督导员考核指标、对总部各部门的考核指标,以及对公司财务状况的评价指标等。

(6) 资源配置手册。该手册规定出公司对其资源进行配置的基本要求,包括销售规模与配送中心的配置要求;卖场面积与人员、商品设备等要素之间的配置要求;商品配置要求;网点配置区域要求;投资结构的配置要求等。

(7) 连锁企业主要票据分类及流程图。

(8) 质量技术标准手册。明确规定出连锁企业的产品质量标准,生产、加工、运输、储存及现场管理的环境控制标准等。

(9) 总部服务项目与实施办法一览表。详细罗列总部对各门店的服务项目,包括人员培训、后勤服务、信息咨询、产品开发、广告宣传等,并对各项服务实施的部门和方法流程以表格形式列出。

(10) 非营业性操作手册。该手册主要是指流通加工作业手册、运输作业手册、装卸作业手册、进货作业手册、补货作业手册、搬运作业手册、验收作业手册、保管作业手册、盘点作业手册等。

本 章 小 结

1. 源自生产领域的营运管理方法与技术,其应用范围正在向商业服务行业延伸,尤其是在连锁与零售组织,营运管理体系与技术已成为核心竞争力的重要组成部分。

2. 营运管理是企业组织中的职能化管理活动,是对组织中负有制造产品或提供服务的系统进行设计、运行和改进的活动。连锁店营运管理的核心目标是围绕顾客需要与顾客满意,提高营运业绩,必须把握增收与节支两个基本途径。

3. 营运管理要关注过程、资源、对象、质量、需要、时间、效率、标准等八项要素,要以顾客的需要为导向,既要有效果,又要有效率。

4. 营运战略是组织战略的重要支撑,营运竞争重点包括:价格、质量、交货期、灵活性四个方面,重点目标之间的平衡十分重要。

5. 在整个连锁经营体系中,营运管理与商品管理是两个核心的部门,不同的管理思路会产生不同的管理体系。连锁企业组织体系一般由总部与门店两个部分组成,两者并不是从属关系,应该是功能不同的互补关系,总部的营运管理与门店的营运管理,分别承担着不同的功能,为了保持两者的平衡与协调,需要建立有效的沟通与反馈机制。

6. 连锁店营运管理标准化体系的建立与实施,是一个逐步细化与完善的漫长过程,标准化建设的主要内容是:店铺标准化、服务标准化、管理标准化、异常处理标准化。

7. 包括选择性标准、配置性标准、技术性标准、操作性标准、效益性标准五大类,标准的建立与专业人才的培养是实施标准化管理的两个核心问题。

8. 连锁企业应该建立相应的管理文件来实现标准化和规范化管理。这些管理文件主要包括:组织结构图及职务说明书、员工手册、企业形象手册、营业手册、工作业绩考核手册、资源配置手册、流程图、质量技术标准手册、总部服务项目与实施办法一览表、非营业性操作手册等。

9. 标准化建设是一个很大的难题,其困难不在于制定标准,而在于实施标准。

1. 什么是营运管理?营运与营销有什么区别?
2. 营运管理包括哪些决策问题?
3. 制造型企业与服务型企业的营运有什么区别?

4. 营运管理包括哪些基本要素？
5. 什么是营运战略？与组织战略有什么区别？
6. 营运竞争主要有哪些重点？如何平衡营运竞争重点之间的关系？
7. 什么是生产率？如何度量生产率？
8. 如何有效解决标准化与日常营运管理的差异化问题？
9. 为什么说营运管理是一种职能化管理？
10. 营运管理与商品管理的关系如何处理？
11. 连锁店营运管理的核心目标与派生目标是什么？如何理解与衡量？
12. 实施标准化经营管理应该把握哪些核心要素与注意事项？
13. 营运管理标准的主要内容是什么？
14. 营运管理标准化建设有哪些实施步骤？

实践应用

一、联华超市的经营结构

联华超市股份有限公司（股份代号：0980）2010年年报部分数据如表1-3所示。

表1-3　年报部分数据　　　　　　单位：亿元（人民币）

项　　目	营业额	经营盈利	毛利率(%)	综合收益率(%)	经营利润率(%)
总计	258.78		13.95	25	3
其中：大型综合超市	145.79	3.31	13.13	24.46	2.27
超级市场	94.15	3.51	14.72	24.06	3.73
便利店	17.47	0.40	16.54	24.91	2.29

注：
综合收益率＝（毛利＋其他收益＋其他收入）÷营业额。
连锁店总数为5 172家，其中大型综合超市143家、超级市场3 014家、便利店2 015家。

讨论题：
1. 联华超市股份有限公司的营业额结构、店铺结构与盈利结构有什么特点？
2. 形成上述结构的原因是什么？

二、联华超市的"馒头事件"

2011年4月11日，央视披露：沪上联华和华联两家超市的部分门店销售由上海盛禄食品公司生产的"问题馒头"。

当夜,联华超市就下发"下架"的紧急通知。

4月12日一早,召开紧急会议当即作出决定,凡有消费者在联华、华联门店购买的"问题馒头",凭收银条或商品标签可在联华和华联门店按照有关规定退赔。此后,立即启动了下架、封存、召回、沟通、起诉等程序。

4月15日宣布:将投资1 500万元建设食品安全检测中心。

5月5日,董事会通过:拟投资8.4亿元在上海嘉定江桥建设物流配送中心,总面积达到20万平方米,一个拥有国内一流检测手段的标准化食品安全检测中心也将同步建设。

5月5日宣布:将在业内率先试点对销量大、保质期短的即食商品不再退货,从源头上杜绝制造商回收再利用的不法行为。同时,对临近保质期商品促销进行特别提示。

5月24日,联华超市食品安全部正式挂牌运行。

讨论题:
1. 作为连锁企业,出现重大质量问题时,一般应该如何处置?
2. 联华超市在"馒头事件"中的处置方式是否适当?
3. 大型连锁企业商品质量安全保障体系的改进有哪些基本途径?

第二章 连锁店营运管理工具

1. 建立工具化思维逻辑。
2. 掌握常用营运管理工具的使用方法。
3. 完成"改进工作"小组研究计划。

在各种人类活动中,包括生活、工作、决策、执行、服务等,从工厂到商店,从营利性组织到非营利性组织,都存在一个共性问题——如何改进工作?使用"工具"是改进工作的重要策略。

【引导案例】

退货的困惑

在世界的一些主要市场上,无论是家具还是食品,消费者都要求能够换货或者退货。他们要退还他们读过的书,退还他们听过的CD。他们的理由有些是可以理解的(比如大小、颜色、样子不符合他们的要求),有些是让人感到莫名其妙的(比如根本就不喜欢之类的理由),更有些是无理取闹的(比如只是周末租来用一下而已)。不论退换的原因是什么,消费者总是认为他们有改变主意的权利,他们会青睐那些能够让他们易于换货和退货的品牌与企业。

仅在美国,每年退还的货物估计超过1 000亿美元。而有些种类的货品,退货量以每年高于50%的速度迅速增加。如今,一个零售商销售的产品,最后大约有1/3是回归到店里去的。退货中最常见的是产品目录销售以及互联网上销售的物品,其中以电子设备和服饰居多。但是,退货是所有产品都无法避免的。退货现象如此普遍,以致激发产生了一个巨大的业务,即翻新产品和"新品二手货"。所谓"新品二手货"是指这些产品曾应客户要求而定制,之后客户却告知取消购买计划的产品。

退货数目增加的一个原因是技术。由于公司生产的产品在技术上越来越复杂、更新速度也快，以至于客户买了之后很容易后悔。同时，产品目录、电视购物和网上购物的人数也与日俱增。这些因素使得保修时间延长，物品在运输过程中易于遭受损坏，整个供应链更为复杂，产品被退回的可能性大大增加。

当然，制造商和零售商对于这种趋势是很无奈的。退货不同于主营业务流程，物品被退需要特殊的处理流程（或工作区）。当用户要把在网上购买的产品退还到当地的商店时，这些产品是很难被记录在案的。销售人员痛恨这些事务的处理，因为他们常常需要和这些感到失望的客户打交道。大多数公司都把退货当做公司发展的障碍，谁能经受住退货考验，谁就可以胜任CEO了。

另外，企业退货清账涉及一堆麻烦问题。几乎没有公司能预测退货成本，大多数的控制系统也无法做到。经理们都是通过以往的经验来进行预测的，或者他们就只是简单地猜测一下。这种情况造成的结果是许多零售商因此会和供应商就预付款进行谈判，他们的理由是退货将是不可避免的，他们希望通过减少预付款抵消退货增加的成本，或者通过转售，从而避开成本损失问题。

在处理退货时，零售商和制造商所采取的方法形形色色。一些商家仍然在"激流勇进"，他们希望通过设置一些壁垒来阻碍退货的发生。

然而，许多公司已经开始从更积极的角度去看待退货了。它们试着去适应那些要退货的顾客，退货政策非常清晰，且易于操作。销售人员还被授予一定的自主权，对忠实客户放宽退货的限制。有的公司把退货当做新的商机，用折扣方式销售翻新商品。当然也有一些无良企业，则把翻新产品当新品销售。

在退货业务上做得比较成功的一些公司发现，慷慨、便捷且有效的退货政策在吸引好的消费者过程中体现出很强的竞争力。尤其是在网上销售过程中，购物者往往希望能够规避由于所购产品的不可见性所造成的风险。这种退货政策能够鼓励消费者更多地在网上购物，且减少服务成本。

资料来源：《波士顿公司论丛》，作者：Anthony Pralle，波士顿咨询公司马德里办公室的资深合伙人兼董事总经理；George Stalk Jr.，公司多伦多办公室的资深合伙人兼董事总经理。

阅读思考：

1. 退货是怎么引起的？会带来哪些问题？
2. 控制退货的传统做法有什么弊端？放宽退货政策有什么优势？如何通过优化退货政策树立竞争优势？

第一节 工作改进原则与问题分类

如何才能使工作有条不紊地开展？如何去发现问题，并及时加以改进？这是营运管理的一个常规问题。保持工作有序性的基本原理是实施标准化管理，简单地说可以概括为三句话：凡是要做的必须写到，凡是写到的必须做到，凡是做到的必须有效。

一、工作改进原则

不断改进工作，应坚持五项原则：以顾客为中心，有客观记录的过程管理，全员参与，沟通交流，决策与资源的支持。

1. 以顾客为中心

以顾客为中心是连锁企业任何一个部门或机构的工作指导思想。顾客可以分为：内部顾客与外部顾客，外部顾客是产品或服务的最终使用者，内部顾客是工作中的合作者和组织中的其他部门。提高外部顾客满意度的一个重要前提是树立内部顾客意识，提高内部顾客的满意度。为此，不仅要建立外部顾客满意度考评体系，还应该建立内部顾客满意度评价体系。

2. 有客观记录的过程管理

过程改进连续步骤（PDCA 循环），即计划（Plan）、实施（Do）、检查（Check）、处置（Act），这是一种很有效的过程管理方法。但实施过程往往流于形式。如厕所检查就是很典型的一个例子，一个厕所一张表，表上项目个个是"好"，实际卫生状况却不尽如人意。记录不客观，是影响 PDCA 循环失效的基本原因。为了使记录客观，首先应该使记录尽量有客观的指标，其次要让全员理解记录的重要性，再次要使用记录来改进工作，最后在改进工作中让大家感受到记录的重要性。

3. 全员参与

工作改进往往源自最细节、最基层的工作，所以，要支持、鼓励、激发员工的改进意识，建立良好的制度体系，如合理化建议制度，使他们有强烈的改进愿望，能积极参与项目小组的活动。

4. 沟通交流

沟通交流有利于及时制止不良状态的蔓延或使好的经验得以推广。在工作中，由于信息不对称导致有话语权的人不了解实情，了解实情的人却没有话语权，某些方案一出台就引起反感与抵制。一种比较有效的办法是建立"例会制度"，通过讨论制订与落实解决方案。

5. 决策与资源的支持

工作改进需要上层决策的支持,以确保资源的落实。如果上述四个方面都做得很好,而上层领导迟迟不做决策,就会使同样的问题在多个 PDCA 循环中重复出现。这种状态的危害极大:一是管理工作流于形式;二是全员参与意识日渐淡化;三是问题或困难加剧;四是管理体系失效。解决这一问题的基本办法有两个:一是要充分授权,让工作改进者有足够的自主决策权;二是要建立合理的申报与审批机制,实施下对上的管理,如果在规定期限内不予答复就视同批准;三是要利用现代信息技术,建立快速反应机制。

二、时间管理优先矩阵

以"重要程度"为纵坐标,以"紧急程度"为横坐标,可以建立一个时间管理优先矩阵,如图 2-1 所示。

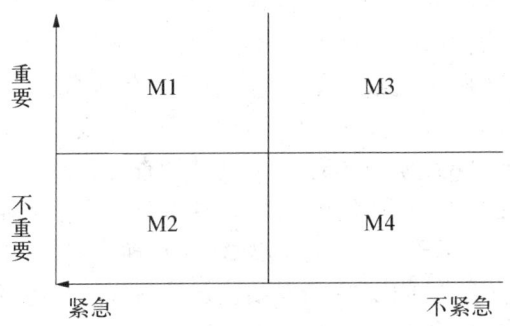

图 2-1 时间管理优先矩阵(a)

事务处理的优先顺序可根据其重要性与紧急性程度来确定。重要的事永远重要,不会因为是否紧急而影响其重要性。重要而不紧急的事,非常容易被忽视,如果处理不及时,会变成重要且紧急的事。紧急的事不见得重要,但如果处理仓促会影响结果,而导致付出更大的代价。这种事容易被人们习惯性地选择优先处理,却往往是不太重要的且是应该别人首先负责做的事。正确的排序如图 2-2 所示。

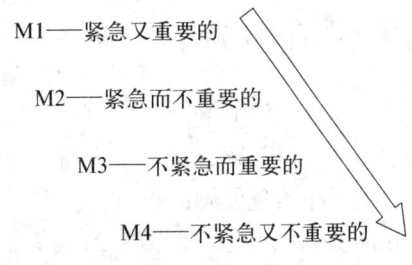

图 2-2 时间管理优先矩阵(b)

对事务进行分类以后,就可以分类对待。对 M1、M2、M3、M4 四类事务,可以按表 2-1 区别对待:

表 2-1 重要性分类表

M1	重要＋紧急	尽量削弱其紧急程度,使其变为重要而不紧急的事,并做好长远计划
M3	重要＋不紧急	成功者最应该做的事,应在没有压力时从容处理事件
M2	紧急＋不重要	平庸者经常所为,时间最容易浪费在这类事情上,尽量减少做这类事,或授权给别人做
M4	不紧急＋不重要	永远不做

三、营运管理常见问题分类

（一）过程管理中常见的问题

过程管理中常见的问题有三类：第一类是计划执行情况,可以用工作进度、活动符合标准的程度等来衡量,这也是人们最关心的问题；第二类是客观环境的变化,如零售店周边竞争格局、交通状况的改变；第三类是制度性不合理,如指标与权重设计不合理、考评方法选择不当等,这类问题常常被忽视。

2009 年中国零售业店长薪资状况调查显示：有 55% 的被调查者表示公司的薪资制度不合理或非常不合理,说明在绩效考评上存在制度性不合理,数据本身并未告诉我们哪些方面不合理,但约有 10% 的被调查者已经意识到：在工作中最需要的(或最缺乏的)是"沟通的机会和渠道"。这部分人虽然不足 1/10,但反映了总部有话语权的管理者不了解实情,了解实情的店长却没有话语权的状况,信息不对称是导致政策偏差的重要原因。关键是要变革管理流程与业绩考评体系。

（二）营运管理过程中常见的问题

(1) 影响销售的问题,往往紧急又重要：存在严重断货问题；出入口受阻,造成顾客无法进入或无法收货；无理投诉或严重顾客纠纷,顾客蓄意在店内闹事、影响其他顾客购物,需要现场解决；零钱储备不足,无法完成收银程序；POS 系统问题,无法收银；店内设备故障导致商品无法售出,如冷藏柜温度故障；员工严重突发性上岗不足；停电、抢劫、火灾等安全事件,如炸弹、投毒等。

(2) 涉及顾客或员工人身安全的问题,往往很重要,但可能紧急、可能不太紧急：商品质量问题的投诉,可能涉及其他顾客的身体健康,重要,但不一定要到现场解决；设备或其他噪声,影响周围居民(可能同时是顾客)的日常生活,这些问题重要,但不一定在现场能够解决,也不一定一次就能解决；个别顾客由于不满导致投诉或威胁员工,涉及人身安全,这类事情就显得很重要,需紧急安置员工,如调店或派保安。

(3) 涉及员工培训或人员评估谈话等人员管理问题,往往非常重要,但并不十分紧急；员工定期在岗培训；员工定期评估谈话；员工任何人事变动或奖惩面谈；问题发生后的必要沟通谈话；了解新员工上岗表现。

（4）问题的跟踪和探究，同样非常重要，可能很紧急，也可能并不十分紧急：例行的沟通会议，重要但只需按计划执行即可；同店面员工探究一个长期不能妥善解决的问题，重要，视其影响的事务以及导致的结果确定其紧急程度；对以往的问题整改情况的跟踪检查，重要，视其影响的事务以及导致的结果确定其紧急程度。

总之，把握营运工作重点，有三个准则：时刻把握公司的重点及上级传达的重点，这是安排工作的风向标；时刻把握店铺的状况及顾客的感受，这是一切工作的中心点；时刻把握员工的状况，这是一切工作的基础。

第二节　营运管理工具介绍

管理科学的发展往往会经历四个阶段：理论、实践、经验、工具。理论在实践中应用，会发生很多变通，从而形成各种经验，"无形的经验"进一步提升就成为"有形的工具"。但这一过程并不一定会严格按照上述四个阶段的前后顺序发展，也可以从实践开始，在实践中积累经验，形成理念与理论，然后进一步具体化为工具。

这里所指的"经验"主要不是企业成功的"大经验"，而是指能够提高工作效率的"小经验"。大经验往往无法复制，只能被用来创造新的经验，但小经验则可以不断复制，并日益完善。所以，不要迷信大经验，要关注小经验。案例教学也是如此，小案例或许比大案例更有价值。

科学管理需要倡导工具化思维模式，大多数人都要按照这种思维模式来工作，才会有高效率，小部分人则要具有打破传统工具的思维与能力。小部分人创新，大部分人执行，这就是现代管理。

一、鱼骨图

1. 概念与应用目的

鱼骨图（Cause & Effect/Fishbone Diagram）由日本管理大师石川馨提出，又名石川图，是一种发现问题"根本原因"的方法，也称"因果图"。鱼骨图用于查明并消除原因而不是症状。其作用是：查找主要原因，分析问题实质，寻找有效的解决办法。

2. 操作步骤

在确定需要解决的问题或症状后，主要有两个步骤：分析问题原因/结构、绘制鱼骨图，具体有以下几个方面：

（1）选择适当的因果形式。问题的主要因果形式有两种：一是分散型结构，即一个问题出在"鱼头"，造成鱼头的问题包含多个主要原因，这些主因构成"鱼骨"，每一个主因又包含多个次级的原因。通常的问题类型包括：为什么缺货率高达20%？为什么周五的延误率比平时高？如果把"因果关系"改变成"目标对策"，那就变成了"对策型鱼骨图"。例如：如何降低配送差错率？如何提高内部顾客满意度？二是过程分类型结构，即问题与过程相关，用过程的主要步骤代替主因，如在过程分类结构中用"接受订单"、"配置食物"、"烹调"、"交货"等代替主因。

（2）分析问题，找出主因。分析问题可以参照一定的现有规则，现场作业一般从"人、机、料、法、环"五因素着手，管理类问题一般从"人、事、时、地、物"五个层别分析，但具体问题要具体分析，视具体情况决定。头脑风暴法，对寻找原因很有帮助。

所谓头脑风暴（Brain-Storming），最早是精神病理学上的用语，是对精神病患者的精神错乱状态而言的。而现在则成为无限制地自由联想和讨论的代名词，其目的在于产生新观念或激发创新设想。

头脑风暴法是由美国创造学家提出的一种激发思维的方法。此法经各国创造学研究者的实践和发展，已经形成了一个发明技法群，如奥斯本智力激励法、默写式智力激励法、卡片式智力激励法等。

在群体决策中，由于群体成员心理相互作用影响，易屈服于权威或大多数人的意见，形成所谓的"群体思维"。群体思维削弱了群体的批判精神和创造力，损害了决策的质量。为保证群体决策的创造性并提高决策质量，管理上发展了一系列改善群体决策的方法，头脑风暴法是较为典型的一种方法。

头脑风暴法又可分为直接头脑风暴法（通常简称为头脑风暴法）和质疑头脑风暴法（也称反头脑风暴法）。前者是在专家群体决策中尽可能激发创造性、产生尽可能多的设想的方法；后者则是对前者提出的设想、方案逐一质疑，分析其现实可行性的方法。

（3）绘制鱼骨图。如图2-3所示：① 将对问题的陈述写在右边的"鱼头"里，问题陈述要具体、准确；② 绘制出主因或主要步骤，服务行业应特别注重人员（People）、有形展示（Physical Evidence）、服务过程（Process）三个要素；③ 把集思广益所收集的原因纳入适当的主因范畴，可以在确定原因时归类，也可以先建立一个清单后归类；④ 针对"主骨"上的每一个问题反复提问：为什么会出现这种情况？有什么情况可能会因此而出现？

3. 应用

问题：送货延误与缺货。缺货率高的主要原因包括：一是订货方面的问题，包括门店订货与总部订货；二是配送方面的问题，包括配送中心的作业方式、设备、交

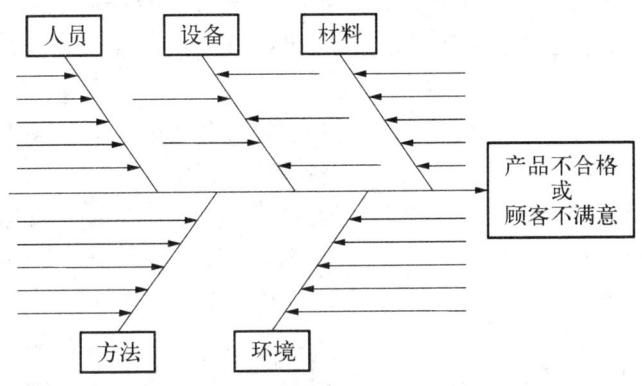

图 2-3 "人、机、料、法、环"五因素分析因果图

通环境条件等;三是供应商方面的原因,供货跟不上销售。

解决缺货问题的建议:建立一套健全的信息系统,确保信息的完整性、准确性与及时性;对于已经停销的商品不允许再开补货单;配送中心定仓定位;重新谈判交易条件,修订采购合同;建立车辆定期维护保养制度;由电脑部计算最佳配送线路;加强订货的计划性,减少订货的盲目性。

课堂讨论:根据缺货原因分析,绘制"缺货延误因果分析图"。

二、亲合图

1. 概念与应用目的

亲合图法(Affinity Diagram)又称 KJ 法、A 型图解法,是由东京工人教授、人文学家川喜田二郎在 1953 年探险尼泊尔时,将野外的调查结果数据予以整理时研究开发的。亲合图法所用的工具是 A 型图解,而 A 型图解就是把收集到的项目小组中关于某一特定主题的大量事实、意见或构思等资料,根据它们相互间的关系,按其相互亲和性(相近性)归纳整理,以求得统一认识和协调工作,以利于解决问题。这种方法有利于打破现状,进行创造性思维,从而采取协同行动,求得问题的解决,因此,亲合图法是解决混乱、困难和复杂问题的一种工具。

2. 操作步骤

(1) 确定课题:用一个整句来描述需要讨论的问题。例如:一个家庭愉快的假期计划涉及哪些主要问题?执行商业计划的关键点有哪些?

(2) 收集语言资料:通过多种途径需要收集到至少 20 条以上的意见或争论。

(3) 将意见记录在备忘卡上:将意见用简单的词组记录下来。

(4) 整理卡片:将意见分成 5~10 个相关类别。

(5) 制定综合卡：通过协商、征求意见的方法为各类意见制定类头卡，即快速征求全组意见，对已归类的意见概括出中心思想并用简洁语言反映出来，写在卡片上，放在这一类意见的上方。

(6) 排出顺序：将每一大类的问题，根据其严重性排列顺序，如果问题甚多，可以分成 A、B、C 三组，A 组是最重要的，B 组是一般重要的，C 组是次要的。

(7) 制作亲合图：将类头卡与有关类别联系起来，并在图上标示出主要负责部门和参与解决问题的部门。

(8) 撰写报告。

3. 应用

问题：开设一家受欢迎的快餐店。用亲合图指导快餐店的开办，首先要制作意见备忘卡，然后对备忘卡进行整理、归纳、分类，制作类头卡，形成亲合图。如图 2-4 所示。

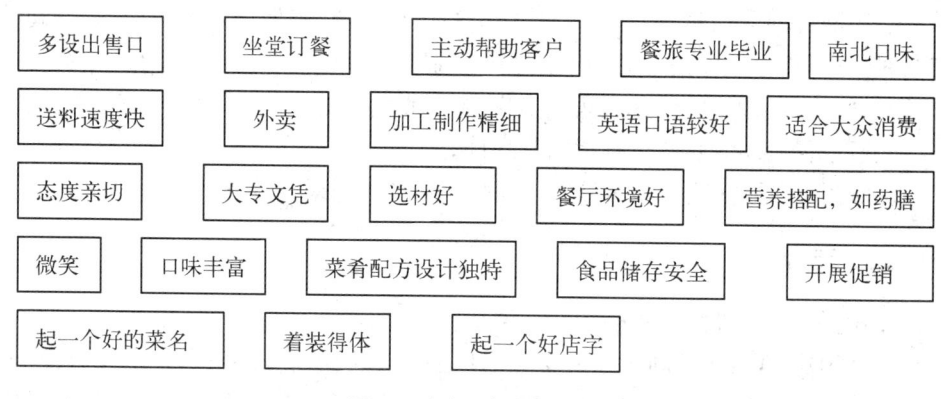

图 2-4(a)　意见备忘卡

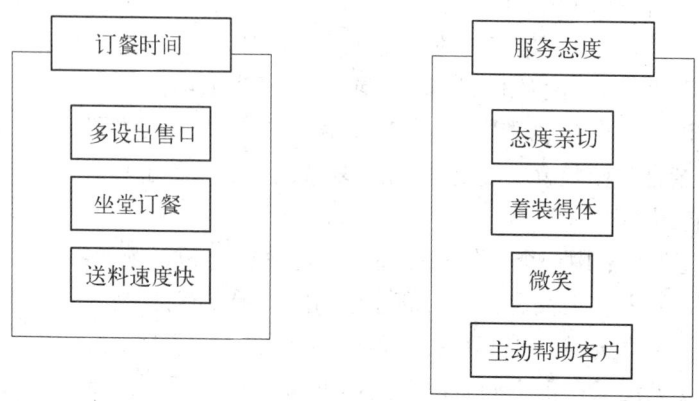

图 2-4(b)　类头卡

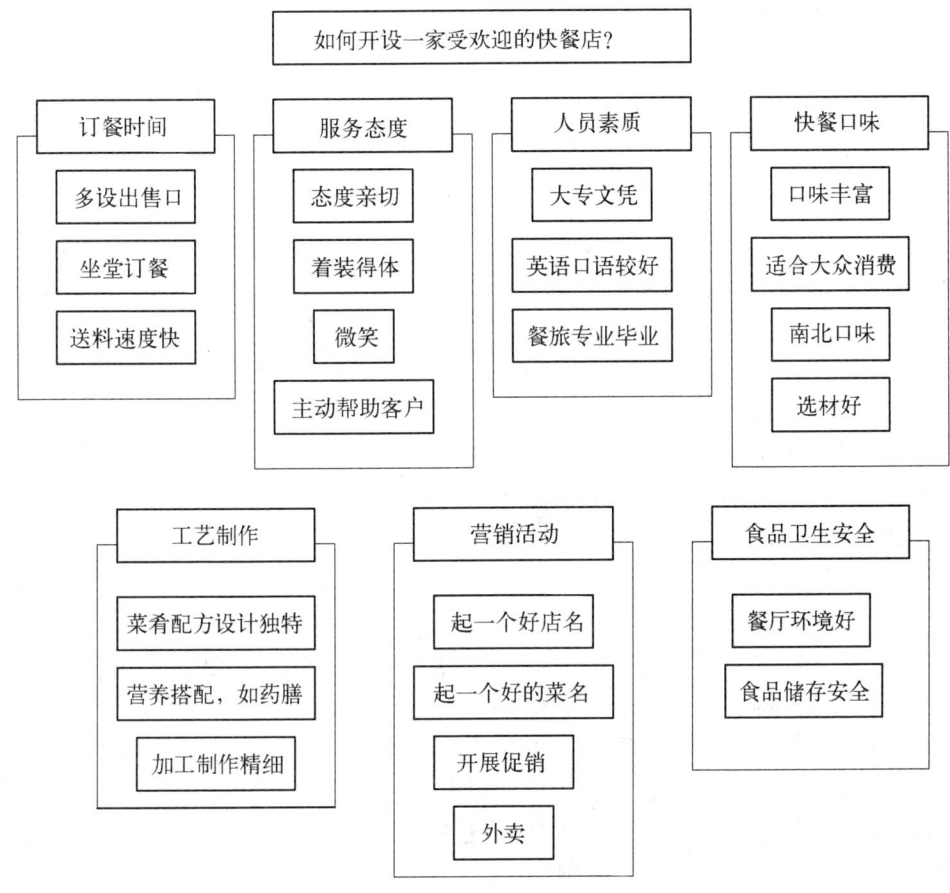

图 2-4(c)　快餐店亲合图

制作亲合图帮助项目组把工作重心转向快餐店受到欢迎的多种意见上，并归纳总结出七大主要因素。

亲合图分为个人亲合图和团队亲合图。

个人亲合图主要由一人来进行，重点放在资料的组织上。

团队亲合图首先要组织团队，采用头脑风暴法收集意见。制作亲合图后要确定各部门的责任，由部门负责人制定解决方案，讨论通过并执行方案，对方案的执行进行跟踪，不断检查问题的解决程度，适当修改方案，直至问题解决。

如果估计已解决的问题将来还会遇到，需将此次经验提升为标准化流程，将相关资料书面化。

三、流程图

1. 概念与应用目的

流程图由图形块及箭线组成,标明一个事件或工作的过程(如工艺过程、检验过程、质量改进过程、进货过程等)。流程图便于项目小组认清生产或服务过程中各环节的前后顺序、关联性与关键点。流程图既可以用来描述现有过程,也可用来设计新过程。各过程的每个阶段均可用图形块表示,不同图形块之间以箭头相连,代表它们在系统内的流动方向。典型做法是用"是"或"否"的逻辑分支加以判断。

流程图常用图形有:"○"表示事实描述或一个工作的开始与结束;"□"表示行动方案;"◇"表示问题或需要作出决策的要点;"→"表示流动方向。

2. 操作步骤

(1) 确定工作过程结构。首先,要确定工作的始点与终点;其次,将工作中可能出现问题的地方在流程图上明确标示出来;再次,流程图可以多种多样,可以用宏观的框架性流程图也可以用微观细目的流程图。

(2) 确定工作过程步骤。将工作过程从头到尾涉及的一切活动,包括输入、输出、决定等尽可能详细列出。可以使用备忘卡进行记录。

(3) 将步骤按顺序排列。移动备忘卡,将工作按执行的先后顺序排列。

(4) 用图形符号绘制工作流程图。

(5) 检查流程图是否完整。主要检查流程图符号是否正确;工作步骤(输入、输出、行动、方案、等待/延误)是否已经标明;确保每一个连续点都应有一个对应点;通常在一个方形图外只有一个输出符号(箭线),如有多个,则表明此处工作需要进行决策;最后征求他人意见,确定最终流程图。

3. 应用

问题:处理顾客投诉。如何快速有效地处理顾客投诉?最基本的办法是建立组织体系和工作流程。图 2-5 是处理顾客投诉的一个流程图。

课堂讨论:分析上述流程,有哪些方面值得改进?

四、甘特图

1. 概念与应用目的

甘特图(Gantt Chart)是由甘特设计的一种图表,用来衡量实际与预期生产记录之间的关系,也称为甘特进度表或条形进度表。甘特图形式简单,在短期的项目中得到了最为广泛的运用。

甘特图常用于策划和计划编排工作,也可以用来管理一个组织的工作,如公司、部门、科室等。从甘特图上可以直观地发现某段时期各部门工作的进展情况,

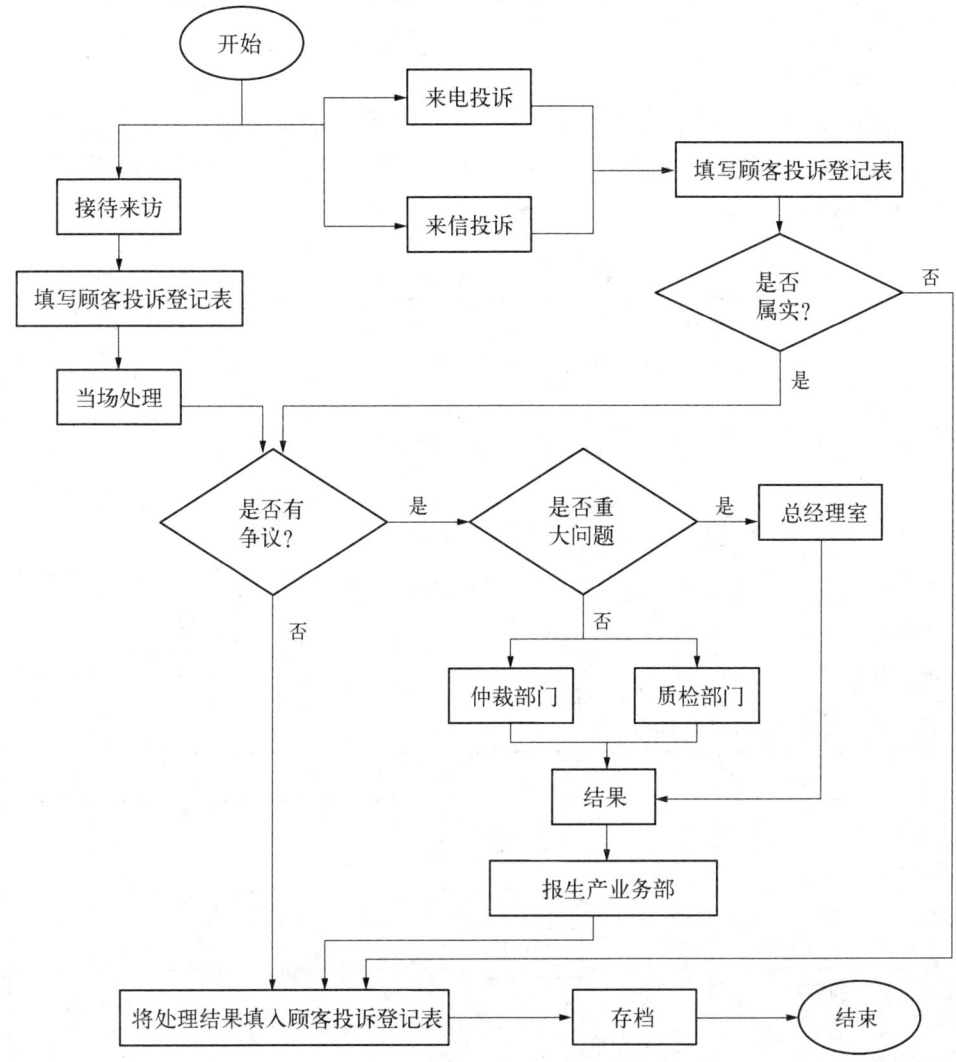

图 2-5 处理顾客投诉流程图

结合实际可以对工作进行调整,修改工作项目的安排,所以能发挥统筹管理的作用。甘特图是一种条形图,用横轴表示时间,纵轴表示活动内容,列出所使用的机器设备名称、操作人员编号、组织部门等,用线条、数字、文字代号表示在整个期间计划和实际活动的完成情况。

2. 操作步骤

(1) 确定任务内容及活动时间。

（2）绘制甘特图。以横轴为时间，纵轴为活动内容，图中用条形表示各项活动的进展情况。

3. 应用

问题：完成一份调查报告。要完成一份调查报告，首先要进行调查设计，然后开展调查，通过调查获得调查数据与客观情况，在数据分析基础上才能撰写调查报告。上述活动项目如表2-2所示。根据表2-2可制作图2-6。

表2-2 调查时间安排表

内容	活动开始时间	活动结束时间	活动时间（天）	备注
项目确定	201×/10/8	10/13	5	
问卷设计	201×/10/12	10/15	3	
试 访	201×/10/13	10/16	3	
问卷确定	201×/10/15	10/16	1	
实地执行	201×/10/16	10/26	10	
数据录入	201×/10/26	10/31	5	
数据分析	201×/10/31	11/3	3	
报告提交	201×/11/3	11/9	6	

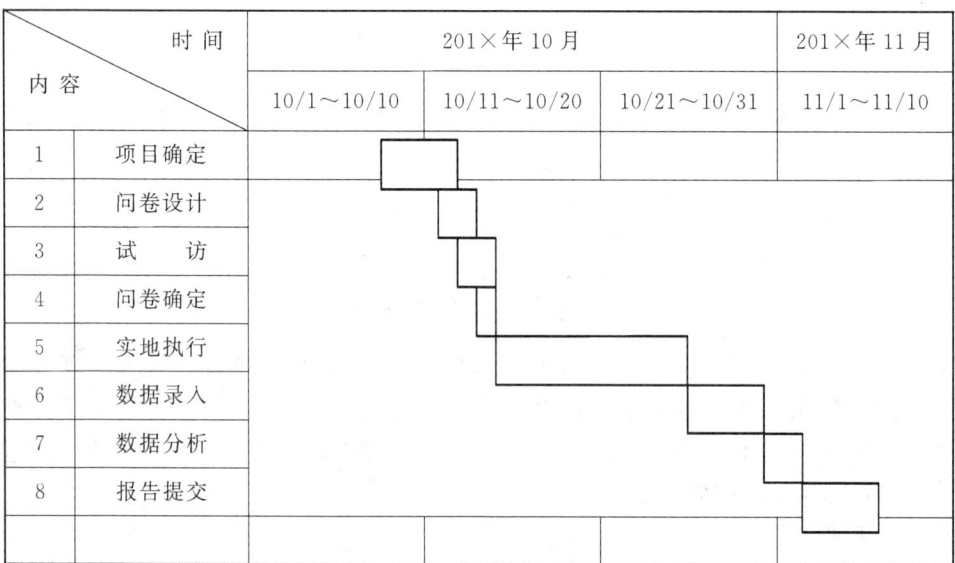

图2-6 问卷调查甘特图

五、检查表

1. 概念与应用目的

检查表(Check Sheets)又称调查表、核对表、统计分析表。这是一种系统收集资料、积累数据、确认事实,并对数据进行粗略整理分析的统计表。使用检查表,使项目小组能够系统地记录和汇编历史的或观察到的资料,便于发现数据反映的趋势变化。

检查表是对工作事实的描述而非对某些人的意见,因此,使用检查表,能够将复杂的工作或项目过程梳理成易懂的资料,便于找出其中的变化趋势或模式,通过查看记录易于统一对某一事件或某种情况的意见。

2. 操作步骤

(1) 定义观察到的事件或情况。这个定义即作为收集资料的目的。

(2) 决定哪些人收集资料,并确定资料收集期限及来源。

(3) 设计检查表,使其清晰、完整又易于使用。一张完整的检查表必须包含:第一,信息来源,如项目名称、资料收集地点、资料记录者姓名、日期等;第二,信息内容,如事件名称、收集日期、横向与纵向统计数据等。

(4) 收集资料要注意连贯性和准确性,以确保每个条目都写得清楚。

注意:对收集和记录的部分资料进行预先检查,其目的是审查表格设计的合理性;如有必要,应评审和修改调查表格式。调查表格式多种多样,如不合格品项目调查表、缺陷位置调查表、质量分布调查表、矩阵调查表、5S检查表等,可根据需要调查的项目灵活设计。

表 2-3 商品延迟调查表

项目	商品进货延迟		地点		仓库	记录者姓名		赵××	总数
原因	记录日期:3月10日至4月10日								
	3/10	3/11	3/12	3/13	3/14	…	4/8	4/9	4/10	
订单发出延误				1						1
供货商发货不及时	1						1			2
送货车故障			2					1		3
送货员工路线不熟	2			1			1	1		5
……										

3. 应用

问题：商品进货延迟事件。导致商品进货延迟的原因涉及订单是否及时发出、供应商发货是否及时、送货途中交通工具是否出现故障、订单错误等，可以利用调查表进行调查。

另一种形式的调查表采用工作核对并在核对单上作出记号的形式。在复杂工作中，这是一种较好的"防错"办法。例如，办公室的5S检查表，如表2-4所示。

表2-4 办公室的5S检查表

项目	检查内容	配分	实得分	缺点事项
（一）整理	1. 是否有长期不用的物品或暂时不用的物品	5		
	2. 有无专人进行档案管理，并对规定清楚理解	5		
	3. 桌子、部门、通路是否有划分间隔	5		
	4. 目视管理是否符合要求	5		
	小计	20		
（二）整顿	1. 各种文件、资料是否按类别定位放置	4		
	2. 建档规定是否被执行	4		
	3. 需要的文件资料能否马上取出	4		
	4. 有无图书杂志等资料的管理者	4		
	5. 办公桌椅是否摆放整齐	4		
	小计	20		
（三）清扫	1. 地面、桌面是否杂乱	4		
	2. 垃圾筒是否及时清理	4		
	3. 线路、网线是否整齐	4		
	4. 墙面、玻璃是否干净、明亮	4		
	5. 饮水器是否清洁、是否有人管理	4		
	小计	20		
（四）清洁	1. 空调、计算器、电话机、电脑、打印机、复印机是否保持干净	5		
	2. 私有物品是否依规定放置	5		
	3. 上班、下班是否对办公室进行清洁	5		
	小计	15		

(续表)

项目	检查内容	配分	实得分	缺点事项
（五）素养	1. 是否有每周工作计划	5		
	2. 部门员工对工作重点、目标管理是否理解	5		
	3. 部门人员是否经常迟到，有无时间观念	5		
	4. 是否有相应的办公室制度	5		
	5. 员工是否精神饱满、注重仪表仪容	5		
	小计	25		
合计		100		

六、帕累托图

1. 概念与应用目的

帕累托图又称主次因素排列图，由意大利经济学家帕累托在分析社会财富分布状况时的应用而得名。帕累托发现了社会财富分布的一般规律，即"关键的少数和次要的多数"。后来美国质量管理学家朱兰(J. M. Juran)把这个原理应用到质量管理中，作为改善质量活动中寻找主要因素的一种工具。

帕累托图符合"80/20规则"，即80%的问题来自20%的关键原因，因此可以帮助项目组把注意力集中放在那些解决后会产生极大影响的20%的关键原因上，可以用最少的努力获得最大的改进。帕累托图能够用简易、直观的方式展示问题的相对重要性，还可以帮助防止"问题转移"，即某个办法解决了某些问题却使另外一些问题变得更为严重。

2. 操作步骤

(1) 选择要进行分析的项目，如顾客投诉的原因。

(2) 对收集的资料按其影响因素进行分类，如按商品、服务、环境等。

(3) 确定计量单位，如出现问题的次数。

(4) 确定时间间隔，如选取1年、1月、1周的数据。

(5) 按分类项目进行统计，计算频率(分类数据占全部数据的百分比)。

(6) 绘图。将问题按递减顺序自左向右排列在横坐标上，在横坐标两端画两个纵坐标，左边表示频数，右边表示百分比和累计百分比，并从0～100%，两边纵坐标等高。

3. 应用

问题：顾客投诉原因分析。能够正确了解顾客投诉原因，对提高零售业服务及管理水平非常重要。对顾客投诉资料进行分析发现,引起投诉的主要原因是:商品有缺陷、商品价格标签出错、服务态度不好、算错账、结账速度慢、购物环境差。现对某连锁店接待顾客投诉收集到的数据进行统计,并按从高到低排列,计算出现上述原因发生的投诉次数、频率和累计频率,如表2-5所示。

表2-5 顾客投诉统计

序 号	项 目	投诉次数(次)	频率(%)	累计频率(%)
1	商品有缺陷	4 700	66.3	66.3
2	商品价格标签出错	1 020	14.4	80.7
3	服务态度不好	800	11.3	92
4	算错账	230	3.2	95.2
5	结账速度慢	190	2.7	97.9
6	购物环境差	150	2.1	100
合 计		7 090		

根据表2-5的计算资料绘制帕累托图(见图2-7)。横轴为项目,纵轴为投诉次数与累计频率。绘制帕累托图时,为便于作图,可以将后面发生投诉次数较少的因素归结在一起,列为"其他"项,如表2-5中可将后面"结账速度慢"与"购物环境差"两项内容归为"其他"。

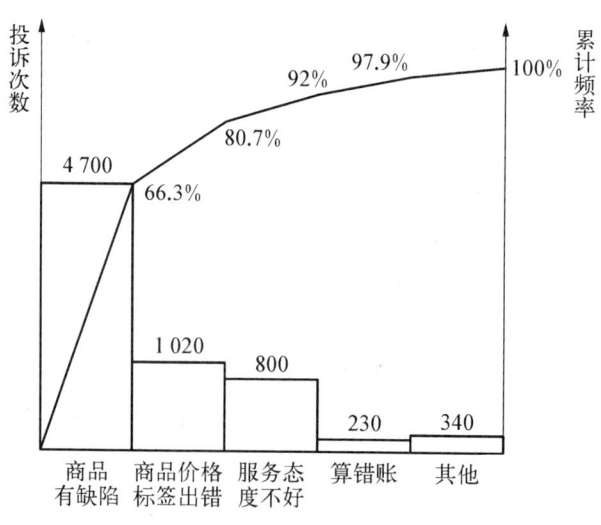

图2-7 顾客投诉原因排列图

七、项目组的工作

(一)过程改进连续步骤

项目组有效运行的标准工作模型即 P(Plan)、D(Do)、C(Check)、A(Act)四个阶段、八个步骤,也称为过程改进连续步骤。这是一个非常有效的管理工具,也称为 PDCA 循环。

(1) Plan:计划阶段。其主要工作是:第一步分析现状,找出问题;第二步分析各种影响因素或原因;第三步找出主要影响因素;第四步针对主要原因,制定措施计划。

典型的使用工具有:因果图、亲合图、力场分析、检查表、控制图、直方图、相互关系有向图、帕累托图、优先矩阵、矩阵图、树形图等。

(2) Do:实施阶段。其主要工作是:第五步计划执行过程。一个较好的方法是先在小范围内试运行,并检验各项计划与标准的可行性。

典型的使用工具有:活动网络图、甘特图、矩阵图等,同时可用检查表、直方图、控制图等收集资料。

(3) Check:检查阶段。其主要工作是:第六步检查计划执行结果。验证或建立检查手段:标准有效吗?解决办法是否达到计划的效果?有无非计划中的后果?

典型的使用工具有:检查表、控制图、流程图等。

(4) Act:处理阶段。其主要工作是:第七步总结成功经验,制定相应标准;第八步把未解决或新出现的问题转入下一个 PDCA 循环。

典型的使用工具有:亲合图、过程改进连续步骤等。

(二)项目组准则

任何一个项目组从项目开始到结束,全过程都有其相应的准则。了解这些准则对今后的工作将非常有帮助。

(1) 项目开始。任何新项目组最重要的任务是建立行动的目标、工作过程以及工作进展的标准。首先要确定项目组成员共同遵守的行为准则,其次要确定项目组的工作目标,明确每个项目成员应具备的知识与技术要求,再次要确定工作进展的标准即完成项目的日期。

(2) 保持项目组持续的工作能力。要保证项目组的工作热情,始终致力于工作目标,不断沟通,排除干扰,达到目标。要确定标准工作步骤,采取以数据和技术为基础的管理方法,不断激励项目组成员,最终实现目标。

(3) 项目结束。对项目进行总结,审查以下内容:① 对照原来的目标和顾客的要求检查工作的结果;② 找出后续的工作;③ 规定随时间发生变化进行检查的任务;④ 做好文件记录并根据需要培养有关人员;⑤ 将变化通知所有受到影响的人;⑥ 复审项目组的成果,以便找出需要改进的问题;⑦ 完成项目报告。

（三）有效工作会议

如何有效召开会议？如何提高会议效率？下面介绍有效会议的一些做法。

(1) 会议筹备。其主要内容有：① 明确会议目的;② 制定会议计划(参加者、内容、地点、时间、人数);③ 确定会议主持人;④ 准备并分发会议议程;⑤ 布置会议场地。

(2) 会议开始。其主要内容有：① 准时开始;② 介绍会议主持人;③ 组员相互介绍;④ 确定记录员;⑤ 复审前次会议产生的活动项目。

(3) 会议规则。其主要内容有：① 先举手,得到认可方可发言;② 发言应简要切题;③ 镇静地证明自己的论点;④ 思路开阔;⑤ 不带偏见,倾听他人意见;⑥ 要理解他人的发言内容;⑦ 有人发言时避免私下同他人说话;⑧ 尊重他人观点;⑨ 避免做个人的事;⑩ 坚持组织利益原则。

(4) 结束。其主要内容有：① 制定活动项目(参加者、内容、时间、方法);② 总结会议;③ 约定下个会议的日期和时间;④ 准时结束;⑤ 打扫会场。

(5) 会后工作。其主要内容有：① 写出并分发会议活动报告;② 按活动项目行事;③ 准备下一次会议。

本 章 小 结

1. 工具有利于帮助人们达到目标,人类一直认为人是会使用工具的动物,其实很多动物(包括鸟类)都在使用工具。"工具化思维",是要把思想、理念、方法,以及思维方式与行为方式等,转化为经营管理工作中使用的"工具"。在这一转化过程中,无形的工具往往被物化为信息系统、软件、表格、公式、流程、制度、方法和步骤。

2. 用于改进工作的营运管理工具,大致可以按照三类工作来划分：一是意见方面的工作,适合运用的如鱼骨图、活动网络图、亲合图、流程图、力场分析、甘特图、矩阵图与矩阵数据分析、优先矩阵、相互关系有向图、树形图等;二是数字方面的工作,适合运用的如检查表、帕累托图、直方图、散布图等;三是项目组方面的工作,适合运用的如过程改进连续步骤、项目组准则、有效工作会议等。在质量管理中,因果图、帕累托图、检查表、层别法、散布图、直方图、控制图称为"旧七大手法",关系图法、亲合图法、系统图法、矩阵图法、矩阵数据分析法、PDPA法、箭形图解法称为"新七大手法"。

1. 什么是工具化思维？列举三个利用工具化思维逻辑解决实际问题的例子。
2. "以顾客为中心"的思想如何才能落实到营运过程管理？
3. "有客观记录的过程管理"应该注意哪些问题？
4. 如何理解"全员参与"？
5. "沟通交流"在营运管理中有什么重要作用？
6. 工作改进为什么要强调"决策与资源的支持"？
7. 举例说明营运管理过程的基本问题，并提出应对策略。

小组项目研究

研究计划：设立若干小组，每小组 5～6 人，小组中的每一位成员分别负责以下一项工作：① 交货期改进的领导人；② 工作质量（内部品质）改进的领导人；③ 顾客品质改进的领导人；④ 价值改进的领导人（成本的降低）；⑤ 整个研究计划的领导人；⑥ 机动角色。

整个研究计划的领导人必须带领小组达成小组研究计划的主要目标。此领导人也必须利用甘特图编制一个研究计划表，并撰写行政报告，说明此研究计划对整个组织造成了哪些影响。小组的领导人与组员之间必须保持及时沟通，建立汇报与报告制度。

各小组的组员必须利用课外时间，选择自己的研究对象，并实地考察，与当事人见面，交换意见。这是整个研究计划中非常重要的部分。网上搜索可以提供背景资料，但不能代替实地考察。

一个常规的研究项目可以选择校园问题，如组织学生开展"发现校园问题，参与教学管理"的活动。可以停课一次，让学生在校园内做调查，然后要求提交调查报告与演示文稿，再选择部分小组在课堂演讲，任课教师对演讲作点评。课后，任课教师将学生的调查意见汇总，供学校有关部门改进工作之用。如果学校有关职能部门没有回应，则将问题表上报至分管副校长；如果仍然没有反应，则直报校长，甚至在网上公布。这样的调查，可以每年做一次，通过比较可以发现学校的工作有没有改进，学生的满意度有没有提高。

讨论题：
1. 如何发现问题？
2. 如何有效地把问题反映到相关部门，并实施改进？

第三章 连锁店筹划

学习目标

1. 了解连锁店筹建所涉及的基本问题。
2. 掌握店铺设计与卖场规划的基本技术。
3. 掌握商品配置与招商管理的基本流程。
4. 能编制与组织实施开业计划。

从店址选定到开业有一系列繁杂的工作,这是营运管理的基础工作。店铺筹划就是要为正式营业做好一切安排。对大型卖场或购物中心来说,招商管理会直接影响连锁店的营运业绩,甚至会决定连锁店的经营成败。所以,招商区域的规划与商户的引进也非常重要,如果"先天不足",事后往往难以弥补;即使能补救,费用成本也很高。开连锁店所有的工作都应该建立一套标准化的流程,形成开店的"套装模式",如台账图的应用。只有这样才能快速复制店铺。

【引导案例】

进店有礼"被套上就别想跑"

公司花巨资在杭州最繁华的延安路上开了一家旗舰店。店前人流量非常大,但进店率却不高,成交率也很低。因此,销售额一直上不去,亏损严重。

经深入了解后得知:该店的地理位置不错,产品款式和价格也很对路,导购激情也很高,也做过一些"买一送一"之类的大型促销,但销售却一直上不去。其主要原因可能是新店开业不久,知名度不高。

如何有效提高进店率?又如何用行之有效的方法提高成交率? 11月11日单身节就要到了。嘿嘿,机会来了! 单身节这天刚好是周六,针对周末逛街的人多、单身节情侣较多的特点,商店设计了一个"单身节送爱情结"的活动。

商店找当地手工艺人赶制了2 000条代表爱情的红绳,并印制了大量DM在主要路口派发。单身节当天,还特意租了一个泰迪熊卡通玩偶外套,由一位促销员穿着,在店门口摆出各种姿势吸引顾客,然后开玩笑式地邀请顾客进店。果然,很多顾客都被泰迪熊吸引了,纷纷过来和它合影、打招呼,进而来到店里。这是第一步,提高了顾客进店率。

等顾客进店后,就使出了撒手锏,给每位顾客手腕上套上一个单身节的幸运红绳。如果是单身,就会祝他早日找到另一半;如果不是,就祝他爱情甜蜜。在这个充满爱意的节日里,顾客被套上红绳又受到祝福,自然不好意思马上离开,基本上都会在店内逗留一会,挑一挑自己喜欢的鞋子,甚至会试穿一下。

结果,平时只有三四千元销售额的店铺,当天却达到两万多元。商店仅仅用200元买了2 000条红绳,就取得了销售业绩增长5倍的效果。而且,一些顾客还长时间珍藏着商店的红绳,作为爱情的信物,也因此很好地传播了商店的品牌。后来笑称此为"被套上就别想跑"的促销活动。

资料来源:《销售与市场》(渠道篇),2010年第8期,作者:彭正旺。

阅读思考:
1. 怎么才能把顾客引进来?
2. 怎么才能使引进来的顾客买得更多?
3. 怎么才能使顾客买得高兴?
4. 怎么才能以最低的成本实现上述三个目标?

第一节 店铺设计

店铺由店面、卖场、后场三个部分组成,店面与卖场是店铺设计的两个主要部分。店铺设计不仅要符合便利购物与销售服务的要求,还要符合相关法律规范的要求。

一、店面外观设计

店面外观包括店牌、店头、入口、橱窗、灯光、建筑材料,以及店前诱导设施,如停车场、店前空地等因素,是消费者对店铺初次感知的媒体,也传达出商店经营的规格、档次和商品经营范围等信息。

（一）外观设计的作用与要求

外观设计的主要作用,一是诱导顾客,招牌、橱窗、灯光等设施具有宣传作用,可以引起消费者的注意,并产生兴趣与联想,从而增加店铺的来客数;二是方便购物,停车场、出入口等设施具有便利顾客进出与购物的作用。

由于店面暴露在外,会经受自然磨损,所以需要经常养护,保持其美观与良好形象。店面外观设计的具体要求如下:

(1) 装潢材料及色彩应与所在社区的环境保持协调。
(2) 要考虑附近店铺(尤其是竞争店)的格调以及环境的变化。
(3) 应体现行业特色,易于消费者辨别。
(4) 要设立显著的店铺标志,以吸引过往行人。
(5) 要设置照明设备。
(6) 要保持宽阔的店面视野,以展示商品与店内空间。
(7) 注意店面的清洁卫生。
(8) 要符合国家质量与安全方面的相关规定。

（二）招牌

1. 招牌形式

位于独立建筑物内店铺的外观招牌形式如图 3-1 所示。位于商业街或购物中心内的店铺,只能展示部分招牌。

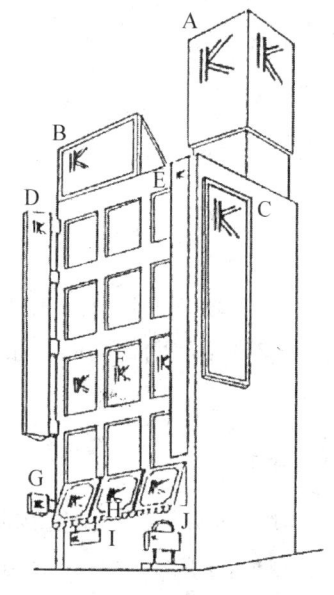

Ⓐ 广告塔
Ⓑ 横置屋顶招牌
Ⓒ 壁面招牌
Ⓓ 突出招牌
Ⓔ 悬垂幕布
Ⓕ 窗面招牌
Ⓖ 小型突出招牌
Ⓗ 遮篷式招牌
Ⓘ 悬挂式招牌
Ⓙ 立式招牌

图 3-1　店铺招牌形式

2. 招牌制作要求

招牌制作的要求可用四个字概括：看（得见）、读（得出）、懂（意思）、记（得起）。为此应注意：

（1）招牌的高度应适当，应以各类行人的视觉效果最佳为原则。眼睛离地的垂直距离一般约为 1.5 米，以该视点为中心的上下 25 度至 30 度范围为招牌设置的易见位置。

（2）招牌字号的大小要与消费者距离保持适当比例，20 米距离，字号要大于 30 厘米；50 米距离，字号要大于 60 厘米；500 米距离，字号要大于 1 米。

（3）既要与周边环境相适，又要有自己的特色。

（4）要考虑经济、耐久和便于保养、清洗。

（5）色系选择以温馨、明亮、能清楚表示、容易记忆为原则。

（三）橱窗

招牌从较远距离吸引消费者的注意力，橱窗则从近距离吸引消费者注意力。招牌是店铺的"外衣"，橱窗则是店铺的"眼睛"。橱窗比招牌能够更直接、具体、形象地向消费者传递店铺信息。橱窗是店铺外观的一个有机组成部分，是城市商业的一道亮丽的风景线，能传达店铺的经营理念、商品格调与档次，引导消费潮流，吸引顾客消费。

1. 橱窗形式

（1）按外观构造划分：① 有底座的橱窗：方便消费者了解陈列的商品。② 斜坡式橱窗：设计成底座向前倾斜，产生视觉冲击力。③ 独立橱窗：四面封闭，适用门廊、支柱等，视觉效果好。④ 暗箱式橱窗：全封闭、底座高，加上聚焦的光源和精美的陈列商品，消费者注意力可集中。

（2）按陈列内容划分：① 综合式：将不相关的商品集中陈列在一个橱窗中，如床上用品、餐具、酒具、茶具、玩具等不同商品集中陈列。② 系统式：按外观、质地、用途等功能将若干商品组合在一起，形成一个系列，具体又可分为：同质同类型，如冰箱、洗衣机等白色家电产品集中在一个橱窗内；同质不同类，如皮衣、皮鞋、皮包等皮革制品，虽然质地相同，但用途不同的产品；同类不同质，如口红、香水、眉笔、粉底等化妆品，不同的产品，但使用的目的都一致；不同类不同质，如运动用品中运动鞋、球拍、球衣、外套、运动护理用品等，既不同质又不同类。③ 专题式：围绕一个明确的主题进行商品的陈列布置，一般可分为：节日型，如为中秋节、圣诞节而布置的专题橱窗；事件型，如为运动会、荔枝节等某一特定的事件而陈列布置；场景型，选择一个合适的主题，如围绕野外露营这一主题进行的陈列布置；特写式，为介绍某一新商品而布置，如新型手机、电饭锅等；季节式，如选择冬季或夏季时令商品为主题陈列布置成一个专题。

2. 橱窗制作要求

橱窗设计是一门艺术,不仅要有明确的主题,能反映商店的经营特色,迎合消费潮流与社会活动,还要展示美感。

橱窗制作的要求是:

(1) 背景:单纯,明快,主题突出,不要喧宾夺主。

(2) 道具:越隐蔽越好,体现商品特色。

(3) 灯光:光线适当(符合商品的特性),场景式的展示要用普通散射光照明,给人以家居的感觉;金银首饰、珠宝玉器等,则宜采用聚光灯,以体现商品的贵重。

(4) 动态:运动或变化的物品更容易引起注意,橱窗展示也可以采用旋转、灯光与色彩变化等手法。

(四) 停车场与出入口

1. 停车场

停车场是影响客流量与销售额的重要因素,停车场的设置要注意以下问题:

(1) 停车场面积与营业面积相匹配,而且要考虑轿车、摩托车、助动车、自行车等各类车辆停车场的合理配置,应分开设置。

(2) 停车场的设置应符合城市规划和交通组织管理的要求,保证安全、迅速、方便地出入车辆,并应布置紧凑,减少占地。

(3) 停车场出入口的位置应避开主干道和道路交叉口,出口和入口应分开,不得已合用时,应保持适当的宽度。

(4) 停车场内应保持良好的光线,交通路线明确、合理,宜采用单向行驶路线,避免交叉。

2. 出入口

招牌吸引消费者的目光,出入口引导消费者进店消费。从入口来说,"人的腿是最肥的",只有先引导顾客进店,才有可能促成生意,所以入口应该比较大,这样才能吸引更多的客流。从出口来说,一方面要便于疏散客流,另一方面要考虑财物管理的安全,所以,出口不易太多太大。具体要求如下:

(1) 企业标志应明显、清晰、整洁。

(2) 营业时间应指示清楚。

(3) 设有台阶的入口,坡度应缓和,并应设置残疾人的坡道。雨雪天气,出入口应有防滑提示标志。

(4) 顾客入口应与商品进口区分(营业面积小于 200 平方米的折扣店和便利店除外)。

(5) 出口处应有明显的指示标志。

(6) 应区分出口与入口,便于人员的疏散。

(7) 出入口、通道、卫生间、停车场等处应设无障碍通道,保持畅通。

(8) 应有符合 GB15630(《消防安全标志设置要求》)要求的、明显的应急通道。

此外,入口的设计要以便利顾客为原则,仔细观察行人的动线,选择行人经过最多或最接近的方向与位置作为入口。入口一般设在右侧,能让顾客自由使用右手的卖场,便会成为顾客的第一卖场,整个卖场贯彻这种方针来设计和服务,将成为优良卖场。

二、店内空间设计

店内空间设计经历了二维设计(平面布局)、三维设计(立体陈列)、四维设计(动态营销)三个发展阶段。尤其是通过"四维设计",使店铺的设备设施、营业场所、营销活动具有流动性,增强了店铺的活力和情趣,活跃了营业气氛,如音乐喷泉、灯光变幻、视频广告、动漫信息、卡通人物等都可以达到四维动态设计的目的。

(一) 店内空间的划分

店铺营业场所可以分为销售、商品、顾客三大空间:

(1) 销售空间(Selling Space)。销售空间是指服务人员演示商品、与顾客进行交流,并提供相应服务的场所。这一空间也可以成为"服务空间"。在柜面服务中,销售空间与顾客空间由柜台分割,相对独立;在自助服务中,销售空间、商品空间与顾客空间融为一体。

(2) 商品空间(Goods Space)。商品空间是指卖场内储存和陈列商品的场所,空间大小取决于营销定位、商品品项与售卖方式。

(3) 顾客空间(Customer Space)。顾客空间是指消费者在商店活动的空间,洗手间、休息室、坐椅、试衣间、通道、停车场、餐厅和小卖部,都是典型的顾客空间。商店档次越高,这一部分空间应越大。

(二) 卖场磁石点理论

店铺内的卖场中最能吸引顾客注意力的地方称为"磁石点"。

1. 第一磁石点:主力商品

第一磁石点位于主通道两侧,是消费者必经之地,能拉引顾客至内部卖场,也是商品销售最主要的地方。应配置的商品是:消费量大的商品和消费频率高的商品。对消费量大、消费频率高的商品,消费者一般需要随时使用,随时购买。

2. 第二磁石点:展示观感强的商品

第二磁石点位于通路的末端,通常是在卖场的最里面。在第二磁石点陈列商品,能诱导顾客走进卖场深处。应配置的商品是:新品、具有季节感的商品、时尚商品。

3. 第三磁石点：端架商品

第三磁石点位于货架两端，这一位置通常面对着出口或主通道，商品陈列端架位置，有利于刺激和留住顾客。应配置的商品是：特价品、高利润商品、季节性商品、购买频率较高的商品、促销商品。

4. 第四磁石点：单项商品对消费者表达强烈诉求

第四磁石点位于副通道两侧，结合突出陈列等方法，能够使顾客在行走中很容易注意到副通道两侧的商品。第四磁石点一般以单品配置为主，包括热门商品、大量陈列商品、广告宣传商品。

5. 第五磁石点：卖场堆头

第五磁石点位于结算区域（收银区）前面的位置，可根据各种节日组织大型展销、特卖活动，是非固定性售卖区域，以堆头为主。

（三）店内设计主要项目

在店铺选址时，必须要考虑建筑物的长度、宽度及净高，要符合《商店建筑设计规范》的要求和特定经营业态的营业需求。营业场所净高不足，会使人产生压抑感；长宽比例失调，也会影响消费者的购物心情。例如，家乐福在选址时对建筑物长宽比例要求是10∶6或10∶7。在建筑物既定的条件下，店内设计主要包括：店头、楼梯、通道、商品布局、色彩组配、店内照明、店内声音、后勤设施等。

1. 店头

店头在这里仅指营业大厅门外的部分，消费者进入店铺，在没有刻意的观察和注意的前提下，视线处于自然放松状态，视觉范围受人体功能的制约。经过大量的统计观察后，瑞士学者米勒提出了"商店内顾客无意识展望的高度为0.7～1.7米"的结论，如图3-2所示。

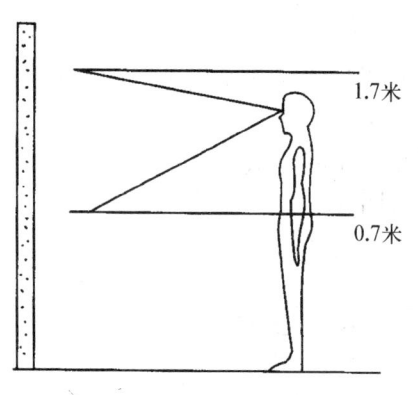

图3-2 顾客展望高度

此外还应注意：店头要开阔、整洁、明亮，无阻碍视线的地方，要避免太过花哨的设计和繁杂的装饰，不要堆放废弃的纸箱、杂物、清洁用具、用品，也不适宜在店头搞特卖专柜。

2. 楼梯

对于没有自动扶手电梯的卖场，楼梯口要面向大门，引导顾客上楼，营业厅太小的店铺不适合开设多楼层卖场。因为在无自动扶梯时，存在顾客递减规律，2层比1层减少70％，以后每层减少50％。有的店铺由于临街卖场租金太贵，就租用一个小的底层营业厅，然后把2楼以上的楼层开辟为营业厅，以为可以引导顾客上楼,提高销售额,但底层营业厅低于80平方米的几乎没有吸引顾客上楼的可能,楼上营业厅往往是无效的。

3. 通道

通道的作用:一是疏通顾客流;二是引导顾客进入卖场。通道设置的基本原则是保持通道畅通。商店陈列中最易犯的错误是:商品部为了得到供应商承诺的微小付费,答应其在入口处主通道上设置陈列台、专卖柜、促销台等,使入口处通道不畅,导致顾客拥挤在大门内的一小块区域,顾客不能深入卖场内部。商店内的通道依照商品大类或供应商的承租面积,可以划分为两大类,即主通道和副通道。主通道是指大类商品之间形成的通道;副通道是指大类商品内部之间的通道。

主通道与副通道宽度的基本指标是:一个顾客站立的宽度需求为0.45米;一个流动顾客的宽度需求为0.6米。在规划通道宽度时,最基本的宽度应至少可容许一个人正常通过,然后再根据各种不同商店的人流量和顾客的视觉感受,综合得出店铺内通道应达到的基本指标,如表3-1所示。

表3-1 通道指标　　　　　　　　　　　单位:米

商店类型	主通道	副通道
大型店	3.6~6.5	1.5~2.1
中型店	1.5~2.2	0.9~1.8
小型店	0.8~1.6	0.6~1.2

4. 商品布局

(1) 商品布局应注意事项。① 合理安排动线和通道,使顾客购物方便。② 要营造良好的卖场气氛,如明亮、整洁、宽敞的卖场空间,各种安全设施的设置,温度的控制等。③ 店内卖场布局因店址条件、经营商品、季节、促销等因素而有所差异,应具有一定的可变性。

(2) 动线规划。顾客动线是指顾客在店内的行走、购物路线,其基本的规划原则是"单向道设计"(One Way Control),让顾客购物过程中尽可能依货架排列方式,将商品以不重复、顾客不回头走的设计方式陈列。应注意的问题是:① 收银台与入口要有适当的间隔,一般将收银台设于出入口的左侧,引导顾客往右走进入卖场内,这样可避免进出碰撞。出口与入口分离是通用的设计。② 应避免收银台与顾客购物动线的冲突,收银台与货架之间应根据卖场面积保持一定距离。③ 流畅的动线以大圆或椭圆环绕为佳,且由右方向左方环绕卖场。④ 顾客流动线、营业流动线应避免交叉。⑤ 顾客从入口进入卖场,在店内步行一圈后应能自然通过。

(3) 平面配置。以经营主副食品为主的超市,在进行商品的平面配置时,主要应考虑消费者的使用习惯和购买习惯,以及商品本身对顾客的吸引力。消费者购物的常规动线是:非食品→一般食品→生鲜。所以,新鲜蔬果如能放在进口处,则其营业额较高,日配品中的牛奶与果汁,由于购买频率高,所以多数超市已逐渐将该类商品往动线前端移动。此外,商品配置也要注意关联性,落地式货架的两侧,不得陈列关联性的商品,因为通常顾客是依货架的陈列方向行走的,很少再回头选购。所以,关联性的商品应陈列在通道两侧,而不应陈列在货架两侧。

5. 色彩组配

人的情绪会受色彩的影响,店铺设计科学搭配色彩,有利于员工和顾客的情绪稳定,使人在营业场所产生愉悦的心情,从而增添工作、休闲、购物的乐趣,提高店铺的经营业绩。

(1) 色的三要素。物体的色是通过色的三要素的组合而表现出来的,一是色调,指红、蓝、黄、绿、紫等基本色;二是亮度,指亮色、暗色等表示色的明亮度的要素。其中可设定以黑色的亮度为0,白色的亮度为10;三是彩度,指艳色、浊色等表示色的鲜艳度的要素,有无色彩(从白到黑的灰色系列)和彩色(红、蓝、黄色等系列)两类。

(2) 色的特性。① 辨别性:如黑底黄图、黄底黑图、黑底白图、紫底黄图、紫底白图的图形色彩,是最易辨别的颜色;黄底白图、白底黄图、红底绿图、红底蓝图、黑底紫图的图形色彩,是最难辨别的颜色。② 联想性:如金、银、白、黑象征高级;淡青绿象征文雅;橙、黄、紫红象征热闹;黄、橙、浅蓝象征快乐;浅黄、浅青绿、浅蓝象征美丽;粉红、淡黄象征天真;灰、深蓝、黑象征男性;粉红、紫红、蛋黄象征女性;粉红、淡黄象征幸福;淡紫红、明灰、浅蓝象征肃静。③ 寒暖性:如红、黄、橙是暖色;青、青绿、青紫是寒色;绿、紫、红紫是中性色。④ 好恶性:对色彩的嗜好与厌恶的顺位,因性别与年龄存在较大差异。如50岁左右的男性,嗜好色的顺位是黄绿色、橘红色、黄色,厌恶色的顺位是绛紫色、橄榄绿、红黑色;50岁左右的女性,嗜好色的顺位是淡绿色、白色、浅蓝色,厌恶色的顺位是灰色、茶绿色、橄榄绿。

(3) 店铺色彩。① 不同行业的店铺色彩的配合,如生鲜超市,主色为黄色、橘色,便利店主色为橘色。② 店铺各部分的色彩要求,如外装——与商品行业有关,超市及便利商店一般都采用明亮、清新、彩度高的色彩;店内地板——采用反光性低的色调,如灰色、黑色等无彩的颜色;店内壁面——使用较淡的颜色,依照营业面积的大小,可以采用的色彩有前进性(暖色、亮度高的颜色)、后进色(寒色、亮度低的颜色)来相互搭配;天花板——采用反射率高的色彩;窗户——必须考虑颜色的醒目度,并有效地利用色彩(红、橙、黄绿、绿等颜色)。③ 注意不同商品与色彩的配合,如医药品广告要体现可靠感、安全感,商品颜色为白、清,背景配色可以用白、橙、象牙白,突出颜色可配红、绿;食品广告要体现新鲜感、安全感,商品颜色为红、黄、黄绿,背景配色可用青绿、青、淡黄,突出颜色可配白、橙。

6. 店内照明

(1) 亮度。店铺照明设计的基本要求就是要达到一定的亮度。亮度可由三个指标来反映:① 光束,即来自光源的、眼睛可见的光流,是指单位时间内某一指定面积所通过的光的能量,用 lm 表示。② 照度,即一个单位面积所接受的光束,也称为光束密度,它的单位是勒克司,用 lx 表示,照度(lx)= 光源(lm)/面积(㎡)。③ 照明率,即照到某一平面的光束与全部光束的比。它因照明灯具、室内状况而异。

(2) 照明方式。照明方式有:① 直接照明——使光线直射商品,会使特定商品特别鲜明,富有立体感。② 半直接照明——主光线照射对象物,并兼照其周围。③ 间接照明——使光线射向天花板或墙壁,利用其反射光,创造安定、柔和的气氛。④ 半间接照明——与半直接照明相反,使上部比下部更加明亮。

(3) 照明方法。照明方法有:① 基本照明——为了使整个店铺及各个部分获得基本明亮而进行的照明,需要比较均匀的、范围较广的照明;② 重点照明——为了使商品产生明亮可见的效果,以提高商品吸引力的照明,关键在于把光线集中在商品上,如聚光照明、陈列器具内部照明、吊灯照明等;③ 装饰照明——为求得装饰效果或强调重点区域而进行的照明,如枝形吊灯、弧形灯、连接性闪烁灯、霓虹灯等。

(4) 照明度分配。店内照明度分配的目的:一是引起过往行人的注意,诱导他们进入店内;二是把店内顾客进一步诱导到商店的深处。设店内的基本亮度为 1,对其照明分配如下:① 店面、陈列棚、陈列台、柜台:1.5~2 倍;② 橱窗:2~4 倍;③ 店内后部陈列:2~3 倍;④ 重点商品陈列:3~5 倍。

7. 店内声音

店内声音,一是来自内外部的杂音,二是背景音乐。但令人遗憾的是,有不少店铺的背景音乐也如杂音那样令人生厌。调查显示,我国有接近 80% 的消费者都表示曾对商场的背景音乐感到烦躁不安,甚至有很多消费者因为背景音乐过于吵闹而离开商场,放弃了消费。

无论是杂音还是背景音乐,处理不当,都会对顾客与服务人员产生不良影响,声音对情绪的影响程度如表 3-2 所示。

表 3-2 声音对情绪的影响程度

音量 (分贝)	<20	30~40	50~60	70~90	>100
忍受时间 (分钟)及反应	长时间,舒适	长时间,无反应	60~120, 欲睡、发困	30~60, 不安、烦躁	10,狂躁

店内声音应注意三个问题:

(1) 隔绝外部噪声:建筑物采用封闭式结构,能较好地隔绝或降低外部噪声,也能保持店内冷、暖气不外泄。

(2) 去除内部噪声:地板、墙体和天花板,采用吸音材料,减少店内杂音的反射。

(3) 设计背景音乐:① 科学设计:连锁企业不仅要对总体背景音乐进行科学的设计和选择,要求各连锁店按照时段、客流、节日、特殊活动等情况选择由总部统一规定的不同风格的背景音乐。② 统一规范:店内各品牌局部播放的背景音乐也应该有统一的管理规定,如某些品牌为配合促销,播放自己的促销音乐,应该规定局部音乐的音量不能高于商场总体的背景音乐。③ 特别设计:特殊活动要设计特别的背景音乐。有家百货公司为迎接"皇马"购物团所设计的背景音乐是:当西班牙皇家马德里足球俱乐部成员刚到商场购物时,播放节奏欢快跳跃的西班牙乐曲;购物结束即将离开商场时,播放中国传统民族乐曲,这暗示着中国人的热情欢送和希望他们再次光临。④ 知识产权:背景音乐会涉及知识产权问题,应该对此有适当处置。

8. 后勤设施

后勤设施的主要功能为员工劳动、生活以及商品的加工处理与进货等。后勤设施也就是后场,大部分是员工以及厂商等活动的空间,担负着对前方支援补给以及指挥服务的责任。

(1) 工作场。工作场是从事商品化的场所,也就是将原材料加以分级、加工、包装、标价的场所。例如,在大型超市卖场,通常设有果菜、水产、畜产以及日配品的加工处理场所。生鲜食品的作业场应注意温度的控制以及排水的处理,符合卫生条件。同时,要注意位置的安排与店面的连接。

(2) 生活设施。有关员工的生活设施,主要有:休息室、食堂、化妆室、浴室等,优良的生活设施不仅有利于员工的招募,短暂舒适的休息,更可提高工作效率。清洁和维护是非常重要的一环。

(3) 办公室。通常,办公室是店长或店内主管办公的场所。此外,店内的会计、出纳、人员管理以及监视系统、背景音乐播放系统等,也都设在此处。

(4) 仓库。不同业态根据需要设置仓库。需注意的是后场的仓库仅作为进货至陈列间短暂储存的场所,而非长期的存放,其周期较短。由于物流公司的功能越来越强,对卖场可提供较佳的服务,因此后场的仓库面积有逐渐缩小的趋势。仓库的设置应考虑出入是否方便。

(5) 器具。后场器具,主要有搬运器具、通信器具、计量器具、保鲜设备、商品化处理设备、包装器材等,其规格及种类繁多,可视实际需要采购与配置。

三、商品陈列

商品陈列是指以商品为主体,并运用一定的技巧和方法,把卖场能够促进销售提高的商品摆在最佳位置,给消费者最佳展示,并方便购买。合理陈列可以起到展示商品、刺激销售、方便购买、节约空间、美化购物环境的作用。据 AC·尼尔森调查发现,2/3 消费者在店内做出购买某种商品的决定只需要 20 秒钟,意味着卖场有能力影响消费者的店内购买行为。经过调查发现,在所有影响消费者购物的要素中,商品陈列是一个非常重要的指标。

(一)商品陈列与销售额的相互关系

据调查,对于相同的商品,店铺改变消费者能见到的商品陈列面,会使商品销售发生变化。陈列的商品越少,消费者见到的可能性就越小,降低购买率。图3-3显示了陈列面积的变化所引起的销售额的变化。

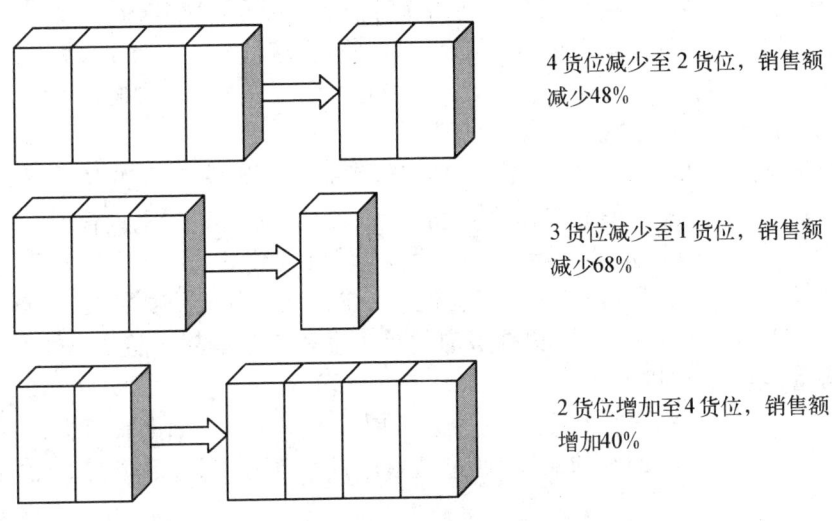

图 3-3 陈列面积与销售额的关系

另外,商品陈列的高低不同,也会有不同的销售额。货架区一般分为三个位置:上段、黄金段、下段。根据实践经验,在平视及伸手可及的高度(即黄金段),商品售出概率约为 50%;在上头及腰间高度,售出概率为 30%;高于或低于视线之外,售出概率仅为 15%。所以主力商品或推荐商品应陈列在平视及伸手可及的位置,而消费者不易拿到商品的位置,一般用于陈列低毛利、补充性和体现量感的商品,货架上端还可以有色彩调节和装饰的陈列。

调查发现,商品陈列时间的变化也能引起销售额的变化:店铺陈列第一天的促销效果为 100%,第二天为 90%,第三天降为 80%,第四天为 60%,第五天为

35%,第六天仅为30%。可见,保持陈列的新鲜感非常重要。

(二) 商品陈列管理

货架资源的分配以及商品陈列图的应用,是商品陈列管理的核心要求。

1. 货架资源

货架资源的分类涉及两个因素:一是货架在卖场中的区位,不同位置的货架,陈列商品的销售效果会有很大差异;二是货架上下的段位,由于同一货架上、中、下三段的视觉效果与拿取的方便程度不同,所以其销售效果也截然不同。

有效利用货架资源的基本工具是商品陈列图。商品陈列图也称商品台账图,是商品管理的核心技术,是建立均衡的商品结构、实现一致性陈列、提升订货技巧、改善库存结构、淘汰滞销商品、引进新商品、分析商品销售的综合管理工具与技术。

商品陈列图的制作属于空间管理技术,有成熟的应用软件,但最关键是执行。如果店铺不能动态维护商品陈列图,软件再好也不能发挥作用。这项工作需要总部、IT部门、商品部、营运部、连锁店等各个部门协同配合,才能产生实效。

沃尔玛在品类管理中发现,各品项的基本构成遵循25:50:25这样一个普遍的规律,即排位前25%的品项占全部销售额的75%～90%,中间50%的品项占5%～20%,最后25%的品项占5%以下。

由于排位前25%的重点品项占全部销售额的绝大部分,因此商品部经理每个星期都要对这部分重点商品的订货量、陈列量、陈列面数等进行重点管理。即根据POS数据进行排列分析,以决定下一周各品项的陈列数量。还要通过各品项陈列量的比较分析其中不足,并不断补充能够进入前25%的其他品项。

对于中间50%的品项,要根据每周的销售量重新调整其在品项中的位置,通过销售量排列,决定进入前25%的品项,淘汰至下一个25%的品项。

对于成为重点管理对象的品项,要以3周或4周为一个周期重新进行品项定位和调整,对于下位25%的品项,通过销售量排列,决定哪些品项被淘汰或停止订货。

2. 商品陈列高度

有些零售业态,卖场与仓库融为一体,为尽可能节省和利用营业空间,商品陈列高度达4～5米。这种模式在我国刚刚兴起的时候因为新鲜而受到消费者欢迎,但后来消费者还是更喜欢美观的店铺。所以,仓储式超市也就越来越少了。

消费者的感受途径决定着商品陈列高度,眼与手是消费者感受商品的两种基本途径。用眼感受商品最理想的角度和高度是平视,用手感受商品最理想的高度处于正常站立位置上,不必躬身、踮脚,伸手可取,即从腰到眼的高度。

以男性平均身高1.7米、女性平均身高1.55米为标准,则平视的高度男性为1.6米,女性为1.45米;而站立伸手接触到商品的高度,男性为0.6～1.5米,女性为 0.4~1.4 米。

综合以上几种高度可归纳出：在货架上陈列商品的最佳位置，称为陈列的黄金高度(Golden Height)，即 0.8~1.2 米，如图 3-4 所示。在这个高度，消费者一般无需弯腰和踮脚，就能很容易地看见和拿到商品。因此，在百货店中，要使用橱柜做展示陈列的，高度应在 0.8~1.2 米之间；在大型超市中，销售效果最好的陈列位置是第 3 层与第 4 层货架；便利店小型货架的最佳位置是顶层和第 4 层。

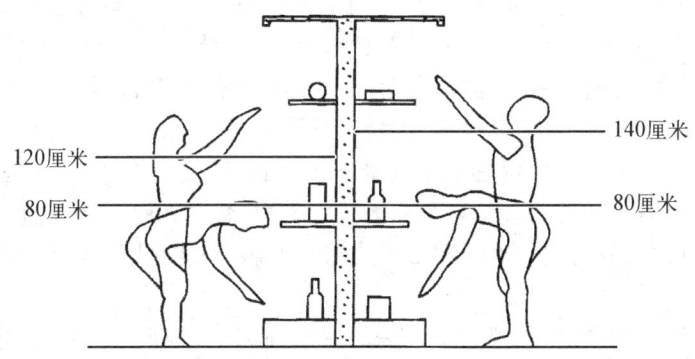

图 3-4　商品陈列高度与人体高度的关系

货架上商品位置的变化，相应地会引起销售量的变化，从黄金位置高度往上、往下移动，销售量相应减少；相反，从底层和顶层往黄金高度移动，商品的销量会得到提升。商品陈列位置变化与销量变化的规律是：中段往上段，增加 33%；中段往下段，下降 40%；下段往中段，增加 34%；下段往上段，增加 63%；上段往下段，下降 32%；上段往中段，下降 20%。

3. 商品陈列的基本原则

所谓陈列，就是把具有促进销售机能的商品摆放到适当的位置。其目的是创造更多的销售机会，从而提高销售业绩。其原则如下：

(1) 易见易取原则。所谓易见，就是要使商品陈列容易让顾客看见，一般以水平视线为中心的上 10 度下 20 度范围为容易看见部分。所谓易取，就是要使商品陈列容易让顾客触摸、拿取和挑选，与此关系最密切的是陈列的高度及远近。

(2) 分区定位原则。所谓分区定位，就是要求每一类、每一项商品都必须有一个相对固定的陈列位置，商品一经配置，商品陈列的位置和陈列面就很少变动，除非因某种营销目的而修正配置图表。这既是为了使商品陈列标准化，也是为了便于顾客选购商品。

(3) 前进梯状原则。它包括：前进陈列和梯状陈列。所谓前进陈列，就是要按照先进先出的原则来补货。所谓梯状陈列就是要求陈列商品的排列应前低后高，呈阶梯状,使商品陈列既有立体感和丰满感,又不会使顾客产生被商品压迫的感觉。一般来说,过分强调丰满陈列和连续性,被商品压迫的感觉就会增强,所以,采取倾斜、阶梯、突出、凹进、悬挂、吊篮等多种方法,适当破坏商品陈列的连续性,反而能使顾客产生舒适感和亲切感。

(4) 关联陈列原则。将相同类别或不同类别的商品,按照顾客的使用习惯与购买习惯,作相关陈列。一方面,同类商品应陈列在通道的两侧,或陈列在同一通道、同一方向、同一侧的不同组货架上,而不应陈列在同一组双面货架的两侧。另一方面,不同类别但在使用上相互关联的商品,可以陈列在一起,如洗衣粉—洗衣袋、毛巾—牙刷、儿童用品—温度计、烤鸭—啤酒、尿布—啤酒、尿布—奶嘴、遥控玩具—电池、牙膏—旅行盒、面粉—擀面杖、床上用品—樟脑球、酱油—抹布、方便面—火腿肠、红茶—领带、保健品—健身球、白酒—袋装花生、脸盆—毛巾、被子—晾衣绳、CD唱片—雪碧等。这种陈列方式也成为"交叉陈列"。连锁企业一般是按照商品属性陈列,缺乏对顾客使用习惯的深入了解,这是商品陈列值得改进的一个重要方向。

(5) 满架满放原则。货架上的商品必须经常、充分地放满陈列,给顾客商品丰富的好感觉,从而吸引顾客购买,同时减少内仓库存,加速商品周转。满陈列应该包括三层基本含义:① 商品丰满,商品有量感;② 品种丰富,陈列有美感;③ 更新快捷,商品有时尚感。

4. 商品陈列基本方法

商品陈列的基本方法有量感陈列和展示陈列两种。

(1) 量感陈列法。量感陈列一般是指商品陈列数量的多寡。但这种观念正在逐渐发生变化,从只强调商品数量多寡的做法改变成注重陈列的技巧而使顾客在视觉上感到商品很多。譬如,所要陈列的商品是50件的话,那么通过量感陈列会让人觉得不止50件商品。所以,量感陈列一方面是指"实际很多",另一方面则是指"看起来很多"。量感陈列一般适用于食品杂货,以亲切、丰满、价格低廉、易挑选等来吸引顾客。量感陈列的具体手法很多,如店内吊篮、店内岛、壁面敞开、铺面、平台、售货车及整箱大量陈列等。其中整箱大量陈列是大中型超市常用的一种陈列手法,即在店铺辟出一个空间或拆除端架,将单一商品或2~3个品项的商品作量感陈列,一般在下列情况下使用:低价促销;季节性促销;节庆促销;新产品促销;媒体大力宣传;顾客大量购买等。

(2) 展示陈列法。展示陈列是指商店为了强调特别推出的商品的魅力而采取的陈列方法。这种陈列一般适用于百货类和食品,虽然陈列成本较高,但能吸引顾客的注视和兴趣,营造店铺的气氛。常用的陈列场所有:橱窗、店内陈列台、柜台、手不易够到的地方(如货架顶端)等。体现"展示陈列"魅力的基本要点:一是明确展示主题,弄清楚要表现什么或要向顾客诉求什么,如新鲜还是营养？时尚还是廉价？二是注意构成手法,要求商品陈列的空间结构、照明与色彩相互有机配合。例如,正三角形的空间结构给人以宁静、安定的感觉,而倒三角形则给人以动态感、不安定感和紧张感。三是注意表现手法,采用一些独特的展示手法吸引顾客的注意力。

5. 商品展示方法与形式

商品展示方法主要有以下几种:

(1) 集中焦点法:利用色彩、光线等制造出卖场焦点,引人注意。例如,色彩由亮到暗,或色彩由冷色调变为暖色调,对比越强烈,越容易产生焦点效应。

(2) 制造季节法:冬季、夏季时季节性商品可制造出良好的时令变化效果。

(3) 使用场景法:把相关产品集中摆放,制造出一个特定的使用场景,能产生良好的商品促销效果。例如,登山用品、露营用品、运动用品等均适合。如图3-5所示。

商品展示形式主要有以下几种:

(1) 三角形摆放:稳定的感觉,适宜多种商品。

(2) 圆形摆放:用在不易表现量感的商品陈列,如立柱。

(3) 半圆形摆设:适合立柱、墙边、墙角。

(4) 曲线形摆放:有流动感,适合妇幼用品。

图3-5 场景展示

(5) 直线形摆放:墙面、陈列台、货仓超市。

(6) 放射线摆放:适合小件、新型商品。

6. 商品陈列技巧

常用的商品陈列技巧有:端头式、去盖式、排面式、树丛式、岛式、突出式等,如图3-6所示。其他陈列技巧有悬挂式、混合式、死面式等。

(1) 端头式:端头即货架两端,这是销售力极强的陈列位置。端头陈列可以是单一品项,也可以是组合品项,以后者效果为佳。端头组合陈列应注意:① 品项不宜太多,一般以5个为限;品项之间要有关联性,绝对不可将无关联的商品陈列在同一个端架内;② 在几个组合品项中可选择一个品项作为牺牲品,以低廉价格出售,目的是带动其他品项的销售。

(2) 去盖式:去盖整箱陈列,将非透明包装商品(如整箱的饮料、啤酒、调味品等)包装箱的上部切除(可用斜切方式),或将包装箱的底部切下来作为商品陈列的

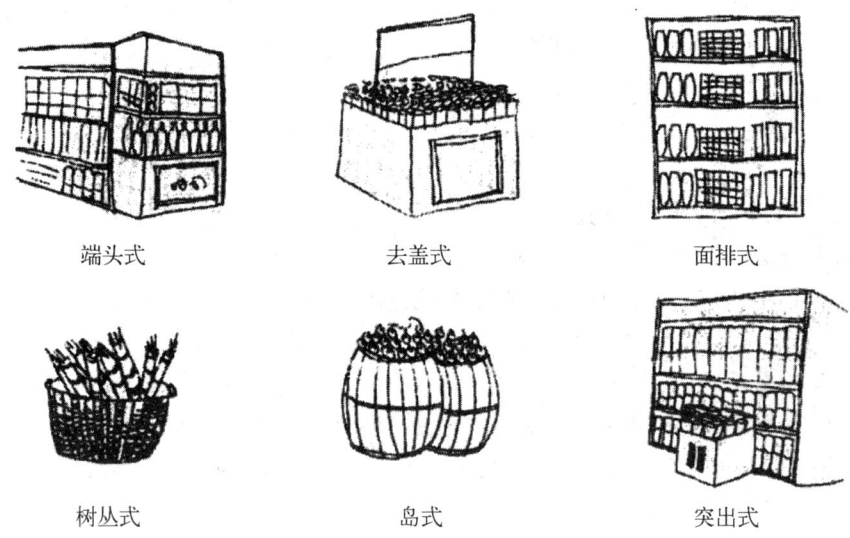

图 3-6 商品陈列技巧

托盘,以充分显示商品包装的促销效果。

(3) 排面式:利用货架分层、分排陈列,陈列方式应该以纵向陈列为主。为了让同类商品享受到货架上个段位的销售利益,一般采用纵向陈列法从上而下垂直陈列。同类商品如果横向陈列,顾客在挑选时会感到不方便,因为人的视线上下移动比横向移动更方便。

(4) 树丛式:用篮、筐或桶,将商品插在里面,陈列于出入口或端头边,能使顾客产生便宜感,常用十分低廉的价格整篮、整筐或整桶出售。

(5) 岛式:运用陈列柜、平台、货柜等陈列工具,在店铺的适当位置展示陈列商品。这种陈列能强调季节感、时鲜和丰富感。应注意:① 陈列工具应与商品特征相配合;② 陈列工具一般适宜于放置在店铺的前部和中部,这样就能向顾客充分展示岛式陈列的商品,如果陈列在后部往往会被货架挡住视线;③ 陈列工具不宜太高,以免影响顾客的视线;④ 陈列工具最好装有滑轮和搁板,以便根据需要而调整;⑤ 陈列工具要牢固、安全。

(6) 突出式:将商品放在篮子、车子、箱子或突出板(货架底部可自由抽动的隔板)内,陈列在相关商品的旁边销售,主要目的是诱导和招揽顾客。应注意的问题是:① 突出陈列的高度要适宜,既要能引起顾客的注意,又不能太高,以免影响货架上商品的销售效果;② 突出陈列不宜太多,以免影响顾客正常的动线;③ 不宜在窄小的通道内作突出陈列,即使比较宽畅的通道,也不要配置占地面积较大的突出陈列商品,以免影响通道顺畅。

（7）悬挂式：用固定或可以转动的装有挂钩的陈列架陈列，一般适用于日用小商品，如剃须刀片、电池、袜子、手套、帽子、小五金工具、头饰等缺乏立体感的商品。

（8）混合式：把商品的原有包装拆下，或单一品项或几个品项组合在一起陈列于岛式陈列工具内出售，通常以一个统一的价格出售，这种陈列方式也能使顾客产生便宜感。

（9）死面式：生活必需商品，陈列在卖场或货架的死面（角），使顾客必须走遍全部卖场。例如，洗涤用品是顾客的必需品，即使陈列在卖场通道的末端，顾客也愿意前往，反而会吸引顾客进入超市的最里面。又如，食品是超市的主力商品，应该被陈列在卖场主通道两侧或超市的主要位置，而这些位置通常是顾客必须经过的地方。

7. 商品陈列的检查事项

商品陈列检查的主要事项如下：

（1）是否按商品配置标准陈列？

（2）商品陈列是否随季节、节庆等的变化而随时调整？

（3）是否将陈列商品的使用方法一同展示出来？

（4）是否注意到商品的关联性？

（5）陈列商品是否整齐？

（6）商品的形状、色彩与灯光照明是否能有效地配合？

（7）商品的价格标签是否完整、规范？

（8）陈列商品是否便于顾客选购？

（9）陈列商品是否容易接近？

（10）陈列的方式是否能突出丰富感及商品的特色？

（11）商品是否有灰尘？

（12）能否展现商店所经营的主力商品？

（13）促销商品能否激发顾客的兴趣？

（14）商品陈列的位置是否在店员视线所及的范围之内？

（15）商品出售以后，补货是否方便？

（16）是否有效地利用墙壁和柱子来陈列商品？

（17）商品的广告海报是否破旧？

（18）各部门陈列的商品，其指示标志是否明显？

（19）引导顾客的标志是否易见易懂？

（20）陈列设备是否与商品相称？

（21）陈列设备是否安全可靠？

（22）破旧的陈列设备是否仍然在使用？

(23)员工对陈列设备的使用方法是否已详细了解?

第二节 招 商 管 理

招商是商业经营的一种模式,无论是大卖场、百货公司、购物中心,都要加强招商业务管理。一般的运作模式是总部统一招商,但店铺也必须加强日常管理。

一、招商部门的职责与工作模式

(1)招商部门的职责是寻找租客,作有关租金方面的市场调查,与租客就价格及合同进行谈判,安排客户进场,监督租客装修,配合门店商铺管理,收取租金,关注客户动态,安排推广活动,挖掘潜在的租客资料等。

(2)招商部门的工作模式可以分为反应式和主动式。反应式表现为等待信息,接受市场,经营无意识,注重租金,强调客观,任务观念。主动式表现为猎取信息,开发市场,经营最优化,具战略眼光和价值观念。

二、招商目标

招商的目的有两个:一是完善店铺功能,满足顾客的多样化需求;二是降低经营成本,转移部分经营风险,甚至可以实现零租金经营。通过招商可以实现以下目标:

(1)购物功能:日常生活必需品一次性购足,如生鲜、副食、非食品等。

(2)服务功能:生活配套,享受人生,如冲印、美容美发、配镜等。

(3)餐饮功能:调剂和改善家庭伙食,如小吃、快餐、咖啡等。

(4)娱乐功能:提升生活质量,愉悦、放松,如翻斗乐、网吧、游戏机等。

(5)维修功能:应急处理,解除后顾之忧,如提供维修服务。

(6)社区功能:节约时间,方便居民,如交费、家政、家教等。

三、招商步骤

招商是一个持续的过程,招商前需要介绍与谈判,招商后需要管理与服务。

(1)招商前作业的主要步骤包括:了解商圈及商场布置;寻找并选择租客;推荐位置,进行谈判;签预定书并收定金;租客提供装修设计方案及水、电、煤气要求;签合同。

(2)招商后作业包括:为商户提供信息与物流方面的支撑;对商户的统一管理和统一营销;招商以后,门店负责招商区的管理工作,包括招商区现场管理、租金及水电费的收取、新客户的引进及与公司招商部门沟通等。

四、商户管理

（1）商家的选择应该注意：商圈顾客的生活习性和生活方式，尽量照顾周边消费者的实际需求；招租的品牌具有一定的知名度和市场占有率，具有良好的市场营销和推广经验；优先考虑代表流行趋势、风格独特的商家和商品，吸引消费者的目光；店中店可以逐渐向百货公司和专卖店靠拢，缩小档次间的距离，给人以高档的感觉。

（2）商户管理包括：基本服务；维修、清洁与保养；公共区域；法律和法规；保持和配合保险与赔偿；招贴与促销广告；联合策划与行动；营业时间；保安；客户投诉；业主的承诺；租户的保证等。

五、招商收费与招商谈判

（1）招商收费的高低取决于店铺的经营人气与成长潜力。最基本的收费方式有三种：① 租金方式：按照租赁面积支付租金，独立经营，责任与税负自担，承租户营业收入的高低与店铺无关。② 扣点方式：店铺按照承租户营业额的一定比率收取费用，独立经营，责任与税负自担。③ 联营方式：承租户按照销售情况向店铺交纳一定费用，不再缴纳租金，纳税等事项由店铺负责。如果是扣点方式，出租方为了保证自身利益，往往会确定一个保底销售额，如果销售额低于保底销售额则按照保底销售额计算。

（2）招商谈判主要考虑：租赁场地，租金、定金、履约条款，场地条件和其他设施，甲、乙双方的权利和义务，合同期限等。

（3）招商合同基本条款有：① 租金：一般由基本租金和管理费两部分组成。管理费是门店为承租户提供管理和服务的费用，包括在店铺规定的营业时间内向公共区域提供中央空调、照明、清洁、保安、园艺及提供厕所、电梯、停车场等服务和管理所需的费用。如果管理费标准是：0.7元/平方米·天，则月管理费＝管理费标准×租赁铺位的面积×365天÷12个月。② 公用事业费：包括电费、水费、煤气费、电话费等公用事业的费用。③ 押金：包括公用事业费押金、预付租金及商品质量保证金。④ 租赁期限：租赁期限原则上均为1年，但对于某些大型知名餐饮承租户或有特殊要求的，租期可适当延长。

六、新承租户的引进

（1）对有意向承租的商户，应填写"承租户入驻意向书"。

（2）与商户进行洽谈时，应出示"承租户须知"交承租商户，并索取对方的营业执照等相关资料。

(3) 新引进商户经营的业态及租金参照原铺位的状况,若有调整须与相关部门及时沟通。

(4) 承租户应提供营业执照、税务登记证、食品卫生许可证等相关证照(个体承租户需提供身份证复印件,经营品牌商品须提供品牌证明及品牌授权书)等材料。

(5) 合同签订后,总部签发"招商承租户进场通知单"给门店,由门店与承租商户签约,合同一式四份,返还承租户两份,总部的招商部和门店招商各执一份。

(6) 承租户进场前需缴纳合同中约定的租金、押金等相关费用,店铺收费后出具发票和收据。

(7) 承租户进场前需进行房屋交接,让承租户确认水、电表的初始数据及现有设备情况。

(8) 要把承租商户营业员纳入店铺人员管理范畴,进行必要的岗前培训。

(9) 督促承租商户及时办理食品卫生许可证、工商营业执照、税务登记证等相关证照。

七、日常管理

(1) 招商区巡视。每天不同时段巡视招商区域,观察了解承租商户的经营状况,记录承租商户的销售额,填写日销售统计台账,报相关部门。

(2) 客诉处理、促销活动、经营评估。要妥善处理招商区域的顾客投诉;适时组织招商区促销活动,提高承租商户的承租稳定性;定期对承租商户的经营状况进行评估,预测承租户承租趋势。

(3) 收款、催款。在合同约定的付费日前 10 天门店发出缴款通知,如承租户未按时付款,门店即日发出催款通知单,通知单须由承租户签收。承租户必须按合同约定及时缴纳租金及水电费,不可用押金抵充租金。管理人员每月按时填报"招商租金及费用收缴情况汇总表",门店留档,同时发送到总部相关部门。要跟踪催款通知发出后的缴款情况,与承租商户保持及时的沟通和联系,限其在一定期限内还清欠款。最后期限到期时,承租商户还未支付欠款,可依法终止合同,并追究其违约责任。

八、合同的续约、调整与终止

(1) 续约:合同到期后承租户意欲续约,应及时沟通,办理与承租商户续约手续。

(2) 租金调整:合同执行期间,承租户书面提出调整租金要求的,应根据承租户经营状况及时沟通,商定调整方案后,及时签订补充协议。财会人员凭租金变更通知单,核对补充协议后,收取变更后的租金和押金等费用。

(3) 合同终止:① 自然终止:合同到期后承租户不再续约,则合同终止;② 非自然终止:承租商户可提前 30 天递交提前撤场申请报告,经协商同意后可办理终止合同手续,并签订提前终止租赁合同的协议。

(4) 撤场:撤场的承租户,到工商管理部门注销以该租赁铺位申领的营业执照。承租商户质量保证金的押金不可用来抵充租金,承租商户须缴清各项应付款项后方可撤场。已被同意撤场的承租户必须于合同或协议规定的终止日或之前撤场。

(5) 退质保金:商品质保金原则上在合同终止 3 个月后,该商户无商品质量问题发生,可退还承租户。

第三节　店铺筹建管理与开业计划

一、店铺筹建与开业的基本要求

店铺筹建是指租赁合同签订以后的装修、开业准备、试营业等活动。基本要求是程序化、系统化、工具化。

(1) 程序化。从工程进场开始装修到店铺开业,工作任务繁杂,涉及部门众多,情况变化频繁,需要建立一套严格的体系,一切按程序执行,做到既分工又协调。例如,合同签订后,相关部门与人员,如工程部、企划部、开店组或店长等必须共同去勘察门店,勘察内容包括:核实建筑平面图尺寸,进行商圈、竞争门店调查等。企划部门根据商圈调查资料、租赁合同、政策法规、开店计划、建筑平面图等相关资料,设计商场平面布置图、门头效果图,并编制新开门店计划任务书。新店计划任务书上的内容如下:开张日期、所属区域、门店流水号、门店地址、总面积、价格体系、负责人、联系电话等。根据商场平面图确定货架、收银台、冷冻设备、厨房设备、不锈钢制品、木制品道具、仓储设备等商用设备的配置,编制设备配置清单,形成设备添置申请表,分发到办公室和总务部,由它们下发订单,确保按时供货。企划部门根据门头效果图,出具广告施工任务单,分别交施工单位、工程部及门店(包括初始图纸尺寸),并负责施工期间变更的确认。企划部门根据门店实际情况,制定开张营销方案,包括广告宣传、DM 制作、促销活动等。

(2) 系统化。上述所有工作都必须制定相应的计划,如开店计划、试营业计划、开店日计划等。

（3）工具化。把需要完成的工作作适当分类，如办理证照、硬件工程、水电工程、消防工程、设备验收、货架安装、人员招聘、岗前培训、促销安排等，每一项工作都涉及企业内外部不同的部门，各项工作可以通过表式来规范，实现工具化操作。

二、开业计划

开店计划可以按照开业日期倒计时来确定，涉及的工作可以归纳如下：调查、商品、证照、工程、设备、广告、货架、人员、客户、供应商、清理与清洁、电脑与系统、安保、资产、物业、招商、财务。上述项目按开店计划实施，有前后关联也有交叉关联，有些项目如结算收银系统、消防系统、电梯、照明系统等都必须经过严格的测试，有些项目或设备必须通过政府监管部门的验收或检测，如消防、卫生、电梯、电子秤等。

为了确保开店顺利成功，需要制定试营业计划，目的是为了发现问题，以便正式营业时能够更有序。

开店日计划与试营业计划类似，但正式开业由于促销宣传等方面的原因，来客数会比试营业多，要做好各方面的预案，尤其是要做好安全、应急等方面工作预案。开张日的重点工作包括：员工定岗定位，重点岗位把守；卖场安全防范，包括顾客安全、员工安全、商品安全、现金安全；外来支援人员的定岗定位；零币准备；促销商品与赠品的到位与及时补货；把握商品销售动态与及时报告；现金及时解缴；交通停车安排等。

本 章 小 结

1. 店铺筹建是营运管理的开始，应该按照"套装原则"，在总部与门店的共同努力下完成，商业设计已经发展成为一种专业技术，连锁企业在店铺开发过程中应该不断提升技术含量。

2. 要推行"套装概念"，涉及连锁企业的各个部门，即使是店铺开发本身的职能，不同的公司也有不同的操作办法。例如，店铺平面配置与商品陈列，可以由企划营销部负责，也可以由营运部甚至商品部来负责。总之，店铺开发工作不可能由任何一个单独的部门来完成，所以，工作越是标准化，像组配零部件那样，就越能够有条不紊。

3. 卖场布局、商品陈列与环境氛围是连锁店促进销售的直接决定因素，这也是提高营运业绩的重要途径。

问题思考

1. 店铺选择应该考虑哪些基本要素?
2. 新店筹建与开业应坚持什么原则?应做好哪些主要工作?
3. 店头设计的原则是什么?
4. 陈列设计商品的黄金角度的意义何在?
5. 卖场中如何划分好商品空间、服务空间和顾客空间的比例?

实践应用

一、统一超商 7-Eleven 选址

2009 年 4 月 30 日,台湾统一集团旗下的四家 7-Eleven 在上海同时开业,分别位于:徐汇区天钥桥路 333 号——飞鹰店(餐饮区、商务区、商业区)、卢湾区蒙自路 49 号——永业店(住宅区)、浦东新区张杨路 707 号 102 室——人寿大厦店(商务区)、徐汇区沪闵路 9001-3 号南站地下商场北馆 C 区 1-C2——南站店(交通枢纽)。据统一超商(上海)便利有限公司副总经理苏嘉琪介绍,选址永业店,是考虑到高端社区的便利店有发展潜力,永业店位于政府官员居住区,属于比较高端的社区。台湾便利店已成为社区服务中心,凡是不便利的地方,就有 7-Eleven 的发展机会。7-Eleven 选址是先进社区,后来发现社区缺乏足够的需求,便退出社区,现在又重新进入社区,这有一个发展过程。他还说,本来以为永业店位于较高端住宅区,会有较好业绩,但相比而言,这家店在四店中业绩最差。

我国便利店最初出现于近代,一种是洋便利,另一种是土便利。土便利一直延续到现在,分布及其广泛,以食品为主,是一种贴近居民小区的小杂货店。从 21 世纪初开始,我国便利店进入快速发展期。初期的便利店也首选居民小区,但以后逐渐退出居民小区,把商务区、商业区、公交站点、医院、学校、餐饮街、娱乐区、经济开发区、交通枢纽点甚至地铁站作为重点开发区域。

讨论题:

1. 根据便利店的业态定位,分析便利店选址的基本要求。
2. 分析统一超商上海 7-Eleven 的选址策略如何?永业店销售业绩不尽如人意的原因有哪些?
3. 统一超商上海 7-Eleven 的选址策略对上海本土便利店的发展有哪些启示?

二、商品陈列调查

开列日常用品的购买清单,到超市观察这些商品的陈列方式。

讨论题:

1. 观察这些商品按什么方式陈列,如洗发水、沐浴露等。
2. 观察这些商品是否实施了交叉陈列,如厨房用品、旅游用品等。
3. 观察顾客购买商品的动线,并向顾客询问,商品陈列的方式是否满意,如手电筒与电池的陈列位置。

三、零售业态门面调查

选择超市、便利店、餐饮店、百货店,记录这些店铺的门面设计,并进行分析。

讨论题:

1. 不同业态、不同品牌的门面的主色调有什么差异?
2. 不同业态、不同品牌的门头招牌的高度有什么差异?
3. 不同业态、不同品牌的门头招牌的灯光形式与所有材料有什么差异?

第四章　连锁店供应链管理与采购控制

学习目标

1. 理解面向需求的供应链。
2. 掌握供应链分析的基本方法。
3. 掌握连锁企业商品采购的基本流程。
4. 理解采购控制的基本方法。

供应链问题由来已久。正如民谣所说：丢失一个钉子，坏了一只蹄铁；坏了一只蹄铁，折了一匹战马；折了一匹战马，伤了一位骑士；伤了一位骑士，输了一场战斗；输了一场战斗，亡了一个帝国。在连锁经营体系的供应链全过程中，也存在类似的"放大效应"，如果对微小变化不重视，往往会危及整个连锁经营体系。供应链的核心问题是信息链，信息不对称将导致供应链缺乏效率，甚至发生供应链危机。

【引导案例】

啤酒游戏与长鞭效应

啤酒游戏是一个研究供应链库存管理的游戏。游戏的规则十分简单，由几个人分别扮演用户、零售商、分销商、仓库和厂商——这是一个从产品生产到用户的流程。

啤酒制造商生产啤酒，首先要采购大麦、啤酒花等原材料，并进行酿造。酿造出来的啤酒为了保持鲜度，需快速地通过各种流通渠道运送到零售商店。小规模的酒类专卖店向批发商进货，大型连锁零售商则不通过批发商，直接从制造商进货。

市场一旦发出商品销售见好的信号，零售商就开始不断订货，这时也最容易发生缺货或延误送货，于是就不断追加订货，订货量从零售商逐级放大到批发商,再到生产制造商,甚至更上游的相关企业。后来发现,市场的实际需求量根本没有那么大,需求量在供应链中被人为地放大了无数倍。

啤酒游戏是一种针对单一啤酒品牌生产和销售的模拟试验。从这个游戏中可以发现供应链信息真实性的重要意义。供应链管理者的任务是协调供应商、采购代理商、市场营销人员、渠道成员和顾客之间的关系。

需求信息在供应链中的扭曲传递现象被称为长鞭效应或牛鞭效应(Bullwhip Effect)。其含义是:当供应链上的各个参与者只根据来自相邻的下级企业的需求信息进行生产或者决策时,需求信息的不真实性会沿着供应链逆流而上,产生逐级放大的现象。当信息到达源头的供应商时,其所获得的需求信息与实际消费市场中的顾客需求信息会发生很大的偏差。由于这种需求放大效应的影响,供应方往往维持比需求方更高的库存水平或生产准备计划。

资料来源:《商业营运管理》,立信会计出版社2010年版,作者:周勇。

阅读思考:
1. 为什么供应链中的需求信息会逐级放大?有哪些解决办法?
2. 有人说,供应链管理关键是"信息链",你是否同意这样的观点?

第一节　供应链管理原理

一、供应链的概念

按照物流术语国家标准,供应链(Supply Chain, SC)是指生产及流通过程中,涉及将产品或服务提供给最终用户活动的上游与下游企业所形成的网链结构。供应链概念的提出,使企业的生产经营活动向前延伸至原材料与设备供应商,向后延伸至消费者。

供应链的基本架构由原材料和零部件供应商、产品制造企业、运输和分销公司、零售企业以及售后服务企业组成,它们向最终消费者提供产品和服务。

在供应链中包含两种移动方向:通常流向供应链底端的物料实体移动(物流)、价值转移(价值流)以及在供应链中双向移动的信息交换(信息流)。

供应链与物流既具有关联性,又存在差异性。供应链是在物流基础上发展起来的,是物流概念的发展形态,但它并不仅仅是指物的组织、流动和联系,更强调企业上下游之间的战略合作与伙伴关系。

二、供应链管理的定义与特征

对于供应链管理(Supply Chain Management,SCM),有许多不同的定义和称呼,如有效客户反应(Efficient Consumer Response,ECR)、快速反应(Quick Response,QR)、虚拟物流(Virtual Logistics,VL)或连续补充(Continuous Replenishment)等。反映了管理的层次与角度不同产生的认识不同,但都要求通过计划和控制实现企业内部和外部之间的协调与合作,实质是集成了供应链和增值链两个方面的内容。

供应链管理就是指对整个供应链系统进行计划、协调、操作、控制和优化的各种活动过程,注重企业间的合作。它是一种集成的管理思想和方法,即把供应链上的各个企业作为一个不可分割的整体,使供应链上各企业分担的采购、生产、分销和销售的职能成为一个协调发展的有机体,突破了部门、企业间的本位主义,促进部门、企业间的相互合作,以实现资源的优势互补以及物流、信息流和资金流在企业间的合理流动,提高整个供应链的效率。

供应链管理的目标是要将顾客所需的合适的产品(Right Product)能够在合适的时间(Right Time)、按照合适的数量(Right Quantity)、合适的质量(Right Quality)和合适的状态(Right Status)送到合适的地点(Right Place),并使总成本达到最佳。

供应链管理的特征如下:

(1) 以顾客满意为核心。最终让顾客满意是供应链全体成员的共同目标。顾客满意的实质就是顾客获得了更多的有价值的产品与服务,其价值增加源于供应链中的供应商与制造商、制造商与销售商彼此之间建立的战略合作伙伴关系,供应商直接将原料运送给制造商,制造商直接将产品运送给销售商,企业间原有的采购与销售成本被大大削减,包装和管理等成本也随着物流环节的减少而降低。因此,通过供应链管理能以更低的价格向顾客提供更优质的产品和服务,提高了顾客的满意度。

(2) 以新型合作竞争模式为主导。供应链管理是集成式管理,不仅要考虑企业内部的管理,更注重供应链上各节点企业间的资源利用与合作,实现合作与博弈的"双赢"格局。供应链是一个整体系统,各企业成为该系统中的一个子系统,相互间组成动态联盟,彼此信任,共同合作开拓市场,追求供应链整体系统效益的最大化,并分享供应链带来的成本节约和创造的效益。

(3) 以网络信息技术为支撑。供应链管理是现代网络信息技术与战略联盟相结合的产物,高度集成的网络信息技术是其运行的技术基础。ERP 技术为实现供应链管理提供技术保障,如零售企业建立的总部商品管理系统、门店销售管理系统、财务管理系统、物流管理系统、自动补货系统、办公自动化系统、数据分析系统、预付卡结算系统、会员管理系统、呼叫中心等,通过企业内部网络和数据交换系统,将门店、总部、配送中心、供应商等信息实现集成化管理。

三、供应链管理的内容

供应链管理的内容包括:供应(Supply)、生产计划(Schedule Plan)、物流(Logistics)、需求(Demand)。供应链管理的目标主要表现在两个方面:一是提高服务水平;二是降低营运成本。

企业供应链管理还可以细分为作业领域和决策领域。作业领域主要包括采购、库存控制、仓库管理等。而决策领域包括客户服务、选址、网络设计等内容。所以,企业的供应链管理不仅仅是实物在供应链中流动的作业管理,还应包括:战略联盟关系和客户关系管理;供应链中商品的需求和预测计划;供应链的设计,具体包括供应链节点企业的选择、资源设备的评价、选址和定位等;企业内部与企业之间供应与需求管理;帮助供应商基于供应链管理的产品设计与制造管理、生产集成化计划、跟踪和控制;基于供应链管理的顾客服务和物流作业(运输、库存、包装等)管理;基于网络技术的供应链交互信息管理等。

第二节　供应链管理模式

一、供应链管理的三种模式

供应链管理有三种模式:一是以制造企业为主导的供应链管理;二是以零售业为主导的供应链管理;三是以集成物流供应商(Third Party Logistics,3PL)为主导的物流服务供应链管理。

以制造企业为主导的供应链模式中,制造企业成为供应链的核心企业,通过对市场需求的分析预测,确定产品品种、数量、交货期与交货地点,通过企业资源计划(ERP)系统将原料供应商的采购物流以及产品分销商、零售商的分销物流整合起来传达至消费者,从而实现供应链整体的优化。

以零售业为主导的供应链管理模式中,其核心企业往往是大型零售商,大型零售商采取连锁经营模式,由多家门店形成网络结构,覆盖面更广,能够直接面对最终消费者快速捕捉到市场需求变化的信息,并及时将商品信息通过门店、总部、配送中心与各供应商发生联系,做到及时补货、供货,高效率满足消费者需求。

以集成物流供应商为主导的物流服务供应链管理,是通过第三方专业化物流服务企业,将产品从原料供应、制造、存储、运输、分销全方位整合,提供更有效的物流服务。现在有一种日益增长的趋势,即许多公司向3PL外包整个过程而不只是物流。有关制造业利用3PL的情况调查表明,3PL向财富500强企业提供的服务中有2/3是基本的运输服务,接近半数的是仓储服务,不足20%的合同包括了供应链的一些深层次活动,如库存补充和产品装配。

二、解决长鞭效应问题的途径

长鞭效应很大程度上归因于供应链上各成员之间信息沟通不畅,合作不紧密。解决长鞭效应问题,主要有六种途径。

第一种途径:用信息换库存。不用上一级的订单来估计需求变化,利用信息技术将市场需求信息提供给供应链的各级,使各级能根据市场需求确定订单的大小和安全库存。这个途径通常称为用信息换库存。最直接的途径就是采用POS系统数据,使供应链各级成员能够准确了解最终市场的需求信息,过滤掉中间环节预测所带来的信息干扰。

第二种途径:减少供应链的级数。供应链级数越多,整个供应链所需的安全库存就越大,商品流通时间越长,长鞭效应越明显,减少供应链的级数能使"长鞭"缩短,以致"长鞭效应"不明显。采用电子商务和联合库存控制,能减少流通环节。联合库存控制是一种风险分担的库存控制模式。采用地区分销中心的库存方式,可减少各经销商不必要的库存量,各销售商只需要保持少量库存,商品库存主要由地区分销中心储备,从而减轻了各销售商的库存压力。分销中心发挥了联合库存控制的功能,既是商品的联合库存中心,同时也是需求信息的传递枢纽。

第三种途径:缩短提前期。信息收集提前期的缩短,能减少信息预测与传递的误差。采用现代信息技术能实现这一目标,如使用决策支持系统可以加速物流决策过程,利用现代先进制造技术、并行工程、对现有产品构造和生产流程重新设计等手段能缩短产品制造周期,采用现代集成化物流技术及第三方物流能缩短物流运输时间,通过协调供应链上各成员间活动能缩短等待时间。这些方法的使用有利于缩短提前期,减少预测误差,消除长鞭效应。

第四种途径:利用"天天低价"(Everyday Low Price,EDLP)营销策略。天天低价策略的实施有利于减少价格波动,从而减少顾客需求的波动,能使需求预测相对稳定。

第五种途径:建立战略合作伙伴关系。在供应链中建立战略合作伙伴关系可以减小甚至消除长鞭效应。供应商管理库存,是一种供应链集成化运作的决策代理模式,即把用户的库存决策权授权给供应商,由供应商或批发商实施库存决策,让供应商确定零售商的安全库存和补充库存,从根本上消除长鞭效应。

第六种途径:建立多级库存控制。多级库存优化控制是对供应链资源的全局性优化控制方法,它是在单级库存控制的基础上形成的。多级库存控制的方法有以下两种:① 中心化策略。中心化策略是将库存中心放在核心企业,由核心企业对供应链系统进行控制,协调上游企业与下游企业的库存活动,核心企业同时成为供应链上的数据交换中心,担负着数据的集成与协调功能。在多级库存控制策略中,可采用"级库存"取代"点库存",每个库存点不但要检查本级库存点的库存数据,而且还要检查其下游需求方的库存数据(级库存),以掌握下游企业的库存状态为基础,因此能避免信息扭曲现象,较好地解决需求放大的长鞭效应问题。② 非中心化策略。非中心化策略将供应链的库存控制分为三个成本中心,即制造商成本中心、分销商成本中心和零售商成本中心,各个中心根据自己的库存成本优化原则制定库存控制策略。

三、零售供应链管理模式的优化

供应链管理模式的选择与构建是一个不断优化的渐进过程。

1. 确定供应链管理系统的目标

供应链管理模式应该根据市场情况、企业目标与经营发展阶段及时调整和优化,从连锁企业供应链管理目标来分析,有以下几种选择:

(1)以提升商品价值为目标。如连锁企业与供应商共同研发新产品,开发出成本更低、效用更好的商品。

(2)以降低库存量为目标。如把供应商库存、配送中心库存、门店库存的信息实现共享与协调,做到三类库存的合理分布。

(3)以加快周转为目标。例如,由供应商直接向门店供货改为由配送中心向门店供货,可以大大减少配送路径,减少商品配送的延误,从而加快商品周转。

(4)以提升服务质量为目标。如零售商向消费者承诺商品质量先行负责制,一旦出现商品质量问题,首先由零售商负责处理,事后零售商再向供应商索赔。

上述这些途径,归纳起来就两个方面,一是提升顾客满意度,二是降低营运成本。

2. 通过供应链再造以提高零售商的生存能力

供应链再造的目的是要提高分销效率,实现供应商与零售商的信息充分共享。为了提高分销效率,零售商与供应商应该紧密合作,零售商不仅要积累和分析销售信息,还要关注消费者的购物体验与需求反馈信息,供应商应及时分享来自零售终端的需求信息。

我国连锁企业在供应链管理方面,目前正面临的两大战略问题:一是工商合作关系的改善,尤其是农副产品供应链的建立与完善;二是信息技术的提升,尤其是完善供应链中的信息链。

3. 工商合作模式的调整

零售商规模越大,对待供应商的优势地位就越明显。部分供应商与舆论媒体指责零售商利用优势地位压榨供应商。实际上,我国零供关系具有双重属性。对中小供应商,零售商确实很强势,但对国际品牌供应商,零售商则又常常处于劣势地位。总体来说,以通道费为主导的盈利模式与以"争利"为核心的工商合作模式,有待改进。姜汝祥在《差距》一书中有这样一段关于沃尔玛与宝洁之间关系的描述:"比如沃尔玛的早期阶段,实力强大的供应商如宝洁公司是很强硬的,但当沃尔玛强大之后,并没有反过来对宝洁强硬,而是与宝洁结成伙伴关系。它告诉宝洁,我们可以共享沃尔玛的电子信息来改善双方的业绩,结果宝洁公司成为通过计算机与沃尔玛联网的第一批厂商。宝洁还在本顿维尔设立了一个70人的小组来管理其出售给沃尔玛的产品。"

4. 实现供应链的一体化

供应链的一体化是指零售商与合作者要整合为一个整体,像一个企业那样来运作,让主要的供应商去管理和操作供应链的主要部分,如供应商管理库存、供应商自动补货等,供应链的任何一个改变都需要通过网络快速、及时、准确地传递信息。但是零售商并不一定要用股份去控制供应商,这种控制往往是无效的。当一个供应商完全依靠一家零售商而生存的时候,它就会越来越没有竞争力。像英国的马狮百货,用统一的品牌销售产品,但它自己却没有工厂,而合作工厂的合作期却已经长达几十年,于是该百货公司成了"没有工厂的制造商",而工厂则成了"没有店铺的零售商"。OEM模式也是处理供应商与零售商关系的一个发展方向。恒源祥通过这种模式把产品销售到全国各地,它主要就做两件事情:一是提高品牌价值;二是充分实现品牌价值。这是值得零售商借鉴的。

5. 信息系统的动态共享

供应商应该实时获得零售商的销售系统、库存系统和订货系统的数据,并能及时获得与商品流相适应的账款信息。零售商要做的事情是:一是建立一个可以整合内部数据的平台,实现内部数据的标准化整合与动态共享;二是建立一个可以与供应商实现动态共享的信息平台;三是要充分挖掘消费需求和业务营运信息,改变数字堆积的报表模式,使各类报表、报告与提示更直观、更简单与更有用。

第三节 采 购 组 织

连锁企业的采购组织有多种模式,采购流程因采购模式不同而有差异。

一、采购界面与采购利润杠杆效应

采购是供应链管理中的一个重要环节。采购负责获得生产产品或提供所需的物料、零件和补给。采购不仅有成本问题,还涉及商品与服务的质量、交货期控制等。可见,有效采购对企业营运会产生重大影响。连锁企业的采购是一种"代理行为",即代理顾客采购他们所需要的商品,包括:选择供应商、合同谈判、建立合作联盟、及时有效地获取能满足消费需求的产品或服务等。

(一)采购界面

作为企业的一项服务职能,采购与其他许多职能部门和外部供应商都存在接触的界面,采购是连接供应商的重要纽带,图4-1反映了采购界面。

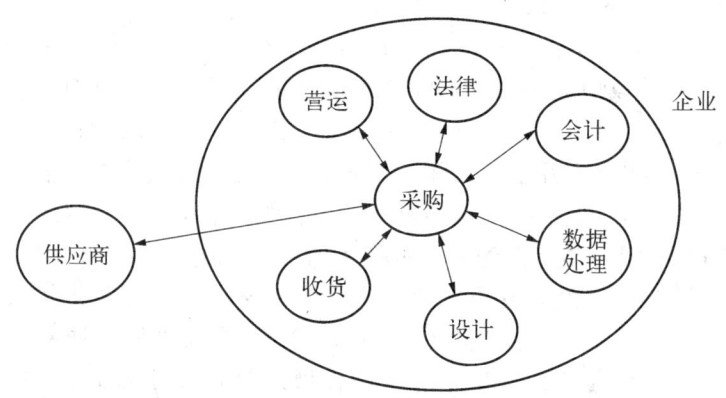

图4-1 采购界面

营运是采购的主要需求源;合同谈判、采购标价等需要法律部门援助;供应商付款、票据结算、监督卖方履约、数据处理等则由会计部门负责;采购物料规格说明、采购物料改进信息等则由设计部门负责;收货部门负责检查运入的外购货物,以确定是否达到预定的数量、质量与时间目标;供应商只有和采购部门密切联系,才能根据质量、数量与运送情况获知需购物料及规格说明等信息。

(二)采购利润杠杆效应

采购的利润杠杆效应是指采购成本较小幅度的下降可以较大幅度提高公司

利润。

假设某企业销售额为2亿元,采购成本为1亿元,利润为1 000万元。如果该企业通过加强采购管理使采购成本降低了10%,保持销售额不变,则税前利润就增加了1 000万元,利润的增长率为100%,即采购成本10%的下降导致税前利润100%的增长。如果不采取降低采购成本策略,为了实现税前利润2 000万元的目标,销售额必须达到4亿元。

可见,采购成本对企业绩效具有直接的贡献作用。控制采购成本,是大型连锁企业提高营运业绩的基本途径之一。

二、采购功能

商品采购是代顾客购买商品的行为,采购必须对销售负责,采购人员与采购部门不仅承担着商品引进与淘汰的任务,而且也负责诸如商品陈列与促销、订货与库存管理等工作。所以,采购并不是单一的商品买卖行为,而是一个相互交叉的业务体系。

大型连锁企业的商品采购部门有四项主要功能:

(1) 日常采购业务。如选择供应商、发出或征集报价单、分析报价、与供应商进行采购业务谈判、决定供货量、交货期、付款方式、送货方式、查核门店申购单、收货及核查、查检发票及批准付款、负责退货及向供应商索赔等。

(2) 新商品开发与滞销品淘汰。随着社会经济发展和人们收入水平的提高,消费者需求呈多样化趋势,消费者对商品的要求越来越高。在买方市场条件下,作为流通业主导者的连锁企业,应主动承担起引导消费、引导生产的重任,不断开发出能满足消费者需求的新商品。同时,为了更有效地利用有限的卖场空间,提高销售业绩,采购部门在开发新商品的同时,也应认真做好滞销商品的淘汰工作。

(3) 市场调查与分析。这项功能包括:研究商品的市场价格走势及供求状况;价格及成本分析;新货源、新商品的开发分析;自制、定牌监制或买入的决策;总代理、总经销业务的可行性分析;竞争对手货源及渠道的调查与分析;商品别、门店别、供应商别的排行榜分析等。

(4) 促销策划。采购部门应根据门店前台POS系统和后台MIS系统提供的销售及其他信息资料,制定企业年度(或季度、月度)促销计划,策划由供应商配合的节日、店庆等大型促销活动,设计与指导门店的商品配置与陈列,决定促销商品的价格优惠幅度等。

三、采购的组织模式

(一) 采购的组织架构

上述采购功能的发挥,依赖于采购组织的建立与完善。为了充分发挥采购各项功能,国内外大型连锁企业的采购组织,一般由以下三个部门组成,如图 4-2 所示。

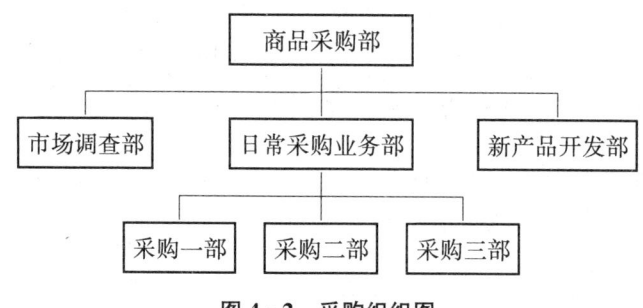

图 4-2 采购组织图

(1) 日常采购业务部。它是企业采购部的核心,负责企业绝大多数商品的采购业务。其下还可依据各种标准进一步将组织细分。如按商品类别细分,超市公司采购业务部可下设生鲜食品部、一般食品部、日用杂品部等;又如按商品来源地区细分,采购业务部可下设本地采购部、外地采购部、国外采购部等。

(2) 新品开发部:该部门负责开发和引进新产品。

(3) 市场调查部:该部门负责连锁企业内外各种与采购业务有关的资料的收集、分析,为采购决策提供依据。

(二) 营采关系

商品部的部门划分,首先取决于营采关系。"营"是指门店营运,"采"是指商品采购。营采关系主要有"营采合一"与"营采分离"两种模式。

1. 以门店为中心的营采合一模式

总部集中采购商品,负责谈判和引进新供应商、新商品,制订基本价格,门店根据实际情况选择商品,并对敏感商品的价格作主动调整,经营中的各项指标大多由门店负责。其优势是:能够对顾客的需求在最短时间内作出反应,竞争能力与门店适应能力更强,门店气氛更活跃。其劣势是:监控力欠缺,容易滋生腐败现象,对门店人才素质需求高,人事成本相对偏高,公司标准执行力度不够,受人才约束,不能够在非常短时间内快速开店,与供应商之间扯皮现象多。

2. 以采购为中心的营采分离模式

总部集中采购商品,采购对大部分经营指标负责,门店根据具体情况做小幅度调整。其优势是:便于配送中心运作,发挥整体优势;标准统一;总部集中管理,适合快速开店;人员要求较低,人事成本便于控制;不经济行为便于监控。劣势是:反应速度相对较慢;适应不同商圈的能力较差,使小供应商难以向全国市场发展;过分依赖总部采购人员的个人素质。

(三)采购业务与其他业务活动的衔接

处理好采购与其他相关业务之间的衔接关系,对保证商业企业商流、物流、资金流、信息流的畅通有着十分重要的意义。

1. 采购业务与门店销售业务的衔接

一方面,采购是连锁企业经营的基础,门店根据总部提供的商品目录下单订货、陈列商品、销售商品,实施促销活动,门店无权自行采购商品;另一方面,总部采购人员应根据门店各种商品销售信息反馈情况,区分畅销品和滞销品,及时制订和调整采购计划。

2. 采购业务与商品配送、存货管理的衔接

采购作为商业企业购、销、存基本环节中的重要一环,还与商品存货管理、商品配送密切关联,采购数量要与企业配送能力相适应,保证供应商送货及时,收货验货到位,与商品最高库存量、最低库存量及安全库存量相适应,保证门店在不缺货的前提下,尽可能降低门店和配送中心的库存水平。

3. 采购业务与财务的衔接

采购部与财务部分别是商流与资金流的实施主体。采购部门在制订采购计划及与供应商签订采购合同后,应将所需商品资金的总体计划和向各供应商支付货款的计划,通知财务部门,以便财务部门准时准额地向供应商支付货款,既保证连锁企业的利益,又不损害与供应商的合作关系。

第四节 采购方式与采购控制

一、采购方式

商品采购方式是指与供应商采购谈判时所确定的商品价值转移方式,如经销、代销、专柜经营等,采购方式不同,采购合同条款、库存结算、商品管理、盈利模式等都会发生相应的变化。因此,商品采购方式是决定采购管控模式的基本影响因素。

1. 经销

经销是指商品计入存货,并按照合同条款执行付款,在收到发票后,进行核对后转入应付账和总账的方式。系统一般能提供如下查询:商品到,发票未到的进货;发票到,商品未到的发票;商品到、发票到,发票核对有差异的发票;发票到、商品到,发票核对无差异的发票。

2. 代销

代销是指商品进货时需要下订单,验收后只作库存记录,在财务账上并不属于

自有库存，其成本和应付款在销售后结算的方式。

合同条款：一般代销方式可分为：① 倒扣率：指经销者根据销售额，依据扣率抽成；② 顺加率：零供双方按照约定的商品进价，由经销者加上毛利率（顺加率）后作为销售价，结算时按照约定的付款期，先进先出，分批结账。

代销商品的管理：代销商品依据合同条款，零售价格与成本保持固定的关系：

$$顺加：售价＝进价\times(1+顺加率)$$
$$倒扣：售价＝进价\div(1-倒扣率)$$

代销商品在采购、验收、销售时，按先进先出的原则记载库存流动。一般规定：同一间门店、同一代销商品同时只能来自一个代销供应商。

代销结算：① 代销成本采用先进先出计算法；② 代销供应商结算实行定期结算，一般为月结；③ 系统月结时会根据供应商的销售业绩，产生临时发票，与供应商的发票核对后，转入应付账。

3. 专柜

专柜是指商品的库存管理及进货责任由供应商全权负责，经销者只是按照销售额的一定比例抽成，其他费用按合约或实际发生扣除。

专柜合同条款：专柜合同最核心的内容是：抽成比例、保底数、其他费用（如：水电费）。

专柜商品管理：① 专柜商品由供应商管理经营，其销售记入 POS 系统，但库存不记入系统；② 系统允许用户设定专门的专柜商品代码，这类商品代码在 POS 销售时，允许用户输入售价；③ 同一供应商可以依据不同分类确定不同的销售扣率，设置多个专柜商品代码；④ 系统也可以每个单品设一个代码。

专柜结算：① 专柜供应商实行定期结算，一般为月结；② 系统月结时依据供应商的销售业绩，结合保底金并扣除其他费用产生临时发票，与供应商发票核对后，转入应付账。

4. 其他代理

其他代理经营项目，如代售机票、洗衣店、代售电话卡、照片冲洗、药店。用户可以在系统中设定专门的代码，这类代码允许收银员输入售价，例如：货号 999999 代售机票，每出售一张机票，可将收银额录入代码 999999。系统可提供销售明细表，财务部可以根据累计销售额，计算佣金，扣回佣金后的销售额返给代理厂商。

值得注意的是：我国不少连锁企业目前所实施的采购方式，既不是经销也不是代销，而是一种变异的方式。经销是一种买断的方式，简单地说是买断商品以后约期付款。实际操作中的经销方式是：像经销但不是经销，像代销却又不是代销，合同中写代销,但发票随货,进货验收后记入存货,是代销与经销的混合方式。

二、采购流程

采购流程有广义和狭义之分。

(一)广义采购流程

广义的采购流程是指采购规划、采购实施与采购评估的业务全过程,包含6个步骤:收集相关信息,制定企业采购策略,拟定采购计划,采购计划修订,采购计划执行,结果评估与分析。

(二)狭义采购流程

狭义采购流程是指采购业务计划的具体执行程序,即连锁企业与供应商开展交易活动的规范程序。其具体业务流程包括:制定采购计划与供应商文件,采集供应商的信息,填写供应商报价单,协商交易条件,审核交易条件,签订合同,建立供应商主档与商品主档,订货配送,收货验收,支付货款。

一般来说,在具体操作过程中,完成一个采购流程需要多个部门的配合。

第一步:采购业务员接待供应商业务员,初次洽谈(采购部)。在初次洽谈过程中,供应商一般会提供样品以及相关的资质证明。经过初次洽谈,双方如有合作意愿,采购员便要求供应商提供更详细的材料。在实际操作中,这个过程会要求供应商填写供应商登记表与商品登记表。

第二步:索证验证,资质评审,质量检测(质监部)。供应商资质证明主要包括:营业执照、税务登记证、卫生许可证、特种食品卫生许可证等;产品合格证明(如食品):卫生检测部门出具的检测合格报告、进口食品出入境检验检疫合格证明等;产品标识:品名、厂名厂址、产品标准、产品检验合格证明、保质期、计量、警示说明、质量认证标志及商品条形码等。连锁企业还根据需要,如基于食品安全的考虑,对供应商进行实地考察、跟踪调查,从多方面评价供应商的质量保证体系与质量保证能力。如果产品质量、企业资质等不符合要求,则一票否决。如果符合要求,质监部出具综合检测报告,产品采购进入第三步。

第三步:综合评审(采购委员会)。有些连锁企业采取采购委员会体制,采购委员会成员由商品部、营运部等相关人员组成,通过对供应商与其所提供的商品进行综合评估,提出相应的意见。

第四步:再次洽谈,签订合同(采购部)。采购人员根据综合评审意见,与供应商再次洽谈,这个过程有时候需要经过多次谈判,才能最后达成协议。采购合同一般分为两种:一种是框架性的合作协议,另一种是商品交易的具体合同。

第五步:建立主档,录入信息(信息部)。洽谈达成一致后签署相关采购合同,然后把供应商信息与商品信息录入电脑信息系统,建立供应商主档信息与商品主档信息，以便于信息化管理。主档信息是开展商品采购、商品配送、门店订货、商品销售、货款结算、销售分析、采购洽谈等商品经营活动的基础。

第六步：首次订货，组织配送（门店、采购部、配送中心）。只有建立主档信息，并将相关信息发送至连锁门店，才能实施订货、配送与销售。

第七步：跟踪评估、单据核对、货款结算（采购部、信息部、票据中心、财务部）。商品进入销售环节后，按照合同约定，对销售情况进行评估，以决定下一阶段的零供合作关系，并作为制定营销策略的重要依据。

商品引进以后，日常商品采购主要有两个环节：完成人工或自动补货；完成门店订货或总部订货。补货是指确定要货量的过程；订货是指向特定的供货部门确定采购量的过程。

商品只有通过订单采购，才可以验收进入配送中心或门店。订单可以分为：

（1）总公司（连锁总部）订单：是指总部采购员所发出的订单。此类订单可订购给仓库、一间或多间门店。

（2）门店订单：是指门店所发出的订单。

（3）海外订单：是指总部采购员所发出的订单，此订单只能用于订购海外商品，在进行采购时，采购员一定要指定外币种类。

（4）代销订单：是指向代销供应商发出的订单。

（5）多次送货订单：是指一次订货分批送货的订单，可以根据每次实际送货数量验收，在验收时，当操作员指定为最后一次送货时，此订单失效。

三、采购控制

采购控制主要包括四个方面：一是采购政策控制；二是采购计划控制；三是采购过程控制；四是库存控制。

（一）采购政策控制

采购政策大致包括以下四个方面：

（1）品类界定。连锁企业要根据业态特征以及自身的经营定位，从目标顾客群的消费需求出发，结合自身的成本构成与盈利目标，制定商品组合规划。这好比给企业的商品构成设计一个"模板"，如商品类别的划分、各类商品细化（如品项选择、供应商选择、品牌选择等）、不同门店的商品组合、不同类别商品的促销组合、商品布局与陈列等空间规划。品类界定不仅为商品采购提供一个方向，更重要的是为商品营销提供策略导向。特别应该关注两个方面：一是品类界定要细化，落实到各个中分类、小分类，并执行到门店；二是品类界定要定义各种品类的不同功能，注意价格杠杆的运用，如生鲜食品创造人气、软百货创造毛利、杂货保证基本业绩、硬百货扩大销售等，对不同品类制定不同的价格政策与促销组合，这是满足消费需求、实现盈利目标的关键所在。

(2) 盈利目标规划。盈利目标规划主要考虑三个方面：① 商品毛利，为此，应该制定一个统一的"毛利率表"，供采购人员在商品采购洽谈时作为决定进价与售价的依据，各类商品的售价应该与市场保持基本同步或低于市场价，但毛利率必须符合规定的标准。采购环节的毛利水平控制是实现盈利目标的第一道环节。如果毛利率高，售价也高，那就难以实现盈利目标。所以，毛利率水平的控制一定要符合商品售价具有市场竞争力的前提条件。② 通道费用，各类商品的各种通道费用有较大的差异，应该制定相应标准与收费的细则，作为采购洽谈的依据。随着通道费模式的改变，连锁企业自营或定牌经营等方式将会有很大的发展，也需要制定相应的开发规划。③ 利用资源获得收益，如物业出租收入、代理业务收入等，都应该建立相应的规则。

(3) 采购组织与流程管理。采购组织与流程管理主要包括四个方面：① 确定商品管理部门的组织架构与管理体制，如采购与订货是分离还是合一、商品经理负责制或采购委员会制等。② 确定采购方式及具体形式，如集中采购与分散采购、经销与代销等。③ 确定采购管控制度，严把进货关，防止各种不良行为的发生，并确保销售业务的政策运行，如采购人员的职业道德及行为规范、确定采购人员的岗位责任、建立采购人员工作绩效档案等。④ 采购业务流程的规范，如新品引进与淘汰流程、品质管理流程、数据管理流程、业绩评估流程、货款结算流程、日常业务流程（如核查门店申购单；发出或征集报价单；分析报价；选择供货商；决定采购量、交货期、运输方式、合约种类及细则；采购业务监控；收货及查核；查检发票及批准付款；向保险公司或供货商索赔等）。

(4) 制定厂商管理标准。连锁企业一般都拥有几百家，甚至上千家供货厂商，而且由于商品汰旧换新，供货厂商的变动也比较频繁，这就需要对厂商进行统一的管理，制定规范的厂商管理标准。应着重做以下七个方面的工作：① 对厂商进行分类与编号。分类的方法一般可按商品来划分，如果蔬类、主副食品类、日配品类、一般食品类、熟食类、文化用品类、家用电器类、针纺织品类、成衣类、烟酒类、玩具类、日用百货杂品类等。厂商分类最好能与公司的商品分类相一致，以便于管理。② 建立厂商档案。将每一个厂商的基本资料归档，包括公司名称、地址、电话、负责人、资本额、营业证件号、营业资料等。③ 按厂商分类建立商品台账。对每一个厂商所供应的商品要建立台账，包括商品序号、商品代码、商品名称、规格、单位、进货量（不同时期的进货量及累计进货量）、售价、进价、毛利率、销售额（不同时期的销售额及累计销售额）、供货厂商代码。④ 统计分析销售状况。对每一厂商所提供的商品数量、销售金额按一定时期（如一个月为一期）进行统计，并可列出厂商销售数量排列表，作为议价谈判的重要依据。⑤ 对厂商进行评价。公司可按一定的标准,将厂商分为 A、B、C 三级,并实施分类管理,如 A 级厂商由采购主管亲自管理。⑥ 对采购合同的管理。连锁企业可事先制定一份规范的合约书,供采购人员使用,同时制订包括合约签订、审核、记载、检查、处理等内容的合约管理细则,并配备专职或兼职管理人员,统一负责采购合约的造册登记和存档,并随时掌握采购合约的履行和注销情况。⑦ 建立商品及服务检查制度。采购人员应定期抽查,或从门店了解厂商所提供的商品的品质、销售状况、厂商服务状况等问题,及时向总部汇报,并与厂商及时沟通,有问题应要求厂商限时改进。

专栏 4-1

沃尔玛的 QPR

对供应商的评估一般可以从两个方面开展,一是商品审核,二是供应商质量保证能力的审核。沃尔玛通过对供应商的多方面评估,最终把供应商划分为:优秀、合格、有条件合格、不合格四类,这一审核被称为 QPR(Quality Performance Review,即质量业绩回顾),实际上是对供应商所提供的商品以及供应商的质量保证能力的审核。

QPR 覆盖了"良好生产规范"(食品生产企业具备良好的生产设备、合格的生产过程、完善的质量管理和严格的检测系统,确保产品质量符合法规要求)的要求。不仅评估生产场地的卫生状况,同时还要评估其质量管理体系以保证产品质量的稳定性,产品只有通过审核后方可进入商场销售。为了确保产品质量的长期稳定,会根据审核结果展开不同频率的复审,以帮助供应商达到一个持续的改进。此外,采购部的法规检查组还会对供应商的资质进行书面评估,供应商必须提供营业执照、卫生许可证、合格产品检测报告等信息才能获得进场资格。作为最后一道关卡,商场和配送中心收货部会对进场的产品进行感官检测,同时根据政府事务部提供的法规检查清单(该清单每 3 个月更新一次,分发到采购部与商场)进行自查,并确认产品在运输过程中的温度及包装条件,一切无误后才能收货。沃尔玛还建立了易腐败食品冷链配送中心,以加强保障运输过程中的食品品质。QPR 有四个等级,如表 4-1 所示。

表 4-1 供应商质量审核表

评级	措施
优秀	符合或超过沃尔玛的要求和标准 对于不符合项目回复书面行动计划 一年一次复审

(续表)

评级	措施
合格	轻微问题需要改进 对于不符合项目回复书面行动计划 半年一次复审
有条件合格	较多问题需要改进 对于不符合项目回复书面行动计划 三个月一次复审 正确和及时地改进可以升格为合格级别
不合格	业务部分或全部停止 所有不符合项目需要回复书面行动计划 整改完成后必须通过下一次的审核才可以恢复业务

资料来源：《上海超市食品安全研究报告》，2008年，作者：周勇。

（二）采购计划控制

采购计划既是采购政策与经营目标的体现，也是采购活动的依据。为了更有效地实施商品管理，采购计划的制订一定要注意以下两个基本点：

（1）计划要细分。采购计划的制订要细分落实到商品的小分类，对某些特别重要的商品甚至要落实到品牌商品的计划采购量。采购计划细分到小分类的目的是控制商品结构，使之更符合目标顾客的需求。

（2）采购计划与促销计划的融合。如果促销计划作为采购计划的一部分，那么在与供应商签订年度采购合同之前，就要求供应商提供下一年度的产品促销计划与实施方案，供连锁企业在制订促销计划时参考。另外还应要求供应商提供下一个年度新产品上市计划和上市促销方案，作为连锁企业制定新产品营销计划的依据。

（三）采购过程控制

对日常采购业务的过程控制，主要依靠采购制度以及采购考核指标体系。采购考核主要指标如下。

1. 销售额

销售额指标用于确定各大类商品、中分类商品、小分类商品的销售额目标，部分特别重要的商品，应制定单品销售额指标。

2. 商品结构

商品结构指标反映了各类商品在商品组合中的占比与重要程度，不同的商品结构往往体现了不同的业态特征、营销定位与顾客需求的满足程度。如便利店的商品结构中,反映便利店业态特征的便利性商品只占8%,公司自有品牌商品只占2%,其他商品则高达80%。为了改变这种商品结构,就要从指标上提高便利性商品和自有品牌商品的占比,并进行考核。通过指标的制定和考核可达到两个目的:一是经营商品更好地体现业态特征;二是高毛利的自有品牌商品占比提高,能增强竞争力和盈利能力。

3. 毛利率

连锁企业必须有效控制毛利率水平,不仅要控制综合毛利率,还要控制不同类别商品的毛利率指标并进行考核。采购环节通过制定各类商品的毛利率标准来控制毛利率,这是毛利率的源头控制。但毛利率的真实含义应该是"实现销售的毛利率",如果没有实现销售,再高的毛利率也毫无意义。毛利率指标对采购业务人员考核的出发点是:对低毛利商品,采购人员通过合理控制订单量加快商品周转,扩大毛利额,并通过与供应商谈判加大促销力度,扩大销售量,提高供应商给予的"折扣率",从而提高毛利率;对高毛利率商品,采购人员可以通过优化商品品牌结构,做大品牌商品销售量,或通过促销做大销售量,增加毛利额。

4. 库存商品周转天数

这一指标主要考核配送中心库存商品和门店存货的平均周转天数。通过这一指标可以考核采购业务人员是否根据店铺商品的营销情况,合理地控制库存,以及是否合理地确定了订货数量。

5. 门店订货商品到位率

门店订货商品到位率是指配送中心库存商品可配送量与门店订货量之间的比例关系。到位率低就意味着门店缺货率高,在排除总部其他部门的工作因素后,这一指标主要由商品采购人员落实。

6. 新商品引进率

为了保证连锁店的竞争力,必须在商品经营结构上进行调整和创新,新商品引进率指标主要考核采购人员的创新能力,对新的供应商和新商品的开发能力,一般可根据业态的不同而分别设计。

7. 商品淘汰率

由于店铺面积有限,又由于必须不断更新商品结构,当新商品按照考核指标不断引进时,就必须制定商品的淘汰率指标。

8. 通道利润

连锁企业向供应商收取一定的通道费用是合理的,也是允许的,但不能超过一定的限度,以致破坏了零供关系,偏离了连锁经营的正确方向。客观而言,由于价格竞争越来越激烈,商品毛利率越来越低,在消化了营运费用之后,前台的商品销售利润往往趋向于零甚至是负值。由此,通道利润就成为许多连锁企业获取利润的主要来源。通道费的形式多样,如进场费、试销费、堆头费、促销费、广告费、年终返利等。

(四)库存控制

连锁企业营运业绩与库存水平密切相关,库存太大导致周转太慢,这是商业活动的大忌。尤其是以商品销售为主导业务的零售连锁企业,加快商品周转尤为重要。

所以,库存控制对于连锁企业的营运管理至关重要。库存失控,将导致缺货或积压:缺货不仅会直接影响销售,而且会流失顾客;而库存积压不仅占用资金,还有可能给企业带来信誉、商品损失等多方面的经营风险。

1. 库存控制目标

库存控制基于两点考虑:一是顾客服务水平,即在适当的地点、适当的时间,有足够数量的合适商品;二是订货成本与库存持有成本。由此,确定库存控制的总目标是:在库存成本的合理范围内达到满意的顾客服务水平。为实现这一目标,关键要合理确定订货时机与订货量,这是库存控制的两项基本决策。

库存控制主要的衡量指标是库存周转率,即商品销售年成本与平均库存投资的比率,它反映出一年之内库存被卖掉了多少次。这个比率越高,说明库存使用越有效。但是,库存周转率的高低取决于所处的行业和边际利润。边际利润越高,可接受的库存周转率就越低;产品的生产时间和销售时间越长,库存周转率就越低。

需要特别提醒的是,库存周转率是依据实际收到库存进行计算的,有些企业的做法是将货物压在货运代理公司的仓库里,或者压在路上,各种运输工具都是货物,还有的是货物到了仓库但不进入系统,财务看不到,这样看起来仓库存货不多,但实际上库存占用大大增加。

2. 有效控制库存的必要条件

为了有效控制库存,需要具备以下条件:

(1)建立系统,记录库存细项。一般库存系统有定期盘存系统和永续盘存系统。定期盘存系统能够定期(如每周、每月)盘点库存细项和实际数量,以确定各个细项的订货数量。其优点是许多细项同时订货,使订货成本和运输成本更为经济合理;缺点是各次检查之间缺乏控制,同时为防止检查期间缺货情况发生须持有额外库存。永续盘存系统能够持续跟踪库存变化,使系统能够提供各个细项的当前库存水平信息,当库存持有量达到预先确定的最低水平时(即订货点)进行固定量订货。这个系统最大优势在于能够较好地进行库存控制,不足之处是增加了库存管理成本,并需要定期检查库存记录与实际库存是否相符。

(2)可靠的需求预测与提前期信息。库存用于满足需求,预测需求数量与时机很关键。管理者还需要把握从订货到收货时间(提前期)可能存在的、导致不能保证提前期到货的潜在因素,以减小缺货风险。销售点(Point of Sales,POS)系统以电子数据形式记录实际销售额,能给需求预测和库存控制提供翔实的数据信息,帮助管理者做好订购决策,并实时传递到供应商,实现供应链管理。

(3) 对库存持有成本、订货成本与缺货成本的合理评价。库存持有成本是实际存货发生的成本,如利息、税费、折旧、退货、变质、损坏、偷窃、损耗及仓库成本(水、电、租金、保安等)。订货成本是从订货到收到货物的成本,包括运输费、人员差旅费等,与订货次数有关,每发生一次订货即发生一次订货成本。当需求大于持有的库存供应量时即发生缺货成本,包括未实现销售的机会成本、丧失信誉等。持有成本增大,则订货成本减小;反之,持有成本降低,订货成本增加,需要管理者平衡两者的关系。但是,缺货成本很难度量,只能依靠管理者的经验进行主观估计。

(4) ABC分类管理。按照库存细项单位价值可将库存商品划分为:A类(非常重要)、B类(适度重要)、C类(不太重要)。对不同类别库存细项应分别实施不同管理方法。例如,A类库存细项的管理:勤进、勤发;与顾客密切联系,及时了解需求的动向;尽可能使安全库存减少;与供应商密切联系,做到及时供货。C类库存细项的管理:一般采用比较粗放的定量控制方式,可以采用较大的订货批量或经济订货批量进行订货。B类库存细项的管理:介于A类和C类库存细项之间,可采用定量订货方式为主,定期订货方式为辅的方式,并按经济订货批量订货。

本 章 小 结

1. 供应链概念的提出使企业的生产经营活动前伸至原料供应商,后延至消费者。

2. 供应链的基本构架由原材料供应商、制造商、独家代理商、区域分销商、零售商组成。消费者是供应链的末端,虽然不属于供应链的供应环节,但顾客体验与信息反馈能改善供应链效率。

3. 供应链是物流基础上发展起来的,是物流概念的发展形态,但它并不仅仅是指物的组织、流动和联系,更强调企业上下游之间的战略合作与伙伴关系。

4. 供应链管理的特征是:以顾客满意为核心、以新型合作竞争模式为主导、以网络信息技术为支撑。

5. 供应链管理一般包括四项内容:供应(Supply)、生产计划(Schedule Plan)、物流(Logistics)、需求(Demand)。

6. 供应链管理的目标是提高服务水平和降低交易成本,并且寻求两个目标之间的平衡。

7. 作为企业的一项服务职能,采购与其他许多职能部门和外部供应商都存在接触的界面,采购是连接组织及其供应商的重要纽带。

8. 采购的利润杠杆效应是指采购成本较小幅度的下降可以较大幅度提高利润。

9. 大型连锁企业的商品采购部门具有四项主要功能:日常采购业务、新商品开发与滞销品淘汰、市场调查与分析、促销策划。

10. 商品部的部门划分,首先取决于营采关系。"营"是指门店营运,"采"是指商品采购。营采关系主要有"营采合一"与"营采分离"两种模式。

11. 商品采购方式是指与供应商采购谈判时所确定的商品价值转移方式,如经销、代销、专柜经营等,采购方式不同,采购合同条款、库存结算、商品管理、盈利模式等都会发生相应的变化。

12. 采购流程有广义和狭义之分。广义的采购流程应包含6个步骤:收集相关信息,制定企业采购策略,拟定采购计划,采购计划修订,采购计划执行,结果评估与分析。狭义采购流程包括:制定采购计划与供应商文件,采集供应商的信息,填写供应商报价单,协商交易条件,审核交易条件,签订合同,建立供应商与商品主档,订货配送,收货验收,支付货款。

13. 采购控制包括采购政策控制、采购计划控制、采购过程控制与库存控制。

14. 采购考核指标包括:销售额、商品结构、毛利率、库存商品周转天数、门店订货商品到位率、新商品引进率、商品淘汰率指标、通道利润等。

15. 由于价格竞争越来越激烈,商品毛利率越来越低,在消化了营运费用之后,前台的销售利润往往趋向于零甚至是负值。由此,通道利润就成为许多连锁企业利润的主要来源。通道费的形式多样,如进场费、试销费、堆头费、促销费、广告费、年终返利等。

16. 零售业目前盛行以通道费为主的盈利模式,并不是最佳的经营模式。零售企业应该从挤压供应商转向与供应商之间的深层合作,从消费者需求调研、产品设计、原材料采购、质量管理、生产控制、物流配送、分销促销联动等方面与供应商建立良好的合作关系,把自己的价值创造从搬砖头式的物流配送/门店销售这两个环节,提升到从消费者需求调研到最终售后服务等整个价值链的创造上。

问题思考

1. 掌握以下基本概念:供应链、供应链管理、物流托盘化、托盘标准化、托盘共享化、托盘集装单元、托盘作业一贯化、啤酒游戏、长鞭效应、供应商管理库存。

2. 供应链管理与物流管理有什么区别和联系？
3. 解决长鞭效应有哪些途径？
4. 如何优化零售供应链？
5. 什么是采购利润杠杆效应？
6. 我国连锁企业的商品采购有哪些基本形式？具体如何操作？有哪些特殊性？
7. 采购考核主要有哪些指标？
8. 有效控制库存必须具备哪些条件？

实践应用

一、如何看待零供矛盾

2011年5月13日，央视经济半小时报道：锅巴出厂价1.2元，售价3元，差价1.8元，经销商赚0.6元，毛利率为20%，零售商赚1.2元，毛利率为40%。责问：超市凭什么要赚那么多钱？进而推断：超市是助推物价上涨的一种动力。

另一种声音：央视的这一判断，缺乏足够的依据。

第一，我国零售业的基本毛利率一直维持在25%以下，在计划经济时期，15%是零售毛利率，10%是三道批发环节的毛利率。如今在连锁经营组织里，批零一体化经营，批发毛利就是各种后台收费，零售毛利就是前台的商品毛利，合计也在25%以下。毛利率在60年来始终处于比较稳定的状态，零售怎么会助推物价上涨？

第二，大型连锁企业实际上具有平抑物价的功能，这是由同业充分竞争的市场格局所决定的。如果缺乏竞争，就会因垄断而控制市场价格，零售业还没有这样的市场环境。

第三，从净资产收益率、净利润回报率这两个指标的比较来看，制造业要远远高于零售业。

第四，从供应链价值创造角度来分析，短缺经济时期，生产环节占价值链的80%；过剩经济时期，生产环节只占价值链的20%，服务贸易业（产业链上游的研发、设计、金融服务，到下游的批发、销售、物流）却占了经济价值的80%。

总而言之，零供矛盾的真实情况并非完全像舆论媒体以及个别中小企业所申诉的那样，所以我们应更客观、更理性地厘清事实，切中内里，寻找到和谐的多方共赢的解决之道。

讨论题：

1. 我国零供关系经历了哪几个发展阶段？

2. 超市收取进场费助推了物价上涨？为什么？
3. 零供矛盾的实质是什么？
4. 如何协调零供矛盾？

二、零售企业的"食利型"经营模式

2007年前后，大润发曾开发过一个"999元电动车"并获得成功。当时市场上最便宜的电动车也要1 200多元，而且要求厂家再降价已经没有空间了，但是通过数据分析发现，如果电动车的价格能够降到1 000元以内，销售量一定会暴增。于是，大润发在国内生产电动车的厂商中挑选了最具实力、也最愿意与其合作的厂商，派了一个人专门进驻该厂，从产品的设计、原材料的选购、物流配送及周转、生产环节的控制、销售环节的把控等每一个环节都进行仔细研究，分析有没有可替代的方案，如何做到成本更低。结果，这个原本被厂家认为绝对不可能生产出来的低成本电动车，在大润发的采购员与厂家联合行动以后变为可能，而且大润发的销售毛利率并没有降低。半年后，当这些"999元电动车"驶向市场以后，销量从每月不足1 000辆增加到了1万多辆，短短3个月就实现销售3 000多万元。大润发只派出了一名高级采购员，就改变了一切。

讨论题：
1. 低价格助动车为什么能畅销？
2. 降低产品成本一般可以从哪些方面入手？
3. 列举三种商品，讨论以什么办法可以降低成本、扩大销售。

三、零售商：卖还是不卖

民客隆超市是一家坐落在闹市区的大型超市，主要经营食品和日用品。它的营业面积在5 000平方米左右。在过去3个月内，每月总营业额约300万元，毛利率为10%。其中，日用品占30%，毛利率为12%。洗发水品类过去3个月的月平均销量为19万元。其中，宝洁7.5万元、联合利华1.5万元、丝宝2.8万元、其他7.2万元。6月，联合利华的销售经理王某前来洽谈货架计划，建议将其洗发水货架增加50%并加一个货架端头，每月付给商店和舒蕾同样多的费用4 000元；隔天，某一广东的业务经理前来洽谈，要求商店代销他们的新洗发水（25%的毛利率），让商店给予他们5%的洗发水货架，并且要求有一个货架端头，每月给付8 000元陈列费；第三天宝洁公司销售代表孙某前来游说，用品类管理和ECR理论告之现在这种按照品牌在店内销售份额来摆放的方法比较科学，建议保持现有货架。

按照ECR货架观点，相同位置货架单位平方米的产出量由品牌决定。同一品牌从吸引消费者购买的角度来看，先边际递增，超过市场份额后再递减。按照 ECR 堆头观点，堆头是现代商店刺激冲动性购买的重要工具，数据表明，商店 25% 的商品是从堆头上买走的。堆头的产出量也是由品牌决定的。

讨论题：

1. 从零售观点来说，应该从一个供应商中获得更多的费用与支持，还是尽可能从更多的供应商中获取更大的综合利益？

2. 如果商品销路不好，但能够获取进场费，这样的商品要淘汰吗？

第五章 营运督导

学习目标

1. 了解连锁企业的营运督导体系。
2. 理解营运督导人员的任务与素质要求。
3. 熟悉营运督导的基本方法。

营运督导是指对营运过程实施监督、指导与辅导。首先要建立营运标准、组织体系与执行程序；其次要通过检查、监督与指导使执行过程符合标准的要求；再次要善于从基层发现问题，挖掘经验，及时沟通，推广应用，纠正预防。

【引导案例】

督导做什么？

夏天应该是麦当劳冷饮销售的旺季。麦当劳的督导员通过数据分析发现：辖区内有一家餐厅的饮料类销售额并没有提升。第二天一早，督导员就到这家餐厅巡视，以期找出症结所在。

督导员专注地看着店员给顾客打饮料的操作，一切都很正常。但随后发现身边几位顾客手里的奶昔有些"异样"——里面似乎装得过满，盖盖子都很费力。督导员为了多了解情况，走到柜台前，买了一杯"可乐"，坐在离柜台不远的地方，一边品尝一边观察奶昔岗位的工作状况。督导员明显感到：可乐口感有点淡，甚至淡到能感到碳酸水的"涩味"！饮料不好喝，销量怎么能上去？问题应当出在饮料机上，一定是每天的调校工作出了问题。而所有顾客拿到的奶昔都"超级满"，基本可以排除员工"谋私"的可能，应当是培训不到位。

根据店规：为保证服务品质和纯正的"可口可乐"汽水口感，麦当劳的饮料机每天都要做校准调校；奶昔岗位是麦当劳的基本工作站,操作奶昔机的工作人员应当是通过了该岗位 S.O.C(即岗位观察检查表)的熟练员工。

督导员马上找来负责早晨开店的员工组长询问。果然,饮料机已经近一周没有调校了,原因是调校量杯摔坏了,订货一直没到。听到这里,督导员立即打电话给邻近的门店请求协助。不一会,饮料机调好了。随后督导员和店经理一道开始调查奶昔问题。督导员对那位管理奶昔机的员工说：早晨奶昔机工作量小,产品比较稠,打得太满就使顾客饮用困难,服务品质就要打折扣；同时这样的装杯量,相当于每 5 杯就浪费了 1 杯,损失很大。员工解释说：这个工作站他刚学习了一天,负责他的训练员生病了,没人带他。二话没说,督导员又手把手地教上了："放好纸杯在机器托盘上,以 60 度角目视纸杯中的刻度,拉下手柄……"几次标准操作后,员工已能熟练地操作奶昔机了。接下来,督导员和店经理一起交流了当天发生的事情。在培训、排班、沟通等方面,店经理接受了一次全面的教育。

督导员分析门店经营数据,检查门店标准是否执行到位,纠正错误的操作,指导员工按照正确的方法操作,帮助门店解决问题,这都是督导员的工作职责。

阅读思考:
1. 督导的主要工作是什么？
2. 为了完成督导的工作任务,应该具备哪些基本素养？

第一节 营运督导体系

大型连锁企业一般分区域实施营运督导管理,总部营运部下设若干营业区域,各区域设若干督导员对店铺实施指导与监督。这样就构成了总部→区域→督导→门店的营运督导体系。但总部与门店不应该是上下级关系,而应该是功能互补的两个对等部门,共同受制于最高管理机构。

总部必须设定清晰的组织架构,建立营运部,明确营运部的职责,授予营运部相应的职权,明确总部各部门与营运部的工作接口,合理采纳营运部的意见和建议。

一、营运部的职责

营运部负责监督与指导门店全面落实总部的决策,制定相应的计划,最大限度

地达成各项计划指标,并对执行中的问题以及顾客意见及时反馈。其具体职责如下:

(1) 确保各连锁店处于正常的经营状态。
(2) 制定各项工作流程和标准,并确保门店操作的规范性和一致性。
(3) 负责年度预算的分解,制订实施方案,指导门店达标。
(4) 建立考核体系,帮助门店实现目标。
(5) 为顾客提供良好的服务,反馈顾客意见和建议。
(6) 建立一支执行力强、执行效率高的员工队伍,持续培训员工,营造团队合作氛围。

二、营运部的管理工作

根据图5-1对营运部的职责描述,可以将营运部的管理工作归结为如下几类:

(1) 店铺店务管理:主要是对门店日常基础运作环节的管理。例如,按时开门和关门,门店的清洁、服务、环境、考勤、排班、耗材、费用,其他行政工作的管理,突发事件处理,社会关系维护等。

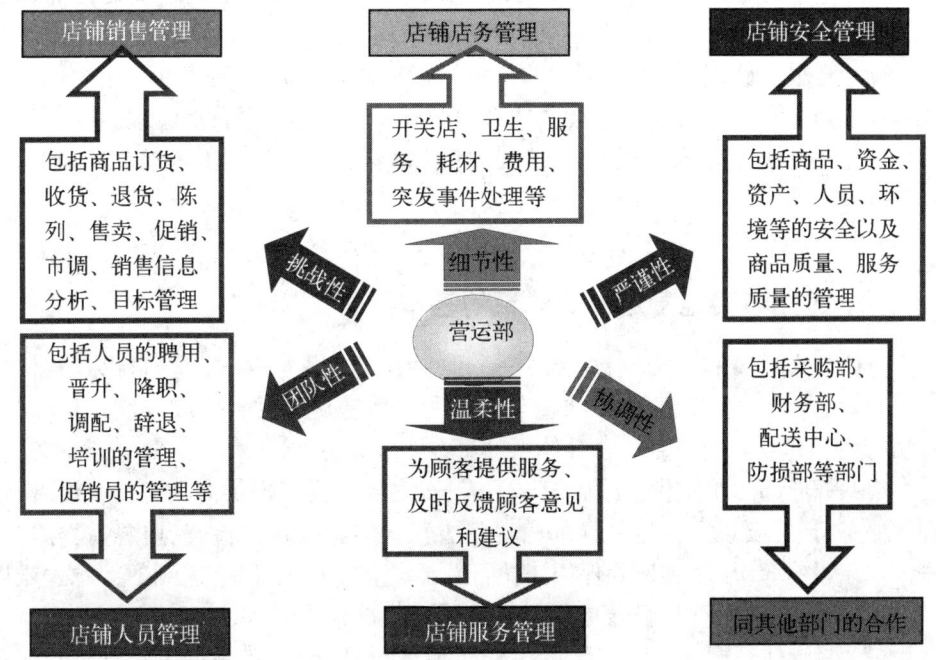

图5-1 营运部管理工作

(2) 店铺销售管理：对门店整体销售指标的管理以及围绕销售的一系列重要环节的管理，如商品陈列、库存控制等。

(3) 店铺安全管理：对门店商品、资金、财产、环境、人员等的安全管理。

(4) 店铺服务管理：指为顾客提供良好的符合公司标准的服务、收集顾客意见和建议，及时反馈给公司等方面的管理。

(5) 店铺人员管理：人员的编制、架构、岗位责任、培训等以及对厂商促销员的管理。

(6) 同其他部门的合作：与其他职能部门的衔接、合作、配合的管理。

三、营运部各岗位的职责和关系

营运督导最重要的工作是持续改进，建立报告与沟通机制对改进工作具有特别重要的意义。营运部各个岗位的职责和关系如下：

(1) 营运部经理：全面负责营运部工作，协调营运部与总部各部门关系。上级汇报至营运总监。

(2) 营运督导：按照公司制定的营运流程和标准，负责门店的培训、监督、指导、考核、评估。上级汇报至营运经理。

(3) 生鲜督导：除负有针对生鲜的营运督导职责外，还更多地负责与商品部（采购部）等各部门的沟通协调。上级汇报至营运经理。

(4) 客服专员：除负有针对客户服务的营运督导职责外，还肩负着解决门店重大客户投诉，维护、整合各相应社会关系的职责。上级汇报至营运经理。

(5) 文秘：协助营运经理处理文案和联络等日常事宜。上级汇报至营运经理。

营运部与总部各部门的接口关系如图5-2所示。

四、建立与实施营运督导体系的基本要求

连锁企业需要有两个支撑力：一是远见力，要依靠战略；二是执行力，要依靠一线员工。但一线员工的工作状况与督导的努力密切相关。所以，没有督导就没有执行力。建立与实施营运督导体系的基本要求如下：

(1) 督导部门职能化。门店设立了店长，总部为门店提供商品、促销、设备、培训等服务，还需要设立营运督导部门对门店营运实施专业的检查、监督、指导与改进。如果没有督导，就难以确保门店执行总部设立的标准，门店遇到的问题也难以及时反馈到总部。所以，督导是连接总部与门店的桥梁。

(2) 督导体系标准化。督导的工作必须有据可依，这就要求建立营运督导标准，实施标准化管理。例如7-Eleven规定店员每天清扫次数、每次清扫哪些部

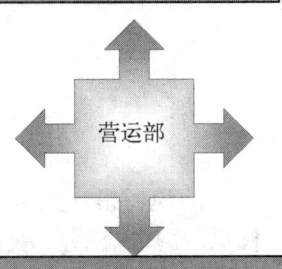

图 5-2 营运部与总部各部门的接口

位、如何进行清扫、每个部门的清扫店员应该用什么样的工具、用什么样的洗涤品、以什么方式清扫、清扫的顺序都必须按详细的规定操作。比如店内地板的清扫：店员必须先用拖把、再用抹布和清洗上光机清扫。一般上午 11 时用拖把清扫，然后用湿抹布清扫；此后，店员下午 2 时 30 分、5 时、9 时、11 时、凌晨 2 时、早上 6 时，一昼夜共拖 7 次，其中用浸湿的抹布擦拭次数为 4 次，每天要清洗上光机的次数为 2 次，分别是下午 2 时 30 分和凌晨 2 时 30 分，而且用机器清扫后，必须用拖把再拖一次等。

(3) 督导作业常态化。有些连锁企业虽然设立了督导部门与督导人员，但督导作业常常处于两种不良状态：一是督导如救火，出了问题才派督导去解决，结果由于督导的责权有限，大多数问题都难以妥善解决；二是督而不导，重处罚轻指导，改善意识薄弱，改善能力缺乏。督导人员应该亲力亲为，一方面要检查门店执行总部的情况，另一方面还要指导门店，纠正错误行为，传授正确的作业方法，并通过分析门店经营数据，找出问题，帮助门店提高经营业绩。例如 7-Eleven 督导见到失去鲜度的商品时，会立即将商品丢弃，而不是指示店员去做；此外督导每次巡视门店时，会在腰间别着一把毛刷，当发现灰尘时，他必须向店主演示如何用毛刷轻轻地将灰尘抹去，而不是挥舞着打扫，以免将灰尘掸到其他商品上。

第二节 督导人员的组织与管理

总部对门店的营运必须加以督导,因此,培育优秀的店铺督导人员是总部管理的一项重要职能。

一、督导人员的组织

(一) 督导人员的任务

督导人员原指制造业及建筑业的现场指导人员,后来连锁企业也建立督导系统。督导人员是总部与门店的桥梁,其基本任务是贯彻总部的政策和规范,指导和监督门店的业务营运。每位督导员平均负责 6~8 家门店,每星期巡店 1~2 次。督导员的具体任务如下:

(1) 传达信息,即将门店或市场的情报及时传回总部,同时将总部情报正确地传达到门店。

(2) 业务查核,即根据总部所制定的营运标准与规范,查核门店是否按公司规定运作,或是加盟店是否有违背合约的情况发生。总部应事先印制督导人员工作检查表,如表 5-1 和表 5-2 所示,以便督导人员在对门店进行查核时使用。

(3) 促进销售,即通过督导人员及时发现门店在商品销售过程中存在的问题,并根据外部环境的变化,辅导门店采取有效的措施,以提高销售额、提升服务水平、提高经营业绩。

(4) 经营分析,督导人员要根据门店的日报表、月报表及年度报告,计算出各项营业指标及异常点,并提出应对措施。

(二) 督导人员的业务项目

(1) 店铺指导。如招牌是否清晰、四面的玻璃是否清洁明亮、POP 的张贴位置是否合适、结账台是否整齐清洁、店内的通路是否畅通、卖场的灯光是否明亮、后场的管理是否有条理、服务是否亲切快速等。

(2) 商品管理。如商品品质的检查、不合格商品的及时撤换、库存商品的盘点、畅销品的引进以及滞销品的淘汰、防止缺货现象的发生、商品陈列的指导等。

(3) 经营分析。通过经营分析,找出造成不良业绩的原因,并提出应对措施。造成不良业绩的可能原因有:选址不当、卖场设计不当、商品陈列不当、缺货情况严重、库存量过高、来客情况不佳、服务态度差、卖场清洁卫生不佳、营业时间不当等。

(4) 同业竞争。根据竞争店的经营情况,提出竞争性应对策略。

(5) 上下沟通。做好总部与门店的信息沟通与协调。

(三) 不同业态的督导职权

零售业态不同,督导的职责也有差异:

(1) 大卖场督导主要对门店日常经营业务进行指导与监督,不参与门店的行政人事管理,但对门店的相关业务有评判权,对门店人员评估有建议权,营运部一般不对门店进行经营业务指标的考核。

(2) 便利店的督导对门店有较大的业务评判权与相应的人事评估、任免以及费用审批权,全面参与业务指标的考核。

(3) 加盟店督导按照加盟合同所约定的内容对门店实施监督与指导,其职责随加盟重点的不同而有差异,一般没有门店人事和财务方面的审批权。

(四) 督导人员的配备

(1) 大型综合超市:一般会按地区设立督导,各地区督导统一归属于总部营运部管理。每位督导员管理若干家门店,分管店铺数量完全取决于总部授予的职责。

(2) 便利店:由于门店数量多,通常按区域设立督导,督导员由地区经理或地区督导经理统一管理。每一个督导管理若干家门店,分管门店数量视店长能力和区域范围而定。

(3) 加盟店:按店铺分散情况设立督导,督导由地区经理或加盟经理统一管理。每位督导视门店间距离管理若干家门店。

二、督导人员的条件与评估

(一) 督导人员的资格条件

(1) 基层工作经验。督导人员一般应该从基层做起,这样才能深入了解门店的运作,做好督导工作。一般需要有2~3年的门店实务工作经验,清洁、服务、理货、收银、账务处理、业绩分析、人员调配等都必须全面了解。

(2) 专业知识。督导人员面对的是来自各方面的问题,无论是简单的门店业务操作,还是整个门店的经营分析,都需要专业知识的支撑。只具有一定的门店实务经验是不够的,还必须有丰富的专业知识,如电脑知识、商品知识、分析知识等。

(3) 沟通技巧。督导人员的一项重要工作是扮演好"桥梁"的角色,因此运用良好的沟通技巧,与门店建立良好的人际关系并获得信任,是十分重要的。

(4) 责任感。督导人员工作的好坏不仅取决于其工作能力,还与其工作责任心紧密相关,缺乏责任心的督导人员,即使每日忙忙碌碌也难以使工作有实效。

(二) 督导人员的评估

督导的工作绩效应进行定期评估与考核,包括自我评估、同事评估(所辖区的门店给予的综合评估)及上级评估。对督导人员的评估可参照督导人员评估表,见

表5-1。该表总分为200分,120分以下为不合格,必须向督导经理提交改进方案,由督导经理在1个月后重新评分,再次不合格者停职;120分以上为合格,可继续执行督导工作,但必须根据改善建议继续改进;160分以上为优秀,可担任内部督导培训师,执行对督导员的培训功能。对于连续三次评优的督导人员,应给予相应奖励。

表5-1 督导人员评估表

分类		评 价 内 容	满分	自评	主管/门店	终评
工作态度	1	很少迟到、早退、缺席,工作态度认真	5			
	2	细心地完成任务	5			
	3	做事敏捷、效率高	5			
	4	具备专业知识、能应付门店及顾客的需求	10			
	5	不倦怠,且正确地向上级报告	5			
基础能力	6	精通职务内容,具备处理事务的能力	10			
	7	掌握职务上的要点	5			
	8	正确掌握上级的指示,并正确地转达	5			
	9	严守报告、联络、协商的规则	5			
	10	完成预定督导工作目标	5			
业务熟练度	11	能掌握工作的前提,并有效地进行	5			
	12	能随机应变	5			
	13	经验丰富能举一反三,且常提供改进意见	10			
	14	善于与门店及顾客交涉,且说服力强	5			
	15	可以自己做新的工作	5			
责任感	16	树立目标,并坚持朝目标前进	10			
	17	有信念,并能坚持	5			
	18	有不断改进督导作业方式方法的热心	5			
	19	预测过错的可能性,并想出预防的对策	10			
协调性	20	做事冷静,绝不感情用事	5			
	21	与他人协调的同时,也朝自己的目标前进	5			
	22	重视与其他部门的人协调	5			

(续表)

分类		评 价 内 容	满分	自评	主管/门店	终评
协调性	23	在工作上乐于帮助同事	10			
	24	尽心尽力地服从与自己意见相左的决定	5			
	25	有卓越的交涉与说服能力,且不树立敌人	10			
自我启发	26	热衷于吸收新情报或知识	10			
	27	有进取心、决断力	5			
	28	积极地革新、改革	5			
	29	即使是自己分外的事也能企划或建议	10			
	30	以长期的展望制定目标或计划,并付诸实行	10			
		评价分数合计	200			

资料来源:《超越执行力密码》,作者:马瑞光。

督导的沟通能力相当重要,如何提高自身的沟通能力,需要每位督导人员都能够在工作中加以注意,并不断提升。沟通能力自我测评如表5-2所示。

表5-2 督导人员沟通能力自我测评表

请评价你自身的表现并打分,把各项得分相加。
1=几乎没有　　2=很少　　3=有时　　4=经常　　5=大部分时间
完成以后,请在你擅长的三个选项旁画"＋",并在你认为有待改善的两个选项旁画"－"。

作为一名督导者,我……				
1. 花时间与人沟通	1	2	3	4
2. 遇到意见分歧时,能倾听他人意见	1	2	3	4
3. 询问别人来获得更多的信息	1	2	3	4
4. 解释我对事情的理解	1	2	3	4
5. 征询他人意见	1	2	3	4
6. 即使他人持反对意见,也能表示认可	1	2	3	4
7. 尊敬并不失尊严地对待别人	1	2	3	4
8. 寻求大家都赞同的解决方法	1	2	3	4
9. 贯彻我的承诺	1	2	3	4
10. 坚持并确保积极的沟通	1	2	3	4
11. 通过很好的眼神交流和身体语言来关注他人	1	2	3	4
12. 总而言之,表明我十分关注他人的情况或需求	1	2	3	4

（续表）

总分：	
60～55	很好,你有出色的沟通技巧,请继续学习提升!
54～44	好,你做的很多事情都是正确的,请注意,并继续学习
44 或低于 44	这是个改进的机会,下定决心,不断学习!

资料来源：《超越执行力密码》，作者：马瑞光。

（三）督导人员的培训课程

评估与考评的结果不仅是为了实施激励，也为培训提供了依据。督导人员的培训项目包括：门店管理重点；工作职责与行动计划；商圈调查与分析；店头常用促销活动及方法；消费需求分析；情报系统应用与分析；法律知识；会计税务知识；各项管理报表的阅读及分析；商品管理；损益分析与对策；营销技术；谈判策略与技巧；领导能力及沟通技巧；时间管理；门店经营评估；顾客资料管理等。

专栏 5-1

特别的营运总监

北方的一家企业花几十万美元聘请了一位美国专家来主管营运业务，他每周工作6天，有5天在卖场，所有办公设备全部自带，还自己出线给督导购买相机用于工作。这样敬业的专家可遇而不可求！在市场中打拼了十多年甚至几十年的创业者与老总们，应该坐下来静心反思，问一问自己：过去的经验仍然那么顶用吗？那些经验其实已经远远不够用了，有些甚至是根本不适用了。怎么办？营运管理交给专家来做，商品管理由一套体系来保证，单纯的信任关系已经无法保证不出事情。只有监管体系健全了，才能从制度上保证从业人员的清廉与基本业绩。如果信息、采购、营运这三个总监专业化了，整个企业的专业化程度就会大大提高，经营管理团队也将更有活力。

三、督导人员的管理措施

连锁企业的督导人员无论是从企业内部选聘还是从外部聘任，岗前都必须经过专业的培训，经考评合格才能上岗。对在岗的督导人员要制定相应的管理措施，从计划目标、作业流程等方面加以管理。下面是"逸马顾问"为某客户设计的督导人员管理规定。

(1) 各级督导人员的工作要有目标、有计划,定期向上级提交年度工作计划、季度工作计划和月度工作计划,同时,门店巡查前编制行程计划报直接上司审批。

(2) 督导员巡店时不论是明检还是暗访必须严格按照督导作业流程进行,督导检查或暗访过程中必须按照督导相关操作标准填写相应的督导表格。

(3) 为了客观地对门店进行考评,体现公平公正的工作原则,督导人员应做好行程的保密工作。无论巡店前还是巡店中除督导部和相关负责人外,不得向任何人透露自己的行程,更严格禁止向门店泄漏巡店路径。

(4) 每个月巡店行程结束后即可报销,填写《费用报销凭证》,粘贴好所有差旅票据,并在所有票据上写清起止的地点及报销人签名,其他参照相关财务制度。

(5) 遵守公司的各项规章制度。

(6) 督导以月为单位到区域连锁店巡店,以保持门店信息的通畅和获取及时。

(7) 在每季度末、年终时,督导的工作绩效考评包括:自我评估、同事评估、连锁店综合评估。

(8) 出差回公司后需填写相关督导表格,对出差中所发现的问题报请相关部门与相关人员予以协调、解决。

(9) 特殊情况未能及时解决的问题,需向部门主管与连锁门店、加盟客户说明情况并继续跟踪,直到解决。

(10) 督导人员出差期间每日须 8:00~22:00 开机,以应对突发事件或者临时通知。

(11) 工作期间,每日以短信的方式向督导主管汇报当日的工作情况并用电子邮件反映相关重要信息。

(12) 出差期间严格按照行程路线、时间安排完成工作,如因客观原因需对原定的巡店行程进行路线或日程变更,需提前一天向部门主管请示并通过电子邮件呈报更改后的行程安排,经部门主管审核同意后方可变更原定行程,如遇紧急情况可临时电话申请。

(13) 督导既是总部营运标准的维护者,又是连锁门店经营的协助者,出差期间必须明确传达公司要求,帮助门店提升业绩、规范运作,并如实反馈现场真实情况。

(14) 驻店期间,督导上下班时间与门店同步,不得迟到或早退。中间可安排休息,但当天工作时间不少于 8 小时。

(15) 不得利用出差便利办理私人事务。

(16) 出差期间,注意个人的言行举止,保持敬业、专业的工作作风和正直、大气的个人风貌,发扬督导风格,树立个人品牌。

(17) 对于各连锁门店(包括加盟客户)任何原因的违规操作,一方面向门店准确传达公司操作规范,另一方面即时汇报公司,即时协助其按照规范要求纠正。

第三节　督导方式与督导作业

营运督导作业通过内部督导或外部督导,以巡店、驻店、访问等多种方式,了解实情,发现问题,改进工作,提高业绩。

一、督导方式

督导管理的工作方式可以分为分区督导、驻店督导、顾客督导、顾问督导。

1. 分区督导

分区督导是指在总部营运管理部门的统一安排下,将连锁店分为大区、中区、小区,分别设立各区域督导,督导人员根据管辖区域门店的分布情况,定时定点巡查门店,对所属连锁门店进行逐一检查、监督的方式。各区域督导不仅开展定时定点的检查,还可以根据实际需要进行突击检查和驻店督导。

分区督导可以分为内部巡查和外部观察。内部巡查主要是了解门店执行各项工作的实效;掌握门店的客流量、客单价等销售情况;了解当地消费者的行为习惯、消费趋向与满意度;了解一线员工的信息,如工作情绪、团队关系以及对门店管理的满意度等。外部观察主要通过店长访谈了解当地市场竞争信息;掌握商圈情况,如人流、车流及周边商铺分布等;调查同类门店的经营现状,以便学习借鉴或制定应对策略。

2. 驻店督导

驻店督导是指督导人员进驻辖区内的店铺,对前后台经营管理情况进行全面的观察、检查与对比分析,并实施必要的指导、监督与培训。督导人员每个月至少一次对区域内的门店进行驻店督导,每次驻店的时长可通过每个月整个区域工作的分解来安排。离店后也应与各门店保持工作联系,对各门店的工作不断跟踪与指导。驻店督导,可以深入门店,参与门店的相关工作,多方面给予现场指导、示范性操作。一般驻店督导方式是针对业绩突出或业绩较差、能力薄弱的门店;或者是在有专题督导任务时开展的督导工作。

3. 顾客督导

顾客督导是指邀请顾客担任督导工作,承担督导任务的顾客,也称为"影子顾客"或"神秘顾客"。一般有两种形式:一种是行业主管部门或行业协会聘请一部分顾客充当行业的"义务督导员";另一种是企业聘任热心顾客充当"啄木鸟"。一般每个月都要巡店,并提交相应的报告。义务督导员或啄木鸟也须进行必要的培训,他们应该是经过专门培训的购物者,以顾客的身份、立场和态度对连锁店的服务、业务操作、员工精神面貌、商品质量及门店陈列等方面进行客观的监督与评估、信息反馈。神秘顾客所提交的报告一般不归营运部管理,而是呈交给企业最高管理层。可见,这是一种独立调查。

4. 顾问督导

顾问督导就是由连锁总部聘请具有行业经验的顾问机构,即第三方实施督导,对企业的整体营运行为及营运活动进行全方位的诊断,通过第三方的监督与评估把相关企业营运信息进行汇总、分析并提出整改建议。所以也称为"第三方督导"。

二、区督导的功能与职责

区督导以巡店作业为中心工作,巡店前要做好信息收集与计划等工作,巡店过程要做好现场整改、辅导等工作,巡店后要做好沟通协调与纠正、预防、改进工作。督导作业的四大基本工作是:巡店、信息处理、人员管理、事务协调。督导的设立与工作开展一般以区域为单位。

1. 功能

区督导负责所管辖门店的营业计划及执行,以维护门店形象、创造良好的经营业绩。

2. 职责

业态不同,督导的职责也不尽相同,以便利店为例,其主要职责如下:

(1) 维护商店形象:协助店长塑造门店整洁、舒适的购物环境;确保门店机器设备正常的保养及维护;确保门店商品具有丰富感及处于不缺货状态;确保顾客得到亲切及快速的服务。

(2) 确保商品销售:确保门店商品品质新鲜;确保商品价格正确及充分告知消费者;确保门店商品陈列正确,指导门店按商品部的平面规划及商品台账图陈列商品;报告厂商缺货问题,并跟踪贯彻落实情况;协助并督导门店执行促销活动;门店POS情报应用及商品订货辅导。

(3) 开发维护人力:确保门店雇佣适当人员及人员受到充分训练;推荐有才能的店员晋升为副店长、店长或区督导;负责门店职员的调动安排,以调配区域内人力资源;指导店长管理门店并完成总部交付的目标及任务。

(4) 报表分析审核:确保门店制作报表的正确性,并能运用报表掌握、解决门店问题;分析财务报表,提出行动计划,协助门店控制费用,增加利润;辅导门店执行合理的存货标准与盘损控制。

(5) 完成区域及部门作业:负责区域内新开店、门店改造的筹备及营业安排事项;负责区域内门店结束营业的作业安排;协助区域作业,以完成营运部整体目标及任务;完成区经理、营运部经理、总经理室交办的工作,并维持良好的沟通渠道;

遵守公司规定、政策及程序,以提高工作效率。

三、巡店的目的和内容

巡店是督导人员的基本工作,有资料显示,大卖场督导有30%的工作时间用于巡店,如图5-3所示,便利店督导有35%的时间用于巡店,如图5-4所示。

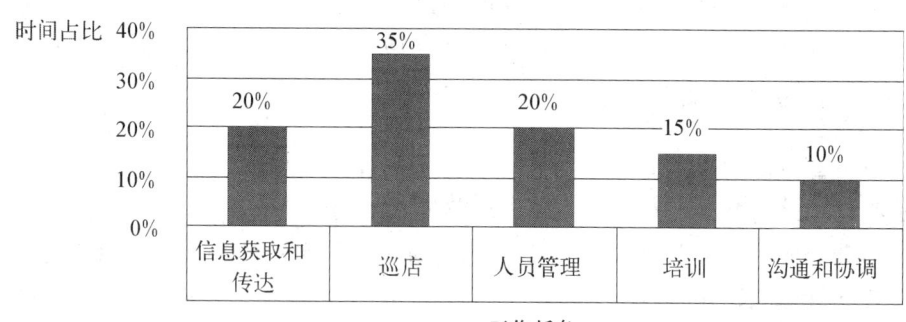

图5-3 便利店督导工作时间安排

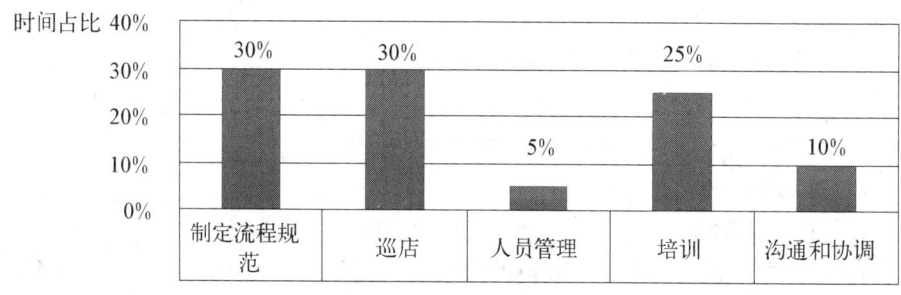

图5-4 大卖场督导工作时间

1. 巡店的目的

为保证巡店质量,必须事先确定每一次巡店的目的。

(1) 按总部要求例行检查。检查前必须准备好空白巡店表,以便巡查时填写。督导员要养成使用报表习惯,否则必定会遗漏例行检查的内容。

(2) 检查重点问题的整改结果。这是一种跟踪检查,必须事前回顾上次发现的问题细节以及当时提出的整改要求,以便对照检查贯彻落实情况。

(3) 突击检查。这类检查可能是有方向、有目的的检查,也可能是随机的检查,往往能发现平时不易发现的问题,需避免任何形式的事前通知。

2. 巡店的内容

(1) 检查店面的各项工作是否符合标准。
(2) 检查各部门员工是否规范工作。
(3) 检查店内的规章制度以及总部指令是否得到真正的落实。
(4) 与顾客沟通,了解顾客的意见和建议。
(5) 与基层员工沟通,对员工进行必要的培训。
(6) 完成督导的日常店面操作流程。

四、巡店政策与流程

连锁企业应制定督导巡店政策,制作巡店检查表(巡店手册),对区督导巡店的频率与时间,以及巡店工作的准备等事项加以规范。巡店的一般流程与巡店表如图5-5、表5-3、表5-4所示,但不同业态由于督导的功能有一定的差异,巡店政策与巡店流程也不尽相同。

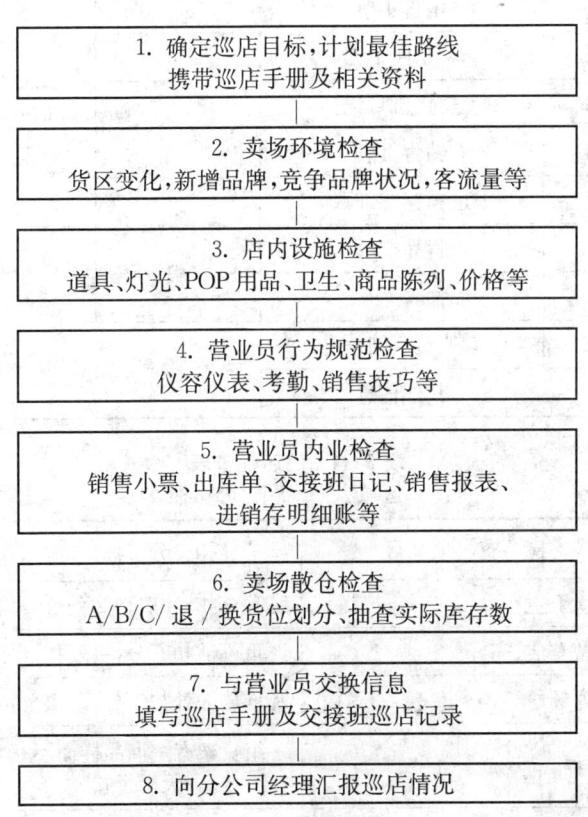

图5-5 巡店流程图

表5-3 巡店手册

店名：　　　　　　　　　　　　　　　　　　　　巡店时间：

巡店事项			情况	摘要
卖场环境	1	客流量		
	2	灯光		
	3	POP用品		
	4	卫生		
	5	商品陈列		
	6	价格		
行为规范	1	仪容仪表		
	2	考勤		
	3	销售技巧		
卖场内业	1	销售小票		
	2	出库单		
	3	交接班日记		
	4	销售报表		
	5	进销存明细账		
卖场仓库	1	货品摆放		
	2	抽验库存		
其他	1	营业员反馈信息		
	2	其他信息		

表5-4 门店检查表

门店：　　　　　　　□ 区域自查　　□ 公司抽查

项目	序号	检查项目	扣分标准	分值	得分
环境设施	1	环境卫生	脏乱全扣，一般扣2分	10	
	2	设备整洁、完好	严重不洁扣6分，一般扣2分	6	
	3	通道畅通	乱堆放一处扣1分，严重全扣	5	
商品陈列	4	出样丰满规范	一组货架有一商品样面不符合扣1分，开天窗全扣	8	
	5	POP：统一规格、张挂整齐	有一张不符合扣1分	3	

(续表)

项目	序号	检查项目	扣分标准	分值	得分
价格执行	6	标价：一货一卡、七标规范	有一张不符合扣0.5分	5	
	7	价格正确	执行公司价格制度，有一种商品未执行全扣	3	
	8	变价规范	变价有申请、有记录、有审批，有一种商品变价不规范全扣	3	
商品质量	9	保质期控制	有一种商品不合格全扣	3	
	10	鲜度控制	严重变质全扣，一般扣1分	3	
	11	计量准足	有一商品计量不准足全扣	3	
	12	包装完整	有一商品包装不完整扣1分	3	
规范服务	13	劳动纪律：不聊天、不串岗、不干私活等	聊天、串岗扣5分，干私活全扣	10	
	14	规范操作：站立姿势正确，主动热情，有问必答	有一人次不规范扣2.5分	5	
	15	礼貌用语	有一人不用扣2.5分	5	
	16	仪容仪表：佩戴工号牌，衣服整洁，不染彩发，男性不留长发，"二白"、"三白"	有一人扣2.5分	5	
商场管理	17	盘点管理、赠品管理	管理不到位全扣，一般扣2分	5	
	18	台账、记录齐全，服务项目齐全	有一项不全扣2分	5	
	19	后场管理（含办公室、生活区、内仓）	杂乱扣3分，一般扣1分	5	
	20	其他（发票管理、便民服务）		5	
合计		注：不能跳栏重复扣分		100	

检查人（签名）：
门　店（签名）：　　　　　　　　　　　　　　　　　　　　　　年　月　日

1. 巡店政策（以便利店为例）

(1) 巡店次数：正常上班时段，每家门店每周巡店2次（含早上7:00~8:00）；大夜班时段每月每店至少1次（23:00~7:00）；晚班时段每月每店至少2次（非正常上班时段）。

(2) 正常巡店需有计划地进行安排。

(3) 巡店时需依照一定的先后顺序,以最有效率的方式进行。

(4) 巡店后需解决门店问题,无法解决时需报告区经理、营运部经理协助处理。

2. 巡店流程

(1) 巡店日程及安排计划:每月底依据区经理的工作日程,安排下月工作重点,填入本月工作日程内;每周周五将下周巡店安排填入工作日程表,形成工作计划;巡店前一日,与店长完成巡店时间的确认。

(2) 巡店前准备:查看总部端 POS 情报,收集门店经营重点资料;准备巡店查检表及查检时所需的资料;准备门店所需的报表、资料;区督导会议、区经理、营运部经理的工作重点指示。

(3) 巡店:根据查检表的项目,检查门店各项工作的执行状况,找出不足之处;记录查检结果,并立即辅导门店改善未达标的项目;将门店所需报表、资料交给门店相关人员,并给予说明;与店长研讨门店作业并给予指导,如商品种类、库存及品质管理、服务态度及顾客关系、POS 情报分析应用等;将讨论重点摘要填写在区督导巡店沟通记录表内;与门店人员交谈解决门店反映的问题,无法解决的问题,需记录于区督导巡店沟通记录表内;区督导每月每店至少完成 4 份区督导巡店沟通记录表,及商店形象评分查检表;区经理可视任务状况,作弹性调整至每月每店各 2 份。

(4) 巡店后:解决门店无法解决的问题,必须与相关部门加强沟通,协调办事;将无法解决的问题及需要反馈的事项,向区经理、营运部经理报告,紧急问题立即报告,一般问题以工作周报形式书面汇报;下次巡店工作的准备。

五、巡店前的准备

1. 制定巡店计划的必要性

为更好地完成巡店任务,充分发挥巡店的作用,避免巡而无用、查而无果、督而无效的现象出现,首先要制定巡店计划。

巡店计划的必要性表现在:有效地将时间和任务结合在一起;更准确地分配和利用时间;区分任务的轻重缓急;避免任务遗漏;有利于控制工作进度。

2. 计划的组成

工作计划必须包括时间、任务与预期结果,巡店计划必须包括:门店安排、时间安排、明确目的、确定项目、特别标注。

(1) 门店安排。巡视门店的安排要遵循以下原则:根据公司的要求,确保定期完成所有管辖店铺的例行巡查;问题门店需重点巡查;根据门店相隔距离的远近,按地域巡查。

(2) 时间安排。巡店时间的安排要遵循以下原则:保证周期性例行检查;存在紧急和重要问题的店优先巡查;店铺地理位置也是安排巡店先后的重要依据之一;特殊问题需要安排特殊时间巡查;不稳定问题可采用突击巡查的方式;需进一步寻找更多问题产生原因的,可安排在不同时间段反复巡查;增加巡查力度和有效性,可以离开后再返回巡查;时间有限时要合理地放弃。

(3) 明确目的。巡店计划中一定要明确每次巡店需要做到什么程度,达到什么目的。这些目的包括:例行检查;上次巡店后整改工作的跟踪检查;重点项目检查;培训;沟通。

(4) 确定项目。巡店事项的确定是为了保障巡店的目的落实。确定巡店事项应注意:围绕目的确定事项,分清轻重缓急;选择能够有助于得出结论的检查事项;尽量选择能够影响问题发展的系列事项,避免片面检查;尽量避免重复检查而浪费时间。面对众多的复杂问题,可以用以下方法整理巡查事项:写下必须做的事;按重要次序排序;从最紧急且最重要的做起,直到完成,然后做第二件事。

(5) 特别标注。在确定巡店内容时,要对特殊内容进行标注:公司特别关注的问题;上级领导特别关注的问题;督导员特别关注的问题;容易反复的问题;上次检查后遗留的问题;个别门店的特殊问题等。

3. 排列巡店事项的轻重缓急

重要的事永远重要,不会因为是否紧急而影响其重要性。重要而不紧急的事,非常容易被忽视,如果处理不及时,会变成重要且紧急的事。紧急的事不见得重要,但如果处理仓促会影响结果,结果会付出更大的代价。紧急的事情容易被人们习惯性地选择优先处理,却往往是不太重要的且是应该别人首先负责做的事。

六、巡店过程的问题发现

1. 巡店过程常见问题

巡店是一项专业性很强的工作,需要经验的积累。巡店过程经常遇到的问题是:什么都看了,又觉得什么都没看,总结时很难说出看到了什么问题。结束检查时,总觉得忘了点什么,但又不知道是什么。经常遗漏一些事项,事后才想起来。本来想检查很多内容,最后却只完成了几个项目。每次检查时,总是发现同样的问题。有些问题长期不能彻底改正,久而久之不觉得是问题了,别人(尤其是领导)指出时反而有一点逆反抗拒心理。

2. 巡店问题原因分析

导致上述问题的原因是:没有做好巡店前的准备;巡店时,没有使用巡查清单,没有作详细的记录;巡店时间失控;巡店计划严重脱离实际,对实际情况估计不足;偏离重点;突发事件处理不当;无论多么完美的巡店计划,也不可能完全预测实际情况,不可能一次解决所有看到的问题。所以必须学会将时间花在重要的事情上,需要学会如何明智地放弃一些问题。

3．巡店过程的问题分类

按照问题出现次数可分为:新出现的问题、重复出现的问题、同系列同性质问题、先前已解决过的问题又反复出现;按处理方式可分为:直接指导解决型、现场培训解决型、事后专题解决型、继续观察型。

4．问题处理方式

(1)直接指导解决型:一般为偶然发生的简单问题,如价签歪了、地面上有顾客掰下的菜叶子、收银区域有顾客丢弃的小票等。解决的方式是:现场指导员工改正,自己也要动手清理,做到亲力亲为。如果以上问题出现的次数较多,或每天都重复出现,就不要只选择直接指导解决,应该分析原因,或是培训不到位,或是门店纪律松懈。

(2)现场培训解决型:有些问题的产生是标准不完善或标准贯彻不彻底,员工不能完全理解,或员工缺乏正确的操作方法,或总部设备维护跟不上。例如,工作完成不到位或质量不好,或员工虽然在非常努力地工作,但却使用了错误的方法。解决方法是:与直接负责人现场沟通,提出改进的要求,并规定完成时间。此类问题应让负责人亲自观察现场,体验感受,并要求相关团队成员参加现场培训。

(3)事后专题解决型:此类问题的原因比较复杂,属于有代表性或者多次反复出现的问题。例如:员工扎堆聊天,对顾客不礼貌,早班员工太多,高峰时间安排员工休息等。解决方法:除当场解决外,还要与相关主管或员工沟通,找出问题产生的原因,提出进一步要求,确定解决办法,并持续跟踪指导。如果是有代表性的问题,需要在所有门店的沟通会上专题解决。

(4)继续观察型:对不能确定原因的问题或现象,可以继续观察。例如,发现货架后面出现商品空包装等。处理方法:首先处理好现场,然后提出可能的原因,在再次巡店中重点观察解决。

七、信息处理

通过巡店会获得来自各方面的信息,必须加以分类处理:包括总部信息、督导文件夹、巡店检查单、随身记录本和各种电话信息的处理。

1．总部信息

(1)总部信息分为:会议纪要(备忘录)、上级谈话记录、上级巡店记录、上级电话指示记录、接口部门通知等。

(2)处理方法:① 标出必须传达给下属的要求,及时传达,并在记录上做标记,确认已传达。必要时,让被传达者签字确认已获悉。② 对于领导提出的新的期望和目标,制定可行的执行方案以及检查计划,及时落实。③ 对于必须立即整改的事项,除马上要求下属执行外,还必须立即安排检查实际落实情况,并及时向领导汇报。

2. 督导文件夹

(1) 督导文件夹的内容:店面地址、电话;门店布局图、各部位面积;店面设备分布、消防设施系统、安防系统布局;各店销售数据、盘点损耗数据;店面人员组织结构图、人员名单;各店用工人数、排班表、劳动生产率数据;总部相关部门业务联系人及电话(如拓展、工程、维修、行政等)、店面各社会关系联系人;各类空白人事表格及其他重要的空白表格;有关最新销售数据、盘点结果、商品信息、新品进场与退货信息、促销信息、人事变动信息、总部标准和要求的最新动态等。

(2) 注意事项:督导员应随身携带该文件夹;随时更新文件夹的内容;随时清理不用的信息;分类放置文件,建立索引以便查询;需要存放历史资料的信息,按时间倒序存放。

3. 巡店检查单

巡店检查单的使用应注意:巡店前在巡店单上确定所有需要检查的事项是否齐全;巡视过程中,针对存在问题的事项作记录;检查后,与责任人确认问题点,提出希望达到的要求和标准,制定改进措施以及下次检查的时间;最后让责任人在检查单上签字,各执一份,作为跟踪检查的依据。

4. 随身记录本

笔记本与笔(最好是分红、黄、蓝三种颜色,以便记录与标注不同的状况)是督导员必备的工具,随机发现的问题,暂时作快速记录。必要时可以携带照相机,以便用图像记录卖场情况。

记录本的使用应注意:随机接到的公司电话、新的要求以及需要落实的事项;工作中产生的一些想法,需要随后抽时间进行归纳;计划要安排但需要找时间排定轻重缓急等。笔记本上的信息,随后应逐一归纳、总结和安排。

5. 电话信息

在督导工作中,电话信息虽然占据所有信息的比例不大,但往往由于非常紧急才采取电话通知的方式。所以,必须认真对待,正确处理。

处理电话信息应注意:养成随手记录电话信息的习惯;要马上落实的事项,立即通知所属门店,与负责人直接确认;如果是非常繁琐或重要的内容,可要求对方在电话中重复你所讲的内容,以确保理解正确(注意不要轻易采取别人代替通知的方法);此后,尽量对现场执行情况进行检查,确保执行的正确;需要按计划落实的,确保在现有的计划中加入该项内容。

本 章 小 结

1. 营运部负责监督与指导门店全面落实总部的决策,制定相应的计划,最大限度地达成各项计划指标,并对执行中的问题以及顾客意见及时反馈。具体工作包括:店务管理、销售管理、安全管理、服务管理、人员管理、接口管理。

2. 连锁企业需要两个支撑力:一是远见力,要依靠战略;二是执行力,要依靠一线员工。一线员工的工作状况与督导的努力密切相关。所以,没有督导就没有执行力!

3. 建立与实施营运督导体系的基本要求:督导部门职能化;督导体系标准化;督导作业常态化。

4. 督导人员原指制造业及建筑业的现场指导人员,后来连锁店系统也建立了督导体系。督导人员是总部与门店的桥梁,其基本任务是贯彻总部的政策和规范,指导和监督门店的业务营运。

5. 督导的四种方法应该交替使用,即分区督导、驻店督导、顾客督导、顾问督导。明察暗访相结合,定期定点检查与突击检查相结合,企业内部检查与第三方检查相结合,只有这样才能有效地执行总部的标准化流程。

6. 连锁企业应制定督导巡店政策,制作巡店表(巡店手册),对区督导巡店的频率与时间,以及巡店工作的准备等事项加以规范。

7. 巡店计划必须包括时间、任务与预期结果,巡店计划必须包括:门店安排、时间安排、明确目的、确定项目、特别标注。

8. 巡店过程所发现的问题可以按照出现次数分:新出现的问题、重复出现的问题、同系列同性质问题、先前已解决过的问题又反复出现;按解决方法分:直接指导解决型;现场培训解决型;事后专题解决型;继续观察型。

9. 营运督导是一项专业性很强的工作,如何做好督导?首先需要有一个督导的管理体系,建立督导的标准流程;其次督导人员必须具备一定的技能和管理水平;再次,督导人员要发挥门店与总部之间的桥梁和纽带作用,既要保持一定的独立性,又要与各个部门,甚至高层保持密切配合,以便营运工作得以及时改进。

10. 督导的工作重心正在从"以督为主"向"业绩导向,以导为主,注重改进"的方向发展。提升门店业绩应该成为连锁店督导的核心目标,为此,单纯的监督已经难以实现这一目标,只有通过指导与培训、沟通与协调,帮助门店快速及时地解决问题,才能提升门店的经营业绩。同时,督导还应该有更多的话语权,他们是知情者,应该避免"知情者没有话语权,有话语权者不知情"的不良运作状况。

1. 营运督导体系由哪些部分组成？营运部有哪些工作职责？
2. 建立与实施营运督导体系有哪些基本要求？
3. 为什么大卖场与便利店的督导人员具有不同的功能？
4. 督导作业包括哪些工作？如何做好巡店与信息处理工作？
5. 营运督导有哪些基本目标？
6. 实现营运督导目标有哪些途径？
7. 营运督导有哪些方式？
8. 巡店前应做好哪些准备工作？
9. 如何处理巡店过程中发现的问题？

一、营运督导常见的连锁店现象

1. 各连锁店实际表现参差不齐，个性化较强。
2. 店铺的业绩几乎完全取决于店长的能力。
3. 一个店长往往意味着一个班子，调动意味着伤筋动骨。
4. 各连锁店对公司的统一政策执行的正确性、全面性、深入度、时效性等差异很大。
5. 员工培训不到位，制度执行结果五花八门。
6. 对技术和方法等的创新缺乏及时捕捉和推广的能力，八仙过海，各显其能。
7. 门店信息上报不及时、不真实，甚至存在隐瞒和扭曲事实的现象。

讨论题：

连锁店存在上述现象说明什么？

二、从保险业务员到杰出店长

宋念桃入道便利店不到一年就夺得莱尔富超商组杰出店长奖牌，这是一个关于如何经营便利店的例子。

宋念桃从任职10年的安泰人寿，转换跑道，加盟莱尔富。她在安泰人寿已是主管，在保险业，她对于如何"服务"，如何面对人群极有心得。在决定自行创业后，她选择了同样以服务取胜的超商，并选择在市场排行超商老三的本土品牌莱尔富。她带着自信说："老三比较有弹性，容许我贡献自己的想法和创意。"

(1) 动脑筋想办法：她经营的门店属于"干道型"门市，住户不多，多半要靠不稳定的流动客。经营初期她非常失望。不过，除了遵循前辈教诲、配合总部政策之外，她把保险业学到的技能运用在超商管理上，动脑筋设计问卷，到附近住家进行消费形态与需求调查，随问卷附上饮料兑换券，调查结果作为订货参考，饮料兑换券也拉动不少客人上门。

(2) 积分活动：在信息公司上班的先生，也帮她设计出消费集点活动，满88元可集一点，集满20点兑换一张100元莱尔富礼券，计算毛利之后，仍有利润空间，却成功带动住家型消费者上门。

(3) 叫卖：进入夏日饮料旺季之后，她带着员工到店门口叫卖牛奶，炒热门市气氛，甚至对红灯停车的消费者"拉客"促销。

(4) 留客：为了经营干道型门店，她要求总部设计出流水、绿树、坐椅等景观，并且加设厕所，吸引过路客愿意暂停休息，上门消费。

(5) 激励：针对三个班次，设定营收目标，再制定相应的激励措施，以合理的报酬，激励员工把工作当成事业。

(6) 体会：她认为，店长不能什么都靠总部，必须有自己的经营理念和想法，只有不断学习，并且把自己的点子应用于店务经营，才能有好成绩。她说，现在的情况毕竟是好店难求，大多数店长要面对的课题，就是如何把营收普通的门店经营成好店。为此，店长要具备五力：财力、体力、竞争力、复原力、能力，一样都不能缺。

资料来源：联商网2005年1月26日，转载经济日报陈慧敏的报道。

讨论题：

1. 为什么宋念桃入行便利店不到一年就能成为杰出店长？
2. 总部的标准化与门店的灵活性应该如何有效结合？

第六章　门店营运管理基础

> 1. 理解连锁门店的职能。
> 2. 明确店长的地位与工作职责。
> 3. 理解店长的素质要求与提升途径。
> 4. 熟悉店长每日工作流程与检查重点。
> 5. 掌握门店管理基础工作与管理要求。
> 6. 树立良好的门店管理心态。

连锁总部是为门店提供服务的机构,门店是为顾客提供服务的基层营业单位,是各项政策的执行者。门店的作业及管理以人力资源的有效调配为基础,以商品销售与服务为核心;店长是门店的核心人物,他负有与总部保持良好的配合,并协调与激励全体店员做好进、销、存等作业活动,不断提高经营业绩的责任。

本章将以王店长为例,重点介绍门店的职能、店长的工作职责、店长的每日工作流程、门店组织人事管理等内容。

【引导案例】

人 与 商 品

眼看着自己工作了十多年的工厂越来越不行了,小王在《新民晚报》上看到了一则连锁企业的招聘广告。经过初试与复试、面试与笔试,他进入公司举办的强训班学习。学习两个月以后到门店见习,从最基本的清洁、理货、收银等工作做起,从领班、主管、副店长到店长,掌握了店铺营运中前场、现场、后场等各个环节的工作流程与管理技能,不到 4 年时间就被晋升为大卖场经理和管理近 30 家门店的区域经理。小王在接受晋升考核时回答的其中一个问题是:如果让你去管理一个有问题的店铺,你首先考虑什么?小王说:我先要观察人员状况,如果人没问题,那问题多半出在商品上。

阅读思考:
1. 是否认同小王的观点?为什么?
2. 做店长是否一定要从最基本的清洁、理货、收银做起?

第一节 门店营运管理概述

就员工而言,店铺业绩来自员工业绩;就商品而言,总体业绩来自部门业绩。因此,发挥团队合力,合理配置商品,这就是门店管理最重要的两项工作。

门店可以是单店、直营店或特许加盟店,不同的组织形态虽然在管理方式上有一定的差异,但从服务顾客、提升业绩来分析,基本要求一致。

一、门店营运管理职能

在连锁企业中,总部职能是管理,门店职能是销售,配送职能是服务。

总部的具体职能是:制定目标,决定对策;资金筹集、运用与投资;商品企划与开发;情报收集与分析提供;规程的编制与修改;人事计划与教育训练。总部职能可分为:门店营运——营运部:开店与日常营运管理。商品营运——商品部:品类管理、采购、库存管理与配送。资源营运——管理部:财务、人事、开发、后勤。IT——信息部:连锁企业的"神经"系统。

门店是总部政策的执行单位,是连锁企业直接向顾客提供商品及服务的单位。其基本职能是:通过销售服务,进货及存货等商品管理,实现经营业绩。具体内容如下:

1. 商品销售

商品销售是向顾客展示与供应商品,并提供服务的活动,是门店的核心职能。其管理的重点及规范是:

(1) 店头外观。由于交通、住宅动迁、调职等原因,门店的老顾客会有一定比例的流失,同时又会有新的潜在顾客进入门店的商圈范围内。用什么手段来吸引每年新增的潜在顾客呢?据调查,有78%的消费者是凭感觉而进入店铺的,其中给这些顾客的第一印象便是店头外观。所以,门店必须每日对店头外观进行检查,并加强维护与管理。例如,橱窗是否明亮、视野是否良好?废弃纸箱叠放是否整齐、妥当？废物箱是否干净？门口道路是否畅通？海报张贴高度是否合适？是否有过期海报？店头看板、招牌是否干净、牢固？灯光是否明亮？雨伞架是否干净、就位？橱窗招贴是否变色、脱落？等等。

(2) 卖场内部环境。例如,走道是否畅通？货架是否按商品配置图表放置？有无擅自增减货架、网架、端架、吊架等情况？各种设备是否清洁卫生？发生故障的设备是否及时进行维修？卖场内的气氛是否良好？空调、音响、POP 广告等是否合适？等等。

(3) 商品陈列及商品管理。例如,商品陈列的高度、宽度、陈列量、排面(指货架上排在最前面的陈列面)等是否符合商品陈列表的要求？商品周转及畅销品、滞销品及 20/80 商品情况是否掌握？坏品(如过期商品)是否及时处理？等等。

(4) 服务状态。例如,服务人员的服饰、表情、精神状态、情绪、礼貌用语等是否符合规范要求？缺货及顾客投诉是否处理得当？等等。

(5) 执行作业规范。与商品销售直接相关的作业规范包括:标价作业规范、补货作业规范、陈列作业规范、销售退回作业规范、促销作业规范、自用品(店内经营管理所需的必要物品)管理作业规范、赠品处理作业规范、商品淘汰作业规范、新品导入作业规范、顾客抱怨处理作业规范、寄包作业规范、店员购物作业规范、待客规范用语、各种情景条件下应对用语规范、收银作业规范、安全卫生管理规范、设备保养与维护规定等。

2. 进货及存货管理

进货是指向总部要货或自行向由总部统一规定的供货商要货的活动,它以销售计划、实际销售、促销活动及存货为依据。门店的存货包括卖场的存货(即陈列在货架上的商品存量)和内仓的存货。其管理重点及规范是:

(1) 进货作业管理。例如,进货方式及进货作业流程、订货作业流程、验收作业流程及规范等。

(2) 仓务作业管理。例如,内仓存货的定位管理、搬运作业规范、坏品处理作业规范等。

(3) 盘点作业管理。例如,盘点计量标准及计算方式的规定、盘点职责划分、盘点前作业规范、盘点中作业规范、盘点后作业规范、其他项目(除经营商品以外的项目,如备品、设备、现金等)盘点作业规定等。

(4) 损耗管理。例如,分析损耗原因、制订防损对策等。

3. 经营绩效评估

经营绩效评估包括对影响经营业绩的各项因素的观察、调查与分析,也包括对各项经营指标完成情况的评估以及改善业绩的对策。

(1) 影响经营绩效的因素。它主要有总部的服务状态,门店的经营理念,门店进、销、存运作状况，门店组织管理状态等。

（2）经营绩效评估指标及计算方法。常用的指标有销售额、毛利率、贡献度、周转率、商品结构、损耗率、费用总额及费用构成、员工工作状况、人均劳效、每平方米销售额、人均服务面积等。

（3）改善业绩的对策。在经营分析及评估的基础上，门店应与总部配合，制订改善经营业绩的对策，主要有扩大营业额、降低成本、减少损耗、增加营业外收入、减少营业外支出等。

此外，门店还负有制订销售计划、人员调配与组织、顾客管理、信息收集与沟通等任务，这些职责有些可归入进、销、存各项管理，有些则是综合性的管理活动（如信息管理、人事管理等）。

强大的连锁企业首先需要有一个强大而灵活的总部；门店的工作越简单越好；门店也应该有创新活动。如果总部的管理规范十分健全，门店的管理完全可以做到单纯化，但如果缺乏一套健全的经营标准和管理规范，门店就只能各行其是，这就不能体现连锁经营的基本要求。所以，如果门店一呼百应，总部就百呼不应。

二、门店营运管理的组织

连锁总部的岗位一般按部门化原则设置，但由于门店的功能比较单一，以销售服务为中心，所以在组织管理上不按部门划分，而是按岗位划分。其主要岗位如下：

店长——全面负责门店管理；

店助——协助店长管理门店或分管某一方面的业务；

值班长——负责门店现场管理；

收银员——负责收银作业；

理货员——负责理货作业；

财务人员——负责内部核算及现金、单据等管理；

服务人员——负责向顾客提供柜面或特殊服务；

仓务人员——负责进货、仓务及商品管理。

值得注意的是：① 要根据卖场面积来设置不同岗位。中小连锁门店一般只设店长，而不设副店长，在大型综合卖场则设立副店长分管门店的工作，并设立专业化的管理岗位。如大型超市设有加工生鲜食品的功能，所以应设立加工组及相应的后场加工人员和现场加工人员。② 建立职务等级制度，有利于人才培养与激励员工。有些企业将门店的管理层次分店长、副店长及四个等级的店长助理，四级店长助理负责人事和业务管理，三级店长助理为柜主任，二级店长助理为理货班长，一级店长助理为理货员(营业员)。收银员又分为二级收银员(收银组长)和一级收银员(负责收银)。

三、门店营运管理特点

连锁门店的营运管理有以下三个基本特点:

(1) 执行多于创造,但又不得不面对各种变化着的环境、人员与事件。如果热爱这份工作,就更要全身心地投入,因而就会始终面临巨大的心理压力和身体压力,甚至会因为工作而放弃家庭和朋友,从而承受来自家庭和朋友的压力。可见,这是一个"六亲不认"的行业。

(2) 付出与回报常常会不一致。有些门店轻松经营就有好的回报,有些门店不管如何想方设法去经营,业绩始终难以有较大的提高。因为一家门店的成败取决于多种因素,甚至有些门店从一开始就是注定没有希望的(如选址失误)。但问题在于:接手这样的"烂店"时,仍然有责任使其"咸鱼翻身"。于是,经营者就会感到十分困惑。门店的建议可能很有建设性,但上级就是不采纳,这还不能怪上级,只能怪自己没有能力说服上级。

(3) 资源有限,责任无限。因为店长既代表公司,又代表员工,是门店业绩的第一责任人,所以,店长承担着店铺经营管理的全部责任,但是,他们手中的资源与权限十分有限,总部对门店有一系列控制。

所以,作为门店管理的核心人物——店长,除具备必要的知识、技能等素养外,还必须具有良好的管理心态。

第二节 店长的地位、职责与素质要求

对独立店而言,门店的最高管理者称为店主或经理;对连锁店而言,门店的负责人称为店长;如果是加盟店,在店长之上可能还有一个"店主",店主是门店的所有者,而店长则是门店的管理者。

一、店长的地位

这里所指的店长是指连锁企业下属直营店的负责人,其地位或者说其角色定位,表现为以下十个方面:

(1) 代表者。店长是门店的代表者,就总部而言,店长代表企业处理与顾客、与社会有关部门的公共关系;就职工而言,店长是职工利益的代表者,是职工呼声的代言人。

(2) 责任者。店内不管有多少部门、多少人员,也不管各部门、各类人员的工作表现如何,其最终的责任者是店长,他对门店的经营绩效与形象负有全责。

(3) 执行者。店长是总部政策及经营标准、管理规范、经营目标的执行者,他必须忠实地执行总部的一切决策。即使店长对总部决策有异议或有自己的看法,也应当通过正常的渠道向总部主管领导汇报,而不应当在下属员工面前表现出不满情绪或无可奈何的心情。

(4) 规划者。为了实现总部所确立的门店经营目标,店长应规划门店的经营管理活动,如月度经营计划(营业总目标、部门别营业目标、部门别毛利目标)、促销计划、具体的行动计划、每周业务管理重点等。

(5) 指挥者。店长是门店的总指挥,他必须安排好各部门、各班次员工的工作,指挥他们按照总部规范标准和门店各项计划要求开展作业活动。

(6) 鼓动者。店长应激励全店员工保持良好的工作状态,使全店员工具有使命感、责任心和进取心。

(7) 协调者。店长负有上情下达、下情上达、内外沟通、协调关系的责任。所以,店长应具有处理矛盾和问题、与顾客沟通、与店员沟通、与总部沟通等方面的耐心和技巧。

(8) 控制者。店长必须对日常经营管理业务进行强有力的、富有权威的控制,控制的目的是保证实际执行工作与总部要求、门店计划、外部环境相一致。店长重点控制的要素是:人员控制、商品控制、金钱控制、数据控制以及环境控制。

(9) 教导者。店长工作繁忙,并且常有外出活动,当其不在店内时,各部门的主管及全体员工就应及时独立处理店内事务,以免工作延误。为此,店长也应适当授权,并培养下属的独立工作能力,训练下属的工作技能,并在工作现场及时予以指正、指导与帮助。全店员工的素质提高了,门店管理就能得心应手。

(10) 分析者。店长应永远保持理性,善于观察和收集信息资料,并能有效分析与预见可能发生的情况。

二、店长的职责

店长的角色定位决定了店长的工作职责,但王店长觉得书上所说的"店长职责"太复杂,他的体会很简单:店长是门店管理的第一责任人,连锁门店的一切活动都应该体现公司的总体利益。因此,店长应该以执行总部的指令和贯彻总部的标准为准则。王店长在实践中总结了店长的八项工作职责:

(1) 创造门店适当的销售利润。控制门店存货水准;确保门店商品价格正确及商品信息充分告知;确保门店商品品质;切实掌握商圈特性并了解顾客需求;配合执行公司各项促销活动;及时反映厂商供货问题并提供改善建议。

(2) 控制适当的费用成本。合理控制门店各项费用(可控费用);将盘点损失控制在合理范围。可控费用是指盘损、人事费用、水电杂费、报损等;不可控费用是指租金、折旧摊提等。

(3) 维护优良的商店形象。维持门店整洁,塑造舒适的购物环境;机器设备定期清洗、维修、保养以确保正常运转;确保门店商品不缺货及商品陈列的整齐、清洁、丰富;向顾客提供亲切、有礼、快速、专业的服务。

(4) 塑造团结和谐的工作环境。门店管理公正、公平、公开,并保持适当授权;主动处理员工问题,激励员工士气;协调员工关系,创造良好的工作气氛。

(5) 培育部属的工作能力。负责门店员工排班及辅导员工完成工作;确保门店员工接受教育训练,熟悉门店一般作业流程;考核门店员工的工作绩效,向主管推荐优秀员工的提升。

(6) 完成主管交付的任务。按时提交各项报表,配合后勤作业;随时向督导报告有关门店运作事项;定期召开门店会议及参加总部会议;完成督导交办的工作。

(7) 执行总部的政策规范。遵守总部政策规定及作业规范,提高工作效率;执行商品行销策略(商品引进、清场、POP 张贴、平面配置、商品陈列等);及时提供建议。

(8) 代理店员处理各项事务。因为店长首先是一名店员,所以,店长应该更有能力操作店员从事的具体作业活动。

店长职责的要点是——围绕目标,注重实效,依靠店员,服务顾客,执行标准,不忘创新。

三、店长的素质要求

店长是一种特殊类型的管理者,需要在实践中不断修炼。

(一) 素质的基本概念

素质通常是指事物内在的特征。狭义地说是指生理与心理范畴内人的先天遗传的解剖生理特点;广义来讲包括素养、性格、品质和能力。素养主要是指人的先天遗传特征;性格主要是指受后天的社会经验和环境的影响而形成的个性心理特征;品质主要是指修养、道德、礼仪以及为人处世的态度;能力则是指人的体能、技能和智能。

(二) 管理者素质的一般要求

(1) 完善品格。领导者的品格主要包括道德、品行、人格、作风等,它反映在领导者的一言一行之中。优秀的品格会给领导者带来巨大的影响力,因为品格是一个人的本质表现。好的品格能使下属对领导者产生敬爱感,从而吸引人、诱使人模仿。这就是通常所说的"榜样的力量是无穷的"道理。

（2）提高才能。领导者的才干、能力是其影响力大小的主要因素。才能是通过实践来表现的，一个有才能的领导者会给企业带来成功，使人对他产生敬佩感。敬佩感是一种心理磁力，它会吸引人们自觉地去接受其影响。

（3）扩充知识。知识是一个人最宝贵的财富，它本身就是一种力量，而且是科学赋予的力量。知识与才能是紧密联系在一起的，知识是才能的基础，才能是知识的实践表现。知识水平的高低，主要表现为对自身和客观世界认识的程度。知识丰富的领导者，容易取得下属的信任，并由此产生信赖感。

（4）丰富情感。人与人相处在一起，就会产生一定的情感关系，或者亲密，或者疏远；或者好，或者恶。情感是人的一种心理现象，它是人对客观事物（包括人）好恶倾向的内在反映。人与人之间建立了良好的情感关系，便能产生亲切感。在有了亲切感的人际关系中，相互的吸引力就大，彼此的影响力也就大。因此，领导者要十分注意与被领导者之间的情感关系。

（三）店长素质的特殊要求

店长的素质以人品为前提，以组织能力为基础，以业务能力（主要是商品经营能力）为核心。

1. 店长品行

修身为本，是中国式管理的基本要求，而人的品行则是前提。店长要出于公心，不与员工争利，不与上级争名，品德诚实，关怀职工，并有强烈的事业心，才能实现有效管理。

王店长在实践中领悟到：身为店长要时刻注意自身的言行，要不断追求卓越，以免成为劣质或恶质店长。王店长总结了应该避免的以下十二种不良行为：

（1）高高在上，开口骂人，甚至伤及员工的自尊与人格。这类店长不会有凝聚力，员工会寻找一切机会与店长"暗顶"，甚至会不断向总部检举店长的不良行为，这样的店长必然会被员工"怨气"淹死。这是自寻死路的店长。

（2）遇事消极对待，先找客观原因（如竞争店的影响），甚至责备总部的选址有问题或私下批评经营者。这类店长经常推卸自己的责任，却忘记了自己的责任就是在既定的条件下把事情做得更好。这是消极的店长。

（3）得过且过，不求上进，小富即安，不富也安，既不报喜，也不报忧。其目的是为了安于现状，不要引起总部的注意，不要调动现有的岗位。这种店长在工作上不会给自己和员工设定更高的目标，对店内存在的不足也不努力改善，最终会失去顾客和员工的信任。这是安于现状的店长。

（4）好大喜功，作风浮夸，隐瞒实情，报喜不报忧。为了自己的利益有可能使公司丧失及时纠正错误的机会，这是十分严重的道德问题。这是作风浮夸的店长。

（5）问题意识、忧患意识和危机意识太强烈，往往看不到优势而十分关注自己的劣势,常常是报忧不报喜,看起来是对公司负责,实际上会影响集体的士气和斗志。这也是极不负责的行为。这是理想化的店长。

(6) 称兄道弟,朋友义气,亲疏有别,不讲原则。这是十分危险的行为,其结果可能会极大地损害公司的利益。这是危险的店长。

(7) 有危险就退缩,有责任就逃避,没有保护下属、勇于承担责任和勇作贡献的意识。这是不合格、不负责的店长,是不可重用的店长。

(8) 控制知识、经验与信息,成就一人独享,没有团队意识,不知道用分享成功的喜悦来激发员工的工作热情。这是自私的店长。

(9) 不了解连锁组织的运作,爱好单兵作战,自以为是,缺乏合作意识,结果会偏离公司的整体要求。这是无知的店长。

(10) 不知道培育下属,所以,后继无人,自己也得不到晋升。这是可悲的店长。

(11) 对人有成见,只看到下属的缺陷,却不会发掘下属的亮点。这是孤独的店长。

(12) 做老好人,你好我好大家好,凡事不得罪人,没有大错,也没有作为。这是"好好"店长。但"好好"店长也是不合格的店长。

店长修身自律,才能不令而行。

2. 组织能力

王店长逐渐感悟到:店长应该具备五个力,即激情力、感悟力、控制力、影响力、激励力。

(1) 激情力。具有持续的工作热情、责任心、事业心和进取精神。这就要求店长热爱自己所从事的工作,具有良好的身体素质和心理素养,能承受体力与心力两方面的压力。优秀的管理者应该具有爆发的激情,激情是把经营推向成功彼岸的原动力,有激情就会上下求索,这是考验求索者智慧的过程。

(2) 感悟力。悟性比任何专业知识与经验更重要,重大的突破往往不是靠常规思维,而是靠超常规的悟性,依靠这种悟性,往往能从无序中看到有序,从细微的变化中洞察到未来的巨变,当大家都不看好时先下手为强,而等到大家都看清了,随之而来的便是恶性的竞争。感悟的结果是洞察先机与危机,随时找出突围的最佳捷径。

(3) 控制力。店长至少应该具有控制大局、控制目标、控制过程与结果的能力。这就需要店长发挥人事组织能力、沟通能力、规划能力和分析能力。许多店长以前从来没有从事过商业活动,经过一定时期的课堂培训与门店实训以后,在师傅的带教下,大概用1年时间就能胜任门店的管理工作。因为不懂商业的人从头开始学,特别努力,特别专心,并且没有定势的思维框框,所以,反而能较快地适应工作环境。但是,有些长期从事商业工作的人进入连锁企业经过同样的培训过程却仍然不能胜任门店管理工作。

(4) 影响力。店长要善于运用自己的内在魅力营造团队氛围,并使自己成为这个团队的导航者。不仅能够设定明确的目标并督导完成,而且更能诱导大家愿意为未来而奋斗,从而营造出积极向上的团队氛围。影响力还来自教导他人的能力。店长要既能做又能说,先想后说,先做后说,做员工的示范者,一切都以身作则,就能成为下属的"导师"、"良师"、"师傅"、"老师",甚至"益友"。

(5) 激励力。店长有两项核心的管理工作:一是组织,二是激励。店长应该成为激励专家。人是活在掌声中的,每个人都希望获得别人的赞美,只有开心的员工才能有满意的顾客。

店长能力大于职位,才能获得员工的拥戴,以及总部的肯定与晋升。

3. 业务能力

业务能力来自专业知识、专业技能和实践经验。这些都要靠学习、实践、感悟、积累与总结来提升。

(1) 三类经验。从事连锁经营,需要具有一般经验、特殊经验与个体经验。比如加快资金周转、强调低毛利、低价格和高销售额,这些都是一般经验,可以通过学习而获得。特殊经验是指个别企业所创立的独到之处,如有些企业走城市路线,另一些企业则走外围路线等。特殊经验存在于企业家的经历和创业者的脑子里,而且能随需应变。个体经验是一种应对能力,也只能在实践中培养。所以,一般经验靠学习,特殊经验靠悟性,个体经验靠积累。这三种经验的融合便能成就一个优秀的店长。

(2) 三种习惯。业务能力的提升与三种习惯紧密相关:一是要养成记录的习惯,把日常所学的知识与心得记录下来,善于分析、概括与提升,把个人经验上升为集体经验,把工作经验"工具化"。二是要养成亲力亲为的习惯,走走看看,深入基层,这是做店长的基本功。店长身为管理者理应比较超脱,但这只是理论上的理想化模式。店长要指挥全体店员,让全店员工心服口服地接受指挥,就必须样样都能干、样样都会干、样样都比人家干得好。这实际上是要求店长成为复合型人才。三是要养成分类处理问题的习惯,分类管理事务、数据、人员、时间,把工作做得井井有条。

(3) 三个方向。店长要从三个方面提升自己的业务能力:一是深入个体的心理透析——探究顾客的消费行为;二是横向宏观面的国际视野——掌握最新国际趋势与行业发展动态;三是纵向微观层的商业实践——在自己经营的领域,以专心与专一的态度,达到专业的境界。

第三节　店长的工作内容

引导案例中提到的王店长,刚上任当店长的时候,也遇到过不少问题。店长的工作流程就从上班下班开始讲述。

一、上班下班

现代大公司的员工既有激情又从容,既灵敏又守则,既能享受又能忍受。

(1) 小王明天就要上任做店长了,心情有点激动。

(2) 小王想:明天就要上任了,今晚必须再努力一番,与员工见面时的讲话一定要通俗易懂、条理清晰、精神振作。(很对!)

(3) 平时不太做梦的小王在上任前的那天晚上居然也做了一个美梦:梦见自己从王店长变成了大卖场的王经理。(人应该有上进心,向更高的目标努力,努力必会有成果!)

(4) 小王梦见自己面对员工的时候,竟然把想好的台词忘记了,急得满头大汗。(平时缺乏讲演锻炼哦!)

(5) 小王醒来的时候天刚蒙蒙亮,做了一夜的梦,觉得有点疲惫,刚醒来就又睡过去了。

(6) 再次醒来的时候天已大亮,一看表,吓了一大跳,已经是早晨 7 点钟了。

(7) 顾不上吃早点,闪!闪!闪!急速赶到门店。好险!正好 8 点。(要牢记:上班应该提前到达,做好工作准备。)

(8) 没有进入门店就看见有顾客在等候开门,想:公司的生意真好,应该与顾客打个招呼:大家早上好!让大家久等了,我们马上开门营业。(热情,不冷落顾客,这是对顾客的尊重。有很多顾客等候开门,是不是应该考虑把营业时间提前一点?)

(9) 进门的时候看到地上有些空的易拉罐,便随手捡起,放进垃圾桶。(门店的门面非常重要,王店长做得很好,以身作则,先做示范。)

(10) 上班的标志是指纹考勤,只要按照提示操作,四步完成。(不要忘记:离店也要有考勤记录。)

(11) 做好考勤,王店长本来准备召集大家开一个会,由于没有吃早饭,于是就拿出面包在办公室吃早点。(这是不良的风气,千万要不得。绝不能在办公室吃早饭。这是店长的禁忌!切记!)

(12) 王店长接管的是一家 E 类门店,公司的门店分 A、B、C、D、E 五种类型。

（13）店长要亲自主持早训。（注意：自己讲话的时候不要说"我亲自……"而应该说"我马上……"）

（14）今天是王店长上任的第一天，首先是区域经理把王店长介绍给全体员工，然后是王店长讲话。

（15）店长说："大家早上好！让我们先一起高呼企业精神……"（企业精神重在领会与实践！）

（16）王店长还说，门店好比一个船队，我们是这个船队的一员，我是其中一条船的船长，我将跟随船队使这条小船保持正确的航向与航速，并与大家同甘共苦，希望大家齐心协力，工作有声有色，生活有滋有味。大家开工吧，不要忘记顾客早已在等着我们了，不能冷落顾客呀！（王店长的这段话表达了四层意思：第一，公司是一个大家庭，要有整体意识。第二，表明自己的责任与态度。第三，表明团队合作的重要性和对员工的要求。第四，要用实际行动尊重顾客。）

（17）第一天做店长真累啊！终于到了 5 点半的下班时间了，准备下班了！（店长不是公务员，店长的作息时间要跟着顾客的需求走，要时时刻刻关心门店，更何况是新店长。）

上班下班要点：上班提前一刻钟到岗是常识，准时下班的店长不是好店长。

二、店长每日工作流程

王店长所在的店铺，营业时间为早上 8 点 30 分至晚上 9 点 30 分，总计 13 个小时。王店长通常是早上出勤，早训前到店，工作时间实行弹性制，即根据门店的营业情况来决定休息时间。王店长下班后由副店长、部门主管或领班代理店内管理工作。

1. 开门前的工作

（1）顾客抱怨开门时间太晚，经过调查，王店长将开门时间提早到了 7 点，同时提前了闭店时间。（公司规定只允许提前开门，不允许提前关门。区域经理在巡查中及时发现，责令王店长纠正。）

（2）王店长把一天的时间划分为营业前、营业中、营业后，以及营业高峰与高峰前后等不同状况，分别安排前场（收银机外）、现场（收银机内）与后场（收货仓库、办公生活区域）的工作。

（3）王店长要求自己：工作有计划，检查有方向，办事有重点，问题有对策。（这样才会有工作效率！）

（4）王店长不仅按照公司要求主持早训，还坚持带领员工在商店附近晨跑。（晨跑既能增强员工体质，振作精神，又能展示门店形象，是一个很有意义的活动。）

（5）在早训与晨跑中，王店长也顺便确认了人员到岗情况和仪容仪表。

(6) 王店长发现小李今天没有来上班,早训以后就立即打电话去询问。原来是身体不适。下班以后王店长从门店买了些水果去看望。(任何出店商品都要经过收银,门店支出按照规定手续报销。)

(7) 每天都要以整洁明亮的形象来迎接顾客!(千万不要忘记前场和厕所的清洁卫生工作!)

(8) 每天都要事先注意公司总部的各种通知,预先做好准备,开门前再次予以确认。(特别是系统调整价格以后,牌卡和POP也要同步调整。)

(9) 收银台与服务台是两个创造收入的重要部位,要密切关注,尤其是零币比较紧张,要做好准备。

(10) 门店经营的核心是商品,必须确认商品供应状况。

(11) 还要确认昨天的营业状况,了解:营业额、来客数、客单价、客品数、品单价等数据,同时进行比较,列出未完成部门。

2. 上午的工作

(1) 开门的时候顾客比较少,到11点钟进入第一个营业高峰,一直到12点半。

(2) 在11点钟以前要将昨天未解交的余款存入指定的银行。

(3) 每天要通过公司内部网络查阅公司文件与通知,网上还有其他门店的经营经验可以学习。

(4) 每天上报前一日营业额、客单价等数据。

(5) 根据销售与库存状况,及时向供应商与配送中心订货,保证货源充足。(备货不足是销售不理想的重要原因。)

(6) 对竞争店的价格、品种、营销等情况进行调查。按照门店巡视要求,检查门店工作。

(7) 检查脱销情况,向总部或供应商落实订货。

(8) 面对中午的营业高峰,对店铺的商品、陈列、环境、温度等进行检查。

(9) 营业高峰时段要加强指挥调度,及时掌握各部门销售状况,并加强活动广播。

(10) 午饭期间要指定专人负责门店现场管理。

3. 下午的工作

(1) 下午3点半以前营业比较清淡,可以做一些调查、会议、培训、文书、计划等工作。

(2) 下午4点半开始出现第二个营业高峰,一直到6点半。这期间要特别关注前后台的配合与调度。

(3) 营业高峰时段可考虑增开收银机,安排其他人员协助收银。

(4) 营业高峰时段要督促各部门员工加强防盗。

(5) 傍晚前要将当日营业款解交银行,收银员也要及时将收银款上缴财务室。

(6) 营业高峰时段要保持光灯充足、明亮,傍晚要打开门头招牌灯。

(7) 店长离店以后委托副店长或领班代理指挥店铺工作,并交代晚间营业注意事项。

4. 晚间的工作

营业结束以后,要做好商品收纳、整理整顿、清洁卫生、巡查、安全检查、关闭门窗、制作文件、备忘记录、现金保管、次日准备等工作。

店长要遵守业务流程和操作规程,根据现场情况应变处理。

三、店长每日检查项目

王店长通过日常检查,发现问题、改进工作、提高业绩、实现目标、达成理想。他每日检查的项目如表6-1所示。

表6-1 店长每日检查项目表

时段	类别	项目
开店前	人员	1. 各部门人员是否正常出勤? 2. 各部门人员是否依照计划工作? 3. 是否有人员不足导致准备不充分的部门? 4. 专柜人员是否准时出勤?准备就绪? 5. 工作人员仪容仪表是否规范?
	商品	6. 早班生鲜食品是否准时送达无缺? 7. 鲜度差的商品是否已清理? 8. 各部门特价商品是否已陈列齐全? 9. 特卖商品POP是否已悬挂? 10. 商品是否即时做100%陈列? 11. 前进陈列是否已做好?
	清洁	12. 入口处是否清洁? 13. 地面、玻璃、收银台清洁是否已做好? 14. 厕所是否清洁干净?
	其他	15. 音乐是否控制适当? 16. 灯光是否控制适当? 17. 收银员零找金是否已准备? 18. 开店前五分钟广播稿及音乐是否准备播放? 19. 购物袋是否已摆放就位? 20. 购物车、购物篮是否已准备就位? 21. 前一日营业速报是否已发出?

(续表)

时段		类别	项目
开店中	营业高峰前	商品	1. 是否有次品？ 2. 商品鲜度是否变差？有无定时检查？ 3. 端架陈列量感是否足够？ 4. POP与商品标价是否一致？ 5. 商品陈列是否足够？是否要补货？
		卖场整理	6. 投射灯是否开启？ 7. 通道是否畅通？ 8. 是否有阻碍通道或导致阻挡商品销售的情形？ 9. 面售是否有人当班？ 10. 是否有突出陈列过多的情形？ 11. 地面是否维持清洁？
	营业高峰中	销售态势	12. 是否定时播放店内特卖消息？ 13. 各部门是否派人至卖场招呼客人或叫卖？ 14. 顾客是否排队太长要增开收银机？ 15. 是否要后场部门来收银台支援？ 16. 是否需要紧急补货？ 17. 是否有工作人员聊天或无所事事？ 18. POP是否脱落？
	营业高峰后	卖场整理	19. 是否有污染品或破损品？ 20. 是否要进行中途解款？ 21. 是否有欠品需要补货？ 22. 是否确认时段别营业额未完成原因？ 23. 陈列架、冷冻(藏)柜是否清洁？ 24. POP是否陈旧？或遭污损？ 25. POP粘贴位置是否适当？ 26. POP书写是否正确？大小尺寸是否合适？ 27. POP诉求是否有力？
	时常性	商品	28. 价格卡与商品陈列是否一致？ 29. 厂商是否在店内擅自陈列商品或移动商品？ 30. 滞销品是否陈列过多、畅销品是否陈列面太小？ 31. 商品有效期限是否定期检查？
		服务	32. 服务是否使用礼貌用语？ 33. 是否协助购物多的顾客提货出去？
		清洁	34. 厕所是否维持清洁畅通？ 35. 厕所卫生纸是否足够？ 36. 入口处是否维持清洁？ 37. 地面是否维持清洁？

(续表)

时段		类别	项目
开店中	时常性	设备	38. 冷冻(藏)柜温度是否定时确认？ 39. 傍晚时分招牌灯是否开启？ 40. EGM(背景音乐)是否正常播放？ 41. 标签机是否由本公司员工自行操作使用？（必要时使用）
		后场	42. 进货验收是否按规定进行？ 43. 空纸箱区是否堆放整齐？ 44. 空篮存放区是否堆放整齐？ 45. 标签纸是否随地丢弃？ 46. 退换商品是否定位、整理、整齐？
		其他	47. 畅销品或特卖品是否足够？ 48. 标示牌是否正确？ 49. 交接班人员是否正常运作？ 50. 前一日营业额是否解缴银行？ 51. 是否派人调查竞争店？ 52. 关店前背景音乐是否播放？
开店后		卖场	1. 是否仍有顾客滞留？ 2. 背景音乐是否关闭？ 3. 卷帘是否拉起？ 4. 招牌灯是否关闭？ 5. 店门是否关闭？ 6. 冷气空调是否关闭？ 7. 购物车(篮)是否定位？ 8. 收银机是否清档完毕？
		作业场	9. 生鲜处理设备是否已关闭及清洁完毕？ 10. 作业场是否清洁完毕？ 11. 作业人员是否由后门离开？ 12. 是否仍有员工滞留？
		现金	13. 开机台数与解缴份数是否一致？ 14. 专柜营业现金是否缴回？ 15. 作废发票是否签字确认？ 16. 当日营业现金是否全部锁入金库？

（1）王店长问大家：今天生意怎样？领班回答：蛮好！于是，王店长也蛮高兴。

（2）有一次王店长看到领班也以同样的方式问店员：今天生意怎样？店员回答：蛮好！于是，领班也蛮开心。

（3）王店长想：什么是"蛮好"？

（4）后来，王店长用另一种方式问领班：今天的销售做多少了？领班沉默！大家模糊惯了，谁也不清楚今天的生意做了多少。

（5）渐渐地，提问的方式改变了，思考问题的方式和工作方式也相应地改变了，从店长到领班，从领班到店员，脑子里都装着各式各样的数据。

（6）再后来，每当营业状况发生变化，就会在脑子里立即发出警示。这就是层层抓数据的好处。

（7）王店长发现新情况总是及时向上级报告，有好的经验则在区域会议上介绍，因而被公司授予"诚信管理奖"和"学习创新奖"。

（8）公司为了表彰王店长的工作业绩，给王店长一周时间的出国考察。回国那天，王店长下飞机就直接去了门店，他有一颗时时牵挂着门店的心。

（9）节日里王店长也总是与员工一起战斗在业务第一线。

（10）有一次王店长突然病倒，员工下班以后自发去看望店长，一张写满员工名字的祝愿卡使王店长深受感动。

（11）王店长想：我真好运，有这些好店员！

（12）店员们说：我们真幸运，遇到了一个好店长，销售节节上升，收入年年攀高，店长时时想到我们！

（13）相互感恩，那是一幅多么美好的景象！

（14）只有员工满意，才有顾客满意！

用数据与事实来组织经营。

第四节　门店基础管理

王店长按照总部的标准化管理要求，并结合自己的实践工作，总结了一套门店管理的要求，包括在工作实践中逐渐领悟的门店管理基础工作、门店管理要素、门店管理要求、门店管理心态以及和谐工作氛围的塑造等。

一、门店管理基础工作

门店经营从基础工作开始。每天重复的基础工作是：清洁卫生、商品搬运、整理整顿、商品验收、数据录入、补货整理、设备保养。

（1）清洁卫生。王店长到店的第一件事情就是看看门面干净不干净，并随手处理。（门面就是脸面，门面不干净，顾客就不会进店。因此，清洁卫生工作要定期与即时相结合。）

（2）商品搬运。商品到店，王店长总是自己带领店员一起卸货、验收、搬运、上架。（一个小店十余个人，当班店员就五六个人。店长只有以身作则，凡事都比别人走在前、多尽责、做得好，才能获得店员的认同与尊重。）

（3）整理整顿。王店长上任以后渐渐适应了工作环境，还总结出了一套简便易行的工作方法，他总是随身带着一个小本子和三色笔，用小本子记录问题与体会，用三色笔区分"优良、警示、不良"或"一般、重要、紧急"等不同状况，分别加以处理。他还规定了器具、备品等的放置场所，贴上放置物品的标识，用完后放回指定位置。这称为"分类与定位管理"。（经营门店也像经营家庭，会料理的家庭总是井井有条，而有些家庭则由于没有养成良好的生活习惯，总是乱哄哄的。整理整顿，定位管理，体现管理水平。注意：既要整理物品，又要整顿思想！）

（4）商品验收。检查商品数量、品质、规格与"验收单"是否相同。数量：注意箱装、盒装商品是否有拆封迹象；品质：商品包装、有效期限、进口商品的中文标识；规格：大小规格是否符合。验收无误或修改完成后将验收单加盖门市章、当班职员两人签名后交给厂商。（验收需要掌握各类商品的验收标准、验收方法与验收重点。）

（5）数据录入。商品实物验收以后要将单据及时录入电脑系统，做到：当日进货当日验收，当日销售当日进账，当日库存账实相符，当日数据当日上传。（店长是确保数据及时、完整、准确地录入系统并上传总部的第一责任人。）

（6）补货整理。为了防止缺货、保持排面整洁，必须及时补充商品上架。（店铺是枪，商品如弹。在既不积压又不脱销的前提下把生意做大，这就是门店的核心能力，也是店长的首要任务。）

（7）设备保养。王店长在接收店铺的清单中有一份"设备清单"，他对照这些设备的操作程序与保养要求，将设备保养工作落实到小组与责任人，并定期检查，日常巡查。（设备设施要完好，始终处于正常使用状态，否则就会影响生意。）

店铺基础工作要点：无论谁做，结果一样。必须严格遵守操作步骤与作业标准。

二、门店管理要素

人与商品是门店管理的核心要素。但是，推动这两个核心的动力则是：资产与财务。没有设备资产的投入，门店经营就没有"枪"，而没有良好的财务产出，就会导致经营亏损。从事经营活动，一要盈利，二要发展，这是根本的道理。

（1）王店长勤奋好学，看了不少管理书籍。他发现几乎所有的管理学者在讲到管理的时候都提到了三件事情：计划、组织与控制。

（2）前不久王店长想请员工到社区了解居民需求，并将自己的想法告诉了员工。员工也都认为这是个好主意。一周以后,当王店长问员工了解到哪些新情况时,员工说在等店长的具体安排!

(3) 有时候,王店长也具体布置了任务,还规定了责任人与完成时间,但由于新的事情与状况不断涌现,过了规定时间也没有去过问,不仅店员忘记了店长布置的任务,连店长自己也淡忘了。

(4) 这样的事情发生多了,店员就越来越不在乎王店长的话了。

(5) 王店长在实践与思考中渐渐领悟了一个道理:实践中的管理学只有两个字——验证!制订计划,组织落实,效果来自验证,要通过验证提醒下属你在时刻关注工作的进展情况。

(6) 以验证为核心手段去管理"资产、人力、商品、财务",向更高的目标努力。这是店长的神圣使命。

(7) 管理资产必须掌握资产的基本资料,如平面图、资产清单、大型设备定时检查表等。必须保证员工或专业人员能够熟练操作每一件设备。资产定位与定期保养十分重要。资产的添置必须考虑发展性与适应性。

(8) 新人培训。与人事部门确定新员工的到职;查看履历表,了解基本信息;进行单独的开放式会谈,增进了解,传达信息;将新员工介绍给每一位同事;明确告诉他工作的职责;如果是新手,应安排培训计划;解释工作中的细节,并做相应的示范动作;进行练习以巩固所学知识,如有必要可以进行测试。

(9) 人员的日常管理。进行合理分工,保持工作量及职责的平衡;随时了解每位员工的工作状况,并进行督导;列出职务代理人,店长不在时不会让事情落空;必须做好交接记录,以提醒其他员工;及时传达各种信息,并注意信息反馈;每月统计生产率,并与以往水平进行对比;核对每位员工的考勤及薪资;定期召开部门会议,并在会议上解决问题;安排员工培训月度计划。

(10) 领导。经常参与辅导每位员工的工作;经常鼓励每位员工提出建议;定期与员工进行良好的沟通;明确地发出指示;善意地说服与批评;尊重每位员工;对员工细小的进步进行表扬;坚持工作原则。

(11) 商品:配合采购。商品验收先看质量;新商品引进依照原则陈列;准确并及时通知采购人员市场调查所取得的结果;依照促销计划,完成促销活动;与采购人员保持良好沟通,平和处理矛盾。

(12) 商品:零商关系。供应商是零售商的上帝和朋友;善待供应商,礼待供应商;用数据与事实说话;坚持自己的原则与要求。

(13) 商品:管理备忘。任何商品的引进或撤销必须与采购人员沟通;排面调整(包括单品调整和分类调整)按照规定实施;不良商品绝不出现在排面上;对于顾客,价格便宜永远重要。

(14)财务：财务控制重点。商品损耗、人力成本、耗材、能源费用、营业外收入、毛利、库存等，是控制重点。

(15)财务：财务报表。门店应按规定定期制作、上报与保留各类报表，如销售报表、进销存报表、盘点损益报表等。此外还应该注意其他经营报表：厂商进货明细表、库存明细表、绩效表、营业外收入明细表、每日用电登记表、耗材领用报告等。

门店管理要素一定要全面把握，抓住重点，时刻验证，动作一定要快。

三、门店管理要求

门店管理要求是指对店长的要求，店长是门店管理的核心人物，必须做好以下工作：

(1)预算控制，包括销售的预算以及为实现销售而必须支付的各种费用、成本、周转、库存的控制。

(2)掌握重点要素，包括商品与人。日常管理，重点中有重点。例如，一个门店的商品可以分为低价促销的"形象商品"、大量销售的"销量商品"和高毛利低周转的"效益商品"，作为店长特别应该关注的是全店的形象商品（还有部门形象商品）。就人的管理而言，店长个人的作为是各部门作为的综合，所以，为使各部门都关心本部门的业绩，就需要发挥各个团队的作用，指挥和激励各个团队的负责人就是店长在人员工作方面的重点。

(3)工作要细心，要善于发现问题。门店管理是细节化的工作，一不小心就会出大问题，甚至会出人命。要做到细节化，避免工作失误，尽可能减少不必要的损失，应遵循以下要求：

第一，用数据与事实说明问题。询问经营情况时绝对不要问这样的问题：今天的经营情况如何？而应该问：今天的销售是多少？今天比昨天增长多少？为什么今天的销售下降了？店长用数据提问，部门主管、组长也会越来越有数字概念，最终就会形成数字化管理的氛围。

第二，要亲自动手，并且学会"走走看看"的工作方法。这种方法从美国的Jcpenny百货公司开始，后来成为沃尔玛的管理原则，被优秀的管理者普遍接受。走走看看的好处之一是给下属一种压力，之二是发现现实中的问题，之三是指导和纠正业务工作，之四是形成务实的工作作风。这也是一种自我加压的方式，店长比下属更精通、更细心、更专业、更投入、更有办法，才能实施有效领导。

第三，严格执行工作规范。连锁店的作业标准往往都是连锁企业"血的教训"的积累，违规操作最终将受到失误的惩罚。

第四，树立纠正预防观念。出问题并不可怕，可怕的是同样的问题重复出现。出现问题，先应该解决问题，然后了解原因，采取纠正措施或预防措施。这才是正确的工作方法。

(4) 任何时候都不可以有畏难情绪,而应该向更高的目标努力。区域内需求数量相对固定的观点与事实不符,服务状况和价格高低会导致区域内商品需求数量、购买频率的变化。

(5) 注意自身形象,防患于未然。治人必先自治。如果店长私用门店的物品、上班迟到、节假日休假、对顾客不敬,做了这些不该做的事情,员工的眼睛是雪亮的,他们就会跟着店长一起做不该做的事。如果这是个别员工的行为,不管是谁,都应该立即制止,否则就会蔓延。当个别行为变成了习惯甚至众人的行为时,就成了一种门店的风气和氛围,想改变就更难了。如果不想得罪人,将得罪所有的人,最终自己就无法"守位",可能连工作也难保。所以,好的习惯、好的氛围、好的风气,一定是从店长的作风开始的。

(6) 要尽心尽职培养下属。店长应该学会做员工的老师、教练、训练师、心理顾问,同时也必须承担起宣讲公司文化的责任。把自己的下属培养成为可以替代自己职位的优秀员工,这是一项伟大的事业。

四、门店管理心态

王店长虽然常常犯错,但他对人生、对生活、对家庭、对朋友、对工作、对事业都有自己的独特看法,并身体力行,不断实践与纠正。

(1) 人生是一个过程。要诚实守信、激情工作、激情生活。人生的意义就在于不断发现人生的意义。

(2) 处理好"人我关系"。虽然很难做到毫不利己专门利人,但也不能太自私,必要的时候要有自我牺牲精神。真正做事业的人都具有自我牺牲精神,否则是做不好事业的。

(3) 总是积极向上地看问题。如果丢了一只鞋,能想到还有断了腿的人,那就会有好心情与好心态。

(4) 人的一生要经历四次考试。求学阶段是学业考试,告别学生时代要接受职业考试,进入社会以后要经历更多的职场考试,成家以后要面对婚姻考试。四种考试组合成整个人生过程。

(5) 懂得感恩的人才是幸福的。感恩亲人的养育之恩,感恩社会的关爱之恩,感恩师长的教诲之恩。当我们发现有那么多可以感恩的机会,那我们就发现了人生的价值。

(6) 水箱与油箱。油箱是物质需求;水箱是精神需求。肉体极大满足以后不见得得到精神满足,甚至更饥渴。

(7) 朋友是最大的"财富"。当朋友与金钱矛盾的时候,选择朋友。当朋友与事业矛盾的时候,选择事业。没有了事业就没有了一切,尤其是在年轻的时候。

(8) 不要吝啬赞美。当我们赞美我们的社会、赞美我们服务的机构、赞美我们周围的人群时,我们不仅给他人带去了快乐,而且自己的快乐也得到了放大。

(9) 不能做过头。做人做事都要把握一个度,一是讲话不能绝,二是树敌不能多,三是聚财不能贪。激情而平和地做人做事,就能发现更多的快乐。

(10) 不要忘乎所以。人们常常希望自己站在墙上而显得高大和荣耀,但也会常常忘记自己是站在墙上才这么高大、这么荣耀的,所以,一旦到了墙下,就承受不起失落。

(11) 要有付出。人的一生,要有付出。通过付出,即使没有取得理想的成就,但自身素质会提高,经验得到了积累,就更有机会把握机遇。不管有钱没钱,不管当官不当官,努力付出,积累经验,提高自身素养,这是非常重要的事情。

(12) 贡献大于所得才有希望。只有贡献大于所得,让老板真正看到你的能力大于职位,才会给你更多的机会替他创造更多利润。

(13) 接受、适应与超越。这是融入社会的三部曲。

(14) 下属绝对不能去做有悖"企业文化"的事情,每一位下属,首先感谢老板,其次要感谢顾客,再次要相互欣赏。

(15) 老板为员工打工。贵为老板的领导总是承担着最终的、最大的责任,这是做下属应该充分理解的。下属往往不理解老板,说是为老板打工。其实是老板为员工打工。不理解这一点,就做不好下属,就不会在老板领导的企业里有自己的前途。

(16) 做一个会听话和能办事的下属。领导对下属一般有两点要求:一是要听话;二是能办事。老板说得对,你就听他;老板说错了,你就帮他。怎么帮?"把领导说错的做对"就是了。

(17) 办法比想法更重要。老鼠们在一起开会,商讨怎样才能不被猫抓住。其中一只老鼠提议,在猫的脖子上挂一个铃铛。全体老鼠欢声雷动——"这个主意太好了!"但当有鼠问大家,怎样才能将铃铛挂到猫的脖子上的时候,全体老鼠鸦雀无声。这个故事告诉我们:方法比想法更重要,没有方法应对的想法是没有价值的。

(18) 毕马龙效应。毕马龙擅雕刻,迷恋上自己所雕的少女像,感动了爱神,于是,将他的雕像赋予了生命,让两人得以结合。可见,一个人的期望会影响另一个人,态度决定前途。

(19) 勤快带来明亮。有一家商店总是灯火通明,有人问:"你们店里用的是什么灯管?如此耐用!"店主回答说:"我们的灯管也常常坏,只要常常更换就行了!"

原来保持明亮的方法很简单,只要勤快一点就行了。

(20) 习惯决定一生。有一个人去应征工作,随手将走廊上的纸片捡起来,放进了垃圾桶,被路过的考官看到了,他因此得到了这份工作。原来获得赏识很简单,养成好习惯就行了。

(21) 帮人家就是帮自己。有个小弟在脚踏车店当学徒。有人送来一部坏了的脚踏车,小弟除了将车修好,还把车子擦拭得漂亮如新,其他学徒笑他多此一举。车主将脚踏车领回去的第二天,小弟被挖到他的公司上班。原来出人头地很简单,吃点亏就行了。

(22) 没有无原因的结果。有一个钓鱼者,他钓到了很多鱼,但是,他每钓到一条鱼就用尺子量一量,只要比尺子大的鱼,就扔回河里。有人很奇怪地问他:"每个人都想钓大鱼,你为什么却把大鱼丢回河里呢?"那人很轻松地回答:"因为我家的锅只有尺子那么大,太大的鱼装不下。"

(23) 小门店没有理货员与收银员之分,即使店长也是店员,大部分时间都在服务岗位,甚至在服务台做收银和面售服务。如果店长对店铺作业不熟悉,在作业方面还不如其他员工,就很难管理好店铺。店长必须是业务上的全才与高手,店长必须从基层做起,了解各种技术,才能解决基层问题。

总之,态度决定前途,习惯决定人生,细节决定成败。

五、和谐工作氛围的塑造

工作氛围和谐,大家的工作也就很愉快,团结、和谐、愉快的工作环境,将是人才留任的重要因素之一。店长是塑造团结、和谐工作气氛的灵魂人物。

(1) 店员在营业现场与顾客吵起来,王店长总是及时出面解决。先向顾客道歉,再请员工离开现场,以便于处理顾客抱怨。事后再教导员工处理顾客抱怨的方法及态度,并给予鼓励。

(2) 店员甲、乙在仓库吵架,王店长知悉后,先私下了解店员吵架原因,再找甲、乙店员分别询问双方吵架的缘由,王店长自己保持中立立场,并协调解决,最后缓和气氛,请双方握手言和。

(3) 上早班的甲店员略带抱怨的口吻告诉晚班的乙店员:店长太可恶了!每次进货都只站柜台,也不帮忙搬货,上班又喜欢迟到早退,我来当店长都比他强。喜欢打小报告的乙店员,一五一十地将甲店员所说的告诉店长。

王店长听了小报告以后问乙店员:你同不同意呢?

乙答:不同意。

王店长再问乙店员:你有没有出面阻止或为我辩解?

乙答:没有。

王店长问乙店员：下次如果有这种抱怨，你若同意，要来告诉我，谢谢你的提醒！你若不同意，要替我说明。

（4）王店长利用一切沟通的机会给人鼓励，他相信，领导者扮演的角色是给他人期望，而不是给予训示。

（5）王店长深信：要用"心"＋"言语"＋"行动"赞美店员。

（6）店长关心店员，就如同家长关心子女。王店长常常这样问候店员：你声音沙哑了，感冒了是不是？要记得加件衣裳多喝开水多休息。关心早班：早餐吃过吗？先吃早餐再继续忙吧！你今天不太说话喔！是不是有什么心事？可以告诉我吗？或许我可以帮上一点忙！

领导能力的发挥，套句广告词：我是在当了爸爸后才学习如何当爸爸的；团结和谐的工作气氛也非一朝一夕能养成的，需要点滴的付出方能塑造团结和谐的工作气氛。

本 章 小 结

1. 本章围绕门店营运管理的三项基本职能（销售服务、商品管理、业绩提升），介绍了机构设置的两种方式（门店岗位化与总部部门化），以及门店营运管理的特点。分析了店长的地位、职责与素质要求，对店长提出了品行、组织能力与业务能力三个方面的特殊要求，并以王店长为例，提供了店长每日工作流程与店长每日检查项目，从实践角度总结了门店管理的基础工作、基本要素、管理要求与管理心态。实践应用栏目提供了评价店长实际工作状况的调查表，以及如何提高销售额的基本思路。

2. 发挥团队合力，合理配置商品，是门店管理最重要的两项工作。在连锁企业中，总部职能是管理，门店职能是销售，配送职能是服务。

3. 连锁总部是为门店提供服务的机构，门店是为顾客提供服务的基层营业单位，是各项政策的执行者。其基本职能是：通过销售服务、进货及存货等商品管理，实现经营业绩提升。

4. 连锁门店营运管理的基本特点是：执行多于创造，付出与回报常常会不一致，资源有限，责任无限。店长除具备必要的专业知识、技能等素养外，还必须具有良好的管理心态。

5. 店长的角色定位具有多重性：代表者、责任者、执行者、规划者、指挥者、鼓动者、协调者、控制者、教导者、分析者。

6. 管理者应该不断完善品格，提高才能，扩充知识，丰富情感。店长的素质以人品为前提,以组织能力为基础,以业务能力(主要是商品经营能力)为核心。

7. 修身为本,是中国式管理的基本要求,而人的品行则是前提。店长要出于公心,不与员工争利,不与上级争名,品德诚实,关怀职工,并有强烈的事业心,才能实现有效管理。

8. 店长应具备五个力,即激情力、感悟力、控制力、影响力、激励力。

9. 店长应掌握三类经验,从事连锁经营,需要具有一般经验、特殊经验与个体经验。

10. 店长通过日常检查,发现问题,改进工作,提高业绩,实现目标,达成理想。

11. 门店经营从基础工作开始。每天重复的基础工作是:清洁卫生、商品搬运、整理整顿、商品验收、数据录入、补货整理、设备保养。

12. 人与商品是门店管理的核心要素。推动核心要素的动力是资产与财务。

13. 连锁门店的一切活动都应该体现公司总体的利益,因此,店长应该以执行公司总部的指令和贯彻公司总部的标准为行动准则。但在实践过程中,往往存在两种倾向:一是总部的标准不够具体,导致门店各行其是;二是虽然有标准,但在执行过程中由于种种主客观原因而偏离标准。解决上述问题的办法是:一要善于总结,把经验及时提升为标准;二要加强教育训练,培养员工按标准行事的习惯;三要加强督导,及时纠正偏差;四要依靠社会力量来监督门店的日常行为,如航空公司的飞行检查;五要利用电脑系统消除操作中的人为因素。但是,最重要的还是店长要以身作则,严格执行规范与标准要求。店长素质决定着门店的素质和员工的素质。

问题思考

1. 门店营运管理有哪些基本职能与管理重点?
2. 门店岗位化模式与总部部门化模式有什么异同?
3. 连锁店与单店相比有哪些管理特点?
4. 为什么说管理就是验证?
5. 店长应该具备哪些素质要求?
6. 门店的基础工作包括哪些方面?
7. 店长每日工作流程如何安排?
8. 店长每日检查的重点是什么?
9. 门店管理应注意哪些问题?
10. 王店长的事例有什么启示?

 **实践应用**

一、连锁店杰出店长关键成功因素调查

门店管理以商品管理为重点,围绕商品,涉及店铺气氛、陈列技术、环境清洁与卫生、顾客服务、组织和团队学习、人事管理、领导统率、数据管理、顾客管理、商圈管理、危机管理等12类项目,每一类项目又包含若干项工作。以此可以来测评店长的管理水平。

衡量门店管理工作的70项要素分别如下:

1. 商品管理

(1) 商品与服务标签(价格与说明)十分清楚。

(2) 从无缺货、货架上没有空无一物的状况。

(3) 从无过期产品及破损商品。

(4) 从无变质商品。

(5) 商品的进、销、存、退很适宜。

2. 店铺气氛

(6) 店铺播放音乐适宜、音量适中。

(7) 灯光明亮、冷气适宜。

3. 陈列技术

(8) 材料或用品摆设整齐,从无欠缺。

(9) 促销或特价品的标签非常清楚。

(10) POP、海报、旗帜等干净无破损。

(11) 货架干净、商品摆设整齐。

(12) 设备、器材干净且摆设整齐。

(13) 员工商品展示与陈列技巧熟练。

(14) 除配合公司促销活动外,经常运用各种促销手法。

4. 环境清洁与卫生

(15) 各种摆设保持清洁整齐。

(16) 杯盘碗筷等干净无破损。

(17) 骑楼通畅且干净。

(18) 门店地板干净且走道畅通无阻碍。

(19) 门店天花板及墙面非常干净。

(20) 窗及橱窗玻璃明亮干净。

(21) 门店内外的照明灯、广告灯清洁且保持正常。

(22) 垃圾桶周围保持干净整洁。
(23) 收银区干净且物品放置整齐。
(24) 化妆室保持干净无异味且清洁用品无欠缺。

5. 顾客服务

(25) 本店服务人员面带笑容，穿着干净整齐。
(26) 服务人员积极主动或迅速招呼客人。
(27) 员工对只逛不买的客人也能详细说明。
(28) 员工清楚了解商品项目及所在。
(29) 服务人员接听电话时礼貌周到。
(30) 服务人员喊"欢迎光临"时注视顾客。
(31) 员工结账时没有一边结账一边做其他事。
(32) 服务人员商品解说清晰准确，商品知识丰富。
(33) 员工熟悉店内各项信息工具的操作和使用。
(34) 员工提供亲切的顾客服务。

6. 组织和团队学习

(35) 全体员工把"持续学习"作为首要工作。
(36) 员工能够以广泛的、系统的方法来思考及行动。
(37) 管理人员经常训练及指导服务人员学习"如何学习"。
(38) 本店管理人员经常鼓励服务人员彼此相互学习并且以各种方式来分享学习经验。
(39) 全体服务人员经常接受"如何在团体中工作和学习"训练。
(40) 全体员工都支持并且认识到学习的重要性。
(41) 为了改进门市营运绩效，全体员工应承诺持续的学习。
(42) 从失败及成功的经验中获得学习。
(43) 奖励并帮助同仁学习。
(44) 各项营运作业、计划与学习机会相结合。
(45) 管理者授权的程度、范围与服务人员的责任、学习能力相对应。
(46) 店长与店员、计时工一同参与工作、共同学习及解决问题。
(47) 店长经常扮演教练、教师、顾问、心理医生的角色，并协助员工学习、成长。
(48) 店长经常通过观测外界以了解本店以外的连锁店发展趋势。
(49) 追求营业目标、团队合作及员工个人的价值及成长。

7. 人事管理

(50) 服务人员流动率低。

(51) 服务人员的轮班与轮休时间安排得当。

(52) 业绩奖金合理地分配给全体服务人员。

(53) 鼓励并训练服务人员拥有多样技能或第二专长。

8. 领导统率

(54) 公平、公开地办理服务人员绩效评估、奖励与惩罚。

(55) 工作上给予员工适当的激励,并能达到令人满意的工作绩效。

(56) 管理者与员工之间的沟通与协调良好。

(57) 明确地安排服务人员每日的工作内容与职责。

9. 数据管理

(58) 设计简单易行的数据收集系统,经常收集门店内部及外部的信息。

(59) 店长能够利用门店数据资料(营业额、毛利率、营业成长率、利润、单品销售统计等)分析营运状态。

(60) 管理者熟悉 POS 资料的分析、解释及运用。

(61) 能有效控制门店各项费用支出。

10. 顾客管理

(62) 员工主动与顾客分享信息,了解其观念与看法以改进服务品质,经常收集顾客意见并反映给上级单位。

(63) 经常收集并建立顾客基本资料。

(64) 管理者经常研究顾客的购买行为。

11. 商圈管理

(65) 管理者熟悉商圈内竞争店的动向。

(66) 本店与左邻右舍关系良好。

(67) 附近居民大多数认识店长。

(68) 经常办理商圈评估。

12. 危机管理

(69) 员工处理顾客抱怨方式与方法得当。

(70) 对危机应变及处理技巧的训练或经验丰富。

评分标准:回答者就各题的叙述分别计分:1 表示完全不符合,2 表示有一点符合,3 表示中度符合,4 表示大部分符合,5 表示完全符合。将各类小题分数分别加总除以其题数,表示类别特性,分数越高表示该类工作做得越好。

将由上述 70 个项目组成的调查所获得的数据汇总如表 6-2 所示。根据排名可以判断哪些工作做得较好,哪些工作还有改善的空间,同时也可以通过排名,分析店长的管理工作是否抓住了重点,其管理的方式是否符合现代化管理的要求。

表 6-2　连锁店杰出店长关键成功因素调查汇总表

关键成功因素平均	总　　分	平　均　分	排　　名
1. 商品管理			
2. 店铺气氛			
3. 陈列技术			
4. 环境清洁及卫生			
5. 顾客服务			
6. 组织和团队学习			
7. 人事管理			
8. 领导统率			
9. 数据管理			
10. 顾客管理			
11. 商圈管理			
12. 危机管理			

资料来源：《商业营运管理》，立信会计出版社 2010 年版，作者：周勇。

讨论题：身为店长应保持怎样的心态？

二、如何将销售业绩提高 25%

背景材料：如果你管理的是一个大店，现在的业绩还不错，那么，无论你愿意还是不愿意，你的周边在不久的将来就会出现"强势"的竞争店，这是无法避免的事实。因此，依靠地段优势或想独占市场，那是不可能的事情，你只有通过踏踏实实地去做细化的经营，才能提升业绩。当然地段优势也非常重要。

（1）树立目标。外资的营运成本高，内资的营运成本低。内资销售 1 个亿仍有盈利，外资销售 1 个亿就要亏损。这就是差距，也是优势，更是潜力。我们的目标是"销售提高 25%，周转控制在 20 天"。为什么要关心周转？因为做零售没有多少资本，毛利率又低，全靠周转创造利润。业绩提高了，提前收回投资，当外资进来竞争的时候，你就只有日常的营运成本与之竞争，那时候与新的竞争对手"打仗"，不管是"沃尔玛"还是"易初莲花"，都会有所顾忌。

（2）怎么"打仗"？先不要责怪任何人，要尊重现实，关键是从自己做起。当门店创造了一种模式，得到总部的肯定，就迅速推广复制。这就是连锁最关键的能力。店长如果不积极主动地工作，连最基本的数据也不知道，那就是没有用心经营。如果你也没有培养出有能力的人接替你的工作，老板怎么提升你？这不是老板的错，是你自己不用功、不努力，是你自己的错。做自己能够做的事情，用数据、业绩与具体的对策发声音、写报告。你不发声音是你的错，你发错声音也是你的错。所以，关键在自己。（注：这是一种积极的经营思路，店长应该是最有发言权的人，但现在有许多店长不愿意发声音，他们怕讲错，怕讲错了对他们带来不利。有话语权的人常常不知情，而知情的人则没有话语权，或者不愿意话语。所以，问题常常重复出现，始终解决不了。）

"打仗"要做很细致的准备工作，主要的工作有：第一，卖得好的商品要多卖一点；第二，卖得最差的商品要及时清理掉；第三，使邮报（DM）发挥更大的作用；第四，确定需要下属做的事情；第五，确定下属门店配货的品种和配货的方式。

（3）把卖得好的商品多卖一点。多卖的前提是 AA 类的畅销商品要有足够的库存；要摆在好的位置；要选择最好的促销员在现场"吆喝"。做好了这件事情，就可以提高销售。这并不是很难的事情。不要叫促销员、理货员去擦商品上的灰尘，要"让顾客去擦商品上的灰尘"。如果每天有 12 000 名顾客进你的门店，你的商品就会很干净。这就是叫"让顾客擦灰尘"。

（4）把卖得最差的商品拿掉。在 3～4 月份，应估计卖不动的东西有多少，列一个清单。或者说，60 天销不出去的东西有多少？若从库存中剔除最不好销售的 100 万元库存，对销售有什么影响？销售在 1 亿元左右的门店，按照进价计算库存商品，在 3～4 月份一般的销售情况和品种情况如下：① 这些门店的品种总数为 13 000～15 000 种。② 库存累计到 100 万元（按照销售从小到大排列，销售最不好的商品）的品种为 4 600～5 000 种；按照库存累计 200 万元计算，品种数就上升到了 7 500～8 200 种。③ 这些销售很少的商品在 3～4 月份中的销售情况是：库存累计 100 万元的商品销售额为 15 万～44 万元之间，占这个时期总销售额的 1.4%～2.7%；库存累计 200 万元的商品的销售额为 52 万～152 万元之间，占总销售额的 5.1%～9.3%。

淘汰大量的销售业绩较差的商品，到底对销售有没有很大的影响？这个问题在理论上来说，有一个"商品替代成本"与"商店选择成本"的比较问题。如果顾客想买 A 商品，店里没有，顾客有两个选择：第一，用同类商品替代；第二，到其他门店购买。很多顾客往往会选择替代。当然不同类别的商品与不同顾客，由于对品牌的忠诚度不一样，替代强度就不一样。但是，有一点是清楚的：不能满足所有人的所有需求，否则，库存又将上升，周转就不可能控制在 20 天。让顾客放弃一点选择的自由度，可以降低库存、加快周转、提高业绩。晚上营业即将结束的时候还要做到让顾客能够买到所有品种的牛奶吗？也许只需要留一种顾客最需要的牛奶就可以了。这就是品类选择与优化。这件事情，没有系统也可以做，不要过分依赖系统与软件，有些事情没有软件照样做。只要把每个时段的销售记录下来，特别是营业结束时的销售记录下来，几周以后你就会发现，什么商品订货多了，什么商品订货少了。如果在营业结束前还没有卖出去的，就做促销：买满40元或50元，你就送一袋牛奶，并且让供应商送。

淘汰商品涉及面很广泛，要心中有数才能做，并要明白几点：① 食品与非食品的占比是70/30或是80/20。② 洗化类商品放在食品类一起统计，因为这类商品与食品的性质一样，也是快速周转的品类，都要求快速周转才能出效益。③ 加快周转要多放心思在食品上，提高毛利要多放心思在非食品上，这是常识。解决库存需要靠这两个方面。提高销售额要多往食品上下工夫，食品周转慢的话，非食品的周转就更慢。大家要靠"周转"来做生意。

退货要有退货的理由，不能想退就退。否则，退货会越来越多。如果刚把卖得差的货清理好了，而订货订得不好，就会出现新的订货又库存积压的恶性循环上去。

因此，店长应该"发声音"。因为卖东西的人最有发言权。可能不是采购有意要强力推广某一个产品，如果门店没有声音，采购可能以为这些产品就是好产品。这样对公司是不利的。所以，店长要客观地凭数据与事实"发声音"，就是要"报告情况，提出建议"。

(5) 让DM发挥更大的作用。确定DM商品及其价格是促销的重要工作。可以预测竞争对手下一期DM出什么商品、什么价格，你比对手更早、更低，你就成功了一半。订货备货是最基本的工作，没有货就没有办法做生意。关键是怎么订货。这就要深入基层，发动主管一起讨论，认真仔细地分析，决策就会比较准确。DM是门店与顾客最重要的、也可以说是唯一的通道。但是，实际上到底有多少DM真正到达了顾客手里？即使到了顾客手里，又有多少顾客记住了DM的商品呢？答案是可悲的，整个行业都在做低效甚至无效的DM。提高DM的效率，要明确一些数据，即DM商品的销售占总销售的多少？只有10%的话，那是很低的；20%以上才是比较好的。为此，要做以下几件事情：

一是弄清楚DM发给顾客的渠道。实际上，有40%以上的DM扔到垃圾桶里去了。你也不能叫报纸夹送，门卫派送也存在很多问题。直接送到信箱也往往是不管有没有人住，就往里面塞。结果没有任何效果，真正的顾客还是不知道你的DM商品。这是沟通与信息传递上的问题。你要花心思自己想办法，叫店里的人送。再看送了DM，来的顾客有没有增加。可以让收银员问，并用调查表记录下来；也可以在POS机上设定一个顾客键，记录数据，事后统计分析；还可以让员工在居民做早操、跳舞的时候去发DM。渐渐地，员工会与社区建立起一种友善的亲近关系，这是竞争获得胜利的重要保证。

二是让顾客知道哪些东西是 DM 商品。顾客不可能带 DM 来商店。到商店的时候他已经不知道哪些商品是 DM 商品了。通常的办法是：门口再放 DM。但一般一次 DM 总共也就发 5 000~10 000 份，外面发、里面发，很快就没有了。让员工把顾客用过的 DM 回收起来，这是一种办法。另外，可以用更简单的办法，如在 DM 商品前面放上一个标志。开始的时候可能是全部在公司规定的 DM 商品前放标志，等过了 3 个月，顾客认可了，你就加上门店自己促销的标志。

三是把"销售"与"库存"这两项数据每天记录下来，就可以发现订货应该是多少。如果今天的销售是 14，而库存只有 6，那你的生意肯定没有做足。所以，大店的店长要有一个助理，每天帮你计算好这些数据，做一段时间后，他们也就懂了，既能建立管理体系，也能培养人。你不仅要知道每天的总体情况，而且要知道各个部门的 DM 销售情况，这不仅可用来对门店部门经理作考核，而且也可作为向总部采购部门提出自己意见与建议的依据。关键的一点是——DM 商品的确定，连锁店要有主动权，而且要与供应商互动，不能让供应商说了算。店长有时候可以先下班回家吃饭，吃完饭在营业结束前再到店里去看，并制定明天的策略。部门主管根本不用什么办公室，做营运的就应该在现场，可以备一个箱子，放一个本子，做数据记录。

四是要把促销计划做到每一天。例如，客单价现在是 30 元，你把客单价提高到 50 元就送 1 斤黄瓜，送蔬菜很能吸引顾客。今天送黄瓜，明天送番茄，后天送萝卜。掌握了规律后，一、三、五或二、四、六送，一周三天送。每天准备拿出 5 000 元价值的东西来送，一年 185 万元，如果销售上去了 2 000 万元，那就非常合算了，竞争店的销售下降了 10%，你的市场占有率提高，顾客对你的依赖性增强，满意度提高，这样，你的门店就会越做越好。你也可以把积压的、保质期还有最后 3 个月的巧克力、咖啡作为赠品。千万不要以为商品可以退货就在快到保质期的时候退给供应商，这样做的话，你实际上是增加了供应商的成本，以后就得不到供应商的更多支持，为供应商着想，往往也是为自己着想。但有一点必须记住：我们做的任何经营活动都必须有利可图，这是生意原则，也是与社会公益活动的区别。

资料来源：《商业营运管理》，作者：周勇。

讨论题：提高销售有哪些途径？

三、店长进阶中的四道坎

一名合格的店长是具备多种能力的复合型人才，其中最重要的是专业能力与领导能力，而这两项能力都需要经过基层的长期磨炼与学习。

第一道坎：从一般管理人员晋升为店长

本阶段是连锁企业管理人员，特别是门店营运管理人员发展的关键一步。一般来讲，几乎所有的店长都是从基层员工、基层管理人员一步一步成长起来的。由于各个连锁企业的制度和文化不同，企业往往更倾向于从内部员工中培养和提拔店长，很多企业都设有内部晋升通道，并配合相应的培训课程，目的就是通过这些培训使得员工的职业发展方向更加清晰，比如从第一步的初级理货员，到资深理货员，再到部门主管、部门经理、楼层副总经理，最后到门店总经理。

当然，并不是所有店长都必须经过基层一级一级往上晋升。不少企业都有见习管理员计划，见习管理人员来自大学毕业生，经过系统的培训与实践后，不少人能够在短期内成长为店长。

这一阶段的关键困难在于：要熬得住，耐得住寂寞。零售业是一个比较辛苦的行业，不少工作需要亲历亲为，而且还要有很好的机动性，能够适应倒班工作、异地调动等。不少人干了几年不能坚持下来。另外，不少中层管理人员，做主管经理好几年，却迟迟不能迈过这道坎，这说明光能吃苦耐劳还不行，现代卖场应用大量先进的管理技术，要与连锁总部步调一致，跟上时代潮流。所以，除了苦干还要巧干，关键时刻还需要一点神来之笔才能迈过这道坎。

第二道坎：从小店店长到大店店长

不同的零售业态，不同的零售企业，或者同一企业内的不同店，店长的含金量也是不尽相同的。例如，管理 1 000 平方米门店的店长与管理 20 000 平方米门店的店长，日营业额 5 万元的店长与日营业额 50 万元的店长，其管理的难度和复杂程度是不一样的，店长的待遇也不同，所以，有了一定经验的店长都非常渴望能够主持一家大型门店的工作。

一般来说，大型门店或者是销售好的门店在连锁零售企业中往往占据重要的地位，对于主持这类型门店的店长往往筛选得非常严格，基本不会冒风险让一名经验不足的小店店长来管理，都要选择管理过类似门店的资深店长。另外，这种店的店长一般是比较优秀的店长，很少调动。这样对于小店店长来说，要跨入大店店长的行列必须要证明自己的管理能力。但麻雀虽小，五脏俱全，如果把一家小店管理得风生水起，对于上级领导来说是有足够理由相信这样的店长同样可以管理好一家大店。

第三道坎：从老店店长到新店店长

开业几年后的店，通常销售、客流稳定，各部门管理都有了一定规范，店长只需要及时处理异常情况即可；同时，老店的各级管理层相对稳定，熟悉本店业务，可以独立自主地开展许多工作，整个门店像一台精准的机器井然有序地运转，有时候甚至显得店长都是多余的。

新店对于零售管理来说是一个难点,因为一切从头开始,尽管公司已经有固定的流程标准,但是大量执行标准的人却是新的,这就对店长的整体统御能力提出了更高的要求。所以,开新店一般首选曾经开过新店的老店长,在开新店的过程中,店长也能够学到许多专业知识,提升各方面的能力,比如对工程施工、卖场布局、陈列等方面更详细的知识。

参与过开新店或者开过多家新店是区分普通店长与资深店长的一条标准。所以,对于店长的职业生涯规划来说,能够争取更多地参与新店的准备工作,就有了向上进一步发展的资历。

第四道坎:从店长到区总

店长到区总(区域总监)也是一道大坎,不少店长只能局限于自己的一亩三分地,所以店长一做就是十几年,甚至成了终生店长,区总的职位始终与自己无缘。而不少能力出众的店长随着资历的增长,有了对门店管理的专业知识,再加上对员工的领导能力,水到渠成晋升为区总。然而,区总毕竟不同于店长,区总需要同时管理几家门店,甚至几十家门店,与总部的沟通关系更为紧密,需要协调更高层次的问题。比如某零售企业高层沟通基本使用英语,一名非常资深的店长由于只是小学毕业,尽管公司送他到国外进行了学习,最终还是不能胜任区总的职务。

对于有志于零售管理的人来说,了解了店长修炼和成长过程中的四道坎,就应该把眼光放长远一点,零售业的机会是很多的,只要抛弃浮躁的心态,认真做好自己的职业规划并按照规划一步一步走,就能够在短期内成为一名优秀的零售管理人员。

《店长》2011年第4期,作者:张一骋。

讨论题:

1. 应该如何跨越店长成长过程的四道坎?
2. 结合行业情况,给自己设计一个8~10年的职业发展规划。

第七章　门店服务管理

1. 了解门店前台服务的内容。
2. 熟悉门店前台服务的规程。
3. 掌握顾客服务、收银结算、投诉处理的流程与技巧。

美国零售业有句名言："你永远要牢记,顾客随时都可以到隔壁的店里去买他喜欢的东西。"我国的零售业也面临着这样的竞争环境,只有让顾客满意,才能吸引顾客惠顾。因此,顾客服务是零售业持续发展的一项"战略工程"。

前台收银服务与前台接待服务,是门店前台服务的两个方面。收银作业是门店销售服务管理的一个关键点。收银台是门店商品、现金的"闸门",商品流出、现金流入都要经过收银台,稍有疏忽就会使经营前功尽弃;收银台是门店的"掌门人",在短暂的收银结账服务中,集中体现了整个门店的服务形象;收银作业也不只是单纯的结账服务而已,收取了顾客货款,并不代表整个销售行为的结束。

【引导案例】

人性化服务

东京迪斯尼乐园一名餐厅服务员讲述：

一天,一对老夫妇抱着一个特大号毛绒米老鼠走进餐厅,虽然平日里可以见到很多狂热的迪斯尼迷,但眼见抱着这么大毛绒米老鼠的老人还是第一次。

我走到他们身边与他们打招呼："这是带给小孩儿的礼物吗？"听到我的询问,老妇人略显伤感地答道："年初小孙子因为交通事故死了。去年的今天带孙子到这里玩过一次,也买过这么一个特大号的毛绒米老鼠。现在孙子没了,可去年到这里玩时,小孙子高兴的样子怎么也忘不了。所以今天又来了,也买了这么一个特大号的毛绒米老鼠。抱着它就好像和孙子在一起似的。"

听老妇人这么一说,我赶忙在两位老人中间加了一把椅子,把老妇人抱着的毛绒米老鼠放在了椅子上。然后,又在订完菜以后,想象着如果两位老人能和小孙子一起用餐该多好啊!就在毛绒米老鼠的前面也摆放了一份刀叉和一杯水。

两位老人满意地用过餐,临走时再三地对我说:"谢谢,谢谢!今天过得太有意义了,明年的今天一定再来。"

阅读思考:

1. 对顾客来说,什么样的服务才是令人满意的服务?
2. 做好服务工作需要注意哪些问题?

第一节 收银服务规范

收银服务管理的重要性主要体现在三个方面:一是收银作业直接反映经营成果,现金安全责任重大;二是收银员直接面向顾客,是门店的"脸面";三是收银服务设施与人员服务水平直接影响顾客的满意度,加快收银速度是做好门店服务的重中之重。

一、收银服务的基本要求

收银服务的基本要求是快速、准确、安全、热情。

(1) 快速是指收银的整个操作过程速度快。包括收银员收银的扫描、装袋、刷卡、找零等细节,现金室操作、收银管理人员的现场营运过程,都必须快速。

(2) 准确是要求收银工作必须准确无误,收银差错控制在规定范围内。

(3) 安全即保证资金的安全、顾客的安全、商品的安全,操作流程有必要的安全防护措施。

(4) 热情就是要微笑、礼貌、主动、真诚,树立客人至上、客人优先的服务原则。收银台是一个门店向顾客展示优质服务形象的窗口,每一位员工都应该时时处处通过自己的语言、动作、表情向顾客展示良好的精神风貌和企业形象。

门店在收银管理中还必须牢记一条"五人原则":即每一台收银机前排队等候的顾客不超过5人。根据大卖场调查,消费者对服务的不满,50%以上来自收银服务,其中结账等候是最重要的原因。因此,要合理安排开放收银机的数量、时间、位置,减少客人的等候时间,保证收银通道的畅顺。

二、收银服务基础知识

(1) 收银机。世界上最早的收银机是在1879年由美国的詹敏斯·利迪和约翰·利迪兄弟制造的,其功能是实现营业记录备忘和监督雇用人的不轨行为。到20世纪60年代后期,随着电子技术的飞速发展,日本率先研制成功了第一代电子收银机(ECR)。电子收银机具有智能化、网络化、多功能的特点,成为在商业销售上进行劳务管理、会计账务管理、商品管理的有效工具。到80年代中期,功能强劲的商业专用终端系统(POS)产生,成为第三代收银机。POS与ECR的最大区别在于它有着直接即时入账的特点,具有很强的网上实时处理功能,POS将电脑硬件和软件集成,既可独立工作,也可在网络环境下工作。

(2) 商品条码阅读器。其原理是利用光线反射来读取条码反射回来的光源,转译成可辨识的数字,以确认是否为已建档商品代号。它具有高速准确地输入、减少差错等优点。常用的条码阅读器,从外观上大体分为四种:笔式、手持式、台式、卡式。按光源分红外线和激光两种。

(3) 电子商品防盗系统。电子商品防盗系统是利用声电、声磁原理所设计的专门用于门店防盗的设备,主要通过系统的特定标签在通过检测装置时,相互作用发出报警而达到防盗的作用。

(4) 防盗标签与消磁。防盗标签的类别与消磁方法如表7-1所示。

表7-1 防盗标签类别与消磁方法

标签名称	主要用途	特点	消磁方法
软标签	保健品、酒类、化妆品、磁带、CD、电池、糖果等	一次性,不能循环使用,具有隐蔽性	付款后,通过收银机消磁系统消磁,报警功能消失
硬标签	服装、内衣、皮具、皮鞋、酒类、高档食品等	永久性,可循环使用,不具备隐蔽性	付款后,收银员手工用特定工具将标签取下收回

三、收银员岗位职责

1. 收银员职业要求

具有诚实的品德和良好的身体素质,能长时间站立服务;具有高中以上学历,并经过专业训练和实践;能熟练操作POS机及其他辅助设备;仪容端正,言语清晰,友善待客。

2. 收银员工作职责

熟练掌握收银机的操作技术,向顾客提供快速、准确、友善的货款结算及装袋服务;了解各类商品的价格,及时纠正各类商品的不准确标价;熟悉各类支付工具的结算办法,以及各类结算业务的作业程序与要领;做好营业前的各项准备工作;严格遵守收银作业的道德准则;妥善管理好营业款,并按规定解缴;妥善保管好各类单据,并做好有关信息的收集工作;了解收银设备的性能及排除常见故障的办法;做好收银结束后的清理工作;做好收银责任区域内的环境、商品、设备的保洁工作;参加月末盘点。

3. 收银员作业流程和工作内容

收银员的作业流程如图7-1所示,该流程可分为营业前、营业中、营业后三个阶段,每一阶段的工作内容如表7-2所示。

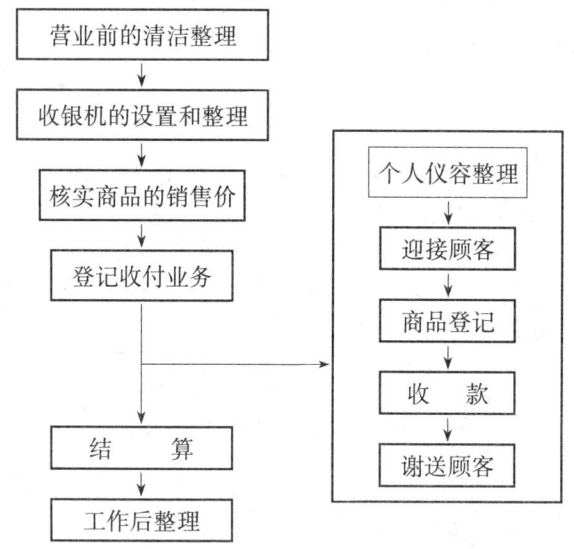

图7-1 收银员作业流程图

表7-2 收银员作业流程表

时 段	工 作 内 容
营业前	营业前的工作内容如下: (1) 清洁、整理收银作业区。 (2) 整理补充必备的物品及面售商品。 (3) 准备好找零用金。 (4) 检验收银机。 (5) 收银员仪容仪表检查。 (6) 了解当日促销商品及促销活动注意事项。 (7) 礼仪训练。

(续表)

时　段	工　作　内　容
营业中	营业中的工作内容如下： (1) 招呼顾客。 (2) 为顾客做结账及商品装袋服务。 (3) 向顾客面售商品。 (4) 配合促销活动作相应的收银处理。 (5) 等待顾客时可进行营业前各项工作的准备。 (6) 顾客抱怨处理。 (7) 交接班作业。 (8) 营业款解缴作业。 (9) 适时对顾客予以引导和提醒。 (10) 及时纠正理货员及其他作业人员的错误作业。
营业后	营业后的工作内容如下： (1) 整理各类发票及促销券。 (2) 结算营业总额。 (3) 整理收银作业区的环境卫生。 (4) 关闭收银机电源并盖上防尘套。 (5) 清洁整理各类备用品。 (6) 协助现场人员做好营业结束后的其他工作。

四、收银员服务规范

在适当的时机与顾客打招呼，是顾客服务非常重要的技巧。它缩短了顾客与收银员之间的距离，活跃了门店的气氛，对培养顾客的忠诚度和提升整个卖场形象是非常有利的。国外很多成功零售企业的一种有效做法是要求员工尽量记住顾客的名字，特别是长期光顾本店的顾客名字。服务时直接称呼顾客的姓名，能够加深顾客的好感，营造一种和善、亲切、轻松、自然的营业气氛。

应避免对顾客视而不见、听而不闻、问而不答，任何时候、任何方式的顾客服务都应给顾客一个确实的答案，哪怕结果不是最令人满意的，也体现出对顾客最基本的尊重和关注。

1. 收银员基本服务规范

收银员基本服务规范如表7-3所示。

2. 收银员仪表规范

收银员仪表规范如表7-4所示。

表7-3 收银员基本服务规范

项目	符合规范	不规范
表情	① 自然、亲切的微笑。 ② 热情、友好、自信、镇静。 ③ 全神贯注于顾客与工作。	① 无表情、无奈、不理睬、僵硬、冷淡。 ② 生气、愤怒、紧张、慌张、着急、恐惧。
动作	① 身体直立、姿势端正。 ② 良好的个人生活习惯。 ③ 良好的行为习惯,包括走路快而稳等。 ④ 良好的职业习惯,包括看见地板有垃圾、纸片要随手捡起,有商品要拣起,有零星商品要及时归位等。	① 歪站、歪头、叉腰、弯腰、驼背、耸肩、双手前叉、双手后背、手放口袋、跺脚、拖鞋、蹭鞋。 ② 吃东西、抽烟、对着客人咳嗽、打喷嚏、随地吐痰、乱扔杂物、不停眨眼。 ③ 当众揉眼、抠鼻、挠头、挖耳、搓脸、搔痒、化妆、修剪指甲、整理衣服、擦眼镜等。 ④ 走路遇见客人不让路、抢路、场内跑步、撞散商品。
语言	① 口齿清楚、语言标准流利、声音适中、柔和,一般采用标准的普通话服务。 ② 礼貌用语、文明用语。 ③ 顾客听得懂的语言,如广东人可用粤语,外宾可用英语。 ④ 主动与顾客打招呼,甚至称呼顾客的名字。	① 口齿不清、说地方方言、结巴、声音过高或过尖或过小或生硬死板。 ② 讲粗话、大声讲话、开不恰当玩笑、嘲笑顾客、挖苦顾客、模仿顾客讲话、吹口哨、与人说笑、高声喊叫、交头接耳、窃窃私语等。 ③ 对顾客的询问不予理睬,对顾客的回答不予回应等。 ④ 没有文明用语。

表7-4 收银员仪表规范

项目	仪表规范	避免
发型	头发整齐,染浅发或黑发,无碎发遮盖眼睛或眼镜	异型头发或过于鲜艳的染发,碎发多、较乱,男性留长发
仪容	仪容清爽,女性上淡妆	浓妆,男性留胡须
口腔/牙	牙齿清洁、口气清爽	异味、刺激味、烟味、吃东西
手指甲	手清洁,指甲不涂指甲油或涂无色指甲油,指甲修剪整齐	手有污渍,涂艳色指甲油,留长指甲
首饰	简洁	过于繁杂、过多、贵重
工号牌	正面向外,位置正确,干净整洁	位置不正确、有污渍、未戴工牌

(续表)

项　目	仪　表　规　范	避　　免
制　服	符合企业标准,干净整洁,无明显皱纹,无腰包	有污渍、起皱
鞋/袜子	符合企业标准或舒适平底皮鞋,干净整洁,着袜	高跟鞋、旅游鞋、凉鞋,颜色过于刺眼、款式过于奇异的鞋,光脚

3. 收银作业守则

收银员身上不可带现金;收银台不可放置任何私人物品;收银员在收银台执行任务时,不可擅自离位;收银员要负责票据打印机的走纸调换,并将打印发票及时扯给顾客;不可为自己的亲朋好友结账;任何商品通过收银台都要作结账处理;不可任意打开收银机的抽屉查看、点算金钱;严禁非正常关机,超越权限操作 POS 机和在练习状态销售;不准打空门,大打小,多打少,要打负票须经店长或领班签字;不可嬉笑聊天,应随时注意收银台前的动态,如发生异常情况,应通知主管处理;收银员应使用规范的服务用语;无顾客结账时,应做到:台前站立,两手放在背后,目视前方,注意进出人员;应熟悉门店的营业活动,以便于回答顾客的询问或主动介绍。

4. 收银过程作业规范

收银过程作业规范如表 7-5 所示。

表 7-5　收银过程作业规范

程序	步骤	规范用语	规范动作	避免
1	欢迎顾客	欢迎光临、您好、早上好/中午好/下午好/晚上好	面带笑容,声音自然,与顾客的目光接触,帮助顾客将购物篮或是购物车中的商品放到收银台上	无笑容、无欢迎用语、无表情、不理睬顾客、不主动帮顾客
2	扫描/检查	逐项念出每件商品的金额	手持扫描枪或将商品逐一经过扫描器,听到扫描成功的"滴"声后,判断收银机显示的售价、品名是否与商品相符或符合常识;扫描完成的商品必须与未扫描商品分开放置,避免混淆;检查购物车/篮底部,顾客手中是否还留有未扫描商品	商品扫描不成功未进行重新扫描、遗漏扫描、未正确使用数量键、未作遗留商品的检查、重复扫描
3	商品消磁		扫描后的商品逐件进行消磁,对采用硬防盗标签的商品,要在不损坏商品的前提下消磁	漏消磁、不消磁

(续表)

程序	步骤	规范用语	规范动作	避免
4	装袋/车		按装袋原则进行装袋,尽量满足顾客提出的特殊要求	让顾客自己装袋、装袋不符合要求、拒绝顾客的要求、损坏商品
5	合计总额	总共××元,谢谢!	将商品放入购物车或装好购物袋,等待顾客拿钱	声音太小、读错总额
6	唱收钱/卡	共收您××元收您××卡一张	当顾客的面点清钱款并确认金额,若现金要检查是否伪钞,若信用卡、银行卡,应礼貌地告诉顾客稍微等待进行刷卡	未唱收钱/卡、未检查伪钞、点错现金、刷卡时间长或金额错误、错误使用收款键
7	唱付找零	找您××元,请拿好小票	找出正确零钱、大钞、零钱放在规定的收银机钱格中,关闭抽屉,双手将现金、收银小票交给顾客或将银行卡单据放入抽屉,将卡、底单、小票还给顾客	未唱付找零、找错零钱、忘记给收银小票、执行银行卡程序不正确
8	感谢顾客	谢谢!拿好商品,欢迎再来!	提醒顾客不要遗忘物品,面带笑容,目送顾客离开	没有感谢语、无笑容

五、收银作业过程

1. 扫描商品

（1）原则。一是快速原则,以最快的速度将商品进行扫描,包括熟悉一般商品的条形码印刷的位置、保持印有条形码包装面平整、条形码正对着扫描器或扫描枪等。快速的扫描是提高收银速度、衡量收银员工作素质的重要指标。二是无多扫描,即保证每一件商品只有效扫描一次。多扫描会导致顾客的多付款及引起顾客投诉。三是无遗漏扫描,即保证每一件商品都被有效扫描,在顾客已付款的商品中,无商品遗漏扫描或扫描不成功。遗漏扫描直接造成商场损失,是收银区域防止损耗的重点之一。

（2）方法。一是机器扫描,用扫描器或扫描枪进行扫描的方式准确、快速。二是人工输入,对机器扫描多次无效的条码改用手工输入。

（3）例外处理。凡是收银员经过多次机器扫描以及手工扫描都不能成功的商品条码,就应该采取例外处理。① 收银员:收银员必须将商品条码例外向当班收银主管报告;对顾客说"对不起",先将无例外商品进行结账,并请顾客稍作等候;当条形码问题解决后,优先将例外商品结账给顾客。② 收银主管:接到商品条码例外报告后,第一时间直接处理或派人处理;以简单、快速、直接的方式联系楼面人员处理;接到正确的条码后,迅速反馈给收银员,并向等候的顾客道歉;将例外记录当日反馈给部门管理层,并每周制作汇总报告。③ 门店常见扫描例外如表7-6所示。

表7-6 门店常见扫描例外

名 称	原 因	处 理 措 施
条码失效	1. 条码损坏、有污渍、磨损。 2. 生鲜条码印刷不完整、不清楚。	1. 在同样商品中找到正确的商品条码、用手工扫描方式解决。 2. 生鲜条码重新计价印刷。
条码无效	1. 编码错。 2. 条形码重复使用、假码。	1. 核实商品的售价,以价格销售的方式售卖。 2. 将例外记录,由楼面跟踪解决。
多种条码	1. 商品的包装改变,如买一送一。 2. 促销装商品的赠品条码有效。	1. 核实正确的条码。 2. 由部门跟进所有的非正确条码,必须予以完全的覆盖。
无条码	1. 商品本身无条码,自制条码脱落。 2. 商品的条码丢失。	1. 找出正确的条码,用手工扫描。 2. 由部门跟进剩余商品的条码检查。

2. 商品消磁

(1)原则。一是快速消磁,以快捷的速度将每一件已经扫描成功的商品进行消磁。二是无遗漏消磁,保证每一件商品都经过消磁且消磁成功,包括熟悉商品消磁的正确方法,掌握重点消磁的商品。三是保护商品,进行硬标签手工消磁时,不能损坏商品,应轻取轻拿。

(2)方法。一是机器消磁,用消磁器消磁,适用于软标签。二是人工消磁,用手工方式消磁,适用于硬标签。

(3)例外处理。商品经过出口处防盗门时引起报警,则为消磁例外。其处理原则是:① 收银员:对返回的已结账未消磁的商品,第一时间进行消磁处理。对顾客或稽核员说"对不起",表示歉意。记住例外的商品,使下一次能正确消磁。② 稽核员:对引起的报警向顾客作解释,并快速查找未消磁的商品。如确属于商品未消磁,则征得顾客同意后将商品带回收银台消磁。提醒收银员要正确执行消磁程序。将已经消磁的商品还给顾客,并道歉。记录未消磁情况,并即时报告收银主管。③ 收银主管:接到报告后,提醒收银员并作记录,以便处理和分享信息。现场处理因未消磁引起的顾客投诉问题。④ 常见例外。门店常见消磁例外如表7-7所示。

表 7-7 门店常见消磁例外

名称	原因	处理措施
漏消磁	商品未经过消磁程序	1. 商品必须经过消磁程序,特别是硬标签的商品类别,予以熟记。 2. 重新消磁。
消磁无效	商品消磁的方法不正确,超出消磁的空间	1. 结合消磁指南,掌握正确的消磁方法。 2. 特别对软标签的类别商品予以熟记,反复多次消磁,直到有消磁回音为止。 3. 重新消磁。

3. 商品装袋

(1) 原则。根据顾客需要有偿提供包装袋。

(2) 装袋注意事项。重的商品放在包装袋的下面;轻的、易碎的商品放在包装袋的上面;瓶装、罐装的商品放在包装袋的中间;长方形、正方形的商品放在包装袋的两侧;体积大的商品用绳子捆扎好;装入袋中的商品不能超过袋口;不同种类的商品要分袋装入;促销期间的广告赠品经顾客确认后装入袋中;装袋时应避免将不同顾客的商品装入同一袋中;顾客离开时,要提醒顾客不要将自己购买的商品和携带的东西遗忘在收银台。

(3) 例外处理。商品装袋的例外处理如表 7-8 所示。

表 7-8 商品装袋的例外处理

名称	处理措施
商品过重	建议购买多个包装袋或多套一个包装袋
不能装袋	向客人解释因包装袋大小问题,不能装袋,并指示客人可以到服务台捆扎
袋子破裂	去掉破裂袋子,重新包装
顾客请求	如顾客对散装商品请求多用一两个包装袋,不要犹豫或拒绝,应立即拿给顾客

4. 接受付款

(1) 原则。一是要做到"三唱",即唱总,一共多少钱;唱收,收到多少钱;唱找,找出多少钱。二是要正确输入,点清所收的钱款时,必须将金额正确地输入收银机中。三是选择付款方式,现金、银行卡、支票等各种付款,必须在收银机上选择正确的付款方式键输入。四是要辨别假币,接受现金付款时,必须对现金进行假币的识别。五是银箱维护,不同面值的现金必须放入银箱规定的格中,不能混放或放错位置,银行卡单及有价证券不能与现金混放。

(2) 信用卡付款。① 信用卡审核:查证银行标志和卡号的前几位;检查信用卡是否完整无损；核对顾客的有效身份证件（护照、身份证、港澳台往来通行证）是否与信用卡相符，相片是否相符；检查发卡行和到期年月；如果金额没有超出有关银行现金的信用额度，在接受任何信用卡之前应根据有关银行透支信用卡收回报告对照并检查信用卡号；已被宣布失窃或作废的信用卡，为检查方便起见，应按数字顺序列出清单；如果金额超过信用限度，要打电话给银行要求加大信用权限的特许代号，并将此号码记录在销售单上。② 必须与银行联系的情况有：出售的商品或提供服务的价格超出银行规定的信用额度；信用卡号码包括在透支信用卡收回报告中；顾客态度令人感到奇怪或有令人生疑的举动；信用卡背面没有签名；卖场对信用卡或持卡人有任何疑问；被使用的信用卡已失效；销售单上的签名与信用卡上签名不一致。③ 信用卡付款步骤：验证信用卡的正确和有效；把信用卡放在刷卡机的槽口刷卡；输入金额，请顾客输入密码；交易成功后，检查销售单上打印的内容是否完整、清楚；请顾客在销售单上的相应位置签名；将销售单上的签名与信用卡的签名对照，确保其真实性、正确性。选择付款键，打开银箱，完成交易；将信用卡和销售单的顾客联交还给顾客，保留商场联并放入银箱；关闭银箱。

(3) 现金付款。现金付款步骤：唱接现金并清点现金；鉴别现金是否是残损钞、伪钞；输入所收金额；选择正确的付款键；唱付找零；关闭银箱。

伪钞的鉴别：① 检查图案、肖像：查看纸币两面的图案清晰程度。熟悉纸币的图案，真钞的图案应比伪钞更明亮、清楚。② 检查肖像水印/防伪线：钞票正确的位置有头像水印或防伪线，从任何一面对着光线能看到清晰、位置正确、有凹凸感的头像，伪钞的头像或直接印在上面，或褪色，或位置较偏，或根本不存在。③ 用手指触摸：根据钞票材质识别真伪。④ 用伪钞识别机：收银主管及收银员都应熟练掌握伪钞识别机的使用方法，对面值100元、50元的纸币，有条件的应经过识别机验证。

残钞的确定：半张纸币，一张纸币沿中线或靠中线的地方垂直撕下的左部或右部；两种不同的纸币黏合：两张不同面值的纸币黏合在一起成为一张纸币；缺角、缺边纸币等。残钞是不能用来消费的。

(4) 友情卡、代金券付款。按面值等同现金付款，不找零。

(5) 例外处理。现金付款的例外处理如表7-9所示。

表7-9 现金付款的例外处理

名　称	处　理　措　施
伪钞	① 如对钞票真伪产生怀疑，应进行伪钞鉴别程序。 ② 当收银员不能作最后判断时，请求收银管理层的帮助。 ③ 如确认是伪钞，请求顾客更换。 ④ 如顾客因此产生异议，可双方一同到银行鉴别。

名称	处理措施
残钞	① 请求顾客更换。 ② 如属于不影响币值的。可考虑接受。
刷卡不成功	① 向顾客道歉,并说明需要重新刷卡。 ② 如属于机器故障、线路繁忙,更换机器重新刷卡。 ③ 如属于线路故障不能刷卡,请求现金付款。 ④ 如属于卡本身的问题,可向顾客解释,请求更换其他银行卡或现金付款。

(6) 找零。找零应该坚持三个原则。一是唱付原则:给顾客找零时,必须大声说"找您××元",此为唱付原则。二是正确找零原则:必须进行找零,不能以零钱不足等理由拒绝顾客付款,哪怕是用100元买1角钱的东西;找付的零钱必须正确,要求按收银机的计算余额找零并且现金清点正确。三是手递原则:零钱必须亲自递到顾客的手中,不能放在购物袋或收银机台面上。

找零应该注意以下方法:不同面值的零钱放在银箱中的不同格中;按收银机计算的余额点数现金;点数现金时应按最大面值的现金组合,以节约零钞。

找零的例外处理如表7-10所示。

表7-10 找零的例外处理

名称	处理措施
无零钱	① 收银员必须随时保持足够的零钱。 ② 如果零钱不足,必须向收银主管兑换零钱,不能私自向其他收银机兑换、暂借或用私人的钱垫付。 ③ 必须如数找零,不能用小糖果等代替零钱。 ④ 如遇到零钱不足无法找零时,请求顾客稍微等待,兑零后再找。 ⑤ 如硬币不够时,宁肯多找零钱,不能少找零钱。如:应找0.4元,但1角的硬币只有3个,此时应找顾客0.5元,而不是0.3元。
顾客不要零钱	① 如有顾客不要的少量硬币,必须放在银箱的外边。 ② 如有顾客硬币不够数,可用此充数。
顾客请求	① 如顾客对找零的零钱有要求,不能拒绝,应满足顾客的要求。 ② 如顾客不购物只要求兑换零钱,不能拒绝。 ③ 如顾客对找给的零钱不满意,如破旧、较脏等,必须满足顾客要求给予更换;即使银箱关闭,也要等待第2次开箱时调换,不能拒绝或极力说服顾客接收。

第二节　收银服务管理

为了向顾客提供良好的服务、防止收银损失、提高收银效率,必须对收银服务加以有效管理。

一、收银员的排班

（一）收银员排班影响因素

收银员排班应考虑门店的营业时间,各时段的来客数,假期、节令和促销活动,正式与兼职收银员的搭配等因素。

1. 营业时间

营业时间的长短,是考虑班次的主要因素之一。以超市为例,如果营业时间为上午9:00～晚上10:00,可安排早班(上午8:30～下午5:30)及晚班(下午1:30～晚上10:30)。若营业时间为上午7:30～晚上10:00,则可安排早班(上午7:00～下午4:00)、中班(上午10:00～下午7:00)及晚班(下午1:30～晚上10:30)。但根据工作特点,每班都应错开排班。例如,收银员可安排早班①：8:30～17:30;早班②：10:00～19:00,依次类推。

便利店24小时营业,一般分为中班(A班,15:00～23:00)、晚班或称大夜班(B班,23:00～次日7:00)、早班(C班,7:00～15:00)。

2. 各时段的来客数

在一天的营业时间中,有营业高峰、离峰时间的区分。例如,在办公区的超级市场,中午的午餐时间和下午14:00～19:00时的下班时段顾客较多;而位于郊区的超市,一般在早上以及晚上新闻或连续剧结束之后会出现一波人潮。

因此,在高峰时段必须安排较多的人手,以舒缓顾客等待收银结账的压力。例如,可增加早班②的收银员(10:00～19:00)或早班③的收银员(11:30～20:30),以应付下班时的购物人潮。

错开排班不仅可以更好地适应各销售时段的服务需要,而且可以避免大批收银员闲置状况,有效减少人力开支。

3. 假期、节令和促销活动

遇到周末、法定假日、寒暑假、民俗节庆,或者在促销期间,营业状况往往会比平日好,来客数与客单价都比较高。尤其在促销期间,还必须配合赠品发放、现场演示、顾客参与等活动,需要安排较多的服务人员。因此,在特殊的时令或假期,必须设法将收银员的休假调开。

4. 正式与兼职收银员的搭配

一般而言,正式收银员皆经过完整的训练,熟悉门店的整体收银作业。而兼职人员只担负了部分的工作,时数也不固定,大部分是由现场人员随机指导。因此,在排班时,每一班次都必须有正式人员值班,负责执行收银作业、现金管理和特殊情况的处理等。在高峰时段或假日,则可弹性安排兼职人员,以配合营业需要。

在考虑上述四项因素之后,收银作业主管人员即可以一周或一个月为基准,然后排定"收银人员排班表",并张贴在公告栏,以便收银人员查阅。

(二) 收银人员排班表

确定了基本班次以后,还要根据营业情况确定每一班次的人数、具体人员、上班及休假日期等具体内容,然后按月或按周编制收银人员排班表。表 7-11 是超市收银员的排班参考表。

表 7-11 收银员排班参考表

商店名称: 　　　　　　排班时期:　　　年　　　月
部门: 　　　　　　制表人: 　　　　　　核准人:

序号	工号	姓名	1	2	3	4	5	6	7	8	9	10	11	12	13	14	15	16	17	18	19	20	21	22	23	24	25	26	27	28	29	30	31	总计工作天数	总计休息天数
1																																				
2																																				
3																																				
4																																				
5																																				
6																																				
7																																				
8																																				
9																																				
10																																				
11																																				
12																																				
13																																				

排班代码	早班	序号	早①	早②	早③	早④	早⑤
		时间	7:00～16:00	8:30～17:00	10:00～19:00	11:30～20:30	13:00～22:00
	中班	序号	中①	中②	晚班	晚①	晚②
		时间	13:30～22:30	15:00～24:00		时间 22:00～6:00	24:00～8:00

备注: 1. 工作排班如有变化必须提前通知本人重新填写此表
　　　2. 每月 25 日前需将此表公布并将副本送交人事部

二、现金室管理

门店的现金管理从区域来划分,包括前台的收银过程现金管理以及后台的金库管理。收银过程现金管理的目标是保持现金日报表上的短溢值为"零",但在实际操作中很难做到短溢值为零,所以通常可以确定一个控制标准,收银差错率一般可控制在4‰以内。其管理重点是:零用金管理、现金收付管理、交接班管理、营业收入管理。

现金室的功能是准确准时处理、结算门店每日的营业款,计算处理收银差异,为收银准备一定的零用金,并每日向管理层提供相应的报表、报告。

(一)现金室管理原则

(1)授权原则:进入现金室的员工必须经过授权或临时授权,无授权人员不能进入现金室。

(2)保密原则:现金室人员执行保密原则,包括保险柜密码、金库门密码、电脑操作密码,均不能泄露给其他人员或现金室其他同事。

(3)安全原则:现金室的环境要安全可靠,包括门禁制度、防盗制度、资金存放、安全存款、资金安全进出等。

(4)监督原则:任何时候,现金处理不得单独一人操作,必须两人以上进行;任何时候,现金室不得一人留守,全体班次人员必须同进同出。

(5)准确原则:现金室所有工作最重要、最基本的原则是"准确原则",实行"银行化"作业,具有100%的准确度,收银员、楼面收银管理层不与现金室做任何现金清点结算工作。

(6)即时原则:当日的现金必须当日处理完毕,现金不过夜;当日工作当日完成,任何工作结束时,应将所有现金归入保险柜中,台面不得有任何现金。

(二)现金室人员的工作流程

现金室人员的工作流程和内容如表7-12所示。

表7-12 现金室人员的工作流程和内容

时间	工作流程	工作内容
营业前	早班人员到岗	打开门禁,查看交接班记录。
	打开保险柜	① 发放收银机零用金袋子、兑零零用金,由收银主管签字。 ② 发放发票,由客服主管签字。 ③ 办理收银台专用用具的领出工作,收银主管签字。 ④ 收银机授权钥匙的借出,收银主管签字。

(续表)

时间	工作流程	工作内容
营业间	处理收银差异	① POS机系统打印"收银机班结报表"。 ② 与前一日晚班打印的实际收款报表进行比较,找出所有的收银差异。 ③ 针对收银差异,确定产生收银差异的收银员,对超出企业规定数额的,发单进行处理。 ④ 将处理结果在收银差异报表中进行记录、上报。
	填写报表	① 根据实际收款,填写"每日收银汇总表"。 ② 将报表上交有关管理层。
	预收大钞及处理预收款	① 按规定的时间进行营业期间的大钞预收。 ② 将收取款押回现金室。 ③ 迅速处理预收款,将每一袋预收款打开,一人清点现金、验钞、填单、签字,另一人复点现金、验钞、签字。 ④ 将所有现金按币值分类放好。 ⑤ 将数据输入电脑进行储存与处理。
	银行取款	① 将已经清点并准备好的存款现金交银行人员。 ② 由银行清点、查验假钞,开立单据,一式三联签字盖章(银行收款过程中任何人不准进出现金室)。 ③ 做现金日志账。
	与银行兑换零钞	根据各种币值的需要量,与银行每日兑换相应的零钞。
	准备第二日收银机零用金、兑零零用金的零钞	① 按收银机零用金的规定,进行备零。 ② 用指定的收银机零用金袋自装,一份零用金一个袋。 ③ 备用金一人清点现金、装袋、填单、签字,另一人复点现金、装袋、签字。 ④ 将备用金放入保险柜中单独存放。
	营业间兑零	① 根据兑零需要,随时为收银主管兑换零钱。 ② 兑零时双方当场清点交接,现金室要查验假钞。
工作餐	就餐	① 全体人员同时离岗就餐。 ② 将现金处理好并锁好门禁。
营业间	交接班	① 晚班人员到岗。 ② 进行交接班工作,核对现金是否正确。
	处理收银员班结钱袋	① 收银主管将收银员的班结钱袋交到现金室。 ② 将班结钱袋逐一打开,一人清点现金、验钞、填单、签字,另一人复点现金、验钞、签字。 ③ 将所有现金按币值分类放好。 ④ 将数据输入电脑进行储存与处理。

(续表)

时间	工作流程	工作内容
营业间	预收大钞及处理预收款	程序同上。
	营业间兑零	程序同上。
工作餐	就餐	程序同上。
营业结束后	结束当天的现金处理工作	① 收银主管将最后一班的收银员班结款押送现金室。 ② 处理收银员班结钱袋。 ③ 将所有现金按币值分类放好。 ④ 将所有现金、有价证券放入保险柜中,现金室不能有任何处于"开放式"存放的现金。
	报表汇总工作	① 确保全天所有收银机、所有上岗收银员的各项收款全部录入电脑。 ② 打印出电脑汇总的报表,签字确认。
	结束当天工作	① 收银主管将所有收银机专用器具归还现金室。 ② 收银主管将收银机钥匙归还现金室。 ③ 写交接班日志。 ④ 锁好保险柜,检查电子防盗系统是否正常,关掉电源,设置门禁及报警系统,下班。

(三) 零用金管理

为应付找零及零星兑换之需,每天开始营业前,各台收银机必须在开机前将零用金准备妥当,并铺在收银机的现金盘内。应注意的问题有:

(1) 零用金应包括各种面值的纸钞及硬币,其数额可根据营业状况来决定,每台收银机每日的零用金应相同。

(2) 每天开始营业前,必须将各收银机开机前的零用金准备妥当,并铺在收银机的现金盘内(有的连锁企业门店是将上一次结账结束后置放的零用金作为下一次开机前的零用金)。

(3) 除每日开机前的零用金外,各门店还备有足够数额的存量,以便在营业时间内,随时为各台收银机提供兑换零钱的额外需要。因而,收银员应随时检查零用金是否足够,以便及时兑换。

(4) 零用金不足时,切勿大声喊叫,也不应与其他收银台互换,以免混淆账目,一般可请店长或理货员进行兑换。

(5) 执行零用金兑换作业时,应填写"兑换表",并由指定人员操作。兑换时必须经过收银员与兑换人员双方对点清楚。完成兑换之后,应将兑换表收存在指定位置,以便日后查核。

(四) 预收大钞

当收银员银箱中的现金过多时,要及时收起大面额现金,称预收大钞。其目的是为了减少收银机中现金的数量,将现金返回现金室进行处理;防止偷窃、抢劫,保证资金安全;空出银箱便于收银员操作等。

预收大钞的时间由现金室确定,可以根据门店的营业情况而定,如当门店营业额达××万元时,组织人员对收银机预收大钞。

(1) 预收大钞应遵循的原则。① 授权原则:预收大钞只能由企业的保卫人员和收银管理层、现金室人员或其他授权人员进行。② 安全原则:收取和押送的过程中保证资金的安全、银箱的安全。③ 监督原则:保卫人员、收银管理人员以及收银员三方均在场时,打开银箱,收取大钞现金。④ 对应原则:收取的大钞必须用专用现金袋装并放入保险箱,且现金袋号码与收银机号码一致。⑤ 时间原则:大钞收取后,第一时间押送现金室交接,中途不作任何停留。⑥ 不交接原则:大钞收取时,收银员与大钞收取人员不作任何现金数额的确认和交接。

(2) 预收大钞的步骤。① 组织人员。② 准备大钞袋、大钞预收车等必备用品。③ 大钞预收小组对 POS 机进行大钞预收。收银员在一笔交易完成后打开银箱,将大钞交给收银主管。收银主管将大钞放入对应的现金袋,拉上拉链。收银员在现金室人员的记录本上签字。现金袋放入预收车中。④ 门店中所有 POS 机预收完毕后将预收车推入现金室。⑤ 现金室组织人员清点大钞(一人初点;一人复点,并填写预收记录表;一人核查,并包扎现金)。⑥ 清点完毕后在现金预收记录表上签字,交电脑员输入电脑。⑦ 电脑员输入完毕后,在现金预收记录表上签字。⑧ 现金预收记录表归档。

(五) 交接班管理

为了分清各班次收银员金钱管理的责任,交接班时应注意:

(1) 交班收银员在交班前应将预留的额定零用钱备妥。

(2) 门店应准备一本现金移交簿,用于营业现金的交接签收。

(3) 有些连锁企业门店(如便利店),有 24 小时门店与 16 小时门店之分。通常,24 小时门店其交班收银员应取出收银机中的现金,先将额定备用金清点给下班收银员,然后清点营业款,收银员将清点好的营业款填写现金解款单。16 小时门店,其中班收银员在清点额定备用金时,店长应当场监点,并放入收银机内,供次日早班收银员找零。次日早班的收银员上班营业前,应与门店理货员同时打开收银机,清点额定备用金,发现不符应及时记录,并向店长汇报。

(六)营业收入管理

营业收入管理的重点是为了保证门店经营管理的最后成果的安全性,各门店的营业款解交必须按照以下规定操作:

(1)每个门店可根据实际情况配备保险箱一只,用于存放过夜营业款,保险箱钥匙由门店店长保管。

(2)收银员的营业收入结算,不仅需要在交接班和营业结束后进行结算,每日还需要在一个固定时间做单日营业的总结算,这个时间一般选择在15:00～16:00之间,这样可避免营业的高峰,也可在银行营业结束之前进行解款。在每日固定总结算时间里结出的营业收入,如每天固定于15:00结算,代表前一日15:00至当天15:00的单日营业总收入金额。进行总结算时,应将所有现金、购物券等一起结算。结算后由收银员与值班长在指定地点面对面点算清楚,并填写每日营业收入结账表,由收银员和值班长签名,该结账表是会计部门查核和做账的凭证。

(3)值班长在收银员清点营业款后,打印收银员日报表,并与现金解款单核对,收银损溢在现金解款单中写明,然后将现金与现金解款单封包并加盖骑缝章,最后在交接簿登记,移交给店长。

(4)店长将收到的营业款存入保险箱,如由银行上门收款的,在银行收款员上门收款时,在交接簿上登记并交给银行收款员;如解交银行的,应由专人(一般是两人)存入指定银行,如可由店长在当班时解缴银行,同时对营业款存入银行的时间、路线等作出规定,以免发生意外。

(5)店长每日打印销售日报表,并收齐当日收银员日报表与现金解款单,同时按连锁企业总部规定的时间送到总部财务部(如每星期二、五)。

三、收银作业检查

为了做好收银工作,必须做好收银作业检查,其目的:一是要建立规范标准及制度,二是要提高收银员的素质,三是要加强检查工作。收银检查作业的内容主要有:

(1)收银台的抽查。为了检查收银员的工作表现,有关人员(专业检查人员、店长或值班长等)每日不固定时间随机抽查收银台,内容包括:实收金额与应收金额是否相符;折扣总金额与折扣记录单的记录金额是否相符;检查收银机内各项密码及程序的设定是否有更动;检查每个收银台的必备物品是否齐全;收银员的礼仪服务是否良好;是否遵守收银员作业规则。

(2)清点金库现金。清点金库内所有现金及准现金的总金额与金库现金收支登录的总金额是否相等。

(3)确保每日营业结算明细表的正确性。每日营业结算明细表是各项财务资料计算以及日后营业方向确定的重要依据,这份表单必须定时、连续、正确地登录。

(4) 检核前台"中间收款"与后台"金库收支"是否相符,以及每次执行中间收款作业时是否如实填写表、单,检查相关主管对现金收支的处理是否诚实。

四、收银差异控制

1. 收银差异的定义

收银差异是指收银员所收的现金金额与电脑系统中记录的金额总数之间的差异。收银差异有正差异和负差异两种,当现金金额大于电脑系统的金额时,为正差异;当现金金额小于电脑系统的金额时,为负差异。无论是正差异还是负差异,都是工作失误。因为收银工作基本的要求是准确。

2. 收银差异产生的原因

收银差异产生的原因有多种,以下是一些可能的原因:

(1) 收银员收款错误和找零错误。

(2) 收银员没有零钱或顾客放弃小面额零钞。

(3) 收银员误收假钞。

(4) 收银员不诚实,盗窃企业的收银款。

(5) 收银员将收银机的输入键按错,如将现金键误按成卡键。

(6) 收银员在兑零的过程中出现错误等。

3. 收银差异处理的原则和方法

(1) 收银差异必须在24小时内进行处理。

(2) 超出一定金额的收银差异,必须在发现的第一时间报告安全部和收银经理。

(3) 收银差异的原因由现金室进行查找,不能有合理解释的,收银员本人必须有书面的解释。

(4) 所有收银员的收银差异必须进行登记,计算差异率和差异总额。

(5) 对于超出收银差异规定的收银员必须给予警告处理。

4. 减少收银差异的措施

(1) 加强收银员的培训,减少假钞带来的损失。

(2) 加强收银员的教育和品德培养,杜绝因不诚实而引起的现金盗窃。

(3) 加强收银过程的标准化服务,包括唱收唱付,减少因收款、找零错误而带来的损失。

(4) 加强收银区域安全防范管理,对收银员的工作进行有效的监督。

(5) 加强营业高峰和节假日的大钞预提工作,减少收银机的现金累计,减少现金被盗的机会。

第三节 前台顾客服务管理

前台顾客服务管理工作主要由顾客服务部承担,职责范围包括总服务台和存包处。工作内容涵盖商品售后服务、顾客投诉处理、退调货管理、各种便民服务、赠品发放管理、店内广播管理、咨询服务、顾客意见处理等。顾客服务工作的好坏,直接影响门店的整体形象与销售业绩。

一、总服务台工作规范

顾客前来购物时,往往需要商家提供购物之外的服务,以增加所购物品的附加值。总服务台位于门店的出入口,是门店为顾客提供服务的主要场所。

1. 电话服务

(1) 电话铃声响起三声之内,必须接听电话。

(2) 电话接听的声音须轻柔(不可娇媚),语速中等。

(3) 接听电话时,必须备好纸笔,将接听的重要内容作记录。接听顾客投诉电话时,必须做好顾客投诉记录,记下顾客的联系方式,便于追踪。

(4) 接听电话的态度要亲切礼貌,使用标准的电话接听用语。例如:"您好!某某(企业名称)服务台,请讲!"经常使用"请"、"谢谢"、"对不起"、"请稍等"、"让您久等了"等礼貌用语。

(5) 找人的转接电话应请对方稍等,并稍后确认是否已经接通,如果超过一分钟无人接听时,应向对方说明情况,请对方稍后打来或留下对方姓名,询问是否有急事,并请对方留下回电号码,以便被寻访者回来时回电。

(6) 接听电话的过程中,应适时作出回应,或适当地重复对方的话,以便让对方明白你正在仔细聆听。

(7) 通话完毕后,应将听筒轻声放下。

2. 提供顾客咨询服务

顾客咨询的问题一般包括:门店的经营功能、商品的位置、投诉等。要为顾客提供良好的咨询服务,服务人员必须首先对门店的布局、功能、服务、商品等相关信息有充分的了解,才能为顾客提供及时、准确的信息。回答顾客的咨询应做到:

(1) 语言清晰简单。

(2) 面带微笑、体姿端正,必要时使用手势。

(3) 态度积极、有耐心、热情。

(4) 回答完毕时感谢顾客。

3. 接受顾客投诉

总服务台的员工负责接受顾客的电话投诉和当面投诉,并有责任处理一般性的顾客投诉。如果是电话投诉,应向顾客讲明回复顾客投诉的时间。较难处理的顾客投诉,应移交顾客服务办公室进行处理。

4. 其他服务

(1) 广播找人,如协助找回丢失的儿童。

(2) 协助顾客寻找失物。

(3) 失物招领。① 商品的招领:在收银区发现顾客已经结账但未拿走的商品。② 一般物品的招领:属于商场内客人丢失的物品。③ 贵重商品的招领:如皮包、手机、钱包、首饰、手表、支票、重要文件和证件等。

(4) 代收公用事业费等。

二、存包处工作标准

1. 寄包须知

存包处的员工应提醒顾客注意以下事项:

(1) 顾客进入门店购物,必须将包闭合后交寄包柜保管,领取并核对寄包牌或存入电子寄包柜、领取密码条。但这一条在执行时有一定变通,一般小型的背包都被允许带入卖场。

(2) 顾客包内的货币、有价证券、金银饰品及其他贵重物品,请随身携带,自行保管。

(3) 严禁寄存易燃、易爆等危险物品。

(4) 顾客应凭牌取包。

(5) 顾客遗失寄包牌或电子寄包柜的密码条,必须等门店营业结束以后凭本人身份证,经核对无误后领取,并要求顾客在失物登记簿上签收。

2. 存取包的规定(人工寄包或电子箱寄包)

(1) 顾客应遵守公共秩序,凭存包牌取包。

(2) 顾客应在当日营业结束前领取寄存物品。

(3) 丢失存包牌,顾客应立即通知存包处。

(4) 贵重物品自行保管。

(5) 不接受敞开包裹的寄存。

(6) 对丢包设定最高赔偿金额。

3. 存包处工作人员的服务规范

(1) 保持区域内的整洁,营业开始和结束时做好清洁卫生工作。

(2) 应确保每一张存包牌都与柜子的号码保持一致,营业开始和营业结束时对存包牌进行核对,及时补充丢失、破损的牌子。

(3) 在顾客存取包时应热情积极、礼貌用语、动作迅速并面带微笑。

(4) 接待顾客时,要问候"您好!"送走顾客时,要关照"请拿好!""欢迎下次再来!""谢谢!"等,不能沉默不语、不打招呼。

(5) 存包牌要递到客人手中。

(6) 对顾客寄存的物品要轻拿轻放。

三、商品退换货及发票管理

1. 退换货的含义

(1) 退货:顾客在购买商品后的一定时间内,对确有质量问题的商品要求门店给予退掉商品、退还等价现金。

(2) 换货:顾客以某种理由要求门店予以更换商品,或门店对顾客购买的有质量问题的商品,按国家有关法律规定作换货处理。

2. 退换货的标准

(1) 退换货的时限:一般商品在购买30日内可办理退换货。家电商品自售出7日内,发生质量问题,可以退货;8~15日内有质量问题可以换货;超出15日一般作代理保修处理。

(2) 退换货的一般性标准:按国家有关规定执行:"有质量问题的商品,在退换货的时限内"允许退换;"有质量问题的商品,超出退货的时限,在换货时限内"允许换货;"一般性的商品无质量问题,但不影响销售的"允许换货。

(3) 家电商品的退换货标准:家电商品的退换货必须执行国家有关"三包"产品的规定。客服部的人员必须清楚国家有关"三包"的规定实施细则,这样才能在国家规定的范围内进行灵活的处理:① 产品自销售之日起7日内,发生性能故障,消费者可以选择退货、换货或修理。退货时,销售者应按发票金额一次性退清货款。② 产品自销售之日起15日内,发生性能故障,消费者可以选择换货或修理。换货时,销售者免费为消费者提供同型号、同规格的产品。③ 在"三包"期内,修理两次仍不能正常使用的产品,凭修理者提供的修理记录和证明,由销售者为消费者免费调换同型号、同规格的产品或退货。④ 在"三包"期内,符合换货条件的,因销售者不能提供同型号、同规格的产品,消费者不愿意接受其他型号规格的产品而要求退货,销售者应予以退货;有同型号、同规格的产品而消费者不愿意调换,要求退货的,销售者应予以退货,按规定收取一定的折旧费。⑤ 换货时,凡是残次商品、不合格商品、修理过的商品,不能提供给消费者。

3. 退货流程

(1) 受理顾客的商品、凭证:接待顾客,并审核顾客是否有本店的收银POS单或发票,购买时间与所购商品是否属于家电商品或不可退换商品。

(2) 听取顾客的陈述:细心平静地听顾客陈述有关的抱怨和要求,判断是否属于商品的质量问题。

(3) 判断是否符合退换货标准:结合公司政策、国家的法律以及顾客服务的准则,灵活处理,说服顾客达成一致的看法,如不能满足顾客的要求而顾客予以坚持的话,应请上一级管理层处理。

(4) 同顾客商量处理方案:提出解决方法,征求顾客的意见。

(5) 达成协议:双方同意退换货。

(6) 填"退货单"或"换货单",复印顾客的收银POS单或发票。

(7) 若为退货,则现场退现金:执行退货程序,并将交易号码填写在"退货单"上,其中一联与收银POS单或发票的复印件装订在一起备查。若为换货,则由顾客凭"换货单"到门店选购更换的商品。

(8) 退换货商品的处理:将退换货商品放在退换货商品区,并将"退货单"或"换货单"的一联贴在商品上。

4. 商品保修

(1) 保修商品的含义:对于确实有质量问题的家电、电脑、五金交电类的属于国家有关法律规定在一定的购买时限内保修的商品。

(2) 保修方式:① 顾客自行保修:门店提供保修的地址、电话,顾客可自行联系厂家的保修部,让其提供保修业务。② 门店代理保修:顾客将需要保修的商品送到商家,由商家负责保修。

5. 发票管理

(1) 发票由专人负责领取、开具、归还,每日营业结束前必须归还发票到现金室。

(2) 客服部只能开普通销售发票,增值税专用发票以及其他专用发票由财务部门开具。

(3) 发票只有在顾客购物付款后凭小票才能开具。

(4) 凭收银POS单在一周内可以开具发票。

(5) 开发票时,必须按由小到大的号码连续开,不能跳跃开发票。

(6) 开发票时按实际的品名、金额、数量填写,不能虚开发票或开空白发票。

(7) 发票必须有开票人签名,用蓝色或黑色的圆珠笔填写,符合发票书写规范。

(8) 作废的发票必须全联保留,加盖"作废"章,并粘贴在原发票联上。

(9) 发票遗失不补办。

(10) 发票不能涂改、划破、粘贴。

(11) 发票一旦遗失,迅速上报管理层及财务部,以便及时到税务部门办理遗失手续和遗失声明。

四、赠品管理

赠品是销售者或供应商为促进某商品的销售,对购买一定数量该商品的顾客给予奖励性质的搭赠物品。赠品发放通常有两种形式:供应商店外发放和顾客服务部发放。

1. 赠品发放原则
(1) 赠品的发放必须以告示及传单所公布的发放方法为准。
(2) 门店内不许任何厂商现场发放赠品及广告活页。
(3) 赠品凭购买 POS 单发放。
(4) 赠品也必须符合质量标准。
(5) 赠品的发放须有台账记录,有相关人员及顾客的签名。

2. 供应商提供赠品的发放流程
(1) 由供应商提出发放赠品的申请和方案,报采购部门批准。
(2) 采购部批准后,将赠品清单及方案提前一周传到营运部门。
(3) 收货部根据采购清单及订单进行赠品收货,在商品上贴赠品标签后填写"赠品携入/携出明细表"。
(4) 收货部将赠品和明细表中的客服联送至客服部,客服部清点后归仓。
(5) 顾客凭 POS 单领取赠品,客服部人员划线盖章,注明"划线商品赠品已发"。
(6) 活动结束后,客服部当日与部门主管核对赠品数量,剩余赠品由供应商取回,供应商如未取回的,移交店内有关部门处理。

3. 卖场提供赠品的发放流程
(1) 由总公司采购部或店长批准促销活动所需赠品的品项、数量、价值。
(2) 如果赠品是卖场售卖商品,部门经理须执行库存更正程序,商品贴标签后,与客服部作实物交接。
(3) 客服部按活动规则发放赠品。
(4) 活动结束后,若有剩余赠品,由客服部将商品返回,申请库存更改,去掉标签,由部门经理收回继续销售。

4. 赠品仓库的管理
(1) 赠品的出入库管理。赠品进出仓库必须有清单记录,做好每日进出账,进以收货清单为准,出以发放记录为准。每日营业结束后,根据电脑中的销售数据,核对发出的赠品数量是否一致或小于销售数。每日营业结束后,核对仓库的库存数量是否与发出的数量一致。

(2) 赠品仓库的制度。赠品仓库随时保持清洁、整齐,赠品按供应商进行分类,注意商品保质期。赠品仓库由客服部赠品发放处人员专门管理,严禁外人进出。赠品仓库必须符合安全、消防的要求。

五、店内广播管理

1. 播音原则

(1) 使用普通话播音。

(2) 播音员必须经过专业训练。

(3) 播音员音量适中,语速中等,音质明亮柔美,语言流利。

(4) 顾客请求与紧急事件优先播音。

(5) 使用礼貌用语。

2. 播音内容

(1) 常规内容:包括开店、关店广播以及每日店内背景音乐的播放等。

开店播音示范:亲爱的顾客,早上好!某某店现在开始营业,欢迎各位光临。今天是×月×日,星期×,今天的天气……本店全体员工竭诚为您提供优质的服务。祝您购物愉快!

关店播音示范:各位顾客,晚上好!这里是××店,现在离本店营业结束时间还有××分钟,请已选购好商品的顾客抓紧时间到收银台结账,以免影响您的购物。亲爱的顾客,本店全体员工衷心感谢您的惠顾!

(2) 促销短讯:商场的促销活动、特价商品促销、部门的促销活动等。

(3) 紧急内容:包括火警、儿童丢失、紧急疏散、雷阵雨、停电等。

(4) 安全广播:包括提醒顾客关于防盗、看护儿童等。

(5) 其他广播:包括顾客寻人、部门找人等。

3. 申请播音

凡属于非日常播音的内容,必须经过申请,由顾客服务部经理批准后才能广播。

4. 广播室的管理

(1) 日常工作制度。播音室实行全部工作时间值班制。任何时间,广播室必须有人值班。电话铃响在三声内必须接听。早晚班进行交接班制度,包括清洁卫生和设备的交接。

(2) 进出管理制度。除广播室工作人员及授权人员,其他人员不得进入广播室。

(3) 器材管理制度。广播室专用器材要登记造册,每日检查功能是否正常。

广播室专用器材的日常保养、清洁卫生由播音员完成。操作广播室专用器材要有经培训的上岗资格。

第四节　顾客投诉处理

顾客投诉既是门店经营不良的直接反映,又是改善门店销售服务十分重要的情报来源之一。顾客投诉和纠纷处理不当会损害企业形象,流失老顾客;处理得当,不仅能留住老顾客,而且能带来新顾客。所以,应该把顾客投诉和纠纷处理纳入整个服务体系,建立处理程序,既要有统一的处理规范,又要培养服务人员及有关管理人员的处理技巧。

一、顾客满意的 250 效应

"不满意的顾客会跟竞争对手联盟,成为企业最头痛的敌人"、"满意的顾客会带来 25 位顾客",以上是企业最常听到的忠言。美国有一位营业人员一直对于"满意的顾客会带来 25 位顾客"这一数字表示怀疑。于是他亲自去核对这一个数字到底合不合理。后来他发现原来不止 25 位,应该是这一个数字的 10 倍,也就是 250 位。他是怎么发现的呢? 他想:"一个人会有多少人际关系? 亲戚、朋友、同事、邻居……"、"一个人去世时会有多少人来参加丧礼?"于是他参加很多葬礼,发现每一个人去世时参加葬礼的人数平均是 250 位。后来他又去统计参加婚礼的人数。在美国,通常都是男女双方合办结婚大典,结果参加婚礼的人数平均为 500 人,男女双方合办,所以除以 2,又是 250 人。于是他终于大胆地宣布"满意的顾客会带来 250 位顾客"。营销管理课程所探讨的"口碑传播"(Mouth Publicity),就是利用"人言可畏"、"好事、恶事都会传千里"等人类心态作为宣传的技术。在某镇,有两家鱼丸店并排在一起,甲店客稀少,乙店则连楼上都客满,外面还有客人排长龙等候,两店一天的业绩恐怕要相差几十倍。问等候的人为什么不到甲店去,回答说:"朋友说这一家才是正统的店。"可见真的是"人言可畏",每个人背后口碑力量是不可忽视的。不管是上门拜访顾客还是"守株待兔"般等候顾客光临,如何让顾客获得满意,然后由他们带来 250 位顾客,都应是企业努力的方向。

二、顾客投诉和纠纷处理系统

连锁企业应该对顾客抱怨和纠纷处理进行系统规划,主要应做好以下工作:
(1) 建立受理顾客抱怨和投诉的通道,如投诉电话、投诉柜、意见箱、意见表等。

(2) 制定处理各类顾客投诉的准则。

(3) 明确各类人员处理顾客投诉的权限、报告程序以及变通范围。

(4) 将抱怨和投诉进行档案化管理,并由专人负责整理、归纳、分析、评估和报告。

(5) 要根据分析和报告,采取相应的控制、纠正、预防等改进措施。

(6) 要通过教育与训练提高服务人员化解和处理顾客投诉的能力。

(7) 对投诉事件要及时通报,并对有关责任人员作出相应的处理。

三、顾客投诉的种类与原因

1. 商品不良引起的纠纷

商品不良包括商品品质不良、商品标志不全、商品有污渍、破损等。虽然商品不良往往是制造商的责任,如衣服洗后缩水、褪色或罐头里有异物,但零售企业必须先行负责。为了保证门店售出商品的质量,门店在进货时应严把质量关,在陈列时注意商品的保护,在销售时向顾客详细介绍商品的使用、保养方法,避免因顾客使用不当而引起商品损坏,甚至引发事故。

2. 服务方式不当引起的纠纷

这里所指的服务方式是指门店营业员接待顾客时的服务方式。顾客对营业员服务方式的不满主要表现在以下几个方面：① 营业员态度不当。例如,营业员只顾自己聊天,不理会顾客招呼;营业员因顾客购买金额不多而冷淡、应付,或者不屑一顾;营业员在顾客准备买商品时,热情相待,倘若顾客决定不买,马上板起面孔,甚至冷嘲热讽;还有些营业员会与顾客发生争吵。这些行为很容易引起顾客不满。② 营业员工作失误。例如,因计算错误而多收顾客钱款;介绍商品不准确,使顾客买错商品等。③ 顾客对营业员产生误会。例如,顾客认为营业员为他挑选商品不够耐心,尽管营业员已经尽了最大努力。

3. 使用不习惯引起的纠纷

如新型的衣服、衣料在使用过程中出现的问题。由于新型衣料不断增加,在使用、洗涤、保存方面产生的问题也越来越多。例如,近几年流行的羊绒衫,轻便保暖,但是在洗涤时如果用一般的洗涤用品,羊绒衫就会缩水、变形。

4. 顾客期望超越服务能力而引起的纠纷

有时候,顾客要求的服务水准太高,令门店来不及安排,或者根本无力提供。这时候,如果营业员只简单地说声"不",不作任何解释的话,也会引起顾客的不满。对待这种情况,营业员应该首先如实告诉顾客门店所能提供服务的局限,然后主动帮助顾客寻找解决问题的方法。例如,当顾客要求某门店不提供的服务时,不要说"不,我们没有这种业务。"而是说："没问题,虽然我们没有这种业务,但我知道哪些单位能提供这种服务。"然后把有关单位的地址和电话号码介绍给顾客。如果门店没有这些资料,可以告诉顾客到哪里能查到有关内容。如果这样做了,虽然顾客没有得到他所需要的服务,也会对门店有好的印象。

四、顾客投诉的处理原则

(1) 处理各种顾客投诉时,要掌握两大基本原则:一是顾客至上,永远把顾客的利益放在第一位。二是迅速补救,把顾客的每次投诉看作门店发现弱点、改善管理的机会。只有这样,才能重新获得顾客的信赖,提高门店的业绩。

(2) 在处理理念上要坚持七项原则:一是感谢,对顾客的投诉不能光表示道歉和同情,而应该首先表示感谢,应该把投诉看做是顾客对本店的关心和爱护。二是尊重,诚恳地倾听顾客的诉说,并表示完全相信顾客所说的话,不可打断顾客诉说并指责顾客或为自己辩解,易引起顾客的反感。三是迅速,当顾客有投诉时立刻作出反应。倾听抱怨,事后立即作出处理或在约定时间内给予答复。四是谨慎,在处理顾客投诉时,既要迅速,又不能轻率地承担责任,如当事人无法作出决定时应该请主管人员来解决。五是应变,通过改变人物、环境、时间、处理办法等应变方法,对特殊问题作出特殊处理。六是一致,处理同类投诉问题的方式要基本保持一致,所以,在处理投诉时要适度利用先例,处理人员要学习以往的处理案例。

(3) 在具体处理过程中要注意以下操作原则:一是有章可循,要有专门的制度,而且任何企业内部的制度都必须有法可依。二是分清责任,不仅要分清造成顾客投诉的责任部门和责任人,而且需要明确处理投诉的各部门、各类人员的具体责任与权限以及投诉得不到及时圆满解决的责任。三是通力合作,对于顾客投诉,各部门应通力合作,迅速作出反应,而不能把内部部门之间的问题转移给顾客。拖延或推卸责任,会激怒投诉者,将问题复杂化,所以,内部协调对提高处理顾客投诉的效果具有十分重要的意义。四是留档分析,对每一起投诉及其处理要有详细的记录,包括投诉内容、处理过程、处理结果、客户满意程度等。通过记录,吸取教训,总结经验,为以后更好地处理投诉提供参考。

五、顾客投诉的处理程序

顾客的抱怨、投诉如果没有妥善处理,就会引起顾客纠纷,处理顾客投诉一般分四个阶段。

(1) 详细倾听顾客的抱怨。当发生顾客投诉时,门店工作人员首先要仔细倾听顾客的抱怨,让他把心里想说的话全部说完,这是最基本的态度。如果工作人员不能仔细听完顾客的陈述而中途打断,会引起顾客更大的反感。顾客既然会产生不满情绪,表明他的精神或物质上受到了某种程度的损害,因此,他在提出抱怨时很可能会不太理智,甚至可能说出一些粗鲁的话来。工作人员应该理解顾客的心情,切不可与之发生冲突。

(2) 向顾客道歉并弄清原因。在听完顾客的抱怨之后,应立刻向顾客真诚地道歉,以平息顾客的不满情绪,并对事件的原因加以判断、分析。有些顾客可能比较敏感,喜欢小题大做,遇到这种情况,千万不要太直接地指出他的错误,应该婉转地、耐心地向他解释,以取得顾客的谅解。

(3) 提出解决问题的方法并尽快行动。在听完顾客抱怨、向顾客道歉,并对问题产生的原因加以说明之后,就应该提出解决问题的方法。在提出解决方法时,应该站在顾客的立场,尽量满足顾客的要求。与顾客达成共识后,门店必须迅速采取补救行动。

(4) 改进工作,不让同样的问题再发生。门店处理顾客纠纷,不能满足于消除顾客的不满,更重要的是通过顾客的不满找出门店工作上的薄弱环节,并加以改进,避免同类事件的再次发生。

六、解决顾客纠纷的五种途径

我国《消费者权益保护法》规定了解决顾客纠纷的五种途径:
(1) 与经营者协商和解。
(2) 请求消费者协会调解。
(3) 向有关行政部门申诉。
(4) 根据与经营者达成的仲裁协议,提请仲裁机构仲裁。
(5) 向人民法院提起诉讼。

七、应对投诉的心理准备

(1) 企业。① 在得失问题上要有深谋远虑:顾客的抱怨是期待与实际获得之间存在差距的结果,要想再次得到顾客的信任,必须付出更多的努力。② 要准备在短时间内迅速处理顾客投诉:在处理顾客投诉的问题上,与通常的规律相反,处理时间拖得越长,顾客的抱怨不但不会渐渐消减,反而会越积越大,处理起来更加棘手。因此,要采用"速战速决"的战术。③ 以诚动人:"诚意"是打动各种各样顾客的法宝,能够以诚动人的企业通常都能在顾客投诉处理中取得良好的效果。

(2) 服务人员。① 要时刻提醒自己,我不代表我个人,而是代表企业。因为企业的利益要求服务人员在投诉发生时不仅要安抚不满意的顾客,探究投诉的原因,更要对企业其他服务人员引起的错误道歉,进行协调,要做到这一点,没有员工心目中"我代表企业"的集体认同感是不可能的。② 试着以第三者的心态来看待顾客投诉。平时加强以第三者的心态来看待顾客投诉的训练,能有效地加强服务人员在临场处理投诉的心理承受能力。③ 学会克制自己的情绪。顾客的个性多种多样，由于对商品或服务的期望落空，难免会情绪激动，措辞不当。员工必须学会克制自己的情绪，以免与顾客发生冲突，使事态扩大。④ 把投诉处理当做自我提升的一种考验。⑤ 互相鼓励，形成良好氛围。⑥ 准备诚心诚意地听取顾客的申诉。⑦ 顾客的意见并不一定是完全正确的。

八、化解顾客投诉矛盾的技巧

许多投诉其实从一开始就是可以化解的，初期化解顾客投诉的技巧如下：

（1）切实了解顾客投诉的原因。当业务人员与顾客交谈时，要关注对方脸上产生的表情变化或者态度、说话方式的变化，要尽可能抓住顾客说出的每一句话、每一个表情、身体的每一个细微变化，从中总结出顾客投诉的基本内容和主要原因，这是成功处理投诉的基础。

（2）妥善使用"非常抱歉"的话。在接受顾客投诉时，一味地使用道歉的字眼是不够的，恰当的应对方式在很大程度上决定着道歉的效果。必须把握以下基本原则：① 不要为寻求自我解脱而欺骗顾客。② 不要一味地固执己见，认为自己总是对的。特别是当顾客因为员工的行为或态度产生抱怨时，员工试图证明自己正确的辩解会使事态严重。一线员工常常未意识到这一点，他们本能地采取自我保护的第一反应是进行争辩，甚至当着顾客的面向主管诉说自己的无辜与正确，这样处理使问题变得更加棘手。而正确的处理方式应该是首先反省自己的态度和行为，向顾客表示真诚的道歉。③ 向顾客作必要说明，而不要辩白，巧妙道歉并非是让员工不分是非曲直地一味贬低自己。顾客方面该负的责任要作必要的说明，但态度要和气，用词要谨慎。④ 主管要注意员工的心理感受，作必要的安抚。

（3）善于抓住顾客的真正意图。顾客在反映问题时，常常不愿意明白地表达自己心中的真实想法，要抓住顾客表达中的"弦外之音，言外之意"。① 注意顾客不断重复的话。顾客善于以某种原因试图掩饰自己的真实想法，但又常常会在谈话中不自觉地流露出来。这种表露常常表现为不断重复某些话语。值得注意的是，顾客的真实想法有时并非是其反复话语的表面含义，而是其相关乃至相反的含义。例如，顾客一而再、再而三地反复强调"其实我并不是一定要你们赔偿我的损失"这句话，而实际上他的希望可能正是"企业方一定要赔偿我的损失"。② 注意顾客的建议和反问。留意顾客投诉的一些细节，有助于把握顾客的真实想法。顾客的希望常会在他们的反问语句中不自觉地表现出来。例如："难道没有更好的办法吗？"表示顾客对目前的处理方法不满。"有没有这样的先例……""××企业在处理这种事情的时候"，这些话是顾客对问题解决办法的建议和希望。总之，不要被顾客某些表面的东西所迷惑，要分析顾客心中的真实意图。

(4) 平息顾客愤怒。① 以理解与尊敬的态度看待顾客愤怒。要注意：愤怒的顾客也是顾客，他们要求企业把他们看作重要的顾客；透过表面现象，探明顾客愤怒的真实原因；绝不可以愤怒对愤怒。② 充分倾听。全神贯注地听，不只是听对方吐出的字，还包括观察他讲话的语气、神情、姿势，甚至呼吸。③ 平息顾客愤怒时的"禁止"法则：立刻与顾客摆道理；着急地得出结论；一味地道歉（顾客需要的毕竟不是道歉，而是令其满意的处理结果）；告诉顾客"这是常有的事"（使顾客感到受轻视，更加愤怒）；言行不一（只注意语言，忽视了表情和行动的配合）；吹毛求疵，责难顾客；转嫁责任（"请找生产厂家"）；装傻乞怜（"刚刚来，不熟悉"、"否则会被炒鱿鱼"或许顾客会对你心生同情，但他们不会感到满意）；打断或改变话题（不礼貌）；过多使用专业术语。

本 章 小 结

1. 零售门店的竞争优势，来自优质服务。服务是一个体系，服务是一项系统工程，是全方位的，要完善服务体系，量化服务指标，做到：总部为区域服务，区域为门店服务，门店为顾客服务，全公司为社会服务。

2. 要通过强化服务意识、完善服务体系、改善服务行为、提高顾客满意度、提升品牌价值、培育忠诚顾客，在更广泛和更深入的市场领域充分挖掘品牌价值。

3. 收银服务管理的重要性主要体现在三个方面：一是收银作业直接反映经营成果，现金安全责任重大；二是收银员直接面向顾客，是门店的"脸面"；三是收银服务设施与人员服务水平直接影响顾客的满意度，加快收银速度是做好门店服务的重中之重。收银服务的基本要求是快速、准确、安全、热情。

4. 前台顾客服务管理工作主要由顾客服务部承担，职责范围包括总服务台和存包处。工作内容涵盖商品售后服务、顾客投诉处理、退调货管理、各种便民服务、赠品发放管理、店内广播管理、咨询服务、顾客意见处理等。顾客服务工作的好坏，直接影响门店的整体形象与销售业绩。

5. 顾客投诉和纠纷处理不当会损害企业形象，流失老顾客；处理得当，不仅能留住老顾客，而且能带来新顾客。所以，应该把顾客投诉和纠纷处理纳入整个服务体系，建立处理程序，既要有统一的处理规范，又要培养服务人员及有关管理人员的处理技巧。

6. 服务不仅仅是执行规范的问题，关键是要满足顾客的需求，所以，服务必须人性化，要做到"五心结合"：一是"爱心"，要热爱自己的工作，只有喜爱工作才会对工作持续地充满激情，这是做好任何一项工作的基础；二是"热心"，要把服务当作神圣的使命,服务要积极、主动、热情;三是"诚心",要诚实经营,依法经营,一切从顾客出发,以顾客为本;四是"细心",要主动关注顾客需求,处处想到顾客需求,时刻琢磨顾客需求,做到细节化体贴服务;五是"明心",优质的服务要有商品知识与服务技能来保证,要做一个服务的"明白人"。五心合一,将心比心,以心换心,换位思考,主动一点,热情一点,体贴一点,就可以使顾客更满意。

1. 如何理解人性化服务与规范服务?
2. 收银服务有哪些基本要求?
3. 收银服务管理有哪些规范?
4. 顾客抱怨与纠纷处理系统包括哪些基本内容?
5. 顾客投诉主要有哪些种类?其原因是什么?
6. 为什么必须严格控制由质量投诉转变为服务投诉?
7. 解决消费纠纷有哪些主要途径?
8. 处理投诉应该有哪些心理准备?

门店服务案例

以下案例,源于服务第一线,大部分案例根据服务人员的口述整理而成。

1. 商品确有质量问题,无法正常使用

一顾客携带DVD机来店投诉,称该机轧片,无法正常使用,是假货,要求退货,并且情绪颇为激动,声称要曝光。门店员工当场开机测试,证实此机确实轧片,存在质量缺陷。门店员工没有简单一退了之,而是让家电部的员工作了耐心的解释,指出这牌子的DVD质量是有保证的,其次又向顾客解释了轧片的原因:一是操作过快,使机械动作不能及时响应;二是盘片托盘的复合运动造成机械转动的不稳定,这是三碟机普遍存在的问题,但发生率很低,接着建议他调换单碟机来使用。顾客愉快地采纳了这个建议,对这个处理结果,顾客非常满意,临行前一再表示今后购物一定到这里来,因为这里的人热情、服务好,既解决了他的问题,又教会了他使用的常识。

2. 使用不当,引起投诉

某日,一家三代人一起来到门店投诉,诉称买了一袋糯米粉,回家后包汤圆,发现汤圆又硬又怪不能食用,为此,认为糯米粉有问题。门店立即对糯米粉作了鉴定,没有发现问题,当询问顾客使用情况时,其中一位60多岁的老妇人当即发怒说:我60多岁的人了,包了几十年汤圆,还不懂吗?这肯定是质量问题。至此,什么解释都无法使他们接受。门店员工只能采取迂回办法,不正面与之发生矛盾,请他们先回家,再联系厂家,双方都找找原因,然后,再上门解决。想不到,当门店员工正准备上门时,顾客却主动上门了,见面就不停地道歉。原来是他家请的钟点工将糯米粉和生粉一起使用,包了汤圆,才发生了误会。

像这类投诉较多,如温热饮水机在没有确认热水龙头出水的情况下,就通电加热,从而烧坏了元件;彩电的屏幕接触了强磁场,使色彩发生了偏转,影响了彩电质量等。这类问题在销售服务过程中,都应及时提醒顾客加以注意,从而减少或避免这类投诉。

3. 自己损坏商品,来店投诉要求换新品

某日中午,一顾客推来一辆26英寸轻便女车,称其购买的自行车前轴内无弹子,要求调换,同时又称自己有25年的车龄,这车是买给女儿的,不可能自己损坏。门店员工对自行车进行检查,发现明显是顾客自我损坏造成的。在这种情况下,不能简单化处理,不应激化矛盾,应有理有节、和善地向他指出:第一,凭你25年骑车经验,这样的车是不可能买的,因为前轮左右摆幅达到几厘米,无法正常骑行;第二,前叉明显后倾,且油漆剥落,无钢珠是因受撞击后自行车拆装修理不当造成散失的,所以不属于质量问题不能调换,请他到维修部修理。这位顾客在事实面前,心服口服,无言以对,但碍于面子他将自行车留在门店内扬长而去。门店只得妥善为其保管了车子。第二天一开门这位顾客就来了,从口袋里拿出一包钢珠请理货员帮忙装上去,门店热情地为其提供了服务,这件事得以圆满结束。

这类事虽较少发生,但一旦发生,员工一定要注意说话分寸,要摆事实讲道理,有理有节,同时注意,不要让顾客下不了台。同时,理货员对业务熟悉也是减少投诉的一个因素。

4. 商品无质量问题,却发生质量投诉

某日,一顾客购买了一台日立凉霸(一四)挂机空调,厂方上门安装,她发现与她在门店看的样子外观不同,颜色偏深,她不喜欢,认为是质量问题,是假冒的产品,因此来投诉要求调换。门店了解情况后告诉她,这不是质量问题,更不是假货,因此不可作退调处理。在和她讲清道理后,门店并不是不管,而是本着一心为顾客的精神,主动为她解决问题。门店联系了厂家,希望厂家能给换一个颜色较淡的室内机外壳,厂家也同意,这位顾客对这样的处理相当满意。

5. 工作失误,造成投诉

一天早上,一对中年夫妇来到门店,只见他们直奔门店食品部的糖尿病人食品专柜,拿出照相机便拍。然后,他们来到门店投诉处投诉。原来他们在春节前来到本店购买了 12 袋低脂糖果,然后寄了 6 袋给在广州的一对老夫妇。近日老夫妇来电,他们声称糖尿病复发,并要速住医院医治,同时,该妇女也是一位糖尿病患者,目前,糖尿病病情也不稳定,最后,才发现是糖出了问题。他们向该厂询问才确认该糖并不是糖尿病患者适用的。因此,该顾客对此伤害之事十分气愤,声称要将照片向媒体公布,强烈要求赔偿损失。经核查确认,这是由于门店工作失误造成的,因为低脂和无糖是有根本区别的。

6. 面对顾客不实之言,该如何对待

某日,一位老妇人拿着一张收银单,来到投诉处,要求给个公道。原来,这位老妇人于一个多月前来店购买了一包雀巢柠檬茶,收银员按店内码打了 21.20 元的价格,当时,她并不介意,今天,又顺便买了一包,价格却为 10.90 元,她认为上次商店是有意欺诈,为此索赔。但经核实,春节前门店对一些商品进行特价促销,雀巢柠檬茶是三包扎在一起的,售价为 21.20 元,可老妇人坚持说自己只拿了一包。由于事情过了太久,况且也无实样(当时并不是特意来投诉的),门店向她表示道歉,并希望她下次来时,将实样等拿来,让商店核实一下,再作处理。

7. 管好商品有效期

有一次,一个中年人下午在店里买了蜜饯,晚上却气冲冲地跑到店里来,一副要打架的样子。他劈头就问:今天是 3 月 20 日,为什么蜜饯上的生产日期却是 3 月 21 日,你们把消费者的权益放到哪里去了?说完,他愤怒地准备大闹特闹一番。

员工一方面纳闷为什么会这样;另一方面又急忙要解释。情急之下,只好劝他要理性,不要冲动,有什么问题,门店一定会负责解决的,请他相信。在他宣泄完情绪之后,才肯静下来听员工解释。

员工向他说明,门店的商品是总部统一配送的,所以如果产品出了问题,门店可以通过总部向厂商反映,联系解决。员工请他留下地址,他才极不愿意地走了。

后来厂商直接和顾客联系,上门作了道歉、赔偿。

8. 抓好商品管理,严防缺货

元旦过后,客户张先生向店里订购一批年货,打算发给员工。他是店里的常客,付款后约定 10 日后取货。

那段时间正好是商品销售旺季,店里的商品供不应求。张先生所订的商品缺货,到了约定取货的那一天,有几种商品凑不齐。

当天上午张先生一清早就到店里,要将他所订购的商品运回公司。店里的值班长很不好意思地告诉他,他所订购的商品中有几样缺货,问他是否可以改用其他商品代替,张先生顿时勃然大怒,直说门店为什么不事先通知他。由于值班长没有处理这类事情的经验,不能立刻让张先生获得满意的答案,值班长只好打电话向店长求救。

店长立即赶到店里,表明自己的身份,并且希望能以同类商品代替,让张先生顺利将商品带回去。虽然那些商品价格都比张先生原来所订的还要高,但店长还是以原来所订的那种商品价格给他。由于店长的态度诚恳,再加上处理很果断、迅速,马上就把东西配齐,张先生终于不再坚持原有要求了。

9. 减少摩擦

有一天中午,店长正在食品区域帮助计货,忽然听到门店那头传来阵阵的嘈杂声。起初店长不以为然,后来声音越来越大,还不断传来叫骂声,店长才感到事态严重,立即赶去了解究竟发生了什么事。

原来是店里一位刚来的理货员,在打扫卫生时,不小心用拖把撞到顾客的脚上,那顾客坚持说理货员的动作是故意的。由于该理货员为新手,不知该如何处理,只是一再跟顾客表示,是自己不小心,不是故意的。那位顾客非常生气,对着理货员大骂,指责他怠慢顾客。

店长在了解事情的经过后,便先把那理货员支开,然后向客人道歉,并说明该理货员刚来,经验不足,遇到事情难免会慌手慌脚。由于店长的态度相当诚恳,顾客又嘀咕了一阵子才稍稍消了气。事后店长也告诫这位理货员,或许有时客人真的是无理取闹,但身为连锁企业的一员,我们一定要摆出低姿态,尽量让顾客感受到被尊重,才能减少摩擦。

10. 顾客永远是对的

一位身材微胖的女子在连锁店选购裙子,她要店员帮助她量腰围,腰围是32,于是帮她找腰围是32的裙子,但顾客却坚持她是26的腰围。于是顾客和店员为了腰围争执不休,到最后顾客落泪而去。

此时店长提出了一个重要的观念,服务就是要让顾客舒心与满意。于是店长作了一个决定,马上叫店员把所有32腰围的裙子标价牌拿掉,全部改挂26腰围的标价牌,一面叫人去追那位顾客,让她买一条"26腰围"的裙子。

11. 服务人员应受到尊重

从事商业经营,难免要处理顾客的各种投诉。有的客人能够体谅门店员工的无心,但是有时候顾客在气愤中就有可能做出伤害服务人员的事来。

有一次,店里来了一对夫妇,40岁左右,向值班长反映,收银单上的金额和他们所购的商品不符。但是值班长检查之后,明明没错啊!可是这位先生还是坚持,最后竟然骂起人来,值班长实在不知该如何处理。

于是,店长出来解决,他先把这位盛怒的先生请到办公室坐,而他的太太则不断地向店长道歉,说她先生个性就是这样,比较冲动。没想到,这位先生认为他太太不给他面子,胳膊肘往外弯,转身一拳打在店长的鼻子上。

由于事出突然,店长完全没有防备,鼻子鲜血直流。我们立刻把他送到医院,也准备叫警署来处理。这位先生这时才发觉事态严重,跟着到医院并表明他愿意赔偿一切损失,希望我们不要再追究。而受伤的店长也主动为他说情,认为把事情闹大,也没有什么好处。

过了几天,这位顾客又来消费,这次他的态度温和多了,虽然留住了这个客户,但这是用店长的安全换来的。服务人员也有尊严,理应受到应有的尊重。

12. 不能只说"对不起"

倘若遇到一位在你面前大声吆喝"服务质量怎么这么差"的消费者,经过你的道歉、解释、沟通后,再加上补救措施,终于露出满意的微笑,那么门店更应事后检讨反省,并改正服务态度和方式。而这位顾客,长久下来,甚至会成为门店的常客和最好的传播者。

有一天,一位中年妇女买了2包咖喱牛肉,回去食用后发生腹泻。这位顾客带了剩余的菜肴,到店里来投诉。值班长接待了她,因当时店长不在,新的值班长又没有这方面的处理经验,只能小心地说:"事情知道了,店长不在,明天你打电话来,我们再解决。"当时这位妇女的态度还可以。第二天是双休日,天气晴朗,因前几天下雨,所以这天生意特别忙,人手感到特别少,作为店长,也加入收银员的队伍帮助收银。快到中午时,这位妇女打电话来,店里的员工对她说:"对不起,请你留下电话和姓名,现在店长在门店忙,等一下再请他回你的电话。"店里的员工挂掉电话,又开始忙碌,也忘了将此事向店长告知。直到晚上那位妇女再度打电话来,不满的情绪十分明显,任店长百般安抚及道歉都无法平息,甚至要告到消费者协会和卫生防疫站。

在知道整个事情始末后,店长再度向客人道歉,并表示一定补偿她的经济损失。次日,店长又特意带上营养品,上门道歉慰问,才使她感到店长的真诚。

对于她的抱怨,如果中午就能及时回复处理的话,她就不会如此气愤了。所以,在遇到这种事情时,不应该只说"对不起",而应该采取更积极的补救措施。

13. 不要激怒顾客

春节刚过,有一位老人为孙女来买一台跟读机。大约过了半个月,他拿回来,说坏掉了不能用,要求换一台。由于他刚买不久,本着质量第一、顾客至上的原则,就换了一台给他。

事情过了两个月,这位老人再度出现在门店里,手上还是那台跟读机。他问店长:"这台跟读机怎么没有录音功能,我要换一台。"跟读机本来就有好几种规格,他买的是最便宜的,没有这种功能,而且在此之前他已经换过一台了,再加上他带来的机器有刮痕,更不可能退换了。

店长委婉地向他解释,但他似乎不能接受,说:"那你们拿回去,叫厂商帮我改成有录音的。"这简直是不可能的事,店长没办法,只好告诉他:"你现在打电话到厂方去,假如他们有办法改录音功能,我就帮你做这个服务。"或许是老人的心理障碍,认为别人看不起他,此时他大发雷霆,拿了跟读机要往地上摔,店长赶忙阻止他。虽然跟读机没有摔坏,但这位老人非常气愤地离开了,连跟读机也不要了。店长追出店门,告诉他,门店先帮他保留这台跟读机,他随时都可来拿。在整个过程中店长虽然小心处理,但这种结局,似乎仍有一块石块未放下。

14. 不要冷落孩子

每当节日或双休日,总有些家长会差遣小孩到超市购买一些厨房的急需品。此时也是超市生意红火时刻,门店内熙熙攘攘,收银台前排起条条长龙。有一个双休日,快到中午,收银台前的人群稀落下来,我们才发现有一位小女孩在一旁哭泣,声音虽小,但可见她所受的委屈。经员工上前了解,才知她母亲叫她来购买袋装的醋和酱油,女孩子生性胆小,购物的人群把她挤到一边,小女孩生怕回去晚了受父母责备,因此心急地在一旁哭泣。这位小顾客虽然没有抱怨我们的服务不周,但她小小的心灵已受到了伤害。遇到这种情况该怎么办?

15. 不规范的行为是毒瘤

连锁企业对全体员工的一贯要求中有一条,即对顾客要讲礼貌用语。顾客入店,要讲"欢迎光临",顾客离店要说"欢迎下次再来"。一次,一位顾客在收银台结账时,不知是因为收银员没说,还是讲得声音太轻,那位顾客竟然要求这位收银员重新再说一遍"欢迎光临"。原来这位顾客是开玩笑的,想不到那位收银员竟回答:"买不买随便你。"气得顾客扔下商品就走,事后还打投诉电话到企业,并再也没有见到他来购物。

因为服务态度不佳,失去的不只是一位顾客,还会影响一批顾客。如果收银员做不到礼貌服务,可能会失去更多的顾客。

16. 正确面对顾客的无理取闹

一天,店长正在门店巡视,有一位中年人前来买火腿,店长把火腿的品种给他作了详细的介绍,不料,这位顾客指着货架上的火腿,大声地吆喝:这不是火腿,这是咸肉,你们卖假货。店长耐着性子给他解释,他全然听不进,甚至说:"你懂得什么叫精制?你吃过火腿么?"最后店长只能对他说:"你完全可以到消费者协会去投诉,如果不是火腿,我们完全负责任,消费者协会一定会有一个说法。"那顾客说:"车费谁出?"店长就跟他说:"这有明确规定。"他甚至还指责店长服务态度不好,要店长向他道歉。尽管店长感觉今天做得没有错,为了息事宁人,还是向他道了歉,想不到他竟凶巴巴地说:"什么?太小声了,没听到。"店长只能大声一点再说一遍:"对不起。""你这是什么态度?我要你当着大家的面大声向我道歉。"旁边的顾客看不下去了,纷纷指责他。

经过一番折腾,这位蛮不讲理的顾客终于在店长的忍让之下离开了。

17. 善待顾客

一天,张先生匆匆忙忙去超市买了4包虾仁。事后发觉刚才在超市买的4包虾仁忘了付款。张先生又急忙赶到超市,向超市的服务人员说明来意,准备补付款。想不到,张先生走时匆忙,竟穿着工作服,身无分文,只能又带着歉意向超市的服务人员说明原委,准备回单位拿了钱再来。

想不到超市服务人员一口否决,不让回去,要扣人质,并扬言:"你打电话回去,让他们把钱送来,什么时候钱送来,什么时候放人。"

张先生面对此语,无话可答。

18. 漏了一包熏鱼

营业高峰时间,蜂拥而至的顾客把店堂挤得满满的,让员工手忙脚乱,而这时也是考验员工服务态度和服务质量的最好机会。

有一天晚上,正当员工们忙得不可开交的时候,忽然接到一顾客打来电话,他怒气冲冲地说,刚才在店里买了很多熟食,回到家中,想招待客人,却发现少了一包熏鱼,他认为是故意的,还说要到报社、电视台去投诉。

虽然大家不能确定事情真伪,但本着顾客至上的精神,店长立即问清顾客的地址,送上一包熏鱼。这位客人没想到门店办事效率这么高,对顾客这么诚恳,总算消了气。

为了避免类似事件再度发生,应强调收银员要按照作业标准进行操作。

19. 麻痹大意,营业款被盗

晚上9点多,已是门店一天营业即将结束之时,店里顾客稀少,收银台前也冷清了许多。此时有位中年男子在收银台前购物结账,收银员发现有一冷冻食品标签失落,即进入店铺查询价格,离台时间大约1分钟,当收银员回到岗位时,发现那位中年男子已不知去向,收银机银箱也打开着,放在左侧的票面为100元的营业款全部被盗,损失5 000余元。

这个案例告诉我们:收银员放松防范意识违反收银作业纪律,离开收银台机器不上锁,就有可能造成重大的经济损失。

20. 似懂非懂,新录用收银员窃取现金

连锁超市或便利店招聘一些中专生、职校生来店担任收银员的现象比较普遍。这些学生年纪轻,接受能力强,又经过专门训练,所以门店一般都放心让他们上岗。

某中专学生被超市录用为收银员,因其家住郊县,与其他三位同学同借一宿舍住宿。一天上班,门店后台电脑因故与前台收银机脱机,该生认为有机可乘,趁人不备从收银机内窃取现金人民币300元。第二天上班,电脑仍脱机,门店财务也未核对营业款,该生错误地认为店方不能发现其偷盗行为,仍用同样手段窃取收银款。当天晚上回到寝室,该生将这一方法传授给其他三位学生。当电脑再次脱机

时,四人均采用同样方法窃款。电脑联机后,店方财务发觉四人所缴营业款与后台电脑数有误差,即向保安部报告,经保安部向有关人员谈话询问,四名学生承认用同样方法窃取现金2 800余元的事实。

学生犯错误有其自身的原因,但门店工作的疏忽也使这些学生认为有空子可钻。如果管理者坚持规范作业,这些似懂非懂的学生也许就不会动窃款的脑筋。所以,门店既要加强对新员工、学生的教育,也要关心他们的业余生活,同时对电脑也要加强管理,一旦后台电脑发生故障,要及时采取措施,使之有效地工作。

21. 小心空头支票

每逢喜庆佳节,市场十分繁荣,此时,超市的生意也特别红火。

中秋前夕,有两位中年男子携带营业执照等证件,来店团购百事可乐等一批价值7万多元的商品。对于一个小门店来说,能有这么一笔大生意,店长心里由衷地喜悦。两人当场出示了他们公司的营业执照、身份证、名片,并提交一张7万元的支票,希望能马上发货。鉴于公司有明文规定,支票一定要款到发货,店长面露难色,这两人又当场交出1 000元押金。由于不愿意让这笔生意逃掉,店长答应明天下午提货。

第二天是星期六,银行休息,无法查询支票到账情况。到下午,这两人来提货时,又追加了近3万元的商品。星期一支票遭银行退票,说支票是空头支票。这是一场利用双休日、用空头支票作案的骗局。店长立即四处查找,终于发现线索,依靠警方力量将大部分货物追回。

这种教训太深刻了,店长应铭记一条原则:用支票购物一定要款到发货,避免不必要的损失。

22. 勇敢的女孩

一天下午,一个男孩从店里偷了巧克力,鬼鬼祟祟地拿在手中,正准备离开时,正好被一个女孩看见。

"站住,不要动,你怎么可以偷人家东西?你知不知道这是不对的?"那女孩声色俱厉地斥责那男孩,而那男孩早已吓得发抖,蹲在地上,不知所措。

店长正好走过,那女孩对店长说:"阿姨,他偷巧克力。"店长看看那偷巧克力的男孩,他以颤抖的声音说:"对……不起,我……已经把巧克力放回去了……"说完,马上头也不回,夺门而逃。

虽然这只是一个很小的案例,而且有点像小孩子的游戏,但这样的事也反映出社会的一个侧面。正因为一部分人遇到小偷视而不见、姑息养奸,结果使小偷更加猖狂。如果每个人都能像那个女孩一样,敢于挺身而出、弘扬正气,相信歪风邪气一定可以打下去。

23. 营业款被顺手牵羊

一天晚上9点45分,天下着大雨,门外漆黑一片。此时,门店营业已结束,收银员均在收银机前做当日营业款的清点工作。这时,只听有人敲门,值班师傅问:"什么事情?"门外人答:"因肚子饿想买点点心。"在征得值班长同意后,值班师傅将门打开放人进店购物。只见那人进店铺后,挑选了两只八宝饭,到2号收银机处付款,而此时,值班长收好1号收银机的营业款后也到2号机收款,当该人付款出门后,值班长突然发觉装1号机营业款的马甲袋不见,内存1号机当天营业款1万余元。当值班长和值班师傅追出门外寻找该人时,夜色苍苍,哪里还有此人的踪迹。

据分析,该人在进店前并无偷窃念头,但当他购物付款时,发觉值班长的1号机营业款正好放在2号机的柜面上,收款所用的马甲袋,正好是门店装商品的马甲袋。而且此时值班长的注意力全部集中在点验2号机的当日营业款上,给那人可乘之机。值班师傅一看是商场的马甲袋,根本不会有怀疑,值班长的大意,造成了重大的经济损失。

24. 解款途中遇抢劫

某店财务人员,上班后将隔天的营业款3万余元整理后准备向银行解款。上午10时许,财务人员将营业款装进布质的拎包后与柜组长(女)两人去银行解款。离店不久,突然有一男子从背后冲上来抢劫财务人员手中的解款包,财务人员本能地用双手紧抓钱包,拼命争夺,两人同时高呼:"有人抢钞票!"几经较量,因财务人员拎包在手上挽了一圈,歹徒一时无法抢去,同时经呼叫后,路上行人开始注意,在这样的情况下,歹徒发觉形势不利,放弃抢劫,夺路而逃。

在遭遇这次抢劫中,暴露了一些问题,应引起门店的警觉。这一事件说明歹徒对门店财务人员解款时间、路线及陪送人员都有一定的了解。从安全防范角度出发,门店应考虑联系银行上门服务的方法;在解款的路线和时间上经常有变化;陪同人员能否用男性,以加强保护的力度;解款的包装,能否用背包,斜背在肩,包向前等。

25. 监守自盗

某店在月底盘点中发现放在仓库内的DVD少了一台,询问收银员及查询电脑,均未查明原因。经深入调查,服务台提供一线索,盘点前两天,服务台曾寄放过一台DVD,第二天晚上有一男青年凭牌领取了这台DVD。经询问当班的两位服务台的员工,均无印象有人寄放过DVD,很显然这是一起内盗案子。

经外围摸底及查询夜间值班名单,各种线索集中到一个人身上,此人就是该门店的值班人员。他采用的办法是,在自己值班的夜间,趁其他值班人员不注意时,从仓库内盗出一台DVD,由于无法偷出门外,又偷了寄包牌,将DVD私自放在服务台,另一个铜牌带出店门,交给朋友,让朋友凭牌取DVD。

26. 谨慎处理偷窃商品

连锁店的偷窃是一个全球性的问题,除非有监控录像,或者当场抓住,否则是很难有结果的。

有一天,正当门店生意较忙时,一位新员工告诉店长说她看到一位先生偷洗发水,放入口袋。

于是店长带着新员工去处理。遇到这种情况时,最重要的是处理时不要伤害顾客。所以,当这位先生来到收银台前结账时,店长以最自然的态度,对这位先生说:"先生,你买的洗发水要不要单独帮你包起来?"

这位先生有点尴尬,把洗发水拿出来让店长结账。店长还趁这个时候和这位先生聊聊天,让气氛缓和下来,让一切都和平常一样,这位先生也在很自然的气氛下离开,临走前,店长还不忘向这位先生说声:"欢迎下次再来。"

遇到偷窃的事情,如何圆满地处理是很重要的,如果当时店里有许多顾客,不要轻易下"你偷东西"的结论,若没有处理好,造成冲突,门店的形象会受到损害。

27. 100元骗术

一天傍晚,一个年轻人到店里购物,拿了一张100元钱给收银员找,当收银员准备给他结账时,他突然说:"等一下,我有零钱给你。"

于是收银员把100元还给他,并取了他的零钱,等结完账,他对收银员说:"100元你还没还给我。"见收银员满脸疑惑,他又补充了一句:"你看,就是那一张。"收银员虽然不太相信,见他如此肯定,只好拿出100元给他,还给他道一声"对不起"。

到晚上结账,收银员发现营业款少了100元,仔细想来,毛病出在这一青年身上。其实,这种案例发生的次数不少。要加强对收银员的唱收唱付训练,特别像归还他100元时,应让他确认一下。

28. 用爱心来处理学生偷窃事件

某店位于一所中学旁边,每逢放学,总会涌入大批学生来店购物。那时门店人多,没有办法去注意每个学生。经过一段时间下来,门店员工注意到一个学生,由于没有抓住什么把柄,所以也只好不了了之。

有一次,他再来时,店长就特别注意他的行动,这次终于人赃并获。店长将他带到办公室,起初他不合作,经过开导,他终于认错了。

于是店长叫他回家自己告诉家长,否则他会打电话告诉他家长,就让他回去了。果然到晚上,他父亲打来电话,一开口就向店长道歉。店长告诉他,小孩子可能是虚荣心,好好引导,请他不要打小孩。

果然,以后他来店里再也没有发生类似行为,而且与店长的关系很亲热。

对学生的偷窃案例的处理,一定注意到保护学生,不要让他背上沉重的包袱。有时候,他只是一时糊涂,但是若处理不当,很容易影响他一辈子,对学生要以善意教育与引导为主。

讨论题:

1. 分析各个案例处理方式。
2. 提出改进建议。

第八章 门店进货与存货管理

学习目标

1. 掌握门店进货业务的流程与管理要求。
2. 掌握门店存货业务的流程与管理要求。
3. 掌握盘点流程与管理要求。

门店进货与存货管理属于门店后台商业业务管理系统,是前台销售服务的基本保障,介于总部大后台系统与门店前台收银系统之间,包括商品的订货、补货、收货、退货、库存管理、盘点等,每个环节之间相互关联、不可分割。进货作业对厂商或配送中心来说就是"配送"。对门店来说,重点是订货与验收。订货是各项业务的首要环节,是其他环节的基础,而这个基础的核心是订单。

【引导案例】

沃尔玛销售假冒"绿色猪肉"事件

沃尔玛被责令停业整顿的13家重庆分店,2011年10月25日重新恢复营业,该公司中国区高管也亲临重庆现场召开媒体见面会,回应违法销售假冒"绿色猪肉"被罚事件。

媒体见面会在距离重庆中心城区较远的大渡口步行街分店召开。很多记者6点刚过便起床前往。记者在早晨9点开市时便进入该分店,只见人流涌动,卖场正在进行大范围打折。不过,今日"绿色猪肉"暂未供应。

重庆市大渡口区市民刘艺向记者表示,由于附近的超市卖场并不多,因此对沃尔玛形成了依赖。她表示现最关心的是如何避免类似事件再度发生,因为"沃尔玛在重庆违法违规被工商处罚已有20多次了,销售假冒'绿色猪肉'也有多次,感觉国际巨头也很不让人放心"。

此前，重庆辖区内多家沃尔玛店因涉嫌把普通猪肉冒充"绿色猪肉"出售，被重庆市工商局责令停业整顿。警方查明，自2010年1月以来，沃尔玛凤天分店、松青路分店等多家分店以普通猪肉冒充"绿色食品"猪肉对外销售，共计销售涉嫌假冒"绿色食品"猪肉6万余千克，涉案销售金额190万余元。

针对销售假冒"绿色猪肉"的事情，沃尔玛中国大卖场首席运营官董开源表示，此事的原因，在于"绿色猪肉"和普通猪肉在进入超市时，都没有经过包装，而猪肉到超市后，需要切割成小块再卖，在此过程中，鱼龙混杂，就很容易将"绿色猪肉"和普通猪肉搞混，他认为是切割失误导致了假冒事件的出现。

这种所谓的切割失误，使得一千克的猪肉多卖约10元。董开源说，"经沃尔玛同意"，重庆工商局等部门已对其进行了处罚。他同时承诺说，"今后，我们会加强对员工的培训，并积极和供应商进行协调，出售'绿色猪肉'必须是包装好的，避免假冒事件再次发生。"

记者在媒体见面会上提问道，缘何会三番五次出现违法违规经营？董开源则回答说，将加强聆听员工心声。记者再次重复问题后，沃尔玛中国投资有限公司公共关系高级总监李玲随后补充说道，在出现如此数量众多的被罚事件后，基层员工没有将这些问题上报，最终导致问题日积月累，因此需要加强聆听员工心声。"都在忙日常工作，没有更好地做到去聆听。"

随后记者追问，"难道沃尔玛的意思是问题在基层，而上层不知情？"但是沃尔玛在场中高层管理人员均未作答。此时沃尔玛示意媒体继续提问，多家媒体则持续追问，沃尔玛屡次出现这样的问题，根源在哪里？有没有管理方面的问题？

但沃尔玛的回复依旧是"要加强聆听员工心声"，积极和员工进行沟通，并提出将会让员工深刻吸取教训，深刻理解公司诚信文化，同时将其认真贯彻在实际行动中等。

而董开源在被问到"在中国以外，沃尔玛有无类似事件发生？"时，仅回答："不知道。"

资料来源：财新网，2011年10月25日，作者：邓海。

阅读思考：
1. 收集有关背景材料，了解其他外资连锁店是否也发生过类似事件？
2. 沃尔玛销售假冒"绿色猪肉"的根源是什么？

第一节　门店进货管理

门店进货管理包括进货、订货、验收、退换货、调拨等业务。

一、门店进货方式

连锁门店所经营的商品一般都实行统一管理、统一配送，按照商品进货的来源与配送方式，一般分为三类：直送商品、配送商品与转配送商品。

1. 直送商品进货

门店向总部指定的供应商订货，供应商直接送货到门店，这类商品称为"直送商品"。也可以通过门店向总部订货，总部集中门店订单以后向供应商采购，然后由供应商将商品直送到门店。

2. 配送商品进货

门店向总部配送中心进货，配送中心将商品配送到门店，这类商品称为"配送商品"。配送商品可以是门店订货的商品，也可以是总部"统配"的商品。初次进货的商品或供货数量受限制的商品，往往采取统配的方式供应给门店。

门店通过日常补货、特殊补货而产生补货单据，补货单据定时上传到总部，总部根据各门店的补货数量产生配送单，商品依据配送单送到申请补货的门店。需要指出的是配送中心不会每天随时随地响应补货申请，只是在规定的时间响应门店的补货申请（例如每天上午 11 点接收一次）。当然，特殊补货另行约定。

3. 转配送商品进货

为了加快商品周转、提高配送效率，门店采购与门店补货都可以采取"转配送"（CROSS-DOCKING，也称"通过型配送"）的方式，即商品进入配送中心后不进行存储而直接出库的方式。

与传统的仓储型配送中心相比，通过型配送方式的特点是：① 由于不需要在配送中心内部存储，所以占用空间比较小；② 快进快出，周转快；③ 因省去存储环节，投资较少；④ 适用于快递、商业零售等按照订单作业无插单现象的行业；⑤ 对供应商供货的要求比较高；⑥ 对门店订货的计划性要求也比较高。

二、门店订货作业

（一）订货流程

门店的订货作业是指在总部所确定的供应商及商品范围内，依据订货计划而进行的采购、补货作业，或称点菜、添货的作业。门店订货流程如图 8-1 所示。

订货作业流程中应注意的事项如下：

(1) 订货要有计划性。订货要注意适时与适量，因在每天营业销售时不可能随时订货，一般总部会对各个门店规定每天的订货时间，如 A 门店订货时间为上午 8:00~8:15，逾期则作为次日订货。此外，各类别商品的订货周期、最小订货量等也都必须有事前计划，既可提高工作效率，又可确保货源供应正常。

(2) 订货方式要规范化。订货方式可采用人工、电话、传真、电子订货系统等多种形式，发展趋势是电子订货系统。订货时以掌上型终端机(Handy Terminal)扫描或键入货号及数量，再传送至总部或供应商，由总部来配送商品或由供应商直接配送，总部统一结算。

目前国内的连锁企业主要采取配送与直送两种基本方式向门店供货，有些商品由供应商根据销售与库存情况主动配送或向门店流动配送。无论采取何种方式，订货的一个核心问题是要生成"订单"，这是门店业务活动的基础。

见《连锁企业门店营运与管理》142

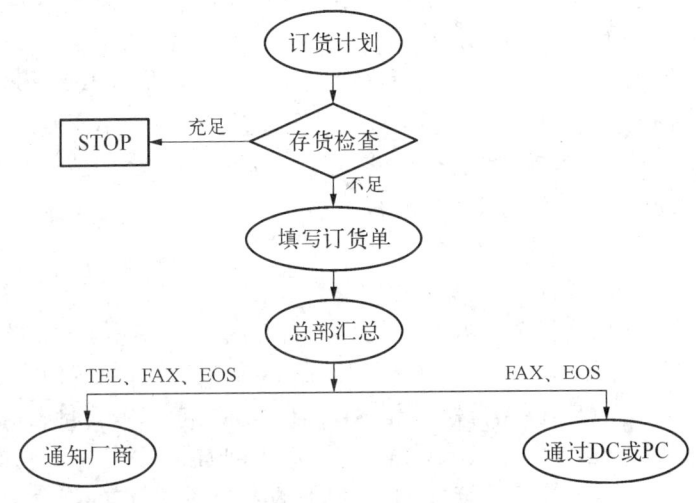

图 8-1　门店订货流程

（二）订货依据

1. 订货作业的前导作业

订货前必须明确以下相关事宜：① 销售结构分析：如门店商品类别的销售分析、卖场各区域的销售状况等；② 销售排行分析：如 TOP100 商品的销售金额、销售数量等；③ 存货分析：如分析各类商品的库存安全存量、是否存在库存过高现象以及库存商品的有效期和质量等；④ 畅销品分析：通过 ABC 分析，检查门店畅销品的销售与存货状况；⑤ 工具运用，订货作业要以平面配置图(Layout)和商品台账图为依据,控制陈列排面和最低订货量;⑥ 确认商品营销通知单:如新品引进,确保到位,合理库存;滞销品清场,彻底清场,避免逾期品占用有效陈列空间而影响销售。

2. 销售预测

结合历史销售数据,预测下一个销售周期各单品可满足消费需求的订货量。销售预测应保持适当的安全库存量,做到订货适量。特别是要掌握各单品的周转状况:① 掌握门店畅销的单品明细。畅销品不缺货是门店营业额提升最大的保障;畅销品在订货时要给予更大的关注。② 清除门店滞销的商品。滞销品不囤积是降低门店库存较为有效的方法;滞销品迅速剔除是减少库存压力最有效的方法。

3. 把握环境因素对销售的影响

为了避免因环境因素改变而降低商品库存周转率,必须关注以下因素:① 天气变化(温度、雨天等);② 假日、节庆;③ 学校的活动(学期开始、结束、校庆等);④ 区域性活动事件(区域、考期、庙会等),特殊事件(变价、变更陈列方式与位置、商品促销、广告等);⑤ 竞争态势(竞争店增加、减少、竞争店竞争行为等)。

4. 订单生成的方式与原则

订货依订单生成的方式划分,分为人工订货与自动订货。不管采取何种方式,都要参考同期历史销售状况,并配合经验、情报来决定订货。不同业态与不同商品的订货原则有一定的差异,如便利店的订货原则是:下次订货量＋本期期末库存≤上期销售量×2。畅销品维持2倍库存量(上期销售量),保留充足的库存。销售不佳的单品,维持货架上的库存量(仓库无库存)。

(三) 人工订货

采用人工订货的商品为:初次订购商品、特殊商品、促销和季节商品。

(1) 初次订购商品。销售主管依据相关商品的销售情况及其他门店同类商品的销售情况填写订货单,交给部门经理检查确认数量、进价、零售价、订货日期和订货周期等信息后,交由单证室输入系统,在系统中生成第一张订单。初次订货需要考虑的因素有:库存预算;高于部门平均水平的毛利率;潜在的降价倾向;是否为不可退回商品。

(2) 特殊商品。特殊商品指陈列计划之外的商品,通常由于与供应商有特别协议,价格极具吸引力,一般为新商品或与竞争对手形成差异的商品。特殊商品售完后,不会再有库存,因为门店只订购一次。在进行特殊商品订购前,要认识到以下几点:只能用人工订货;不影响常规商品的销售;毛利率不低于平均水平。

(3) 促销和季节商品。促销和季节商品可依据调研情况选定,每月根据营销部计划确定促销商品及陈列计划。

(四) 自动订货

自动订货是系统依据门店销售与存货情况自动生成建议订货单的订货方式。自动生成的建议订货单一般也需要经过人工处理，系统无法完全准确地预测销售。自动订货需要注意两个问题：

(1) 门店的经营是动态的，虽然系统为销售部门提供了订货建议，销售主管应承担检查和核准系统建议订单的责任，并交部门经理审核批准。

(2) 建议订单依据的重要指标是库存，因此该订单的准确性与库存准确性密切相关。销售部门必须经常检查实际库存，包括货架库存、后仓库存及索赔库存，不得为了使报告正确而调整库存数量。

(五) 订货常用的计算方法

订货依据需通过具体的库存计算方法计算订货量，计算机较为容易实现各种计算方法，难点在于确定不同品类的商品应采用怎样的计算方法确定订货量。

1. 库存警戒线法

库存警戒线以商品的最小、合理或最大库存数作为标准生成订单，有人把这种方法称作固定库存法，或者库存上下限法，其核心在于库存数量。比如根据采购人员的经验，某种需冷藏的香肠其库存警戒线是 20(包)。保鲜食品一般都码放在卖场冷柜中，因此形成了卖场的存货警戒线。当某一天库存低于警戒线的时候，在销售记账工作的同时系统将自动生成建议订单。当工作人员第二天上班的时候可以从系统中直接看到这张系统提示的建议订单，并开始进行订货工作。

这种按"经验系数"为依据的库存提示方法仍然没有脱离人为因素的影响。单纯使用人工设定库存的合理数，严格讲并不科学，只能称为"半自动"订单。因为它仍然是依据业务人员的经验和直觉来进行采购决策的，并没有体现出计算机信息管理的真正价值。

有些系统可以挖掘和利用系统的数据(比如在一个订货周期里的综合销售数据)，对库存警戒线进行动态的调整，这种计算方法比简单的经验系数法要更有说服力。

以一个单品为例，比如某种速冻水饺，依据它在过去一个季度中的平均销量作为参考，让系统自动调整库存警戒线。如果这个单品的平均销量在这 3 个月中逐月递增，就会带动它相应的库存警戒线也随之提高，从而形成了动态设定的库存警戒系数。因此系统针对该商品的自动订单采购量也会相应增加。

同样的原理，还可以利用商品的同期销量，以及商品销售中出现的季节性特征作为参考值，来动态地调整库存警戒线。

总之，库存警戒线是一种以库存为主要指标的计算方法，并且具有一定的优越性。这种方法最适合于库存数量少、对库存变化反应敏感的商品，如大多数的生鲜商品和其他保质期较短的商品,而对另外一些商品并不是完全适用。

2. 平均销量法

平均销量法,就是按商品在一段时间内的平均销售状况来决定建议订单的生成,也可以称为销售统计法或动态销售法。

这种计算方法的核心在于"一段时间",因为平均销售的数据可从信息系统中获得,而零售企业一般都会利用目标控制天数(例如用订货周期的这段时间)来计算商品的平均销量。比如大件商品组的某种山地自行车,订货周期是一个季度,则可以通过这种自行车过去一年里的销售数据计算出每个月的平均销售量,进而推算出在订货周期这3个月中可能的销售量,即等同于单品的销售预测。

这种方法对于那些销售波动不大的商品,比如干货、普通的日用百货商品等比较适用。

3. 同期销售对比法

以销售数据为依据计算自动订货、补货量的另一种常用方法是同期销售对比法。这种方法比较简单,即依据某商品过去同期销售状况确定本期订货量。比如按去年夏季空调的销售状况来粗略估计今年夏天空调的销售状况。

这种方法比较适合于服装、白色家电等一些季节特征明显的商品。当然,像时装一类流行趋势明显的商品,同期销售对比也有一定的缺陷。比如在服装零售市场上,简单地用2001年春季的销售情况来预测2002年春季的情况,恐怕我们无法预测出"唐装"将会大流行,这的确还需要零售工作者对特定零售市场具有丰富的专业知识,以及敏锐的市场洞察力。信息系统提供的建议仍然是具有一定参考价值的数据资源。

通过对上述三种计算方法的分析描述,可以发现:一个综合性的零售企业不可能简单地选择哪一种自动订单的计算方式,而是根据不同商品的特征将这些计算方法组合应用才是更科学的商品自动订货方案。这对零售企业自身的信息管理系统提出了相当高的要求,需要计算机信息系统有与之相适应的功能,能够帮助企业确认和设定出各类商品自动订货、补货的最佳组合方案。比如亿惠达商业信息管理系统中就综合了以上三种订货和补货的计算方式,可以方便地根据不同种类商品的特点,以不同方式生成建议订单,更进一步支持了零售企业对自己商品库存的精细管理。

(六)进货策略

进货策略的关键是把握进货的时机。如果进货太早,容易造成商品积压,资金周转受阻,成本上升;进货太迟,又易造成商品脱销,失去商机。因此,寻找进货最佳时机是进货策略的核心。消费者满意度与缺货率成反比,缺货次数越多,消费者越不满意。经营者应树立"缺货也是成本"、"缺货会影响商店形象"、"缺货会流失顾客"等观念,采取缺货防止策略。

(1) 事先预防为主,制定预防措施。必须考虑以下问题:① 有库存未出样:注意在营业高峰前先补货。② 没有订货:加强门店巡视,掌握库存动态,商品定位管理,订货周期相对稳定。③ 订货而未到:建立商品配送时间表,寻找其他替代商品,连锁店之间调拨。④ 配送中心供货量不足:进货应以门店日常销售、门店库存、总部配送中心库存等为依据,不可单纯依据配送中心的库存量。⑤ 订货量不足:制定重点商品安全库存量表。⑥ 销售量急剧增大:做好促销前的准备工作,每日检查销售状况,参考去年节庆销售状况,注意同业销售动态,了解消费趋势报道,密切关注紧急事件的发展状况。⑦ 广告商品未引进:商品采购人员应积极引进广泛宣传的新产品,采购人员应与门店保持紧密的联系,采购人员应掌握市场商品信息。

(2) 事后及时补救。缺货发生以后要及时采取补救措施:① 向购买者表示歉意,做好缺货登记。努力与顾客保持联系,货到后立即通知顾客,并亲自上门送货,尽量做到让顾客满意。② 建立缺货分析制度,定期或不定期地对缺货情况进行分析,并及时向总部反映缺货情况,以便采取有效的补救措施。

三、门店收货作业

门店收货是依照订货作业,由供应商或配送中心将商品送进店内的作业。收货是所有货物唯一的进货通道,无论是商品、自用品或店内的设施以及供应商的展示道具等,都必须从收货部进入门店,并办理相关进场手续。一般大型门店的收货部分为收货平台、收货区域、周转仓、收货办公室、退货办公室和退货区域、叉车充电区等部分。收货平台上有多个收货口,生鲜食品与其他商品的收货口必须分开。

(一) 收货作业流程

收货作业的程序如图8-2所示。

1. 收货作业的实施流程

(1) 投单:供应商到达收货部的停车区域后,立即到收货部的单据受理处进行投单,将送货订单、送货明细表交受理处。

(2) 审单:受理处立即对订单进行审核,审核订单是否符合标准。决定可以接收后,核发收货编号和顺序号。

(3) 卸货:轮到该供应商进行收货时,将货物按码放的原则在正确的区域内卸货。

(4) 退换货:首先办理退换货手续,并在防损员的监督下进行。

(5) 验货数量确认:将货物拉到正确的区域内,认定货物符合质量后,双方进

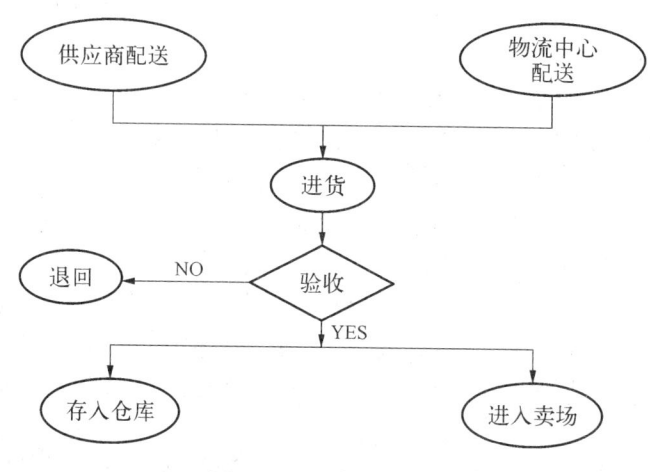

图 8-2 门店收货流程

行数量的确认程序。

（6）防损员复查：防损员对收货的数量进行监督和必要的抽查。

（7）录入：收货的详细信息录入电脑系统。

（8）单据确认：核实收货单据，确认无误后，本工作日内确认本次收货。

2. 收货作业应注意的事项

（1）收货要遵守时间。进货时间的确定应考虑供应商的作业时间、交通状况、营业需要及内部员工出勤时间。

（2）验收单、发票须备齐。

（3）商品整理分类清晰，并在指定区域进行验收。

（4）先退货再进货，以免退调商品占用店内仓位。

（5）验收后有些商品可直接进入卖场，有些商品则进内仓或进行再加工。

（二）收货部门工作职责

（1）收货区域管理：收货盘应存放在规定的区域内，确保收货区各通道的畅通，商品按部门摆放，存放适当，按先进先出的原则存放和整理商品。

（2）商品检查管理：货号、条形码、品名与送货单、实际收货单相符；重量与送货单、实际收货单相符；包装规格、总箱数与送货单相符；外观质量检查；保质期检查。

（3）文件传递的正确性：确保预期收货单、实际收货单、送货单上的数量一致性；确保修整数据后的盖章准确性；确保送货单数据修整后，有送货人签字；确保在预期收货单、实际收货单、送货单上有规范数据修整或描述。

（4）条形码检查：检查条形码的合法性；检查条形码标贴的规范性，店内码的标贴应在单件商品的后面或右下部;条形码、店内码不覆盖重要信息;无条形码的商品,必须加贴店内码方可进后仓。

(5) 配送中心到货检查:车号、随车送货单、运输人的一致性;送货单与到货商品的一致性,如遇破损、短缺应填写"商品短缺欠收单"。

(6) 收货用手持终端器作业:到货商品可用手持终端计数,所有商品进货必须计数到单品;要确保生产日期、到期日期、保质期的准确性;大家电因不开箱收货,必须核对货号、品名、型号和数量。

(7) 严格拒收:超过临界进仓保质期限规定的商品;三无商品(无厂名、无厂址、无品名);无商品使用说明书、无保修卡、无合格证、无配套附件的一般家用小电器;无中文说明、无产地、无国内代理商名及联系地址电话、无食品防伪标贴的进口商品。

(三) 收货员工作职责

(1) 负责门店所有商品的验收入库工作。

(2) 负责商品及时合理有序出样。

(3) 掌握每天销售情况,审核补货申请单,定期处理报损及退调商品。

(4) 协助店长或值班长做好团购、预订商品组货、发货、送货等工作。

(5) 保管好发票、单据等有效凭证。

(6) 要加强对门店内仓的管理。

(四) 收货总则

(1) 诚实原则:收货的数据必须真实;收货的人员必须诚实的,不得接受供应商的任何馈赠和索要任何物品、钱财等。

(2) 正确原则:收货的数据必须正确,与实际的送货相一致;错误的单据必须及时纠正。

(3) 优先原则:生鲜食品比其他类商品优先收货,生鲜类食品中的优先程序是:活鲜、冷藏食品、冷冻食品;退货优先原则:先办理退货,再进行收货程序;紧急优先原则:门店已经缺货并等待销售的商品,可以考虑优先收货。

(4) 区域原则:收货执行严格的区域原则,即未收货、正收货、已收货区域。各个流程中的商品必须在正确的区域内,如未进行收货的商品或不符合收货标准的商品必须在未收货区域内存放或处理,正在进行收货的商品只能在正收货区域内,已经完成收货程序的商品才能进入已收货区域。

(5) 安全原则:收货部的整个区域执行严格的安全原则,包括叉车的运作、周转仓的商品存放、收货商品的码放与运输等。

(6) 当日原则:收货部执行当日原则,即当天的收货、退货必须当天完成确认工作,不能推迟录入和确认。

（五）收货方式

收货作业可按进货的来源分为公司进货验收和自行进货验收两种。

（1）公司进货验收。由于公司总部已进行进货验收，所以可由业务人员或司机把商品送到门店，而不需当场验收清点，仅由门店验收员立即盖店章及签收。至于事后店内自行点收发现数量、品项、品质、规格与订货不一致时，可通知总部再补送。

（2）自行进货验收。一要核对发票与送货单的商品品名、规格、数量、金额是否相符；二要核对发票与实物是否相符，具体的检查内容包括：商品数量、商品重量及规格、商品成分、制造商情况及有关标签、制造日期及有效日期、商品品质、送货车辆的温度及卫生状况、送货人员等；三要对散箱、破箱进行拆包、开箱查验，核点实数；四要对贵重商品拆箱、拆包逐一验收；五要对无生产日期、无生产厂家、无地址、无保质期、商品标签不符合国家有关法规的商品拒收；六要对变质、过保质期或已接近保质期的商品拒收。

收货作业应注意：一是不要一次同时验收几家供应商的进货；二是不可直接送货至仓库；三是避免在营业高峰时间进货；四是不要让供应商清点。

（六）生鲜食品的收货

（1）收货原则：① 生鲜收货操作由收货部人员按收货流程执行。② 供应商必须在订单的有效期内送货。③ 供应商必须用正确的订单送货。④ 商品：品名符合订单上的品名，数量符合订单或符合每日订货的数量，质量必须符合质检标准、订单标准。质量严重不符者，拒绝收货；质量降级者，拒绝收货或采取折扣方式。⑤ 商品送货的运输车辆必须符合商品运输的温度要求，且干净整洁。⑥ 商品运输的器皿、用具必须符合卫生的要求。⑦ 包装商品：外箱完好，内包装完好，条码有效，保质期标志清楚。⑧ 生鲜食品优先收货，已经收货与未收货的商品明显分开。⑨ 生鲜收货一律是净重收货。⑩ 履行完收货手续的商品以最快的速度运至卖场，以正确的方式储存。

（2）收货要点：① 每次订单的价格必须与本期的合同订单的价格一致。② 生鲜类食品的重量是净重，不包括卡板、纸箱、篓子、包装内衬物、包装纸等。③ 生鲜类食品的收货重量以在收货部现场称重的数量为准，计数到小数点后两位，第三位忽略不计。注意收货时的收货单位。④ 生鲜食品收货时，必须是生鲜部门人员与收货人员共同收货，生鲜人员负责质量的检查，收货人员负责数量的正确确认。⑤ 特殊的生鲜食品必须核查卫生检疫证的原件。⑥ 生鲜食品在收货时，必须进行质检，质检的标准是合同上规定的标准（如规格）、通用的标准（如活鲜货在收货后30分钟内死亡的退货等）以及公司规定的标准，参照目前同等级市场的优等标准来进行收货。⑦ 生鲜食品的单品送货数量不得超出订单的5%或少于

80%,品种不得少于订单的85%。否则由生鲜部门决定是否进行收货。⑧ 生鲜类食品在收货质检时可以按规定进行试吃检查质量,但试吃的部分不计入收货数量。⑨ 生鲜类食品在收货时必须检查供应商的送货车是否符合规定,如清洁卫生、温度、湿度等,检查食品包装箱是否符合食品卫生要求,特别是熟食的成品、面包的半成品等。⑩ 生鲜的收货程序是活鲜——冷藏食品——冷冻食品——常温食品。⑪ 生鲜的供应商必须在规定的时间范围内进行送货,不接受开门营业后因送货过迟导致需要销售的商品尚没有陈列的例外商品。⑫ 收货的过程接受防损部的监督和检查。

(七) 食品干货/百货类的收货

(1) 无条形码的商品一律在未收货区域进行处理,按规定贴店内码后,才执行收货程序。

(2) 条形码在本系统内无效的商品,原则上拒收。

(3) 赠品和外包装必须符合标准,不符合标准的在未收货区域进行处理,不能现场处理的原则上拒收。

(4) 单品的送货数量在订单数量的60%~100%之间浮动,送货品种在订单品种的50%以上可以接受收货,超出范围原则上可以拒收。

(5) 正在验货、点数的货物,必须在正在收货的区域。

(6) 收货员必须亲自进行点数,不允许供应商点数与报数。

(7) 收货员必须进行扫描收货,保证所有商品的条码在系统中有效。

(8) 已经完成收货程序的货物,卡板上的商品必须做记号,写上商品编号,拉到已收货区域或卖场。

(9) 验货的内容包括:保质期、外箱、合格证、配件、单品的包装等,进口商品是否贴有商检标签和中文说明等。

(10) 验货采取的方式是开箱验货,例如:对于非标准箱,必须全部打开,100%验货;对于标准箱,20箱以内50%抽验,20箱以上50箱以内,20%抽验,50箱以上,10%抽验。

(11) 检查供应商是否按合同的要求提供足够数量的赠品。

(12) 收货的过程接受防损员的监督和检查。

(13) 收货部必须在收货后2小时内完成收货的系统确认工作。

(14) 只有牛奶、豆浆等保质期在2天内的少数商品允许换货,其他商品一律执行退货程序。

(八) 大家电的收货

(1) 送货数量必须100%符合订单的数量,品种必须符合订单的95%以上。可以接受一个工作日内的分批送货。

(2) 必须在该订单收货完毕后,立即进行系统的收货确认工作。
(3) 一律采用店内条形码进行销售,在收货时必须贴店内码。
(4) 必须有大家电部门的人员参加,确定家电的规格、型号是否与订单一致。
(5) 收货完毕后,可以在周转仓存放。

(九) 精品类商品的收货

精品类商品包括: ① 香烟、贵重的洋酒、贵重的中国酒、贵重的保健品(西洋参类、鸡精类、燕窝类);② 品牌化妆品、贵重的手表、笔、皮具类;③ VCD、DVD、录像机、照相机、复读机、计算器、电子记事本、快译通等;④ 电池、胶卷等。

其收货要点有:

(1) 收货必须有相关部门的人员参加。
(2) 收货完成后,必须由部门人员亲自拉到精品区的精品仓库,不得停留在收货部区域和卖场的其他区域。
(3) 收货后立即进行收货的系统确认工作。
(4) 所附带的礼品袋、礼品盒,必须同收货的商品数量一致或多出,并一同交给相关部门人员。
(5) 检查贵重的小型物件有无空包装。
(6) 必须有防损员在现场监督,并严密注意供应商送货人员的动向。

(十) 赠品的收货

(1) 赠品 A:有明确标记是"非卖品"或"赠品"的,一般不经过"赠品发放处"分发,而是与商品一同包装销售。此类赠品不执行收货程序。
(2) 赠品 B:能明确识别是非卖场的商品,如"万宝路"的手表等,此类商品一般由精品柜的员工或促销员分发,不通过"赠品发放处"派发。
(3) 赠品 C:"买几搭赠"的商品,赠品与商品捆在一起,且赠品无条码或条码在系统中无效,赠品不执行收货程序。
(4) 赠品 D:"买几搭赠"的商品,赠品与商品捆在一起,且赠品的条码在本超市系统中有效,赠品不执行收货程序,但赠品的条形码必须覆盖至无法扫描。
(5) 赠品 E:销售某商品而给予的赠品,赠品与商品不捆在一起,且不属于 A 与 B,则收货部执行点数程序,书面记录赠品的数量,贴赠品标签,并转交客服部的赠品发放处。
(6) 赠品 F:供应商不是为商品促销而赞助超市的赠品,如条幅、灯笼等。非卖场销售的商品,不执行点数程序,卖场有类似商品销售的,贴赠品标签,转交企划部。
(7) 赠品 G:供应商额外提供给卖场部分商品作赠品,如每 100 箱可乐,则免费赠送 1 箱可乐。此赠品必须执行系统收货程序,收货数量是 101 箱,但标明 1 箱是免费的。

四、门店退换货作业

退货是指各销售部门将商品退给供应商,由收货部门办理所有手续。各销售部门在对退货商品进行整理时,必须明确退货商品的判断标准。退换货的主要原因是:品质不良、订错货、送错货、过期品、滞销品等。

1. 退换货类型

门店的退货包括两部分:退回供应商和退回仓库,退回仓库的商品也可以作调拨处理。门店退货一般可以分为总部通知退货、仓库提出退货、门店要求退货三种基本情况。

2. 退换货路径

退换货作业可与进货作业相配合,利用进货回程顺便将退换货带回。门店退货根据商品的进货方式,直送商品可以直接退回供应商;配送商品先退回仓库,由仓库统一处理,集中退回供应商。后一种方式,在门店系统中,可以通过调拨商品至仓库来完成。门店的退货操作经确认后,系统才能够反映实际减少的库存。

3. 退货标准

各销售部门在对退货商品进行整理时,必须明确退货商品的判断标准。

(1) 可退货标准:① 采购部通知的退货商品,一般数量较大,如季节性商品、滞销商品等;② 被政府有关部门检查出有质量问题的商品;③ 按照合同约定可以退货的商品;④ 售后被顾客发现有质量问题的商品,如服装、鞋帽、家电等。

(2) 不可退货标准:① 合同约定不可退货的商品;② 零星、小批量或金额较小的商品;③ 非供应商过错而使商品有瑕疵的,销售人员或顾客损坏的商品,如卫生用品被污染,商品被顾客开包后损失等;④ 过期的商品;⑤ 家电商品缺外包装或配件,服装不配套等;⑥ 门店为陈列而展示的样品;⑦ 未按总部要求及时退货而遗存的商品。

4. 退货流程

退货流程的基本原则是:进退渠道一致。如供应商直送商品就直接向供应商办理退货,而总部配送商品则向配送中心退货,如果是清场退货,一般可以集中到配送中心统一办理退货手续。退货作业必须按照制度、流程与通知的要求,在系统中操作完成:

(1) 确定退货商品:销售部门将需要办理退货的商品确定下来,通知退货组等待退货办理的通知。

(2) 整理退货商品:将需要退货的商品进行整理,包括按供应商进行整理、装箱等,集中堆放在本部门退货区域。

（3）与供应商、财务部确认：所有退货商品事先应征得供应商的认可，并与财务部确认该供应商是否有账款。

（4）填写退货单：将退货商品的所有内容填写清楚。

（5）与退货组交接：将退货单和退货商品一起与收货部退货组进行交接，退货组审核是否所有的商品符合退货条件、商品与单据是否一致、单据内容与系统是否一致。

（6）通知供应商取货：及时通知供应商派车取货，或供应商送货时将退货商品取回。

（7）商品与货款的处理：不管是收货还是退货，都涉及一个成本问题，如何在门店、仓库、供应商之间处理商品的流转成本是进货业务中的重要内容。另外，如果供应商未在约定时间内取货，连锁企业一般都会采取一些惩罚性的措施，如按照退货金额的一定百分比收取退货商品滞留配送中心的罚金。

五、门店调拨作业

调拨作业是连锁企业门店之间调剂商品的作业，包括门店至配送中心的调拨、门店至门店调拨、配送中心到门店的调拨。调拨发生的原因包括：销售引起的调拨，如不可预期的门店销售扩大（如临时的团购订单）导致存货不足；供货引起的调拨，如供应商送货不足或未按时送货；库存引起的调拨，如库存积压、门店改造调整经营定位等。

1. 门店至配送中心调拨

门店至配送中心的调拨，通常发生在配送中心统一通知退货，门店接到配送中心退货通知后，按要求日期清点货物，由门店的操作人员维护调拨单，收货单位为配送中心。

2. 门店至门店的调拨

通常门店之间的调拨应该通过总部系统，特殊情况，经授权允许货物直接从一个门店调至另一个门店。目前的处理方式：如果从 A 店调拨商品到 B 店，单据处理流程应该是：先由 A 店调拨货品到配送中心，再由配送中心调拨同样的商品到 B 店，实际的商品仍然由 A 店直接运到 B 店。

3. 调拨商品成本与售价

调拨商品成本一般是采用调出门店的商品成本，作为调出和调入商店的库存更改的成本金额。在店与店的调拨中，会有一些进价差异。如果用户需要对这些差异进行处理，则由用户提供处理方法。

调拨商品售价一般是采用调入门店的商品售价，如此价与调出商店的商品售价有差异，系统可以设置自动调整功能。

系统提供调拨单,单据列出：调拨单号、调拨日期、货号、品名、调拨数量、调拨金额等信息。

第二节　门店存货管理

门店存货管理包括：仓库作业管理、保质期管理、不合格品管理、盘点作业。

一、仓库作业管理

仓库作业管理是指商品储存空间的管理。各类存货由于理化属性不同理应分散储存,如百货杂品、一般食品、南北干货的储存和生鲜食品的冷藏等。但由于许多门店内仓空间有限,往往采用集中储存,或不设内仓而将货架加高,将货架上层作为储存空间。根据目前国内连锁企业的配送状况,门店不设内仓将会发生严重缺货情况。

（一）库存的基本概念与维护

商品的库存即某种商品在卖场中未销售的总数量和总金额；商品部门的库存就是该部门内所有商品的未销售总数量和总金额；卖场的商品库存就是卖场全部商品的未销售总数量和总金额。

库存管理是门店营运管理的关键控制点之一。库存支撑着销售,销售量与库存量存在着紧密的正相关关系,在销售旺季,常常是库存量决定着销售量。库存信息如果不准确,会影响门店的订货、销售、周转、盘点等一系列营运业务。

但现代零售企业的库存商品大部分处于开放的环境中,库存区的位置多,商品的销售情况及订货的不断变化,这些因素决定了门店库存是动态库存,不可能像传统的商业管理模式中采取的库存管理方法,用柜台三级账或库存三级账去实现库存的控制和损耗管理,应采取与经营业态相适应的库存管理方式。

1. 库存管理相关概念

库存管理必须分清几个基本概念：

（1）库存金额：在单品进价核算体制下,所有库存商品都按照进价计算库存金额。

（2）实际库存：门店中的所有实际陈列或存放在库存区的商品。

（3）系统库存：电脑系统中记录的商品库存数量与金额。

（4）库存区：用来存放商品的非销售区域,货架顶部以上空间、周转仓、后仓等都属于库存区。

（5）库存周转：商品库存与销售相比而形成的数据。

2. 系统库存的维护

（1）系统库存维护的基本原则：系统中的库存数据必须与实际库存数据一致。

（2）系统库存差异的原因：① 收货部门点数错误；② 收货部门所收的商品中混有其他商品；③ 退货组未能及时扣除退货商品；④ 商品被盗窃或被损坏而未被发现或发现后未执行商品库存调整程序；⑤ 销售部门在盘点时的错误点数；⑥ 销售部门将条形码贴错，导致商品库存错误；⑦ 收银结账时，在多个同类商品过机时发生扫描错误；⑧ 收银结账时使用数量键发生错误；⑨ 无条形码商品在销售时导致的错误。

（3）系统库存差异调整程序：① 发现库存差异：销售部门管理层通过电脑系统警告或营运盘点等手段发现某些商品品项的库存异常，即该品项电脑系统的库存数据与实际库存数据不相符。② 确定库存差异与原因：对发现的库存差异，必须通过非营业时间的盘点来确定此差异是否真实存在，并查找造成差异的原因。③ 库存调整申请：在一个工作日内，销售部门填写库存调整申请表。④ 库存调整的审核：所有的库存更正必须经过部门经理的审核。⑤ 店经理批准：所有的库存调整必须经过店经理的批准。⑥ 电脑部执行系统调整：电脑部在接到库存调整申请单后，核查批准的权限无误后，在规定的时间内，执行系统库存调整操作。

（4）异常库存处理。销售部门对于商品库存的异常情况必须进行妥善处理，以及时发现和解决营运管理中的问题。对异常库存、盘点异常必须进行及时处理，对于一时不能发现原因的重大库存差异，必须上报防损部，以便查证。

(二) 库存周转与动态库存区管理

1. 库存周转的控制

（1）库存控制指标。库存控制指标主要有：单品库存金额与周转、部门库存金额与周转、全部库存金额与年库存周转等。库存控制指标以预算指标为标准。

（2）库存控制措施。① 商品订货的控制，特别是对不能退货商品的控制；② 做好节假日销售的预算，特别是特价商品和节日商品，以避免存货量过大；③ 减少积压库存、滞销商品的库存；④ 改变商品的陈列；⑤ 加强商品促销；⑥ 加强季节性商品的过季处理；⑦ 对新商品采取谨慎订货的方式。

（3）高库存异常的处理。库存过大会导致：库存空间被滞销品占用，空间利用效率降低；资金积压，损耗与损失加大，周转变慢；浪费人力资源。库存过大的原因是：系统的库存数据不准确，导致订货不准确；库存管理不当，因库存商品堆放混乱造成重复订货；实际销售量低于销售预计量；季节性商品过季后滞销；订购了滞销商品；商品陈列存在缺陷，与商品周转不成比例，商品的最小订货数量与商品周转不成比例，导致库存数量过大等。

（4）库存过大单品的控制。正常情况下，对于销售面积1万平方米左右的门店,若基本的送货周期可以维持在每周一次,干货食品以及百货(季节性商品除外)商品的库存不能超过3周的销量,否则为库存过大,周转时间超过90天的为异常库存。库存过大的处理:将所有库存过大的商品列出清单;对库存过大的原因进行分析,如商品滞销、订货过多、过季等;采取降低库存的措施,如退货、降价、改变陈列位置等。某部门经理对库存过大的分析和改进措施如表8-1所示。

表8-1 库存过大改进措施

货号	品名	平均库存/月销量	周转天数	原因	改进措施
2752	雷达电蚊片	535/132	122	因夏季来临,订货过多	退部分货
4607	亮晶洗洁净	109/35	93	促销预估数量过大	退部分货
4646	保柔衣物柔顺剂	112/32	105	同竞争对手比较,价格过高,并且已进入销售淡季	退部分货,降低售价
1611	电话防菌剂	105/32	98	商品太小,供应商的单箱商品过多	调整排面,加多一个挂钩陈列
2409	立得清拖把	98/4	735	新商品需要做促销,备货	
2612	蓝月亮丝绸宝	74/20	111	排面的位置太大,可容60瓶	缩小陈列位置
3793	666印影杀虫剂	136/24	170	商品滞销	退部分货,降价清仓删除

注:本月周转天数=(平均库存÷月销量)×30天

(5)库存周转异常的商品大类和中类。这是指:库存周转的比例超过公司的预算标准、公司的平均标准以及整个门店的去年同期的周转标准。库存异常的商品大类,必须进行分析,将库存过高的异常单品及时处理。

2. 动态库存区的存货规范

(1)货架库存区。充分利用库存空间,最大限度地减少空间压力;商品外箱要有库存单,各项内容齐全,外箱有库存单的一面朝外;商品库存与商品陈列位置原则上做到一一对应,库存布局与卖场布局要相对应,库存清晰;库存分类码放,单品库存尽量采用先纵后横的码放方式;商品库存设置要便于补货等营运操作;商品码放不能超高、超重,受力要均匀,考虑安全系数;所有库存区的纸箱要封箱、封底;严格遵守安全码放原则,高货架上的库存商品,须有缠绕膜固定;高货架上的库存商品的码放采用交叉码放原则,并全部码放在仓板内;高货架上的商品在卡板上码放不许超过1.6米高度。

(2) 后仓库存区。库存分类码放,单品库存尽量采用先纵后横的码放方式;商品外箱要有库存单,各项内容齐全,外箱有库存单的一面朝外;商品库存设置要便于补货等营运操作;所有库存区的纸箱要封顶、封底;易燃性商品要单独在特别区域存放;库存码放的重要准则是安全,任何时间、地点,商品不能从库存区上掉下来;货物不能超高度码放(具体高度根据具体情况决定);在货架上,适当进行货架分层,要考虑承重和受力;商品离灯源须保持消防规定的距离(50 cm 以上),同时不能阻碍消防喷头和其他一些电子设施;库存商品不能放在地上,必须存放在货架或仓板上;库房内必须留有通道,保证商品进出通畅;不能占用库存区消防器材的位置存放商品;特殊、贵重商品的库房必须有上锁的门,并有专人管理。

(3) 周转仓。周转仓不存放任何生鲜类食品,所有生鲜类食品,无论是收货、退货,一律在楼面进行存放;周转仓只在规定的区域内存放大家电商品或单品大量的特价商品;除退货外,收货部门原则上不能让任何属于卖场正常销售的商品在周转仓存放时间超过 24 小时;食品与百货的存放区域分开;周转仓存放的商品必须分类存放,只能放在货架上、栈板上,不能直接放在地面上;优先放在货架的二层以上,并采取有效的安全措施;周转仓存放的所有商品都必须有明确的标志;同一栈板尽量码放一种商品,两种以上的商品采取纵向码放方式;周转仓存放的商品不得超高,仓板类商品最多不超过三个仓板商品的叠放;周转仓存放的商品符合消防的标准;周转仓要留有叉车通道,保证货物流通的畅顺。

3. 动态库存区的管理

(1) 动态库存区的管理原则。① 对应原则:商品存放与商品陈列原则上要相互对应,即某一货架的商品库存应存放在该商品陈列位置的附近。如货架上方的库存区。② 分类原则:商品存放要符合商品分类的原则,与商品陈列的分类原则相同。③ 唯一原则:商品库存的区域原则上维持唯一区域的原则或某一小范围内唯一区域的原则。④ 标志原则:商品库存区的所有库存都必须有明确的标志,包括分区标志与货卡标志。⑤ 安全原则:商品库存的存放必须符合安全原则。如堆放的高度和稳定性等。⑥ 调整原则:商品库存区的各种商品库存是不断变化的,必须定时进行调整,以增加空间的利用效率。

(2) 动态库存区的调整。为充分利用有限的库存空间,便于营运的各项作业,需要对库存实施动态调整。调整方法:① 将货物数量不足的两板或几板货物并在一起,将大小组类的或相关类别的货物进行归类码放。② 补货频率高的商品优先放在低位库存区,商品体积大的优先放在高位库存区,商品品项较多的类别优先放在低位库存区。③ 部门之间的调整由部门主管提出计划,部门经理批准,即可执行。部门经理监督调整目标的达成。整个门店内调整由部门主管提出调整计划,部门经理审核,店长批准后组织实施,部门经理负责调整目标的达成。

(三) 仓库作业管理注意事项

仓库作业管理应注意以下问题：

(1) 库存商品要进行定位管理，其含义与商品配置图表的设计相似，即将不同的商品按分类、分区域管理的原则来存放，并用货架放置。仓库内至少要分为三个区域：第一，大量存储区，即以整箱或栈板方式储存；第二，小量存储区，即将拆零商品放置在陈列架上；第三，退货区，即将准备退换的商品放置在专门的货架上。

(2) 区位确定后应制作一张配置图，张贴在仓库入口处，以便利存取。小量储存区应尽量固定位置，整箱储存区则可弹性运用。若储存空间太小或属冷冻(藏)库，也可以不固定位置而弹性运用。

(3) 储存商品不可直接接触地面。一是为了避免潮湿；二是由于生鲜食品有卫生规定；三是为了堆放整齐。

(4) 要注意仓储区的温度和湿度，保持通风良好、干燥、不潮湿。

(5) 仓库内要设有防水、防火、防盗等设施，以保证商品安全。

(6) 商品储存货架应设置存货卡，商品进出要注意先进先出的原则。也可采取色彩管理法，如每周或每月采用不同颜色的标签，以明显识别进货的日期。

(7) 仓库管理人员要与订货人员及时进行沟通，以便到货的存放。此外，还要适时提出存货不足的预警通知，以防缺货。

(8) 仓储存取货原则上应随到随存、随需随取，但考虑到效率与安全，有必要制订作业时间规定。

(9) 商品进出库要做好登记工作，以便明确保管责任。但有些商品(如冷冻、冷藏商品)为讲究时效，也采取卖场存货与库房存货合一的做法。

(10) 仓库要注意门禁管理，其他人不得随便入内。仓库应按各销售部门分类布局，同一部门的商品集中堆放，按商品分类表归类，并制作仓库库位表。收货作业完成后，应尽快将商品从收货部的周转区转入各销售部门的库位，或直接转入门店作货架商品陈列。

二、商品保质期管理

商品保质期管理要做到两点：一是源头把关，二是过程监控。具体应注意以下问题：

1. 保质期控制

(1) 收货部在进行收货时，除特别规定外，所有非生鲜类商品的保质期必须执行最短保质期限的工作制度，以确保商品有足够的销售时间。

(2) 各销售部门在进行补货时，必须对库存商品做到先进先出。

(3) 各销售部门在进行补货时，要逐一检查商品保质期是否符合要求。

（4）各销售部门在进行理货时，必须检查商品的保质期，对销售周期长、销售量小的商品要重点检查。

2. 临近保质期商品的处理方式与程序

对临近保质期的商品，要采取措施，不能在商品过期后才进行处理。① 临近保质期商品要进行登记，同供应商进行协商退货或换货。② 临近保质期不能退货的商品，必须在商品能完全使用或食用完毕的时间前，进行降价处理。③ 临近保质期的商品，在销售完毕前，根据库存的多少，采取控制订货等措施。④ 临近保质期的商品，如有新货，可采取暂时新货不上货架陈列等措施。

对临近保质期商品的处理程序如下：

（1）检查保质期：销售人员对所有处于销售区域和库存区域的商品保质期进行检查，重点检查那些周转慢的商品和保质期短的商品，如贵重的糖果和保鲜的饮料等。

（2）进行登记：将临近保质期的商品进行登记，包括保质期的日期、数量等。

（3）通知供应商：将登记表传给供应商，要求进行退货、换货或清仓降价。

（4）执行程序：协商征得确认后，执行相应的退货、换货、清仓降价程序。

（5）补订新货：同时补订新货，以保证后续商品及时到位。

（6）新货陈列：将最新订货商品陈列在货架上进行销售，同时考虑是否可以通过陈列方式的改变等措施减少商品过期。

三、不合格品控制

不合格品分为商品不合格与服务不合格，这里的不合格品特指不合格商品。

1. 不合格商品

（1）严重不合格：经验证批量较大，问题较为严重，如严重变质、失效或违反有关法律法规规定的情况，以及因商品质量问题导致严重后果的情况。

（2）一般不合格：经验证数量较少，没造成严重后果，在门店处理权限内的，如个别或少数有破包、计量不足等情况。

2. 不合格商品的识别、控制与处置

（1）配送中心应通过进货验证、在库商品检查、商品定期盘点以及对门店退调商品的整理来识别不合格商品。配货中心发现不合格商品应按以下方法处理：① 在进货验证过程中发现不合格商品应按有关规定予以处理或拒收，登录到不合格品登记簿上，并填写不合格商品通知单及时通知质监部。② 在库商品和门店退调商品中发现不合格商品，应隔离存放并设置标识，登录到不合格品登记簿上，同时判别不合格商品的属性，并根据需要填写不合格商品通知单，及时通知质监部。③ 发现不合格品应判定责任和原因，责任在供应商的应及时通知质监部，实施商品退调;如果是公司内部原因造成的不合格商品,应填写报损单报质监部实施商品报损处理。

(2) 门店应通过进货验证、上架验证、在架商品抽查、在库商品检查与盘点、公司抽查、顾客投诉反映、执法部门检查以及其他途径来识别不合格商品。门店发现不合格商品应按以下方法处理：① 进货验证时发现不合格商品,应予以拒收,并在不合格商品登记簿上记录,同时填写不合格商品通知单及时通知质监部。当门店与配货中心或直送供应商对不合格商品发生异议时,由质监部协调处理。② 门店在仓储整理、货物上架及门店营业现场商品抽查时发现不合格品,应隔离存放,设置标识,登录到不合格商品登记簿上,并填写不合格商品通知单,及时通知质监部。③ 门店应及时将不合格商品每月进行汇总,并形成月度不合格商品分析报告。④ 顾客投诉反映的商品质量问题经确认为不合格商品,应识别其不合格的属性,及时采取相应的措施,并登录到不合格商品登记簿上。必要时通知质监部。⑤ 无法退调的残次、变质、过期商品,需作报损处理的,由门店点菜员填写报损单,经门店店长签字确认方可作报废处理。每月门店将报损商品进行汇总。超过规定额度或损耗率的商品报损应上报质监部审批并监督现场销毁。

四、盘点管理

通过盘点作业可以计算出门店真实的存货、费用率、毛利率、货损率等经营指标。因此,盘点的结果可以说是一份门店经营绩效的成绩单。

1. 盘点的含义

所谓盘点,就是定期或不定期地对门店内的商品进行全部或部分的清点,以确实掌握该期间的实际损耗。

盘点作业,是加强商品管理、考核商品资金定额执行情况的重要环节,既可以掌握各种商品的实存数量,落实库存,摸清家底,为有效的商品配制,积极组织货源提供可靠依据,而且可以从中发现库存结构是否合理,找出经营管理方面存在的问题。因此,盘点不仅仅是为了反映门店实际营运情况,更重要的是通过商品盘点提高经营管理水平。

门店的盘点有多种,生鲜部门每月两次盘点;家电精品部门每日进行特别商品的台账盘点;食品干货、百货部门为维护电脑库存准确而每季度进行周期盘点;整个门店年末进行的年度盘点(大盘点);新店开张 3 个月内进行一次新开张盘点等。

2. 盘点的目的

门店在营运过程中存在各种损耗,有的损耗难以统计和计算,如偷盗、账面错误等,需要通过盘点来核实盈亏状况。通过盘点,可以达到如下目标：① 确认毛利,了解损益状况;② 了解周转率,避免资金积压;③ 掌握最准确的目前库存金额,将所有商品的电脑库存数据恢复正确;④ 查实损耗较大的营运部门、商品大类以及个别单品,以便在下一个营运周期加强管理,控制损耗;⑤ 发掘并清除滞销品、临近过期商品;⑥ 整理环境,清除死角。

3. 盘点的原则

盘点必须坚持"十字原则":① 真实——主观上要具有真实反映一定时期经营状况的诚信意识,不能弄虚作假;② 合作——组织上要发扬团队合作精神,不能各自为政,要实施交叉盘点;③ 完整——商品与单据必须完整,不能有遗漏;④ 规范——盘点必须按照规定的流程与方法实施;⑤ 正确——点数、记录、输入等都必须正确无误。

4. 盘点的计算公式

盘点公式的应用要注意:① 盘点的金额是按成本的价格为基础进行计算的。② 盘点的实际库存 = $\sum$ 单品盘点数 × 单品成本价格。③ 转出本店的成本为"减";转入本店的成本为"加"。④ 盘点周期的总销售金额与库存成本必须同时是不含税或同时是含税的金额。

$$盘损率(\%) = (账面库存 - 盘点实际库存) \div 盘点周期的总销售金额 \times 100\%$$

$$\frac{账面}{库存} = \frac{上\ 一\ 次}{盘点库存} + \frac{盘点周期的}{采购成本} \pm \frac{分店转}{货成本} - \frac{盘点周期的}{销售成本}$$

5. 盘点流程

盘点分四个环节,即盘点基础工作、盘点前准备工作、盘点中作业、盘点后处理。

(1) 盘点基础工作包括:盘点方法、账务处理、盘点组织、奖惩规定等。如盘点组织,一般都由门店自行负责,总公司相关部门则予以指导和监督。随着连锁规模的扩大,盘点工作也需专业化,一般是建立专业的盘点小组,连续进行盘点。商品盘点的结果一般都是盘亏,即实际库存金额小于账面金额。但只要在合理范围内均视为正常,盘亏情况能反映门店的管理水平,所以要建立损耗标准与奖惩制度。盘点前除把握由公司总部所确立的盘点基础工作规范外,还必须做好盘点前的准备工作,以利盘点作业顺利进行。

(2) 盘点前准备工作包括:人员准备及工作分配、告知顾客、盘点前指导、盘点区域的编号、商品整理、盘点工具准备、通知厂方、残次商品处理与报损、单据整理与账务处理等。

(3) 盘点中作业,一般可按照以下顺序实施:先点仓库、冷冻库、冷藏库,后点卖场。信息化管理系统的发展,使盘点工作不断改进,一般可使用盘点机进行盘点。

(4) 盘点后处理工作主要包括：盘点结果的确认以及善后工作。将陈列区、库存区的所有盘点数据输入电脑进行处理，并对差异报告进行分析、重盘等，最终确定本次的盘点库存金额，由财务部计算盘点损耗率。营运总部认可盘点结果后，电脑中心进行库存调整程序，用盘点的库存数据代替电脑数据库中的数据。财务部进行账务调整，并出具盘点报告。盘点结束后，立即进行开店营业的恢复工作，包括系统恢复、收货恢复、门店陈列区恢复以及盘点小组的收尾工作等。

6. 盘点分析

(1) 损耗标准。对新开张店的盘点和营运正常分店的盘点，制定出一定范围内的损耗标准：损耗率处于正常范围内的，接受盘点结果，对损耗率超过标准的部门提出改进措施；损耗率处于异常范围的，不接受盘点结果，核对盘点流程和营运流程是否有重大失误，于3个月后重新盘点，损耗率依然处于异常范围的，则追究失误责任。

(2) 盘损原因。引起盘损的主要原因有：账存数有误、由于工作疏忽导致品种数量上的差错、盘点报表计算错误、管理不善和有关人员工作失职、营私舞弊和盗窃侵占等。若发生重大差异时，首先检查盘点是否存在问题，如输入的单据是否完整等，其次由管理层分析可能存在的盘损原因，并制定改进措施。

(3) 盘点的结果。营运总部认可盘点结果后，电脑中心进行库存调整程序，用盘点的库存数据代替电脑数据库中的数据；财务部进行账务调整，并出具盘点报告。

本 章 小 结

1. 进、销、存是门店商品经营的三项基本活动，进货与存货是销售的基础，这两项工作会直接影响门店的经营绩效。进货与存货作业的效率化，需与总部密切配合，并采取现代化的管理方式，如自动化订货体系的建立、仓库定位管理等。

2. 门店进货管理包括进货、订货、验收、退换货、调拨等业务。进货作业对厂商或配送中心来说就是"配送"。对门店来说，重点是订货与验收。

3. 连锁门店所经营的商品一般都实行统一管理、统一配送，按照商品进货的来源与配送方式，一般可分为三类：直送商品、配送商品与转配送商品。

4. 门店的订货作业是在总部所确定的供应商及商品范围内，依据订货计划而进行的采购、补货作业，或称点菜、添货作业。

5. 门店订货是各项业务的首要环节，是其他业务环节的基础，而订单是核心。在传统的营运管理模式下，订单由人工控制，没有纳入系统化管理，订货、存货与销售始终难以平衡,商品经营业绩的提高存在很大障碍。在信息化管理体系下,门店的日常经营活动,从订单开始,没有订单的商品不能验收,超过订单数量的那部分商品也不能验收,这就能实现内部供应链与外部供应链的有效对接。在专柜经营体制下,供应商管理卖场销售、进货与存货,如果连锁企业放松了对专柜商品的质量监管,也会出现重大质量问题。即使总部有严格的商品进、销、存管理流程与规范,但如果门店各自为政,缺乏有效监管,照样会出问题。

6. 订货时必须考虑历史销售情况、销售发展趋势、环境因素对销售的影响以及订货方式等。

7. 订货从订单生成的方式来划分,可以分为人工订货与自动订货。不管采取何种方式,都要参考同期历史销售状况,并配合经验、情报来决定订货。

8. 订货依据要通过基本算法,才能计算出具体的订货量。运用计算机实现各种算法并不困难,困难的是确定用什么样的算法计算订货量,以及什么样的算法适合什么种类的商品。订货的常用算法有:库存警戒线法、平均销量法、同期销售对比法。

9. 寻找进货最佳时机是进货策略的核心。消费者满意度与缺货率成反比,缺货次数越多,消费者越不满意。经营者应树立"缺货也是成本"、"缺货会影响商店形象"、"缺货会流失顾客"等观念,采取缺货防止策略。

10. 门店收货是依照订货作业,由供应商或配送中心将商品送进店内的作业。收货是所有货物唯一的进货通道,无论是商品、自用品或店内的设施以及供应商的展示道具等,都必须从收货部进入门店,并办理相关的手续才能进场。

11. 门店存货管理包括:仓库作业管理、保质期管理、不合格品管理、盘点作业。

12. 2011年8月10日,商务部发布了五项与连锁店商品进货相关的国内贸易行业标准:《超市收货规范》(SB/T 10618—2011);《零售业自有品牌开发与经营管理规范》(SB/T 10619—2011);《零售业品类管理指南》(SB/T 10620—2011);《超市鲜活农产品供应商评价指标体系》(SB/T 10621—2011);《超市现场加工食品经营规范》(SB/T 10622—2011)。上述五项标准从2011年12月1日起实施。

问题思考

1. 进货管理、库存管理包括哪些基本内容?
2. 通过型配送有什么特点?要具备哪些条件?
3. 人工订货与自动订货的主要区别与依据是什么?
4. 为什么说商品台账图是商品经营的核心技术?

5. 临近保质期商品如何处理？

6. 补货、理货过程需要经常应对的问题有哪些？

7. 什么是缺货？缺货率如何计算？控制缺货有哪些措施？

8. 如何制定库存过大的改进措施？

9. 盘点有哪些基本环节？各应该做好哪些基本工作？

进货成本对利润的影响

1. 某产品销售额10万元，采购成本5万元，利润5 000元，如采购成本下降10%，即5 000元，则直接增加利润5 000元，利润增加到10 000元，利润增加了100%。如果某连锁企业，同样销售10万元商品，毛利率25%，费用率22%，进货成本下降10%，销售利润会发生什么变化？

2. 某标准化菜场，某顾客购买了100条小黄鱼，称重后计价为98元。鱼摊老板给顾客打收银条，收银条金额为122元。凭此收银条开票，采购人员开具发票以后到单位报销。

3. 某连锁店的进货单据显示购进商品3 500件，该批商品的销售成本为44 800元，销售额为58 800元。但实际只收到了3 200件。

4. 某连锁超市向供应商订购了1 000箱促销商品，按照约定，订100箱送10箱。但实际只收到1 000箱。

讨论题：

上述情况分别会对企业利润产生怎样的影响？

第九章 门店营销管理

学习目标

1. 理解卖场营销的基本原理。
2. 掌握门店促销的基本流程。
3. 熟悉门店促销的常用方法。
4. 理解门店营销的注意事项。

只有深入了解顾客的需求,从卖场的细节入手,为消费者提供满意的服务,才能让顾客在最短时间内发现他所需要的商品,并快速作出购买的决定。因此,零售企业必须认真研究顾客的心理,研究卖场的经营业绩与卖场布局、商品配置、商品陈列等相关因素,通过提高卖场营销水平,提升零售终端的竞争力。

【引导案例】

转型的出路:重新认识消费者

连锁零售企业的转型为什么如此艰难?除"规模扩张型战略"的惯性延续外,最根本的原因在于对消费者认知的缺失。商家们认为消费者是非理性的,所以可以经常"忽悠"消费者,但实践与调查告诉我们,事实并非如此。

调查结果显示:

愉快购物的主要表现有:① 特价买到自己心仪的物品;② 品项齐全,一次购足;③ 细心的导购服务,但又不会强势推销;④ 停车方便;⑤ 快速处理顾客投诉;⑥ 悦耳的背景音乐;⑦ 缺货登记以及事后及时告知。

不愉快购物的主要表现有:① 商品质量与约定不符,网上购物表现最为明显,如有消费者在网上购买了一箱葡萄,到货后发现用纸袋包装的葡萄已经不成型,品质很差。② 导购服务热情有余、诚信不足,售前与售后服务反差巨大,在百货、保健品、美容美发等行业更为突出。③ 商品标价不清晰,服务员爱理不理。④ 营销套餐暗藏玄机,消费者防不胜防。⑤ 消费卡使用后不显示余额。⑥ 有些超市商品价格太高,却没有让消费者感受到质量保障或等值服务,有被宰的感觉。⑦ 服务人员虎视眈眈,以实现销售为终极目标,却不具备应有的服务技能,难以帮助顾客解决问题。⑧ 漠视顾客,藐视顾客,怠慢顾客,甚至欺骗顾客,对顾客提出的严重问题,视而不见,或避重就轻。例如,某家居连锁企业促销派送给顾客的消费卡居然有"空卡",公司客服部门接到顾客投诉以后,既不查找原因,也不给顾客答复;某些跨国公司,居然也干起了"瞒天过海"的违法勾当,消费者无能为力,法律与监管部门应还消费者一个公道。

商人们做出上述种种"恶行"也许是基于"消费者是非理性的"假设。但是,实践与调查告诉我们,消费者是最理性的。即使消费者花大价钱购买奢侈品,看起来似乎是非理性的,但实际上也是理性的,因为他们所追求的不是物品本身,而是某种象征价值,如安全感、地位感、优越感、权力感、独特感等。比如,"用一根针换一头羊",看起来是一种不等价的交换,但对交换双方来说,都"超额"实现了自己的"价值目标"。

"买500送600"为什么受到消费者的青睐?那是因为消费者觉得超值。但如果商家故意在促销前提高商品价格来"忽悠"消费者,最终受到伤害的不仅仅是消费者,终极的伤者一定是商家。因为消费者心中有"一杆秤"。例如,有些超市公司,为了化解成本上涨的因素,悄悄提高商品价格,以为这样做顾客感觉不到,如此经过8年多时间的演变,公司的品牌形象已经从"低价"转变为"高价",而公司的服务形象则没有丝毫提升,其结果是,不仅高端客户根本不会光顾,连中低端客户也不断流失。这就是"忽悠"顾客的"报应"。

在传统的传播模式下,商人们毫无顾忌地"忽悠"消费者的另一个原因是,大公司可以动用丰富的资源(包括社会资源),用强势品牌、强势公关与强势宣传,掩盖事实真相! 但是,在网络传播模式下,商家的"恶行"会在第一时间通过网络广泛传播,这已经成为除企业自控、行业自律、行政监管、法律规制、媒体监督以外的"第六种力量"——公众谴责! 不良企业有可能被公众的吐沫淹死。

阅读思考:
1. 商人们为什么有那么多"恶行"?
2. 营销的实质是什么?

第一节 门店营销策略

门店即卖场,这是研究消费者行为的主战场。随着零售业的快速发展,卖场营销已成为欧美和日本各大商学院消费者购买行为研究的一个重要课题。这些研究成果的应用也必将有助于提高门店营运业绩。

一、卖场营销的含义

卖场营销(In-Store Merchandising,ISM),是指在零售门店通过有效的方法,向消费者提供符合适当的商品与服务,通过消费者满意获得经营业绩。卖场营销主要是针对入店顾客的营销活动,通过商品配置、商品陈列、导购演示、POP广告等手段,直接作用于来店购物的潜在消费者,其关键是:利用卖场环境、商品展示、人员服务、购物过程等元素,有计划地干预顾客的店内购买行为。因此,卖场营销的效果比店外其他营销方式更直接、更显著。

例如,货架右侧的商品的注目率要远高于左侧,而且在品种相同的情况下,右侧商品的销售量要比左侧高出 1~1.5 倍。另外,在卖场通路宽幅为 1.8 米的情况下,货架中间位置的顾客注目率最高。但是,当通路宽幅超过 2.5 米时,货架下端的顾客注目率最高。

又如,在卖场回游的顾客头脑中有 40% 是被购物以外的家事所占据,因此商品一定要突出陈列位置才能吸引顾客的注意。顾客在店内行走距离的延长,其购买金额会呈现正比例增加。

再如,色彩与灯光的组合可以大大提高生鲜品、冷藏柜商品的视觉效果,以更好地吸引消费者目光。

但所有营销活动的实施,都要做到"合规",即符合国家有关法律法规的要求。随着国家法律规范越来越健全,当前作为卖场营销策略的某些"技巧"就有可能被禁止使用。例如,卖肉的专柜用红色的灯光,会误导消费者。

二、影响卖场销售额的基本因素

销售额的增减取决于来店的顾客人数及顾客购买的数量。其计算公式如下:

$$销售额 = 客数 \times 客单价$$

当门店被消费者所认同能够吸引更多的人进店,或者通过有效方式(如商品种类、品质、价格及商品构成和商品提示等)满足顾客需求并增加每位顾客购买商品的数量,提高客单价,则销售额将大幅度提升。

1. 增加来客数

零售门店吸引顾客驻足入店取决于门店的形象、零售集聚程度和所处的地理位置。

门店在顾客心目中的形象和魅力,取决于门店商品的组成、价格适宜和服务质量。商品组成是由商品线的广度、深度、关联度决定的,当商品组合能够满足顾客不同需求时,门店具有了一定吸引力;消费者对门店商品的关注还取决于商品的价格带、商品特卖水平、商品促销力度及服务水平;同时整体卖场的环境、空间密度以及所营造的卖场氛围,也是吸引顾客的主要因素。

零售集聚程度是指门店及周围业种和业态的构成。如果业态形成互补(有卖场、专卖、专业等多业态组成)、其他配套设施(如餐饮、娱乐设施等)齐全、公共的活动空间充分等,都将是吸引顾客入店的主要因素。

门店所处的地理位置使顾客来去方便,也是吸引顾客的主要因素。包括门店与居住地距离、公共交通状况、车站距离、停车场有无、商圈内竞争对手强弱等。

2. 提高客单价

客单价的增加取决于品单价与购买数量。

$$客单价 = 品单价 \times 购买数量$$

在现代竞争如此激烈的零售业,提高品单价几乎是不可能的事,商家促销的一个主要方法仍然是以低价格来吸引顾客。因此,提升客单价主要取决于顾客购买的数量。

顾客购买数量的增加又取决于顾客计划性购买比例的提高和非计划性购买比例的提高。对于卖场而言,非计划性购买是店内顾客购买行为的主要特点。如何最大限度提高顾客卖场非计划性购买比例,店内客动线、商品配置、商品陈列等卖场营销技术,成为增加顾客购买数量的决定性因素。

因此,卖场营销策略制定的两个基本思路:一是以提高顾客进店数为核心的营销策略,另一个是以提高客单价为核心的营销策略。

三、以客流量为中心的营销策略

1. 早期以来客数为中心的营销策略

以来客数为中心的营销策略认为,只有不断扩大商圈的范围,吸引更多新顾客,才能提高销售额和利润。因此许多零售企业一方面投入巨资进行广告宣传,另一方面大打价格战,进行持续的特卖促销。

短期看,这种营销策略能够较快吸引顾客眼球,迅速提升销售额。但从长期看,这是一个两败俱伤的策略。首先,投入巨资吸引的顾客常常是不确定的顾客,很多顾客只为特价商品而来,很少关注其他商品。对零售企业而言,不确定顾客越多,特价商品越多,损失也会越多。其次,常年的价格战也会招致原有的固定顾客和忠诚顾客的不满,促销花样百出,服务跟不上,导致这部分顾客的流失。再次,零售门店的促销活动费用最终往往由供应商分摊,频繁价格战和促销,会加剧零供矛盾。特别是大型零售企业,强行向供应商收取名目繁多且高额的促销费、通道费、堆头费等,使零供关系更加趋于恶化。这种方式又迫使供应商把这些费用转嫁到商品中,导致终端商品价格居高不下,又反过来作用到零售门店,使其失去竞争力,失去顾客信任。

在20世纪70年代,美国百货店也曾有过频繁的价格战,导致顾客的年均流失量在15%～20%,利润更是平均每年下降25%左右。最终导致零售商、供应商重新认识维护原有顾客的重要性,直接推动了客户关系管理在企业的广泛应用。

2. 对顾客识别管理的营销策略

对顾客识别管理的营销策略在零售企业的应用,主要方法是通过会员制,利用购买金额累积积分,奖励长期稳定来店购物的顾客,并期待他们转为固定顾客。实施会员制的目的就是为了稳定顾客群。这一方法来自美国航空公司,当顾客的积分累积达到一定数量后,可从航空公司享受免费机票或特别服务的奖励。后来这种方式扩展到饭店、旅游业、美容美发业、汽车租赁业等多种服务行业。20世纪90年代后扩展到百货业、专卖店和大型超市等零售业态。

对顾客识别管理的营销策略认为,对于零售企业来说,所有顾客不可能全部是平等的。那些每周光顾门店的固定顾客,其累积购买金额高,对企业贡献大,是门店的"优良顾客";相反,那些平常光顾次数少或偶尔光顾的顾客,或者只为特卖而光顾的顾客,变成了企业的"不良顾客"。据调查,超级市场购买额前50%的顾客占全部超级市场销售总额的90%,而排名后50%的顾客的购买额只占总销售额的10%。

表9-1是美国某大型超市长期调查的结果,"优良顾客"和"不良顾客"对企业利润的贡献差距非常大。

表9-1 美国某大型超市的FSP调查

顾客种类	优良顾客	经常顾客	浮动顾客	特卖顾客	偶然顾客
年购买额(美元)	2 765	1 404	416	156	52
毛利率(%)	25	22	18	16	15

(续表)

顾客种类	优良顾客	经常顾客	浮动顾客	特卖顾客	偶然顾客
利用年数(年)	17	10	4	2	1.5
累积销售总额(美元)	46 052	14 040	1 664	312	78
累积毛利总额(美元)	11 713	3 089	300	50	12

资料来源:《市场营销学》,立信会计出版社2011年版,作者:池丽华,朱文敏。

为此,美国零售企业开发了一种称为FSP(Frequent Shopper Program)的促销方法。所谓FSP就是"回头客计划",是指门店为了增加顾客的忠诚度和重复购买而实施的一项促销服务项目,它是将顾客会员卡与门店的POS系统相连接开发出来的计算机自动促销系统。该系统能够利用计算机系统较好地向会员顾客提供商品信息和企业促销活动,不需要传统媒体广告,经营效率高而广告费用开支大大减少。当顾客加入FSP体系达到一定程度后,该系统将会把顾客按照购买额分为两类:购买额前50%的顾客是超市的优良顾客,购买额后50%的顾客是超市的非优良顾客,不同的顾客采取不同的优惠政策,区别折让。这也是超市差别营销的具体体现。

因此,顾客识别管理是以促进和提高客单价及毛利率为目的的营销策略,使零售企业真正去关注顾客、了解顾客、服务顾客、维护顾客,最终使其成为忠诚顾客,这将大大提升企业的经营业绩。

四、以客单价为中心的营销策略

以客单价为中心的营销策略是要围绕店内顾客开展营销活动,使其能够在店内方便行走,有吸引其眼球的各种商品,并诱发顾客购买,在购买时增加其购买数量,尽可能使顾客购买单价高的商品。因此,需要分析顾客在店内的购买行为特点,在此基础上研究制定刺激和劝诱顾客非计划性购买的营销手段和方法。

1. 客单价的影响因素

研究顾客店内购买行为发现:客单价的高低取决于五个因素。

$$客单价 = 动线长度 \times 停留率 \times 注目率 \times 购买率 \times 商品单价$$

对顾客在店内行走动线进行有效的规划,对其行为过程加以诱导和控制,便能有效提高客单价,主要包括:① 如何让顾客在店内行走;② 如何让顾客在行走过程中停留;③ 如何让顾客在停留时注视商品;④ 如何让顾客在注视商品时诱发其购买;⑤ 如何让顾客在决定购买时增加购买数量;⑥ 如何让顾客在购买商品时尽可能购买单价更高的商品。

2. 提高客单价的营销手段

(1) 动线长度。顾客在店内行走的路线越长,在店内的滞留时间就越长,购买商品可能的机会就越大。因此,"如何让顾客在店内行走"是卖场营销的核心课题。

顾客在店内一般不会盲目行走。他们是通过行走来收集商品信息,最后判断是否购买。因此,商品的性质及其在店内的位置是决定顾客行走距离长短和滞留时间长短的主要原因。卖场的布局合理则成为关键,通过卖场商品配置、通路设计、商品关联、商品陈列、色彩与灯光的组合对店内顾客的购买行为将产生重要影响。

(2) 停留率。停留率等于总停留次数除以动线长度。顾客只在店内"逛"是不会产生任何效益的,只有当顾客停留在某一销售区域,关注商品时,才有可能产生购买动机,诱发购买行为。因此,顾客停留率的高低取决于卖场提供商品信息的水平,如商品的配置水平、商品群的关联设计、商品陈列及表现形式、POP广告等,这些因素都有可能诱使顾客停留。

(3) 注目率。注目率也称视线控制力,即注目次数除以总停留次数,是指商品在卖场中吸引顾客视线的能力。商品的外形、包装、品牌、位置、色彩、容量等都是吸引顾客视线的主要因素。不论生产商还是零售商,都希望提高顾客的注目率,生产商注重在商品本身属性上做文章,而零售商更关注商品的合理配置、商品在卖场的表现形式、商品陈列方式、商品色彩搭配与灯光照明、店内POP广告等。

(4) 购买率与购买数量。购买率即购买次数除以总注目次数。只有将顾客停留转化为真正的购买行为,才能够达到卖场营销的目的。而顾客购买数量越多,其客单价也越高。引起顾客购买兴趣并实现购买的因素除了价格因素外,还需要其他营销手段来促成顾客购买行为的发生,如通过了解顾客购买行为习惯合理配置商品,通过商品色彩和灯光的展示来吸引顾客购买,通过巧妙的商品陈列诱发其购买,还有店头的促销活动等,不仅要实现购买,还要增加购买数量。

(5) 商品单价。商品单价即购买金额除以购买数量。提高顾客购买商品的单价,主要取决于企业的价格政策、价格带合理配置、商品陈列位置与方法、商品品质等。

专栏 9-1

零售做什么?

从一开始,我就非常爱我的工作——这是非常重要的:要在零售业获得成功,首先你必须发自内心地热爱它。

我觉得,零售有四个关键事项,而且顺序不能颠倒:

1. 运作你的生意时要使你保持在一个道德基准上。要在你做的每一件事情上想办法按照这一个法则。

2. 要关注人而不是钱。没有了员工和顾客,你哪儿也去不了。任何时候都不要忘记考虑顾客的期望。同时要保证在各个领域都有合适的人来为你掌舵。

3. 做一个商人。你最主要的活动就是买卖货物。这就是零售的全部。其他的一切都是外围的东西,或是让你分心的事务。

4. 引进正确的系统来支持上述的三个关键事项。

资料来源:《我爱零售:美国零售连锁巨人的财富智慧》,中国铁道出版社,作者:大卫·格林,译者:孟萍萍 王建琪。

第二节 门店商品组合

零售企业最基本的功能就是通过对商品的有效组合,以满足消费者的需要和对商品的多样性的选择。随着经济的发展,消费者的消费需求、生活方式、价值观念都发生深刻变化,特别是年轻一代的消费意识不断向个性化、多样化和感觉化的方向转变,新产品、流行产品不断涌现,必须建立一套能够与消费者需要变化相适应的商品分类体系。

一、商品的常规分类

连锁企业因业态不同经营商品种类也不同。例如,便利店经营商品较少,一般可将商品分为"速食品"、"饮料品"、"非食品"、"服务性商品"几个大类;超市一般是将所有商品分为食相关商品和住相关商品两大类。

(一)商品分类标准

连锁企业一般可以将商品分为四个层次,即大分类、中分类、小分类、品项。不同的大类分别属于不同的部门管理。

1. 大分类标准

大分类的主要标准是商品特征,如商品来源、生产方式、处理方式、保存方式等都与商品特征有关,如冷冻商品、生鲜副食品等。

2. 中分类标准

中分类是从大分类中分化出来的类别,是建立商品群的基础。其分类标准主要有:

(1)按商品的功能和用途划分,如糖果饼干是一个大分类,这个大分类又可划分出"早餐食品类",由面包、果酱、麦片等商品组成而成为一个商品群。

(2) 按商品的制造方法划分,如畜产品的大分类中可分出一个"加工肉"的中分类,由火腿、香肠、咸肉、腊肉、熏肉等商品组成。

(3) 按商品的产地划分,如蔬果是一个大分类,这个大分类中可分出"奉化水蜜桃"中分类;糖果饼干大分类下可分出"进口饼干"中分类。

3. 小分类标准

小分类是中分类中分化出来的类别,主要分类标准有:

(1) 按功能用途分类,如洗化类中的洗发水、沐浴露、洗手液等。

(2) 按规格包装分类,如"乐惠"牌特粳米按规格分为10千克/袋、5千克/袋、2.5千克/袋三种。

(3) 按商品的成分分类,如100%原果汁。

(4) 按商品的口味分类,如方便面可分为牛肉面、鸡汁面、咖喱面等。

按照商品的用途、使用目的、消费者行为对商品进行分类,早已成为现代零售企业在商品组织和管理中的一个基本常识。

(二) 商品部门化管理

商品的部门化管理源于百货公司,但具体的分类方法,在同类零售业态的不同企业之间也存在一定的差异。如在以快速消费品为主导的大型综合超市,一般是将商品分为:生鲜食品、干货、硬百货、软百货四个部分。但有些连锁超市公司则把商品分为:百货、食品、生鲜三个部门。

1. A大型综合超市的商品分类

(1) 生鲜食品包括:蔬果、肉类、腌制食品、海鲜;自制面包、熟食、南北货、中国点心、面包;奶制品、冷冻食品。

(2) 干货包括:烹调食品、烘焙食品、营养品、即食品、农副产品;化妆品、美容护肤品、纸品、家庭清洁用品、宠物食品;小吃、药品、保健品;烟酒食品、饮料、大包装、礼品。

(3) 硬百货包括:电子产品(细分);家庭用品(细分)、家具、灯具、文具、五金、汽配、体育用品、运输;办公电器、大家电、小家电;玩具、床上用品、盥洗用品、家庭装饰品。

(4) 软百货包括:女装、女孩服装、男孩服装、婴儿用品、童装;男装;女式内衣、饰品、袜子、男式内衣;箱包、鞋类。

2. B大型综合超市的商品分类

1) 部1:百货。分为5个部组:

(1) 部组1:服饰与鞋。大类:服装(男装/女装/童装)、服饰(服饰配件)、鞋(男鞋/女鞋/童鞋/拖鞋)。

(2) 部组2:纺织用品。大类:婴儿用品(小型婴儿用品/大型婴儿用品)、内衣裤(婴儿/儿童・内衣裤/女式内衣裤/男式内衣裤)、袜子/丝袜(婴儿袜/童袜/女袜/男袜)、家用纺织(卫浴用品/床上用品/厨房用品/家用装饰品/毛线/缝纫配件)。

(3) 部组3：休闲百货。大类：工具/家具/宠物(电器配件/手工具/箱包/自行车机车配件系列/清洁剂・清洁蜡・其他/油漆・黏胶/园艺类/家具/宠物用品)、娱乐用品(玩具・游戏类)、文体用品(音像制品/文具/办公用品/礼品・季节品/体育用品/自行车)。

(4) 部组4：家电。大类：大家电(电冰箱・冷藏柜/洗衣机/空调・取暖器/电视机)、小家电(吸尘器・空气清洁剂・电扇/烹调器具/厨房用具/电熨斗・卫生间用品/电话・应答机・传真机/手表・闹钟・配件/计算器・翻译机)、照相机・摄像机・配件(照相机/胶卷・相机箱)、音响(随身听・录音器材/收音机/录放机/音响设备/音响附件)、录像机・游戏机(录像机・放像机/游戏机・附件)。

(5) 部组5：清洁用品。大类：洗护(洗护发用品/洗护肤用品/个人清洁用品/洗衣用品/家用纸制品)、家化(家用清洁剂/环境卫生用品)。

2) 部2：食品。分为4个部组：

(1) 部组1：酒水。大类：烟酒(香烟/烈酒/葡萄酒/啤酒/特种酒)、饮料(碳酸饮料/水类/果汁饮料/综合饮料)。

(2) 部组2：休闲食品。大类：饼干(咸味饼干/甜味饼干/原味饼干/加味饼干/营养饼干/点心类)、糖果・零食(肉干・肉松・蜜饯/核果/糖果/巧克力/膨化食品/休闲杂项/礼盒・礼包)、散装休闲(散装饼干/散装点心/散装糖果零食)。

(3) 部组3：杂货。大类：粮油副食(腌渍酱品/调味料/粮油/包装南北干货)、冲调饮品(奶粉/婴儿食品/冲调食品/营养保健食品)、罐头(中式罐头/罐头食品)。

(4) 部组4：冷冻冷藏。大类：乳制品(酸乳酪/加工食品/奶油・植物油)、奶饮料(鲜奶/保久奶/保鲜蔬果汁)、熟食类(火腿培根/香肠/面食・豆腐/腌菜・佐料/熟食)、冷冻食品(速食/海产类/肉类/面食/蔬菜类/冰品类)。

3) 部3：生鲜。分为5个部组：

(1) 部组1：自制熟食。大类：冷食(小菜)、熟食(烧烤煎炸/卤、蒸)、速食(便当/速食)、点心类(饮料、冰点、热点、套餐)、半成品(半成品)、熟食制品(火腿/肠类/熟肉)、原料(荤料/素料/辅料)。

(2) 部组2：面包。大类：糕点(糕点)、面包(吐司/西式面包/中式面包/季节性/比萨/面包杂货)、原料(原料)。

(3) 部组3：农产。大类：水果类(本地水果/进口水果/果篮/加工水果)、蔬菜类(叶菜・花菜类/瓜果类/根茎类/调味料与菇类/包装蔬菜/加工蔬菜)、干货蜜饯(蜜饯/核果/坚果)、蛋类(鲜蛋/加工蛋/精选蛋)、散装农产(油/面粉・面条/米・

米粉/南北干货/杂粮)。

(4) 部组4：畜产。大类：肉类(牛肉/羊肉/猪肉/禽类/其他肉类/自制调味肉类/加工生肉类)、配菜。

(5) 部组5：水产。大类：水产(鲜活水产/冰鲜水产/冷冻水产/水产干货)。

(三) 商品经营性分类

从门店经营角度看商品分类，可以分为基本商品、季节性商品和促销商品三大类。

1. 基本商品

基本商品是卖场内每日都有销售的商品，如牙膏、洗涤剂、去污剂等。基本商品的库存必须保证，如果基本商品经常缺货，就会严重影响顾客的满意度。对基本商品的要求是：每时每刻都有货；保持稳定的陈列位置。

2. 季节性商品

季节性商品主要是指一年中特定时节销售的商品，如圣诞树只有在圣诞节期间销售。季节性商品又可以分为：

(1) 节假日商品：季节性商品之一。这种商品主要为节假日提供，存放30~60天，例如，春节、劳动节、儿童节、国庆节、圣诞节等。

(2) 季节性时令商品：季节性商品之二。这种商品与春夏秋冬四季相关，商品存放90~120天，如，冬装、夏装、充气雨衣等。

(3) 基本季节性商品：季节性商品之三。这种商品在一年中都有销售，只是在某些活动期间或主要季节销售进入高峰，如在新年期间小家电的销售急剧增加。

全年每个月都有节日，有些节日的时间是固定的，有些节日是不固定的。主要节日的大致时间分布如下：

1月：元旦、腊八节；

2月：春节、情人节、元宵节；

3月：国际妇女节、中国植树节、国际消费者权益保护日；

4月：清明节、复活节；

5月：国际劳动节、中国青年节；

6月：国际儿童节、端午节；

7月：建党节；

8月：建军节、七夕节；

9月：教师节、中秋节；

10月：国庆节、重阳节、万圣节；

11月：感恩节；

12月：圣诞节。

现代社会的节日在不断增加，要善于利用节日做好促销和卖场气氛。如果没有节日也可以自己创造节日。

3. 促销商品

商品经营是连锁企业经营的核心业务，即要有明确的商品定位、合理的商品组合以及有效的商品促销。提高企业经营业绩最根本的是要有专业的商品经营人才以及依靠信息系统的支持，并做好数据挖掘工作。对于促销商品，应注意以下几方面：

（1）促销可以分为公司统一组织的DM促销活动、特价、限时促销，以及门店组织的促销、供应商配合的场外活动等。

（2）促销商品一般是必需品（也可以是非必需品）、季节性商品、为某一特定事件而购买的商品。

（3）促销商品也应该是盈利的。

（4）促销商品一般可以分为：每日低价商品——可以调整商品品种，但价格必须比竞争对手低；低价特色商品——如形象商品，始终保持低价销售；特别推荐商品——新品、特别采购商品、清场商品等。

（5）有些公司对促销商品采取特殊的标识，目的是引导消费。有研究表明：价格标识是消费者决定购买的重要影响因素。好的产品或促销活动必须与POP广告相配合才能发挥作用。家乐福的促销标识是：① 惊爆低价——棒。② 清仓折扣，毛利最高商品。③ 天天低价，形象商品。④ 震撼价。⑤ 特价，商场决定。⑥ 推荐商品，有效期10天。⑦ 广告商品。⑧ 进口商品，如巧克力。⑨ 新装商品。⑩ 新产品。⑪ 地方特色商品。⑫ 定牌商品。

零售商要取得特别低的商品价格是有难度的，因为供应商一般不愿意得罪其他零售商。但供应商愿意配合特定卖场做促销活动。所以，供应商的促销支持力度就十分重要，这取决于零售商的促销策划。因此，连锁企业应该变被动促销为主动促销，根据公司的策划，向供应商提出促销配合的要求。

二、以消费者需求为导向的商品分类

商品的常规分类方法，主要是按照商品属性分类，这一分类标准与消费者的消费习惯往往是不一致的。在生活水平不断提高，商品越来越丰富的社会背景下，按照商品用途与目的的分类，已逐渐成为零售行业的共识。

（一）按商品用途与使用目的分类

如今，网上超市的分类正在挑战传统的商品分类标准，更贴近消费者的使用习惯。如2011年下半年，淘宝网（www.taobao.com）推出了淘宝网络超市（chaoshi.

tmall.com），首先上线的"上海超市"，商品分为休闲食品、酒水饮料、粮油食品、进口食品、美容洗护、家居用品、母婴用品等七大类，并提供"买彩票、充话费、缴水电煤费"等三类服务项目。在每个商品大类下，不仅按品类划分，也按品牌划分。如纸制品中分类细分为：卷筒纸、面巾纸、厨房纸巾、湿巾、手帕纸等。同时还列出了妮飘、清风、舒洁、唯洁雅、维达、心相印等纸制品品牌。网上超市与实体店相比，商品分类更接近消费习惯，商品展示更清晰、选购更方便，这种商品分类方式对实体店将构成严重挑战。

生活水平越高，对生活品质的要求也相应提高，生活用品也就越来越细化和专用，消费者就越希望按照商品用途和目的来规划自己的生活，并通过各类商品的组合去享受生活，其核心是消费者的购买动机，即商品的使用目的。

在餐具、洗涤、清洁、家居、服饰等日常生活用品上，甚至在电冰箱、电视机等耐用消费品使用上，也习惯于按用途和目的将商品使用细分化，追求商品的专用。例如，洗涤用品，厨房和卫生间使用的商品当然不同；厨房的洗涤用品，又分为洗餐具、蔬菜、灶台、水池、地面等，实行分类使用。

按商品用途和使用目的来设计卖场与陈列商品，也便于消费者快速识别商品，挑选商品，同时，把同类用途、相互关联或可以相互替代的商品陈列在一起能使消费者感到卖场商品丰富。从这个角度来分析，商品分类与陈列应该尽可能把相互关联的商品组合成"商品群"，如"厨房用品"、"餐桌用品"、"旅游用品"等，通过关联商品的配置，可有效提醒消费者，给顾客更多选择商品的机会，也更能使消费者接受新产品。

卖场提供的商品，消费者是否满意是否感觉丰富，不在于商品数量越多越好，而是让消费者感觉到生活中所需的商品能够迅速找到，并随手能够拿到。因此，按照商品用途和使用目的分类，从消费者实际生活的角度出发，对商品进行组合、陈列，打破了传统商品按材料、属性的分类方法，是零售企业以消费者需求为导向的先进的商品管理方法。

（二）TPOS 分类法

TPOS 分类法是一种将商品按用途、使用目的进一步细化的分类方法，即按时间(Time)、场所(Place)、动机(Occasion)、生活方式(Life Style)进行分类。其强调在商品分类过程中，必须充分了解每种商品在消费者实际生活中是如何使用的，使用的目的是什么，与什么样的商品一起使用，在什么时间、场合使用，在什么样的氛围中使用，想达到什么样的使用效果，即按 5W1H（Who、What、When、Where、With、How）的要求，根据商品实际使用状况进行分类。表 9-2 是美国超市的一种 TPOS 分类。

表9-2 美国超市的一种 TPOS 分类示例

大分类		中分类	例外
A	清洁用品	室内一般清洁 地面清洁 厨房清洁 洗澡用品清洁 厕所用品清洁 清洁机器、零配件、消耗品	汽车清洁用品在汽车用品卖场 室外清洁、清扫用品在庭院用品卖场
B	厨房用品	调理 烘烤 冰箱用品 灶台 饭后清理用具 布巾、抹布 厨房用小家电	厨房清洁、清扫用品在清洁用品卖场
C	餐桌用品	食器(分中、西餐具) 杯子 餐桌用小物件 台布 椅子垫、桌腿垫 儿童用品	礼品用组合餐具在礼品卖场
D	卫生间用品	洗澡用品 毛巾、浴巾类 洗面处用品	洗发水在洗涤用品卖场 卫生间清洁用品在清洁用品卖场

资料来源:《市场营销学》,立信会计出版社2011年版,作者:池丽华,朱文敏。

(三)商品构成

商品分类是零售企业根据消费者实际需要把不同商品品种进行有效组合;商品构成是指具体商品的组织,即在特定的品种范围内,为消费者提供可供选择的范围和程度。商品构成的着眼点是解决在特定品种内,不同品项间的价格构成。商品构成不重视,再好的商品分类也起不到应有的效果。

商品构成主要体现在对商品的价格带与价格线的合理设计,使之表现出鲜明的经营特征。所谓价格带,是指某个特定品种零售价格的上限与下限之间的全部价格,价格带的宽度决定了卖场所面对的消费者的受众层次和数量。价格线是指零售价格的种类,反映的是品项的销售量、陈列量和售价之间的关系。图9-1表明了价格带与价格线之间的商品构成关系。

在同一品种内包含一定数量的品项,各品项由于样式、材质、品牌、生产方式的

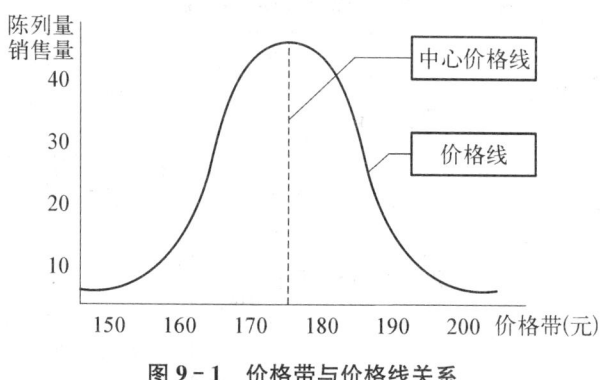

图 9-1 价格带与价格线关系

不同而形成了多种价格种类。一般把价格种类中销售最多的品项的价格称为中心价格线。理想状态是以中心价格线为中心形成左右对称的销售量并形成一条价格线。价格线是基于对消费者过去的购买行为和经验的调查而设计的。一般来说,消费者在购物之前都会有一个预定的支出范围,即锁定了一个适合自己的价格带。例如有些女性在选购皮包时把价格锁定在 150~200 元范围内。但是在这个价格范围内不同消费者又会有不同的要求,如果商家在这个价格带内取中间附近价格为中心线价格(170 元或 175 元),或许能够满足大多数消费者对价格的要求。

价格线设计是卖场营销的一个重要内容,必须事先对目标顾客进行详细调查,对品项进行精心挑选,然后计划好价格线,并根据价格线对商品进行一系列的组织。其作用表现在:第一,通过对品项数和价格线的精心设计,可以突出少数且价格适当的畅销品,使消费者在众多商品中很容易识别和挑选自己所需的商品,促进消费者购买率的提高。第二,根据消费者实际需要进行品项的精心挑选组织适当价格的商品,可以有效防止商品缺货和断货,让消费者感觉到卖场商品的丰富与多样,增加消费者的信任。第三,价格线的设计能促进从商品采购、库存到销售过程的高度组织化与效率化,品项减少不仅能提高库存的合理化,也能缩短上货时间,使卖场商品的管理变得简单而有效。由于提高了单品的管理水平,也就能加快对滞销商品的淘汰,加速商品的周转。第四,通过品项的精心挑选及适当价格畅销商品的组织,可实现大量采购、降低采购成本、提高商品采购效率和效益。

三、商品结构功能性定位原理

商品组合不仅仅要研究价格带与价格线,还要根据目标顾客群的需求特征与业态特征,明确不同类别商品的功能。按照商品结构功能性定位原理,可以将经营商品分为形象商品、销量商品与效益商品三类,实施分类管理,达到不同的经营目的。

(一) 形象商品

1. 形象商品内涵

商品群中最具有低价和品牌代表性,并为消费者所熟知的生活必需品称为形象商品。形象商品视其降价力度和品牌在市场的影响力程度分为:① 全店形象商品;② 大组形象商品。

2. 形象商品特征

(1) 售价代表了全店的低价形象。

(2) 对顾客有吸引力的生活必需品。

(3) 多数顾客熟悉其价格、品质、知名度大的品牌商品。

(4) 单品有规模销量,对专业客户有吸引力。

(5) 价格水平在一定时期内基本稳定。

3. 形象商品定位

(1) 品项:品项占全店总品项数的5%以内,要求从各商品大组的重点小分类中筛选,数量严格控制,其中生鲜、食品类占多数,家电、百货数量控制,尤其是文化用品、体育用品、五金工具要严格控制。

(2) 业绩:销售业绩占全店总业绩的15%,其中全店形象商品占3%以上,要通过形象商品拉动本组、本部门业绩提升。

(3) 售价:按不高于地区总经销价(一批价)或出厂价销售,力争低于此价3%以上。

(4) 毛利:控制在3%左右,淡季或公司认为有必要时,由采购人员申请,可做零毛利、负毛利销售。

(5) 陈列:给予醒目的特殊陈列或较同类商品3倍的黄金排面陈列。

(6) 营业外收入:形象商品重点是做低价形象,因此,在促销、广告、邮报、陈列等营业外收入的费用收取上给予供应商优惠,返利按标准执行。

(7) 结算:给予15天以下的短账期支持,全店形象商品可执行预付货款、货到付款等结算方式,并予以兑现。

(8) 库存:最低库存量为平均日销量的3~5倍,缺货或货源紧张的品项可批量进货。

(9) 收货:旺季收货时不需要排队,货到平台1小时内必须收货完毕。

(10) 宣传:广告、POP、邮报中占突出位置。

(11) 若为会员制卖场,形象商品仅限售予会员。

(二) 销量商品

1. 销量商品内涵

价格具有市场优势,能达到特定销量要求,保证获取正常毛利的商品称为销量商品。销量商品按销量大小可分为：

（1）规模销量商品：是指较市场竞争对手有明显价格优势，销量在本地商圈内位居前列，以优于正常经销方式与厂商合作，并能取得优惠交易条件的商品，如采取买断或专卖方式。

（2）一般销量商品：除了规模销量商品之外其他的销量商品就是一般销量商品。

2. 销量商品特征

（1）品项较多、单品销量能达到一定规模。

（2）保证正常毛利水平。

（3）由市场认可的成熟商品组成。

（4）采购部门重点监控管理的商品。

3. 销量商品定位

（1）品项：品项占全店总品项数的45％，其中每个商品小分类中可确定5％为规模销量商品。

（2）业绩：销售业绩占全店总业绩的60％，其中规模销量商品占10％以上，个别商品可通过降价、促销等手段扩大市场份额，加重与供应商谈判的交易砝码，争取将部分商品逐步过渡到形象商品。

（3）价格：售价低于竞争对手3％以上，规模销量商品售价低于对手10％以上（或低于二批价）。

（4）毛利：保持该商品大类毛利的定额水平和返利水平，为保证规模销量商品的销量，其毛利报批后可低于正常毛利水平。

（5）陈列：按销售表现给予正常陈列，对促销品项予以特殊陈列，规模销量商品给予特殊陈列或黄金排面陈列。

（6）营业外收入：按规定标准收取各项费用，达到规模销量商品业绩要求的品项，在30％以内的幅度可给予供应商优惠。

（7）结算：执行公司规定的结算方式，其中规模销量商品的账期经报批同意后可适当缩短。

（8）库存：规模销量商品应有日平均销售1.5～3倍的最低库存量。一般销量商品按规定时间和最低订货量下单，库区需制定最高库存限量，超订单送货拒收，原则上不允许下紧急订单。

（9）收货：按规定程序进行。

（10）宣传：适当突出规模销量商品。

（三）效益商品

1. 效益商品内涵

市场竞争激烈商品、个性化商品、新商品、厂商重点推广商品、季节性强的商品，统称为效益商品。

2. 效益商品特征

（1）品项多：为满足顾客一次性购足目标不可缺少的品项，对树立品项丰富形象起到重要作用。

（2）销量低：该类品项竞争激烈、季节性强，对扩大总体销量起到衬托作用，通过市场培育可发掘出部分销量商品或形象商品，对增强供应商合作信心也有促进。

（3）效益高：效益商品须保证高额毛利、最佳营业外收入和较高返利，对经营效益具有较大影响。

（4）淘汰制：3个月试销期满后，达不到效益商品销量标准的品项需清场，同时再引进新商品补充。

3. 效益商品定位

（1）品项：品项占全店总品项数的50%，包括未达到一般销量商品的其余品项，品项调整频繁，每月淘汰率应大于5%。

（2）业绩：销售业绩占全店总业绩的25%，此类商品创造的销售业绩不是公司重点。

（3）价格：售价应与市场零售价格水平（或竞争对手售价）持平，部分品项的价格浮动幅度5%左右。

（4）毛利：应高于本大类平均毛利水平10%以上，所有品种都应获得合理的返利条件。

（5）陈列：除收费促销品种外一律不安排特殊陈列，列入邮报的品项如特殊陈列位置不够可以不安排；排面不得在黄金位置安排，陈列单品货位为2~5个单位的范围。每月按业绩进行扩大、缩小、清场的排面调整。

（6）营业外收入：按规定标准收取，不得减免，特别是季节性强、竞争激烈的商品（如日化类、白酒等），可加收费用。

（7）结算：按合同规定执行，在公司资金偏紧的情况下，可延期付款。

（8）库存：保证正常排面销售前提下控制或取消库存量，需建立库存的品项由门店确定，并由门店确定最高库存限额。

（9）收货：按规定程序进行。

（10）宣传：除收取促销费、邮报费、广告费的品项外，不作任何宣传。

（四）商品结构功能性定位注意事项

实施商品结构功能性定位，应注意以下几方面：

（1）功能性定位管理不是一付"包治百病"的灵丹妙药，而是一个开放式、循环调整、不断完善的系统。由于市场行情、季节、供应商、竞争形势等因素的变化，需要不断根据变化作分析评估，并付诸实施。

（2）公司的业绩主要来源于形象商品与销量商品(占80%)。因此，力争形象商品与规模销量商品的售价低于竞争对手并在经营上实现量的突破。这就必须培养一批有较强实力和良好信誉的供应商，各部门对形象商品、规模销量商品要高度重视，因为它们对公司的整体业绩起关键作用。

（3）一般销量商品、效益商品是获取效益的主力。因此，向供应商力争高额的返利和营业外收入，相应提高毛利水平，通过在促销和陈列上下工夫，引导顾客消费，实现"两手抓"，一手抓培育发掘，一手抓吐故纳新。

（4）功能性定位管理方式的有效实施，需要各部门、各环节、各岗位的通力协作，建立有效的反馈机制，并保持良好的沟通。

第三节 门店促销管理

销售促进(Sale Promotion, SP)，是企业运用现代沟通方式向消费者传递营销信息，促进消费者对企业及其产品与服务产生兴趣、好感与信任，进而作出购买决策的活动。门店应该在总部统一规划下，通过持续不断的促销活动，创造销售热点、亮点，诱发顾客有兴奋点，满足目标消费者的真正需求。

一、商品营销与视觉营销

要做好门店促销，最重要的是两个方面：一是商品本身吸引消费者，通过商品计划实现，称作商品营销；二是实现商品计划视觉化，即通过视觉展示让消费者感知商品价值，实现卖场的整体展示，称作视觉营销。

（一）商品计划：商品营销

商品计划是指零售企业为满足消费者需要而提供商品过程的全部活动的总称。具体而言，就是门店根据商品计划和采购政策，在品质、价格、功能、特征等方面，向消费者提供满足他们需要的产品。这一过程也称为 MD(Merchandising)，实质是将产品转变为商品的过程，是商品市场化的过程，对门店来说，核心是商品销售计划。

商品销售计划内容主要包括：

（1）市场分析，目标市场确定。主要是对所经营的零售店的市场、产品、竞争状况、消费行为特点等的过往销售史、现状以及未来发展的概括和总结。对企业面临的市场进行细分，并确定企业的目标市场，即企业拟为之提供产品和服务的顾客群。企业目标市场必须具备以下条件：有足够规模、竞争对手尚未完全控制、企业有能力进入、有发展潜力。

(2) 确定销售目标。企业确定销售目标必须依据前期销售计划、现状分析和未来市场预测三者进行综合平衡之后确定。销售目标即销售额,这也是企业整个营销目标的核心。而目标市场是达成销售目标的源泉。

商业企业提高销售额最关键的是取决于客数和客单价,即销售额＝客数×客单价。零售店销售额的增加与减少,都是由这两个变量引起的,销售额的增加要么是入店顾客增加引起,要么是客单价增加引起,或是两个同时作用。

在上述两个变量中,客单价是提高销售额的重要基础,因为客单价上升表明,店内商品种类、质量、价格以及商品构成和商品提示等都能够充分满足目标顾客需求,是企业经营管理水平带来的结果。而提高客单价取决于商品的单价和购买数量的增加,即客单价＝品单价×购买数量。这两个变量关键在于增加购买数量。而顾客购买数量的增加取决于顾客计划性购买比例和非计划性购买比例的提高。

(3) 设计针对性促销行动计划。门店的促销行动计划是指为了实现门店既定销售目标而制定的各种可实施性商品市场推广计划,为实现销售目标所制定的具体行动步骤和周密的布置,换句话说就是门店日常工作的指导书。一个良好的行动计划应明确地规定促销活动的内容、主要的负责人、活动的开始和结束日期、活动的费用预算、活动的日程安排以及绩效的评估方法等。

(4) 销售费用预算。为保证实现销售目标,企业必须实施广告宣传和销售促进计划,因而要对每一项促销活动所发生的费用进行预先估计,即做好费用预算。

(5) 组织计划与人员培训计划。为保证实现销售目标,每一项商品组织、广告宣传等各种活动都需要有人力资源保证,并通过培训完成各项活动以期达到预期效果,因而对参与活动的人员培训环节必不可少。

(二) 商品计划视觉化:视觉营销

VMD 就是英文 Visual Merchandising 的缩写,即通过视觉的表现方法,把卖场中商品的魅力和特征(MD)有效地传递给消费者。一般又称为"视觉营销"或者"商品计划视觉化"。

VMD 一直以来是百货店和专卖店陈列服装、服饰等高级奢侈品的主要方法。近 30 年来,这一技术又被移植到大卖场、综合超市等新型业态,成为食品、日用品、家居用品、家用电器等商品陈列展示的主要方法,即通过视觉、听觉、嗅觉等表现方法,将卖场中不同商品的材料、味道、新鲜度、容量、质量、型号、样式、性能、使用方法等商品特征表现出来,传递给入店消费者,吸引他们对商品的关注和兴趣,以刺激购买。如卖场中玩具的 VMD,如果把玩具仅仅陈列在橱窗、货架或端架并加以装饰,从视觉上看很漂亮,但不一定能够引起孩子们的兴趣。若采用开放式陈列,并在玩具中装上电池,使其活动起来,发出声、光、电,并设置一个活动空间,让孩子们身临其境触摸和操作玩具,感受玩具带来的乐趣,其效果远胜于单纯的陈列与展示。

卖场中的 VMD 是整体的促销活动,是将商品展示、卖场布局、陈列方式、人员服务、POP 广告、卖场空间配色与灯光等多要素组合起来,是体现整体性和持续性的卖场促销活动,即将卖场中各要素和资源整合为一个整体,进行有计划的持续性的商品促销活动。卖场通过制定详细的全年 52 周的 VMD 计划,使卖场员工、供应商、促销员等清楚了解每周工作的重点和工作的优先顺序,以提高工作效率。因此,VMD 不仅仅是卖场整体促销活动,更是体现企业经营理念、提高经营效益的管理方法。

1. VMD 程序

VMD 程序是指活动过程中必须明确商品的目标顾客(Who)、商品概念及特性(What)、商品展示时间(When)、商品陈列地点(Where)、商品主要表现形式和方法(Why)、商品陈列道具(How)六个方面,如图 9-2 所示。

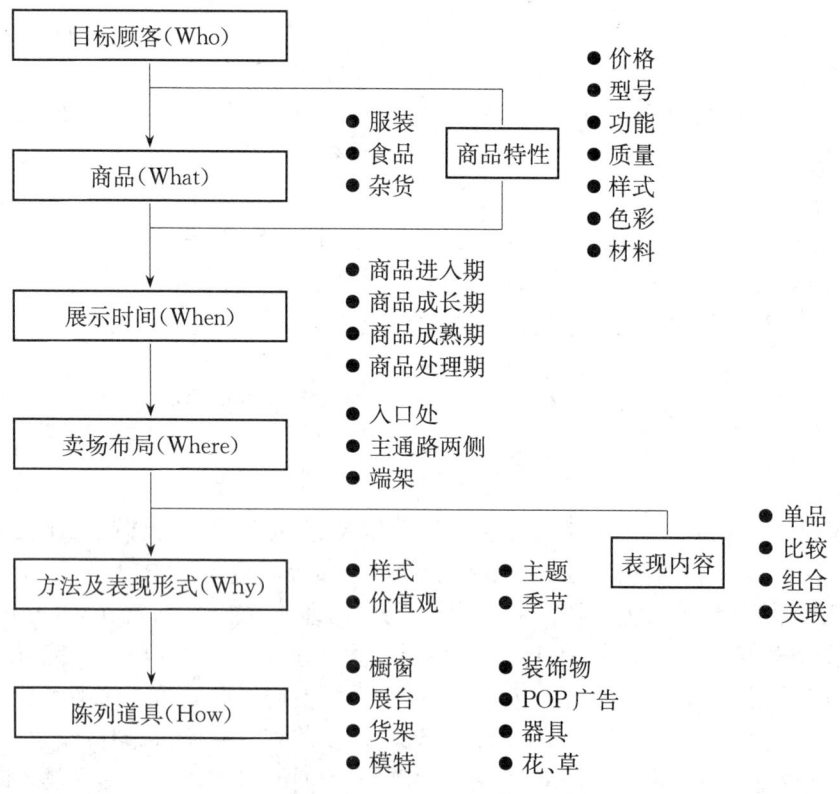

图 9-2 VMD 程序

2. VMD构成

卖场 VMD 由 VP、PP、IP 三部分活动空间构成,如表 9-3 所示。

(1) VP 空间。VP(Visual Presentation)空间是指从视觉上表现卖场重点商品的魅力。一般位于门店入口、店内大堂、楼层电梯出入口正面、主通路两侧等卖场最吸引顾客的位置。该空间通常以主题陈列方式展示和演绎季节关联商品、节日关联商品、新商品等。VP 商品的主要功能是吸引店内顾客的视线,因此,要求其商品的挑选和组合非常重要。

(2) PP 空间。PP(Point Presentation)空间是指在卖场中展示重点商品的场所。重点商品主要是指新产品、广告热播商品、话题商品、店长推荐商品等,应陈列在卖场主通路两侧等理想位置,并结合 POP 广告、电视广告进行陈列和展示。

(3) IP 空间。IP(Item Presentation)空间是指售货区中每一个商品品项的展示空间,与前两者不同,其更多的是提供便于消费者比较、挑选和购买的销售陈列。

表 9-3 VMD 构成

VMD 构成	目的	表现方法	场所
VP 视觉陈列	以主题提案的形式,通过视觉表现给顾客实际需要的重点商品	●在卖场最引人注目的地方展开 ●以顾客最关心的商品为主,进行生活提案陈列 ●POP 广告	●展示卖场整体形象的空间 ●店内展台、陈列平台
PP 视觉陈列	展示新产品、广告热播商品、话题商品、店长推荐商品	●展示和演出商品的使用方法、便利性和趣味性 ●表现商品特征的 POP 广告	●展示卖场重点商品的空间 ●卖场展台、平台、货架上端、壁面、柱子四周、端架
IP 销售陈列	便于顾客比较、触摸和挑选	●表现商品丰富 ●表现商品特征的 POP 广告 ●陈列器具要便于顾客挑选和触摸	●展示品项丰富的空间 ●衣架、货架、货柜

二、促销计划

连锁企业与门店每年应制定年度促销计划,使企业总部统一的促销活动以及门店自行安排促销活动有计划地进行。制订促销计划应考虑:促销目的、促销时期、需求特征、促销商品、促销主题、促销方式、促销预算、政策法令与道德等因素。

1. 促销目的

促销的一般目的是通过向市场和消费者传播信息,以促进销售,提高业绩,如扩大营业额、提高毛利额、稳定老顾客、增加新顾客、提高客单价、提高公司知名度等。然而,企业在某一时期还会有促销活动的具体目的。促销目的不同,促销方式也不尽相同。例如,为获得广泛的传播效果,宜采取广告促销方式;为获得长期效应,宜采取公共关系促销;为了在短时期内击败竞争对手,宜采取低价促销方式等。所以,在制订促销计划时,首先要明确具体的促销目的,这样才能有的放矢,事半功倍。

2. 促销时期

促销时期包括两个方面的问题:

(1) 促销活动的延续时间。一般将延续时间在1个月以上的促销活动称为长期促销活动,其目的是希望塑造门店的差异优势,增强顾客对门店的向心力,以确保顾客长期来店购物,如延长营业时间、提供免费停车、购物满一定金额可享受免费送货、经常向顾客免费赠送资料等。另外也有3~7天的短期促销活动,其目的是希望在有限的时间内,通过特定的主题活动来提高来客数及客单价,以达到预期的营业目标,如周末大特价、免费大赠送、国庆节大减价等。长期性促销活动应持之以恒,从开始到结束应始终如一,以树立稳定的良好形象;而短期性促销活动则不宜将时间拉得太长,否则会使顾客缺乏新鲜感而影响促销效果。

(2) 促销活动所处的季节及节令。不同的季节和节令、气候、温度,顾客的行事习惯和需求都会有很大的差异,一个良好的促销计划应与季节、月份、日期、天气、温度、节令、行事等相互配合。

3. 需求特征

消费者的需求特征因购买力、购买习惯、购买商品类别、需求目标等方面的差异而不相同,在制订促销计划时对需求特征的考虑应注意以下三个方面:

(1) 顾客在购买频率及购买时间选择上往往有较强的计划性。如购买生鲜食品,有些家庭每天购买,有些则是周末购买,有些是早上购买,有些则是下班后购买。顾客在购买商品品项的选择上往往事前无计划,看到合适的就购买。

(2) 购物前预先规划好商品品项的顾客只占平均购物者的35%,而据日本流通经济研究所的调查,在日本该指标值仅为8.5%。来自店面的决定一般会超过60%。因而,特定的促销活动对引导顾客的购买行为具有十分重要的作用。

(3) 不同区域的顾客的需求特征会有很大的差异。例如,有一家地处高级宾馆附近的超市,进口商品及一次性用品的销售量特别高,其主要原因是该类商品能适应宾馆旅客需求。

4. 促销商品

顾客的基本需求是能买到价格合适的商品,所以促销商品的品项、价格是否具有吸引力,将影响促销活动的成败。一般来说,促销商品有以下四种选择:

(1) 节令性商品。例如:元旦、春节选择礼盒、香烟、糖果、零食、南北货、玩具、火锅商品、清洁品、调味品;元宵节、情人节选择汤圆、热食、花灯、礼盒、文具、热饮、巧克力等;妇女节选择美容品、保健品、热食、热饮等;儿童节、清明节选择糕团、玩具、旅游用品、糖果、饮料等;劳动节、母亲节、端午节选择礼盒、粽子、母亲卡、调味品、美容品、雨具、婴儿用品等;夏季、暑期及父亲节选择饮料、旅游用品、礼盒、父亲卡等;教师节、国庆节、中秋节选择饮料、调味品、罐头、月饼、烟酒、礼盒、零食、文具等;秋末及初冬选择冷冻食品、热食、热饮等;冬至及圣诞节选择汤圆、火锅食品、圣诞卡、糖果、酒等。

(2) 敏感性商品。敏感性商品一般属必需品,市场价格变化大,且消费者极易感受到价格的变化,如鸡蛋、大米等。选择这类商品作为促销商品,在定价上稍低于市场价格,就能很有效地吸引更多的顾客。

(3) 众知性商品。众知性商品一般是指品牌知名度高、市面上随处可见的商品,选择此类商品作为促销商品,往往可以获得供货商的大力支持,门店的促销活动与大众传播媒介的广泛宣传相结合,如化妆品、保健品、饮料、啤酒、儿童食品等。

(4) 特殊性商品。特殊性商品主要是指零售企业自行开发、使用自有品牌、市面上无可比较的商品,这类商品的促销活动主要应体现商品的特殊性,价格不宜订得太低,但也应注意价格与品质的一致性。

5. 促销主题

一个良好的促销主题往往会产生画龙点睛的震撼效果,所以应针对整个促销内容拟订具有吸引力的促销主题。促销主题的选择应把握两个字:一是"新",即促销内容、促销方式、促销口号要富有新意,这样才能吸引人;二是"实",即简单明确,顾客能实实在在地得到更多的利益。

按照促销主题来划分,促销活动可分为以下四种:

(1) 开业促销活动。开业促销是常见的促销活动之一,因为它只有一次,而且与潜在顾客是第一次接触,顾客对门店的商品、价格、服务、气氛等印象,将会影响其日后是否再度光顾门店的意愿。所以经营者对开业促销活动都十分重视,希望能通过促销活动给顾客留下一个好的印象。通常开业当日的业绩可达平日业绩的5倍左右。

(2) 年庆促销活动。年庆促销活动的重要性仅次于开业促销,因为每年只有一次。因此,供应商一般都会给予较优惠的条件,以配合门店的促销活动。其促销业绩往往可达平日业绩的1.5～2倍。

（3）例行性促销活动。例行性促销，通常是为了配合国定节日、民俗节日及地方习俗等而举办的促销活动。一般而言，超市每月均会举办2～3次例行性促销活动，以吸引顾客光临。促销期间的业绩可比非促销期间提高2～3成。

（4）竞争性促销活动。竞争性促销活动往往发生在竞争店数量密集的地区。当竞争店采取特价促销活动或年庆促销活动时，通常会推出竞争性促销活动。

6. 促销方式

促销方式从市场营销学的角度来划分，大体上有人员促销、广告促销、特种促销、公共关系促销、企业形象促销五种。

7. 促销预算

确定促销预算的总的原则是：因促销而为企业增加的贡献应当大于促销费用的支出。制定促销预算的常用方法有如下四种：营业额百分比法、量入为出法、竞争对等法、目标任务法。

在确定促销总预算之后，还必须考虑经费负担问题。由于食品、日用品在超市及便利店中的销售比例日益上升，供应商与门店共同负担促销经费的方式已成趋势。其主要办法如下：

第一，供应商的促销活动融入门店的促销计划内。如由供应商提供样品和赠品；举办推广特定供应商商品的促销活动；配合供应商在大众传播媒介的促销活动，在店内开展优惠促销活动，并由供应商贴补促销费用等。

第二，供应商向门店租用特定位置、使用权或设备，以推广其商品。如租用端架或大量陈列区；支付购物袋背面印刷广告的权利金；支付利用店内灯箱做广告的权利金等。

8. 政策法令与道德

促销活动的策划者应当熟悉有关法律及政策对零售企业促销活动的制约。随着我国法律法规的健全，对促销活动的法律约束也会越来越严格。对目前尚未制定约束条款的促销行为，经营者应从商业道德角度来判断合理与否。

三、促销注意事项

零售企业实施促销活动，应该注意以下事项：

（1）明确三种促销。一是怎样使顾客对特定品牌的零售企业产生好感，这种好感可能是整体的，也可能是部分的，需要长期努力的培养才能做到，实际上是零售企业品牌与特色问题。所以，对连锁企业来说，最重要的是优化品牌与树立特色，即"品牌促销"。二是怎样使顾客对特定品牌的特定门店有好感，并且愿意关注这个门店的动态，经常光顾这个门店。这就需要给消费者提供实在的利益，并建立良好的沟通渠道，即"推广促销"。三是消费者到了特定门店以后，使消费者在门店的逗留时间更长,买的东西更多。这就需要用陈列、POP、卖场气氛、人员服务、设施配置等吸引顾客,即"环境促销"。

(2) 促销与消费者活动相结合。直接以促进销售为目的的活动称为"促销",但是,有许多活动和设施虽然不是直接促进销售,但有利于改进门店形象,扩大顾客群,会间接地影响销售。这样的活动可以称为"消费者活动",可以说是一种"隐蔽的促销活动"。

(3) 供应商的促销与零售商的促销相结合。供应商往往会举办一系列的促销活动,如新品推广、季节性促销、节日活动等。零售商也会自行组织促销活动,如年庆活动、常规的 DM 促销、生鲜节等。两者可以相互配合,共同实施促销活动。应特别注意,零售商应有自己的促销计划,不能为了促销费用而让供应商单方面决策。

(4) 实施差异化的促销计划。由于不同地区的消费水平与消费习惯不同,对促销活动的反应也不尽相同,有些地区的消费者就是喜欢赠品,没有赠品就少买甚至不买,甚至认为没有赠品就不正常;而有些地区的消费者则喜欢折扣,喜欢会员制折扣方式。但特价让利则是任何消费者都喜欢的。所以,在制订与实施促销计划的时候一定要对当地的风土人情、消费需求、竞争状况进行详细的调查。

(5) 陈列就是促销。超市与便利店都是依靠陈列把商品销售出去的,所以,陈列本身就是促销。与陈列紧密关联的是 POP 广告,这是商品展示自己的有效办法,必须与陈列相配合。

(6) 促销要保持在时间上的领先。顾客对特定商品在特定时期的需要量、特定公司对特定产品的促销支持力度基本上是一个常量。所以,对零售商来说,谁先做促销,谁就更有优势。

(7) 促销时间不宜太长,也不宜太短。促销时间过长,顾客就习以为常了,对销售不会有刺激作用,促销价也被顾客看作正常价了。若两次促销间隔周期太短,也容易引起多方面的问题,如积压与缺货并存。

(8) 促销活动要与社会活动相结合。社会上出现重大事件,一定要积极响应,以显示与社会互动的时代精神,迎合公众心理。

(9) 促销并不是向供应商要钱的活动,而是工商联合共同创造价值。只有为供应商创造好的业绩,才能获得供应商更多的支持,也只有零售商有利可图,才能支持供应商做各种形式的产品推广活动。互动、互利,才能和谐发展。

(10) 促销评估不可缺少。促销评估是贯穿促销全过程的活动,而不仅仅是促销活动结束以后的事情。促销效果好坏应关注三个方面:① 商品的综合性,即考虑促销品与非促销品销售情况;② 评估时间的综合性,即考虑促销前、促销中、促销后的情况;③ 效益的综合性,即综合考虑销售、毛利、净利、品牌效应等。

四、促销方式

除人员促销、广告促销、公共关系促销、企业形象促销四种常规的促销方式外，卖场最常用的促销方式是营业推广。

1. 特价

所谓特价就是利用商品降价以吸引消费者增加购买量，如某商品原价6.80元，特价4.50元。"价格合理"是消费者认为理想门店最重要的条件，许多店长也认为特价是最佳的促销方式。因此，商品降价特卖是最常用的促销方式。运用这种促销方式应注意如下几点：

(1) 坚持商业道德。从现实促销活动中可以看到，有的企业的特价促销活动带有一定的欺骗性。其主要表现为：① 在广告中以商品的正常价格与现行价格相比，诱使消费者相信现行价格比正常价格大幅度减少。而实际上，在此之前很少按这里所说的"正常价格"出售，因此实际的节省并没有广告上所说的那样大。② 特价出售某种商品，从而诱使顾客购买昂贵商品。当顾客被广告吸引进门店时就会发现：真正有价值的特价品数量很少，或这些商品的质量比较差，因此，虽然价格较低，也并无多大实惠。结果，在无意识中购买了不少其他非特价的高价商品。企业在采用特价促销时应避免上述两种不道德的商业行为。

(2) 商品品项要精选。品项选择的基本原则是质量上乘、顾客需要；要配合促销主题来选择品项，如春节促销活动以礼盒、年货等商品为主，而冬季促销活动则以汤圆、火锅食品、保健品为主；品项不宜太多，促销时间也不宜太长。

(3) 特价品的供应数量要充足。大部分特价品，如购买频率高、购买数量大的商品，都应该无限量地供应。这样做既能扩大销售、增加毛利总额，又能充分满足顾客的需求，使顾客真正获得实惠。当然，少部分价格特别低廉的商品也可以实施限量供应策略，但此策略的运用必须符合有关促销约束的法律条件。

(4) 特价促销必须与广告媒体相配合。常用的广告媒体有平面媒体广告、店头海报、宣传单、店内POP广告和广播等。

2. 折扣优惠

折扣优惠是让消费者在购物中直接得到价格优惠。具体方法又分为多种类型：

(1) 折扣券，即顾客凭卖场发行的优惠券购物，可享受一定的折扣金额。如某商品原价145元，凭折扣券购买只需付119元。折扣券还可以与抽奖、赠送等活动相配合。这是卖场普遍采用的促销方式。运用折扣券促销时应注意：第一，折扣券的设计力求简单明确，折扣券上应清楚地标明折扣的商品、折价的金额、何种赠品、兑换地点、兑换期限等；第二,折扣券实施期限通常为3~7天；第三,宜选择周转率高的商品为折扣商品；第四,要有较大的折让率,否则回收率会很低；第五,常采用报纸或宣传单附送折扣券。

（2）购买折扣,即当消费者购买商品时,按商品的标价直接给消费者一定数量的折扣。运用此方法应注意：第一,不能虚构原价,如原价100元的商品,却标示"原价150元,折价60%"；第二,不能用"全面打折"的招贴；第三,折价活动结束后应及时取下打折招贴,以免发生纠纷。

（3）数量折扣,即按消费者购买数量的多少,分别给予大小不同的折扣。购买数量越大,折扣越大。具体方法有两种：第一种,累计数量折扣,即顾客在一定时期内,购买商品达到一定数量或一定金额时,按其总量大小给予不同的折扣。其目的在于稳定客源,并有利于掌握进货进度。第二种,非累计数量折扣,即按顾客每次的购买量来折价。其目的是鼓励顾客一次性大量购买。

（4）免服务折扣,有些商品价格中含有一定的服务费,企业对没有条件享受服务或自动放弃服务享受的顾客,给予一定的价格折扣,这就是免服务折扣。如保修费退回、送货费退回等。免服务折扣不仅有利于保护消费者的合法权益,而且有利于增强对顾客的吸引力,提高企业声誉。

（5）有效期折扣,即按商品离有效期时间的长短而给予不同的折扣。如鸡蛋、牛奶等食品可按离保质期限时间的长短来确定价格。

（6）限时折扣,即在特定的营业时段提供优惠商品,以刺激消费者狂热购买。如限定下午4~6时,某种生鲜食品五折优惠。运用此办法应注意：第一,以宣传单预告或利用门店销售高峰时段,以广播方式刺激消费者购买特定优惠商品；第二,价格优惠必须在三成以上。

3. 奖励活动

这是一种以奖促销的方式。常用的具体方法如下：

（1）抽奖,即购物满一定金额即可凭抽奖券立即兑奖或到指定时间参加公开抽奖。这项活动可激发消费者以小搏大的乐趣,所以实施效果良好。应注意的问题是：第一,决定顾客参加抽奖的消费金额,通常是以平均客单价为基准再向上适当增加,如平时客单价为68元,则可设定80元或100元；第二,决定抽奖商品的金额,通常抽奖商品的金额多为此次促销活动预估增加营业额的5%~10%,或根据厂商赞助情况而定；第三,决定奖励方式及项目,较大的奖励项目（如免费旅游、高档家用电器等）一般用定期公开抽奖方式,较小的奖励项目一般用立即摸彩兑奖的方式,用购物券作奖励也是一种很有效的方法,但购物券不能限额使用。

（2）赠送礼品,即消费者免费或购买一定金额时即可获得赠送礼品。其具体方式有三种：一是免费赠送，只要进店就能免费获得一件小礼品，如气球、面纸、盘子、开罐器、玻璃杯、春联、鲜花等；二是买后才送，即购物满一定额度才能获得礼品，如酱油、色拉油、洗洁精、玩具等；三是随商品附赠，如买咖啡送咖啡杯、买酒送酒杯、买生鲜食品送保鲜膜等。

（3）竞赛活动，即组织特定比赛，提供奖品，以吸引人潮。如母亲节画妈妈比赛、喝啤酒比赛、象棋比赛、卡拉OK大赛、猜谜比赛等。这类比赛项目应着眼于趣味性及顾客参与性。

（4）交易印花，即顾客通过购买而得到的一种特殊类型的赠奖，当顾客将交易印花积累到一定数量时，可以在任何一家连锁门店领取某些特定商品。

4. 售点陈列和商品示范表演

销售现场有效的商品陈列、厂商联合组织促销活动以及示范表演或免费品尝等都是十分有效的促销方式。常用的促销方法有：

（1）展示台与广告牌，即针对某一种特定商品，搭一个展示台，上面陈列该商品的盒子，并配上大型的广告图片及相应的POP广告，以吸引顾客的注意力。这种方式一般由供应商承担全部费用以及支付一定的权利金。

（2）面对面销售，即由店员通过柜台直接向顾客面对面销售商品。常用于鲜鱼、鲜肉、熟食、散装水果、香烟等商品。实施这种方法时要注意：面对面销售区常设于生鲜部或其附近；要选择销售经验丰富的店员从事面对面销售工作；强调商品的鲜度及人员的亲切服务。

（3）现场示范或提供免费品尝，即在门店示范商品的使用方法或食品的烹调方法，并提供免费样品供消费者品尝，如免费试吃香肠、水饺等。这是提高新产品销售量的有效方法。

（4）量感陈列，即在门店辟出一个空间或将端头货架拆除，将单一品项或2～3个品项作大量的整箱陈列。此活动通常配合商品降价同步实施，而且所选定的商品必须是周转率高、知名度高且有相当降幅的商品，以充分达到促销效果。同时，与量感陈列相配合的POP广告要特别强调有吸引力的价格。

5. 会员制促销

会员制促销，即消费者只需缴纳少量费用，或达到一定的购买量，即可持有会员卡，成为连锁企业的会员。会员一般享有多种优惠：① 会员在购物时可以享受比非会员更大的价格折扣；② 会员在购物时可享受保险及送货上门等服务；③ 会员持卡购买大宗昂贵物品时，可享受分期付款的优惠；④ 视会员在门店内的消费总额和企业的盈利情况，年底给予一定的分红或返还；⑤ 会员每2周或1个月有机会参加门店组织的联谊活动，可以彼此沟通信息，并获得门店的一份礼物；⑥ 对会员每半个月或1个月中有1天优惠购物日；⑦ 会员每2周或1个月即可获得一

份印刷精美的门店最新商品信息,并享受电话订货和送货上门服务。会员制的具体形式如下:

(1) 公司会员制(Corporation Membership)。消费者不以个人名义而以公司名义入会,门店向入会公司收取一定数额的年费。这种会员卡适宜于入会公司内部雇员使用。在美国,日常支付普遍采用支票,很少用现金结算,故时常发生透支现象,所以,公司会员制实际上是入会公司对持卡人购买的一种信用担保。公司会员制的会员在购物时可享受10%~20%的购物优惠和一些免费服务项目。非会员购物时不能以个人支票支付,只能用现金结算。

(2) 终身会员制(Lifelong Membership)。消费者一次性向门店缴纳一定数额的会费,成为该店的终身会员,可长期享受一定的购物优惠,并且长年可以得到店方提供的精美商品广告,还可以享受一些免费服务,如电话订货和免费送货等。

(3) 普通会员制(Common Membership)。消费者无需向店方缴纳会费或年费,只需在门店一次性购买足额商品便可申请到会员卡,此后便享受5%~10%的购物价格优惠和一些免费服务项目。

(4) 内部信用卡会员制(Internal Credit)。适合于大型高档商店。消费者申请某店信用卡后,购物时只需出示信用卡,便可享受分期支付货款或购物后15~30天内现金免息付款的优惠,有的还可以进一步享受一定的价款折扣。

6. 消费者活动

开展消费者活动的主要目的是保持门店与消费者之间的良好关系,具体包括以下四个方面:① 建立门店与消费者之间的双向沟通渠道,以情感来促进销售。② 向消费者提供多元化的信息服务,丰富消费者的日常生活,并增加其惠顾频率。③ 掌握消费动态,培养忠实的长期顾客。④ 树立良好的企业形象。

收集消费者资料是开展消费者活动的基础性工作。一般而言,消费者资料可以运用活动的方式来收集,具体方法是:① 利用开业或节庆促销时的DM剪角,填写顾客基本资料来兑换纪念品。② 利用抽奖活动的奖券来收集顾客资料。③ 利用累积数量折扣券来收集顾客资料。④ 利用申请会员卡来收集顾客资料。⑤ 利用商圈住户拜访来收集顾客资料。⑥ 利用居委会的现成资料来收集顾客资料。

消费者活动的方式多种多样,下面介绍几种常用的方式:

(1) 消费者意见访问。其做法是:设置意见箱、人员访问或电话访问。意见箱可长期实施,人员及电话访问则根据需要不定期实施。应注意的要点是:重视消费者提出的意见或建议,及时改正和采纳;意见箱定时开启,长期实施,否则就不要轻易设置;向消费者征求意见的访问要有明确的主题,以便于消费者有针对性地回答;对提供意见者要给予奖励,每月抽奖并公布姓名,以鼓励参与者。

(2) 提供生活信息。其做法是：在门店内特定商品的前方制作 POP，说明商品特色、用途或食用(使用)方法；在服务台免费派送商品信息的印刷品；利用固定的公布栏提供日常生活信息。应注意的要点是：以定期的方式提供信息，如每周或每月更新一次为宜；所提供的资料具有知识性、科学性和趣味性；控制成本；有计划地长期实施，并不断更新。

(3) 恭贺问候。其做法是：根据消费者资料寄发生日卡、节庆贺卡。应注意的要点是：贺卡由店长亲笔签名，不可用印刷方式；贺卡应在特定日期前一日或当天寄到，不得逾期；贺卡形式每年更换；贺卡寄出后，在特定日期当天，再由店长以电话方式恭贺。

(4) 成立商圈顾问团。其做法是：由店长邀请商圈内经常购物的消费者或公开召集热心提供意见的顾客担任顾客团成员；由店长担任召集人，定期举行咨询会议。执行要点是：每月举办一次，每次 2 小时；会议之前要将主要议题告知与会者，以便于准备；主持要引导讨论，并记录各成员意见，不要下结论；每次会议前公布前一次采纳意见的实施成效；要向参与者赠送纪念品。

(5) 举办公益活动。其做法是：发起慈善公益活动，如献血、救济；关心环保公益活动，如认养动物、树木等；关心社会公益活动，如赞助当地消防队救火器材、赞助当地学校等。执行要点：选择与本企业经营理念相符合的项目来实施；鼓动临近门店或其他公益团体共同举办；以新闻的方式加以宣传；掌握社会热门话题。

7. 其他促销方式

除上述促销方式外，尚有下列促销方式可供选用：

(1) 一价制，即将若干个品项的商品堆放在岛式陈列架上，以统一价格出售或把几个品项组合起来销售。例如，拼装一塑料桶商品 50 元，并陈列于出入口、端头或其他显眼的地方。这种方式能使顾客产生便宜感而促进销售。

(2) 适量包装，即根据不同消费者一次消费量的大小来确定单元包装量。例如，适合单身家庭的小盒包装；适合三口之家晚餐的叶菜包装以 350～400 克为宜。

(3) 提供生活情报，即定期向消费者提供日常生活信息，如菜谱、保健常识、商品知识、饮食动态、居家生活小常识等。

(4) DM 广告，即将 DM 广告在商圈范围内挨家挨户分发，顾客凭剪角便可获得一份日用的礼品。

(5) 服务性促销，即推出一系列服务性商品，向顾客提供多种服务，既能满足消费者潜在与实际的需求，同时也能为企业创造意想不到的利润。例如，代缴公用事业费、附设付费电话、代售电话卡、代售电影票、代售邮票、代售旅游区门票、车辆充气、家用五金工具出租、附设自动提款机、冲洗相片、代送包裹、代收/送洗衣物、传真服务等。这项促销手段的运作原则是：只要能解除居民的烦恼、提供方便、增加快乐的项目都可以开发。

五、DM广告

DM简称邮报，是发放给潜在顾客或在门店内供顾客取用的刊载商品促销信息的内部刊物。连锁企业一般都会定期制作DM广告，以促进门店的销售。零售企业实际促销中，进行DM促销活动的操作过程，必须遵循一定的规则和流程，以保证促销活动的正常有序进行。

1. 营运程序

门店在执行总部的DM广告促销活动计划时，其营运程序如图9-3所示。

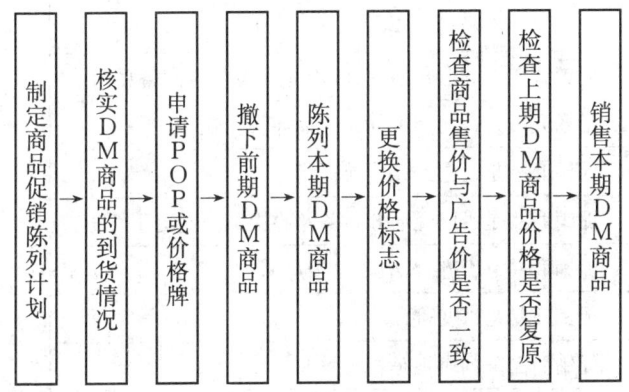

图9-3　门店执行DM营运程序

2. 到货审查

DM广告实施前，核实到货情况：主要核查订货是否已到，数量是否充足。如数量不足，可将两种商品并列陈列；对数量多且价格有优势的品牌商品，可多做一个端架或堆头；如没有到货，要及时与采购或供应商联系，并用其他商品替代，待有货时，再恢复该品项的陈列。

3. 陈列执行

（1）陈列规则。制定DM广告商品的陈列计划时，一般应注意：每一个端架或堆头上陈列的商品品项要集中；不可有空端架，如DM商品数量不足，则应事先考虑其他替换商品；陈列美观、活泼、饱满；DM商品的销量较大时，为及时补货，需注明商品的库存存放区域等。

（2）陈列时间。更换端架的时间，为此期DM的前一天营业结束后，即所有

DM 商品的陈列应在档期 DM 第一天营业开始前完成。

（3）陈列方法。先撤下前期 DM 商品，将其补充到货架上使排面丰满，剩下的商品分箱装好，填写库存单，存放在库存区，清洁端架或堆头的地面，陈列本期 DM 商品，要保持周边区域的卫生并及时清除空纸箱等杂物。

（4）标志。撤除上期 DM 广告商品价格标签，不能有遗漏，更换本期 DM 商品的价格标签。

（5）检查。本期 DM 开始当天的营业前，销售部门人员必须逐一检查本期 DM 商品的电脑售价与 DM 广告、价格标签三者是否一致，如有错误，立即更正，同时检查上期 DM 商品的价格标签是否与电脑系统的价格一致。具体检核项目和内容如表 9-4 所示。

表 9-4 促销活动检核表

类别	检核项目	是	否
促销前	1. 促销宣传单、海报、横幅、POP 是否发放及准备妥当		
	2. 卖场人员是否均知道促销活动即将实施		
	3. 促销商品是否已经订货或进货		
	4. 促销商品是否已经通知财务及收银部门变更手续		
促销中	5. 促销商品是否齐全，数量是否足够		
	6. 促销商品是否变价		
	7. 促销商品陈列表现是否吸引人		
	8. 促销商品是否张贴 POP		
	9. 促销商品品质是否良好		
	10. 卖场人员是否均了解促销周期及做法		
	11. 卖场布置气氛是否活跃		
	12. 店内人员是否定时广播促销做法		
促销后	13. 过期海报、POP、横幅、宣传单是否拆下		
	14. 商品是否恢复原价		
	15. 商品陈列是否调整恢复原状		

六、POP 广告

POP 是英文 Point of Purchase 的缩写，POP 广告俗称店头广告或销售时点广告。POP广告的目的是：诱导顾客至店内，使顾客容易选择商品，以促进销售。因此POP广告被称为"默默工作的销售员"。

1. POP广告的种类及摆设位置

POP广告大体上可分为两种基本类型，即来自供应商的POP和连锁企业自制的POP。来自供应商的POP有两种类型：一是固定式的，如冰箱上的贴纸、附于包装内的卡通图片等；另一类是非固定式的，如企业宣传广告和商品宣传广告等，一般都由供应商业务员送至店内悬挂或张贴。这些POP都是免费提供的，连锁门店应积极配合，否则会影响供应商参与门店促销活动的积极性。连锁企业自制的POP是配合新店开业、年庆或举办促销活动而制作的，大型的促销活动一般都由连锁总部制作POP，例行性的促销活动则往往由门店自行制作。POP的具体类型及位置分以下五种：

（1）海报。其功能是向顾客告知促销活动的内容，贴于门店外的橱窗，或在门店外悬挂红条幅。必须注意的是，POP绝不能胡乱张贴，而且要汰旧换新，以免旧的褪色POP损害店头外观，损害门店印象。

（2）店内悬挂物。其功能是配合节令或促销活动，以增强门店的生活气氛，一般是悬挂于店内天花板上。必须注意的是，悬挂物的色彩一定要鲜艳，保持整洁卫生，并要控制悬挂物的数量。

（3）定点广告宣传。其功能是宣传由供应商推荐的特定商品，由展示台、展示品及相应的店内海报、购物说明等组成，一般位于大型超市收银台外的空余场地内。必须注意的是，不要影响顾客进出通道的畅通。

（4）门店指南。其功能是向顾客展示门店的商品配置及商品区分，常见的有门店商品配置图、划分各大类商品区域的吊牌、特定商品群的指示牌以及"入口处"、"电话"、"禁烟"、"厕所"等指示牌。

（5）标示价格及说明商品的POP。其功能是激发顾客对特定商品的购买欲望，这是最重要的POP广告，如特价品POP、说明用POP、推荐品POP等。这类POP位于商品陈列处，或在商品陈列处上方天花板悬挂，再配合陈列位置的POP。这类POP应包括三项重要内容：第一是价格，要让顾客知道商品很便宜；第二是价值，告知商品的特色、成分、质量等；第三是提供使用（食用）方法。

2. 制作POP应注意事项

POP的制作是一项艺术性的工作，应注意以下几个方面：

（1）制作POP广告所需的用具。制作POP时必需的用具有：厚而大的三角板；直尺一把，长尺一把；美工刀；羽毛刷；圆规；平头笔；粗细不同的铅笔；各种广告颜料；小盘子；橡皮擦；洗笔盒；剪刀；画板；胶带等。

（2）树立POP广告的特色。不同国家或地区的POP广告有一定的差异，大体上可分为三种类型：第一种，美国式POP，突出数字（价格），且以印刷为主，注重色彩，以大型的POP为主，小POP皆由商品价格卡取代；第二种，日本式POP，注重商品特卖价格及商品料理方法的介绍，往往是大型POP与小型POP相结合；第三种，中国台湾式POP，文字说明及数字大体各占POP的一半位置，是介于美国式与日本式之间的一种特殊形式。

（3）制作POP应考虑的因素。POP用纸以白色横长形较好，使用有颜色的纸张时，以浅色较合适；书写方法以由左向右横写为原则，也可使用有意识的纵写；文字要说明商品特征、使用方法、价值等内容；色彩的使用要与季节、商品相配合；不要有错字、繁体字、脱字、别字等情形；装饰不要太复杂等。

（4）特价POP的常规内容。特价POP应明确、活泼，且具有引导性，一般应包括八项基本内容：说明文，说明特价的原因；特价品的插图，以卖什么画什么为原则；必要的装饰；特价日期，即特价的起始日期；厂商名或产地；品名；原价，应用较小的字体；特价，应用较大的字体。

（5）数字的价格印象。据研究，数字给消费者的价格印象是："0"与"5"是价格适中的印象；1~4是贵的印象；6~9是便宜的印象。所以，在制作POP广告时，价格尾数使用频率最高的数字是6~9，约占85%，其次是"0"，约占10%，使用频率最低的是1~4，约占3%。

本 章 小 结

1. 以客流量为中心的营销策略。① 早期以来客数为中心的营销策略认为，只有不断扩大商圈的范围，吸引更多新顾客，才能提高销售额和利润。因此许多零售企业一方面投入巨资进行广告宣传，另一方面大打价格战，进行持续的特卖促销。② 其后形成了"对顾客识别管理的营销策略"，主要方法是通过会员制，利用购买金额累积积分，奖励长期稳定来店购物的顾客，并期待他们转为固定顾客。美国零售企业还开发了一种称为FSP(Frequent Shopper Program)的促销方法，即"回头客计划"。

2. 以客单价为中心的营销策略。这是要围绕店内顾客开展营销活动，使其能够在店内方便行走，有吸引其眼球的各种商品，并诱发顾客购买，在购买时增加其购买数量，尽可能使顾客购买单价高的商品。因此，需要分析顾客在店内的购买行为特点，在此基础上研究制定刺激和劝诱顾客非计划性购买的营销手段和方法。

3. 卖场营销的目的是提高卖场的经营业绩，可以从两个方面考虑：增加来店客数和提高客单价。这两个因素中重要的是提高客单价，它是卖场营销的重要因素。需要从五方面入手考虑：顾客动线长度、顾客停留率、顾客的注目率、顾客的购买率以及商品的单价。因此，门店形象、卖场布局、商品组合与配置、商品陈列、POP以及卖场整体的VMD等都是围绕提高客单价实施的营销活动。

4. 卖场营销实际研究的是门店的卖场空间、商品与顾客之间的互动关系，强调的是商家通过卖场环境与商品自身的有机结合，并做到有计划地干预顾客的店内购买行为。因此，对顾客心理与行为的研究是决定卖场营销水平的关键。

5. 商品的常规分类方法，主要是按照商品属性分类，这一分类标准与消费者的分类习惯往往是不一致的。在生活水平不断提高，商品越来越丰富的社会背景下，按照商品用途与目的分类，已逐渐成为零售行业的共识。

6. TPOS分类法是一种将商品按用途、使用目的进一步细化的分类方法，即按时间(Time)、场所(Place)、动机(Occasion)、生活方式(Life Style)进行分类。其强调在商品分类过程中，必须充分了解每种商品在消费者实际生活中是如何使用的，使用的目的是什么，与什么样的商品一起使用，在什么时间、场合使用，在什么样的氛围中使用，想达到什么样的使用效果，即按5W1H(Who、What、When、Where、With、How)的要求，根据商品实际使用状况进行分类。

7. 商品组合不仅仅要研究价格带与价格线，还要根据目标顾客群的需求特征与业态特征，明确不同类别商品的功能。按照商品结构功能性定位原理，可以将经营商品分为形象商品、销量商品与效益商品三类，实施分类管理，达到不同的经营目的。

8. 促销在很大程度上决定了商品经营活动的有效性。零售商要从供应商那里取得一个特别低的价格是有难度的，因为供应商一般不愿意得罪其他零售商。但供应商愿意配合特定的零售商做促销活动。所以，供应商的促销支持力度就十分重要，这取决于零售商的促销策划。零售企业应该变被动促销为主动促销，根据公司的策划，向供应商提出促销配合的要求。

问题思考

1. 怎样理解卖场营销内涵？它与一般营销有什么不同？
2. 零售商与生产商在营销方面的关注点有哪些差异？
3. 零售商卖场营销策略有哪些？
4. 提高零售业绩的关键因素是什么？
5. 什么是卖场的VMD？
6. 消费者购买行为与VMD有什么关系？
7. 卖场中POP广告起什么作用？

一、食品超市"教师节"促销活动策划

目的：通过制定某门店具体的促销方案，锻炼学生分析问题与解决问题的能力，懂得在不同的条件与背景下制定适宜的促销策略。

组织：以小组为单位制定一份促销策划方案，小组人数4～5人为宜，小组成员要合理分工。

内容：选择校园内某一零售门店，设计"教师节"促销方案。

讨论题：

促销方案应体现哪些内容？

二、促销折扣的计算

卖场促销方式不断翻新，在百货公司内部开设的专卖店，必须面对各种促销方式，并计算相应的折扣率。

1. 直接促销

直接做折扣促销。例如，卖场要求品牌商连做3天的七折促销活动。

2. "买减"或"买送"活动

例如，卖场要求品牌商做3天促销活动，活动内容是买满600元减200元。这时，就需要认真计算促销折扣的幅度大小。计算方法见表9-5。

表9-5 促销折扣的计算(1)

商品价位	所减金额	计 算 方 式	折 扣
800元	200	=(800−200)/800	0.75
1 100元	200	=(1 100−200)/1 100	0.82
1 500元	400	=(1 500−400)/1 500	0.73
1 800元	600	=(1 800−600)/1 800	0.67

假设这个品牌的商品的价位在800～1 800元之间，那么计算结果显示：在单件购买的情况下，本次促销的折扣在六七折至八二折之间。其中价位在1 800元的商品折扣最高，价位在1 100元的商品折扣最低。

3. "买减"+"买送"活动

例如，卖场要求品牌商做3天促销活动，活动内容是：买满600元减200元，一次性买满1 500元后再送300元的代金券。这种促销的最终折扣算法见表9-6。

表9-6 促销折扣的计算(2)

一次性消费	所送金额	计算方式	折扣
1 500元	300	(1 500−300)/1 500	0.8
折扣1	折扣2	计算方式	最终折扣
0.73	0.8	0.73×0.8	0.58

计算结果显示：顾客在一次性消费1 500元的情况下，先享受买减折扣，再享受代金券，大约可享受到五八折的优惠。

资料来源：《店长》2011年第1期，作者：滕斌。

讨论题：

1. 计算销售折扣要考虑哪些因素？

2. 如果消费者购买金额为1 600元、3 000元、3 200元，顾客可享受的最终折扣是多少？

第十章　门店防损管理

学习目标

1. 明确损耗的定义与计算方法。
2. 熟悉产生损耗的主要原因。
3. 了解防损管理体系及防损管理内容。
4. 掌握损耗控制的基本方法。

连锁门店由于营业时间长、现金交易、开架陈列等原因,容易产生各种损耗、不安全状况以及潜在的危险因素。管理者不仅要考虑财物与人身安全问题,还要把商品安全纳入安全管理的范畴,商品安全不仅仅是食品安全,也包括非食品的安全。防损有两个方面的基本含义:一是控制各类损耗,二是提供工作和购物的安全保障。本章主要介绍"防损管理","安全保障"将在第十一章中介绍。

【引导案例】

现金为什么被盗?

某超市连锁门店营业到凌晨一点钟,下班打烊后门店把夜间安全工作事宜交接给了值大夜班的防损员。夜班防损员在值班巡查的过程中,发现门店后面的一扇门被打开了,惊讶之余细查,才知后门已经被人撬开。防损员立即将此事报告给了门店店长,店长立即赶到现场,并把该事件上报给了营运部及安全管理部门。

第二天,营运部及安全管理部门在协同警方共同侦破此案件后初步断定:昨晚在门店作案的小偷,在门店下班打烊之前就躲在门店里面的某一角落,等门店工作人员下班后避开店内所有监控录像,撬开了办公室装现金的抽屉,再撬开后门扬长而去。营运部及安全管理部门一同协查,门店晚间《清场记录表》有相关人员巡场记录签名;再查夜班防损员也有半小时巡查的记录;店长晚间下班也把现金锁入抽屉。

资料来源:联商博客,作者:李春波。

阅读思考:

1. 本案例中是否存在不规范操作?
2. 如果一切都按规定流程操作,为何还会发生现金被盗事件?

第一节　损耗的定义、分类与计算方法

零售企业的净利润率一般在3%以下,而在全球范围内,90%的零售企业的损耗率也在销售收入的3%以内。可见,零售企业的损耗与净利润大体相当。但由于引起损耗的原因非常复杂,不同企业处理损耗的原则也不尽相同,所以,对损耗的定义国内外至今还没有一个统一的标准。

一、损耗的定义

国外零售企业一般将"不明原因的库存短缺金额"称为"损耗",而把已知原因的库存减少,如报损的商品称为"损失"。报损商品相当于商品毛利的损失,是降价金额的一部分。

美国食品营销协会(Food Marketing Institute,FMI)对"损耗"的定义是:损耗是门店接收货物时的商品零售值与售出后获取的零售值之间的差额。例如,如果某一商店收到了价值10万元的零售商品,完全出售后,商店只实现了9.9万元的收入,商品的价值减少了1 000元,那么就存在1%的损耗。

我国一般是将"账面库存与实物盘点库存之间的差额"定义为"损耗"。差额为"负数"就是"盘损",差额为"正数"就是"盘溢"。从企业盈利性角度来分析,这个定义较好地反映了企业所承担的损耗。但从损耗控制的角度来分析,损耗应该是指商品的进、销、存全过程所发生的一切损失。包括看得见的损失(如商品损坏、报废等)与看不见的损失(如商品丢失、缺货损失等)。

中国连锁经营协会与毕马威企业咨询(中国)有限公司对我国零售企业的联合调查显示:损耗率小于1%的企业占95%。可见,我国零售企业的损耗率明显低于全球水平。其主要原因是:损耗处理原则不同。我国有超过六成的企业,对超

过标准部分的损耗采取"由供应商或员工补偿"的办法,只有37%的零售企业自己承担全部损耗。由此可见,我国零售企业的实际损耗会大于账面损耗。在损耗控制中,不仅要看账面损耗,还要考察实际损耗状况,尤其是损耗率比较低的连锁门店,更应该引起管理部门的注意。

二、损耗的分类

损耗主要分为两大类:原因确定的损耗与不明原因的损耗。

原因确定的损耗主要是变价损耗与报废损耗。① 变价损耗:因商品促销降价而引起的损耗;② 报废损耗:因商品订货或保存不当等而导致商品报废所产生的损耗,这两项损耗都可以从销售数据和单据核对中检查发现,是比较容易控制的损耗,也称为"硬损耗"。

不明原因的损耗是指因营运和流程控制失效所造成的原因不明确的损耗,如订货损耗、收货损耗、搬运损耗、堆放损耗、库存损耗、盗窃损耗、制作损耗、技术损耗、收银损耗、价格损耗、时间损耗、机会损耗等,也称为"软损耗",如表10-1所示。

表 10-1 软损耗分类表

类别	定义	举例	注意事项
订货损耗	因订货差错而引起的损耗	厂牌错误、品项错误、规格错误、数量错误、重量错误、品质错误、有效期限错误	了解真实的库存状况、生鲜等特殊商品要掌握送货时间、主管审批特殊订单
收货损耗	因验货或数据录入错误而产生的损耗	商品等级差错、要求不严、没有确认计算净重、输入数据错误	收货过程中要落实二次复检,能有效避免点数不准和输单的错误
搬运损耗	因商品在运动过程中操作不当而产生的损耗	进货运送、暂存搬运、补货、顾客损坏商品	制定规则,加强培训,合理陈列
堆放损耗	因销售不佳、陈列面积过大、陈列时间过长、商品陈列方法不当而造成的损耗	堆放过高易摔坏压坏商品、堆放过多、翻堆不及时影响底部商品周转	根据销售情况及时调整排面、堆码商品要严格执行商品翻堆工作规范
库存损耗	因库存过大或不足而产生的损耗	存大于销影响周转、销大于存导致缺货	控制订货量、连续盘点跟踪积压商品
盗窃损耗	因外盗与内盗而产生的损耗	内外结合的盗窃、离职人员盗窃	重点控制与人相关的环节,技防与人防相结合,特别要掌握盗窃新动态

(续表)

类别	定义	举例	注意事项
制作损耗	因销量估计不足而生产的现场加工食品生产过量而引起的损耗	降价处理、报废	落实正确进销存管理、不断校正食谱卡、对过量的原材料或半成品要做好生鲜品再加工
技术损耗	因为生鲜食品加工处理技术不当而引起的损耗	分割不当、包装不当、进销存管理不当	加强员工培训，引进专业人才，保证设备正常运转
收银损耗	因收银机故障、操作不当、内外勾结而引起的损耗	工作疏忽产生漏扫、扫描错误、现金被盗	落实收银操作规范、及时沟通商品信息、加强收银检查
价格损耗	因标价或收银工作疏忽而产生的损耗	价格10元的商品标价1元出售	收银员要熟悉促销活动与商品价格等细节
时间损耗	因进销存时点控制不当而产生的损耗	"孤儿"商品未及时收取、退货不及时	加强对特殊商品的时间点管理，如设立顾客丢弃商品专柜、专人负责收取"孤儿"商品和退调商品
机会损耗	因丧失商品销售机会而产生的损失	缺货、陈列量不足、商品不符合顾客需求	每日检查库存与销售动态，及时调整商品结构，注意季节变化与促销活动，及时订货与补货，维护商品陈列

三、损耗的计算方法

计算损耗的方法主要有两种，即进价计算法与售价计算法。售价计算法方便易行，但会受价格变动的影响，相比而言，进价计算法能更准确地反映实际损耗程度。

（一）售价计算法

售价计算法是指库存商品以售价为计价标准的方法。计算方法如下：

$$损耗金额 = 实际盘点库存 - 账面库存$$
$$实际盘点库存 = \sum(各类库存商品盘点数量 \times 各类商品售价)$$
$$账面库存 = 期初库存 + 收货金额 - 销售额 - \sum 降价金额$$
$$降价金额 = (原售价 - 新售价) \times 商品现货数量$$
$$损耗率 = (损耗金额 \div 盘点期内商品销售额) \times 100\%$$

公式里的每一项都以零售价计算，由于库存商品以零售价计算，每个商品在盘点期间的每一次零售价变化都需要准确记录,确认变价商品的现货数量,以便计算出变价金额。所以,要特别注意账面库存中的降价金额部分。

(二)进价计算法

进价计算法是指库存商品以进价作为计价标准的方法。我国大部分零售企业采取进价核算方法,所以,损耗的计算方法也以进价计算法为主。计算公式如下:

损耗金额＝实际盘点库存－账面库存

实际盘点库存＝∑(各类库存商品盘点数量×各类商品进价)

账面库存＝期初库存＋收货成本－销售成本

损耗率＝(损耗金额÷盘点期内商品销售成本金额)×100%

公式里的每一项都以成本价计算,商品的库存数量和账面库存一一对应,每一次库存的调整都会改变账面库存,改变库存的途径通常有库存调整和报损调整两种。进价计算法的关键是平时要进行周期性盘点,并调整库存,累积损耗,再加上年终盘点时的库存差异,即为全年的损耗。

专栏10-1

一个杯子引出的防损内涵

某次防损部高管会议,大家刚就座,我就端着个杯子过来,坐下后我的第一句话就是:"今天会议的主题就是杯子。"各门店防损部经理面面相觑。

我先让大家畅谈这个杯子。"这是不锈钢制品"、"这是个保温杯"、"这个杯子在哪里可以买到"等,基本上都是围绕杯子的特性展开,说的都是表面的、看得见的东西。大家热烈讨论,却没有一个人切中主题。我面带微笑地开始就杯子说出了自己的观点。

这个杯子是什么品牌的?这样可以知道这个商品属于一线还是二线,以此对它进行准确的分类和定位。

这个杯子的价格是多少?价格可以让我们了解这个商品是否具有一定的市场竞争优势。

这个杯子的毛利率是多少?对毛利率的分析可以看出公司和门店在采购和营销方案策划方面的能力。

这个杯子的销量怎样?从销量可以了解采购能力,以及卖场的商品结构是否具有竞争力和生命力。

这个杯子的周转率是多少?周转率可以反映出门店在商品订货和管理方面的能力,看出其对商品的把控和监督水平。

这个杯子的库存怎样？库存的好坏直接影响着公司的资金周转能力，以及资源的利用效率。

这个杯子是畅销品还是滞销品？畅销品的跟进速度要快、要准，此外，由于畅销品销售量大，损耗的几率也会增大。

这个杯子的订货量合不合理？库存过大，一般是因为采购订货不合理，对商品的销售情况不清楚，缺乏合理的订货要求。要选择合适的订货方式，完善订货流程，明确订货条件和供应商的需求，把握商品订货量和周期性。

这个杯子有没有进行过商品优化？

商品优化一般是公司或者门店对商品的综合评估，根据商品的销售（贡献率）、周转、ABC分析等进行评估，剔除不良商品，增加市场新品（潜力商品）或者周边消费所需品等。

防损，要从合同开始审核，到采购核查，再到供应商调查、商品价格调查、送货检查、收货检查、单据审核、库存检查、陈列检查、销售检查、退货检查等，从头到尾进行梳理，检查每一个细节，多问一个"为什么"。

一个杯子，可以引出许多的防损知识和业务知识，而它的真正内涵，其实是一种现代防损体系为防损所赋予的新含义，那就是："预防为主，查防结合"、倡导"人人防损，群防群治"的防损理念。

资料来源：《店长》2011年第1期，作者：张友君。

第二节　商品损耗的原因

了解商品损耗的原因，并严格加以控制，是提高经营绩效的一条捷径。据中国连锁经营协会与毕马威2010年对我国零售企业的调查，被调查企业认为有57%的损耗源于盗窃，28%的损耗源于流程性损耗。《全球零售盗窃晴雨表2011》调查报告显示，从2010年7月到2011年6月期间，中国零售企业损耗高达73.70亿元，零售损耗率为1.11%；从造成损耗的原因分析，"顾客入店行窃"所造成的损失最高，占49.8%，总共造成国内零售企业损失达36.69亿元；"内部及行政失误"是国内零售企业商品损耗的第二大原因，占总损耗的22.8%，相当于16.79亿元。

可见，流程控制失效与内盗具有同等的危害，防损应该以加强内部员工管理及作业管理为主。了解门店商品损耗发生的原因，并严格加以控制，是提高连锁企业经营绩效的重要保证。

连锁店商品损耗的主要原因可以分为：偷窃、作业错误、管理不当、意外事件及其他原因引起的损耗。

一、偷窃引起的损耗

偷窃可以分为员工偷窃、顾客偷窃和供应商偷窃。

1. 员工偷窃

员工通过不正当或违法的行为使门店财物受到损失,手段多种多样,主要行为有:

(1) 直接偷窃门店的商品、赠品和用品。
(2) 直接偷窃同事或顾客的私人财物。
(3) 未按规定程序而故意丢弃门店商品以逃避责任。
(4) 与员工或外人勾结,策划或协助进行盗窃。
(5) 偷吃门店的商品或未经过许可"试吃"。
(6) 员工利用改换标签或包装,将贵重商品以低于规定价格结账。
(7) 未经过正常程序,故意将价格标低,使自己的朋友或亲属受惠。
(8) 未按规定程序,私自将门店内作为商品的文具、工具、用具拿来自己用。
(9) 未经过许可,私自使用或拥有供应商提供的赠品。
(10) 员工贪污公款、携款潜逃。
(11) 收银员从收银机中盗窃钱款。
(12) 收银员为亲属、朋友等少结账、不结账或少收多找。
(13) 利用退货、换货等手段偷窃钱款。
(14) 私自接受供应商的回扣、礼品、招待、用餐、消费及旅行等各种形式的馈赠。

2. 顾客偷窃

(1) 利用衣服、提包等藏匿商品,不付款带出商场。
(2) 更换商品包装,用低价购买高价商品。
(3) 在大包装商品中,藏匿其他小包装商品。
(4) 未付账白吃商场中的食品。
(5) 撕毁商品的标签或更换标签,达到少付款的目的。
(6) 顾客与店员相互勾结。
(7) 不当退货。
(8) 污损商品。
(9) 将包装盒留下,拿走里面的商品。
(10) 高价商品混杂于类似低价商品中,使收银员受骗。
(11) 即将过保质期的商品被预先藏匿于卖场内,商品保质期一到,就立即进商场购买,通过索赔导致企业损耗。

(12) 盗窃团伙的集体盗窃活动。

3. 供应商偷窃

(1) 误记交货单位(数量)。

(2) 供应商套号,以低价商品冒充高价商品。

(3) 混淆品质等级不同的商品。

(4) 擅自夹带商品。

(5) 随同退货商品夹带商品。

(6) 换取商品时,商品交接不准确。

(7) 暂时交一部分订购的货,而造成混乱。

(8) 与员工勾结实施偷窃。

二、作业错误引起的损耗

由于作业不当引起的损耗有多种,主要表现为:

(1) 验收不当的损耗:验收不正确便会产生损耗,如品名、数量、重量、价格、有效期限、品质、包装规格、单位、发票金额与验收金额不符,未验收或未入库。

(2) 退货处理不当的损耗:未及时处理,以致过期;退货未与财务单位结合,以致退货后无货款可扣或退货款难以收回,导致坏账损失。

(3) 变价损耗:新旧标签同时存在;POP 或价格卡与标签的价格不一致;促销后未恢复原价;变价权限管制不严。

(4) 销售退回损耗:特价卖出,原售价退回;销售退回商品未办理进货退回;销售退回商品未妥善保管。

(5) 自用品领用损耗:领用未登记;使用不节制。

(6) 兑换券、赠品管理不当的损耗:兑换券、赠品未妥善保管。

(7) 自行采购商品损耗:用现金采购的自采商品未经过正常的验收手续。

(8) 外卖、外送损耗:未经检查而带出;未开发票;未先收现金。

(9) 坏品处理损耗:未准确计数;未登记;未及时办理退货。

(10) 收银作业损耗:收付错误;结账错误。

(11) 盘点损耗:货号、单位错误;数量少盘;品项漏盘。

(12) 商品有效期管理不当的损耗:进货验收期限未确定;有效期检查不及时;快过期商品未能及时作出处理。

(13) POS 系统使用不当的损耗:后台电脑主档价格与价格标签不一致;条码阅读有误;条码标签贴错。

三、生鲜区管理不当引起的损耗

在生鲜经营中所发生的损耗,除上述共性损耗(如内外部偷盗、作业错误、退换货处理不当等)外,还具有个性损耗,如加工过程原材料浪费严重、商品鲜度管理不佳、温度管理不当等。

生鲜区损耗原因主要可以分为:

(1) 产品质量:部分由超市自行生产的产品质量达不到出品标准要求,而造成减价和报废所致的损失。

(2) 工作疏忽造成损坏:由于员工工作疏忽大意导致设备和原料损坏。

(3) 产品卫生问题:生产环境卫生达不到标准,影响品质及其外观,最终影响销售。

(4) 设备保养/使用不当:由于设备养护和使用失当,设备达不到原定的正常使用寿命而提前报废退役,或者加大了设备运行成本。

(5) 生产正常损耗:是指在产品加工过程中由于水分散失或工具沾带等原因造成的一定比例的损耗,这是所有损耗中唯一可视为合理的损耗。

(6) 变价商品没有正确或及时处理:由于生鲜商品因鲜度和品质不同,致使价格变化频繁,如果管理不到位,变价商品得不到及时、准确的处理,就会产生不必要的商品或价格损失。

(7) 店内调用商品没有登记建账:生鲜经营各部门之间常会发生商品和原料相互调用的情况,如果各部门的有关调用未建账或记录不完整,就会在盘点账面上出现较大的误差,造成库存流失。

(8) 盘点误差:在生鲜盘点工作中,由于管理无序,或盘点准备不充分,对于盘点的误差不能及时查明原因,必然出现常见的盘点误差损失。

(9) 订货不准:生鲜部门订货管理人员对商品销售规律把握不准或工作不够细致,原材料或外购商品订货过量,往往无法退换或逾期保存而造成商品或减价损耗。

(10) 员工班次调整:在员工班次调整期间,由于新的岗位需要一段适应时间,损耗在这个阶段属于高发期。

(11) 有效期管理不当:生鲜商品和原料需要进行严格的有效期管理,做到"先进先出",如果管理不当,就会出现较大的损失。

(12) 仓管商品和原料保存不当而变质:由于生鲜商品和原料保存环境温度、湿度条件达不到要求,造成变质损失。

(13) 设备故障导致变质:因冷藏、冷冻陈列和储存设备运转不正常或出现故障,导致变质损失。

(14) 破损/索赔商品管理不当：破损及索赔商品在待赔期间管理不当,发生丢失等,将无法继续获取赔偿。

(15) 标价错误：生鲜销售区的商品标价错误,包括各种价格标签、POP 和品名等错误,造成售价损失。

(16) 顾客索赔退换损失：因顾客对商品投诉出现的退、换货损失。

在以上损耗中,盗窃的损耗只是其中的一部分,大部分损耗源于操作与管理问题,所以,控制生鲜区的损耗也应该加强标准化作业管理,产品质量管理,并有效控制人为因素导致损耗。

四、意外事件引起的损耗

(1) 自然意外事件：水灾、火灾、台风、停电等。
(2) 人为意外事件：抢劫、夜间偷盗、诈骗等。

五、其他损耗

其他损耗包括未归入上述原因的各种损耗,如供应商调整价格。

第三节 损耗的预防与控制

损耗的预防与控制,应该以"防损管理系统"为基础,建立完整的防损组织架构,形成安全管理机制。

一、防损管理系统的含义与特征

防损管理系统(Loss Prevention Management System,LPMS)是一种利用信息技术和资产安全与防范技术相集成的管理系统。为保护商品、资产和人身的安全,需要采取多种办法和措施,努力防止和降低损耗。

连锁企业的防损管理系统涉及总部与门店两个方面,主要有以下四个特征：

(1) 业务上的整体性。在组织架构上强调整体性,在公司总部设立防损部负责对各门店防损员进行统一的招聘、培训、考核以及工作安排,并负责对各门店的防损、安全工作进行指导和检查。

(2) 组织上的独立性。控制损耗和堵住损耗漏洞是防损部的核心工作,这就要求防损部在业务工作中具有相对独立性。如设置独立的稽核体系,对采购、营运各个环节进行监督和管控,对损耗情况进行分析,从而达到控制减少损耗的目的。

(3) 执行上的服务性。在防损部业务设置上,设立警卫管理、风险控制、审计稽核等部门。在工作职能上,强调了服务的功能,如总部为门店服务,防损部为门店进行全员防损培训、指导与考核。

(4) 管理上的预防性。防损部通过对损耗的分析,及时掌握损耗的重点,减少商品的损耗和偷窃行为,通过对安全设施及各项营运设备的巡检排除各种隐患,保障正常的营运,使员工掌握各种风险控制技能,预防各种风险,及时处理各类意外事件。

二、防损部的工作职责

防损部是连锁企业的一个职能部门,其工作职责如下:

(1) 控制连锁店各项损耗及保卫门店员工和顾客的安全。

(2) 落实各项安全管理制度和安全防火措施,组织督促、检查、考核"安全防火责任制的实施并负责管理贵重物品、危险物品的安全管理"。

(3) 侦破追查内部一般刑事案件,防止火灾事故。

(4) 防火、防盗器材的购置和管理,并负责义务消防队的组织管理工作。

(5) 日常安全检查,并依法采取必要的行动。

(6) 制定并实施各种意外事件的应急预案。

(7) 定期对损耗进行分析,并提出控制损耗计划。

三、防损工作的总体原则

防损工作的总体原则是:保障门店员工、顾客的人身财产安全,检查资产、商品等流程的实施与执行情况,商品与设备等资产的进出控制,维护正常的经营秩序,处理各类事件,提供安全舒适的购物环境,确保门店周边环境安全有序。具体要求如下:

(1) 根据卖场实际需要制定合理的岗位设置。一般常见岗位设置如下:根据门店的实际情况,结合门店商品、货架及进出口的位置,科学合理设置岗位,5 000～15 000平方米的门店一般需设如下岗位:进口、出口、收银前端、收货区、机动(包括便衣)、夜间值班等岗位。具体岗位设置视门店布局而确定,要培训员工一职多岗技能。

(2) 防损管理是一门综合科学,需要各部门的紧密配合及上级的支持,防损部门应与卖场其他部门保持良好的沟通,共同筑成防范防线,将企业的日常损失降至最小限度。

(3) 加强防损人员的专业培训,不断提升防损人员的专业素质,在各部门中培养骨干人员,及时了解员工的实时动态,掌握第一手信息,隐患必须在萌芽状态中就消除,减少企业的损失。

(4) 建立所有人员的资料库,为上级主管部门提供精确的个人信息。

专栏 10-2

协调防损与营运的关系

营运通过提供优质的服务和优质的商品获得盈利,内容包括:前期的订货、来货后的商品陈列、商品排面整理、堆头管理、端架管理、保质期管理、索赔退货管理、销售及货品、货量、人员管理、商品标价签及商品台账的检查,帮助同仁解决工作上的问题,培训新同仁并跟进检查结果,负责助理、专柜组长、营业员等人的工作分配、考勤、仪容仪表行为规范,处理顾客投诉,严格执行公司各项规章制度,及时准确地将商品信息及顾客需求和建议反馈给公司,负责楼层环境清洁、灯光、道具、维修、安全,按时更换、检查卖场陈列,跟进公司促销活动的执行、宣导,负责每月楼层盘点、定期盘点、定期检查、抽查后仓货品,根据卖场实际情况做适当人员调配,负责下属工作质量及工作进度,负责本楼层物料、陈列道具管理,销售业绩分析工作,负责协调卖场突发事件的处理等。

防损部通过对销售数据、库存数据、各类营运信息的分析,建立采购订单量预警、资金预警、销售目标预警、综合毛利预警、促销费用预警、商品结构预警、财务付款预警等一系列预警措施,从而建立安全的营运预警系统,服务于销售。

但是,营运部与防损部相互拆台、相互敌对、相互抵触的情况时有发生。问题的解决方法只有一个:相互尊重,相互理解,相互沟通。当然,实在解决不了,要及时与上级报告,与相关部门进行横向沟通。首先是心态,其次是能力。

资料来源:《店长》2010 年第 3 期,作者:张友君。

四、商品实物损耗的控制

(一) 商品实物报损标准

报损就是把失去销售价值的商品实施报废处理。报损的基本标准是商品是否能销售,是否还具有使用价值。一般标准如下:

(1) 商品已经损坏,失去使用价值,不能再销售,如被打碎的灯泡、曝光的胶卷等。

(2) 商品已经损坏,经过维修依然不能恢复使用。

(3) 商品具有使用价值,但包装损坏,不能销售,如卫生卷纸的包装破损,不能再销售或降价销售。

(4) 商品被污染,不能再销售,如破包装的食品等。

(5) 被顾客使用过的商品,如被顾客修改过的服装等。
(6) 被污染或使用过的卫生用品。
(7) 超过保质期的商品等。

(二) 商品实物报损流程

(1) 确定报损商品:销售部门确定需要执行报损的商品,及时报损,不能积攒后才处理。
(2) 整理报损商品:将报损商品进行整理,包括装箱等。
(3) 填写库存更正单:销售部门填写库存更正单,并注明报损原因。
(4) 管理层审核:管理层对库存更正单进行审核。
(5) 修改电脑库存:销售部门将审核确认后的单据交相关部门(如数据管理部门)修改库存。
(6) 与防损部一起确认报损商品:销售部门将审核确认后的单据及商品交防损部门,并一起确认报损商品的名称、规格、数量等。
(7) 销售部门人员将审核确认后的单据交财务部作记账凭证。
(8) 商品报损库存更正单一般一式四联,销售部、电脑部、防损部、财务部各一联。

(三) 商品实物报损控制方式

1. 零星散货的处理

零星散货必须及时处理,特别是生鲜食品和冷冻食品的散货,更要在第一时间处理。所有的员工在门店任何地方发现生鲜、冷冻食品的零星散货,都有责任在第一时间将其复位。不属于本部门陈列区域的商品,一旦发现,部门人员有责任将其从货架上收起,集中存放,并交给相关部门的同事进行处理。所有本部门的零星散货,必须当日将其回归本来的陈列位置。

2. 商品破包装的处理

商品的包装破损后,若破损很小,且不影响销售质量,销售人员必须进行包装修复;食品的包装破损后,必须退货,不得进行修复;破包装的修复必须采用透明胶带进行修复,不能采用黄色或有印刷公司标志的胶带进行修复;属于复合包装损坏的,必须重新用热塑机进行修复,不能使用胶带捆绑修复;破包装修复后,要检查条形码是否有效;商品的开包装,同样属于破包装修复的范围。

3. 商品的价格标志

商品价格标志的错误也常常会引起人为的损耗,主要有以下几种情况:商品在系统中的售价不正确;商品在价格更改后,特别是提价后,门店的价格标签、价格标志牌未及时更新;同类商品不在正确的位置陈列;营业期间进行竞争价格的恢复,导致顾客投诉;广告彩页的价格与系统中的销售价格不一致;商品的条形码贴错或生鲜食品的计价错误,导致价格错误。要避免因价格标志导致的损耗,应注意:必须对当日所有变价商品的价格进行核对,检查系统价格与标签的价格是否一致;必须对广告彩页商品的价格进行核对,检查彩页价格与系统价格、货架价格标签的价格是否一致。

4. 其他损耗的控制

如商品安全管理(存放、陈列、补货、理货、展示等)不当导致损耗:商品陈列必须遵循安全、稳固、交叉码放的原则,以免货物倒下伤人;安全使用叉车和工具,不要伤及人员和商品;贵重商品在补货时,必须小心谨慎,避免损坏,造成损失;在铝梯或货架上作业时,员工须轻拿轻放商品,注意货物安全,切不可从货架上往下扔货,以免造成商品损耗和人员伤害;所有需存放于高货架的库存,每仓板需要用缠绕膜固定货物以免滑落;贵重商品的仓库或柜台管理必须有进出账制度,与每日销售都能一一对应;进行商品试吃或展示时,所使用的电器插座、电线是否存在安全隐患;商品的样品或特殊陈列的商品,是否在陈列货架上已经固定好,如婴儿车或自行车等。再如试衣间的管理:试衣间必须设置人员进行管控和服务顾客;试衣间人员负责对顾客带入的商品进行检查,对服装的总件数发放牌子,顾客试衣完毕后收回牌子并进行核对;提醒顾客不要将非服装类商品带入试衣间;提醒顾客不要将自己的物品遗留在试衣间;如提供更改裤脚的服务,要消除电器方面的隐患。

五、重点区域的监管

易发生偷窃的场所是:成为死角,看不见的场所;易混杂的场所;照明较暗的场所;通路狭小的场所;商品陈列杂乱的场所。应该重点监管的场所如下。

1. 收银出口处的管理

收银出口处必须设立安保员岗位,在营业时间内实行不间断的值班制度。可设立检票制度,由安全员检查出门商品是否和收银条上一致,也可在收银出口处设立电子防盗监控系统。监管要点有:

(1) 收银出口处的监管在于正确、快速、满意地解决防盗报警问题。

(2) 维护好收银出口处顾客的秩序,保持收银通道畅通,保证所有顾客能从进口进、出口出。

(3) 监管人员要了解门店中的商品情况,当班时保持思想集中。

(4) 注意收银区前手推车是否堵塞,设备有否损坏。

2. 员工出入口处的管理

员工出入口要设置安保员岗位。只要员工通道打开,安保员就要实行连续值勤制度。员工出入口处可安装防盗电子门用来防止员工偷盗商品的行为,设置密码锁储物柜为外来(顾客、来访)人员暂时安全存放物品。

（1）员工出入口的监管要点：① 检查员工是否按规定执行考勤制度，检查非工作时间的员工进出店铺是否符合规定。② 禁止员工携带私人物品进入门店，如属必须带入门店的物品，要进行登记。③ 防止员工偷盗商品。特别是在防盗门报警时，严格检查是否将禁止带出门店的物品带出。④ 对外来的来访人员要按规定进行电话证实、登记、检查携带物品等。⑤ 对在本通道携带出的所有物品要进行检查，主要有人员的提包（判断是否属于私人所有），属于门店的物品是否有管理层的书面批准等。

（2）员工出入口的管理规定：① 外来人员进入门店要登记，除指定的财务人员外，不准带包进入门店，必须携带物品的，应办理登记手续，出来时需主动出示，接受检查。② 在工作时间，所有当班员工（含促销人员）必须且只能从商场的员工通道出入（特别授权者或授权岗位者除外）。③ 所有进出人员都必须主动配合安保人员的安全检查，尤其是防盗电子门报警或在安保人员提出检查的要求时，要予以配合。④ 员工的进出、物品的携出（归还）必须有管理层的书面批准，安保人员核实后放行。

3. 收货口的管理

收货口应设置安保员岗位，只要收货通道打开，安保员就要实行连续值勤制度。收货口卷闸门设置防盗报警系统，如未经密码许可而强行打开，则报警。

（1）收货口的监管要点：① 收货门的打开和关闭须由门店安保员协同收货部门主管负责。② 安保员负责维护收货现场秩序，对送货车辆进行商品、车号的基本了解，指定卸货位；安排各送货车辆有序进出；车辆进入收货区，督促驾驶员不准离开收货区。③ 查处收货员和供应商的各种不诚实、作弊、贿赂或接受赠品的行为。④ 外来人员必须在指定的范围内，超出范围或需进出门店楼面必须办理登记和出入安全检查手续。⑤ 非收货人员（除授权员工和授权岗位人员）不能进入收货区。⑥ 全面掌握并督促收货员的收货程序；保证货单同行，数量、品名正确，观察已收商品进仓库的情况；负责看管好生鲜箱格，清点数量，查看是否有遗留物，供应商取回箱格，需登记备案。⑦ 商品必须由本门店员工亲自点验称重，避免重复点数称重。⑧ 供应商的赠品、道具等进出，必须执行正确的收货程序。⑨ 对退换货必须核实品名、包装单位和数量，换货品种是否正确以及货单是否一致。⑩ 大单送货必须逐单核查，签字确认；并目送商品离开收货口。

（2）收货口的管理规定：① 收货的员工和供应商人员必须诚实作业，不得有故意作弊和损害公司利益的行为。② 所有员工不得接受供应商任何形式的贿赂和馈赠。③ 收（退）必须按流程，商品必须分别放置在不同的区域。④ 供应商人员进入已收货区必须办理登记手续，并进行安全检查。⑤ 非商品收货，必须有赠品的标签和"道具携入/携出清单"。⑥ 安保员对退换货、出货、物品离场都要进行检查,对收货进行抽查,特别是精品、家电、化妆品等贵重物品,对所有已经收货的商品必须监督是否在已收货区。

4. 精品区的管理

精品区及其出口处应设置安保员岗位,营业时间内实行连续值勤制度。精品区出口处设置电子防盗门系统和门禁系统,前者对偷盗商品进行报警;后者则对无密码开门进行报警。

(1) 精品区的监管要点:① 顾客只能从进口进,出口出。② 顾客不能将非精品区的商品带入精品区内,只能暂放精品区外。③ 顾客在精品区内购买商品,必须在精品区内结账。④ 检查顾客所持发票是否与商品一致,特别是包装是否符合精品包装要求。⑤ 监督贵重物品的实物盘点。

(2) 精品区的出口管理规定:① 电子防盗门报警程序。② 结账商品的包装、发票处理必须符合精品销售的有关规定。③ 柜台(展示柜)在非销售时,须随时上锁处于关闭状态。④ 外放贵重样品,应采取防盗措施。⑤ 柜台销售商品采取先付款后取货的销售方式。

5. 大家电商品提货区的管理

大家电检测提货处应设置安保员,营业时间实行不间断值勤制度。大家电检测提货口设置防盗报警系统,如未经密码许可强行打开,则报警。其监管要点有:

(1) 提货的大家电商品,必须有安保员检查签字。

(2) 安保员检查顾客是否有收银发票,发票是否有异常,商品品名、型号、货号、数量是否一致,已提商品的发票是否盖有提货章,商品的包装是否封好。

(3) 提货的顾客秩序是否良好,顾客是否站在规定的提货台区域外。

(4) 监督其他出门商品是否进行检查登记。

6. 容易引起偷盗的商品监管

门店中比较容易引起偷盗的商品,一般是高单价商品,或是包装很小,或是比较贵但又很难刺激消费的品种,主要有:贵重酒类,如洋酒、中国酒;贵重保健品;香烟类;贵重化妆品;精品百货(手表、照相器材、贵重笔等);小家电;电池;小糖果、巧克力;牙刷、洗发水、牙膏;各种小文具、精品文具;进口婴儿奶粉;卫生用品;毛巾、袜子、短裤、文胸等,这些商品应重点监管。

六、内部偷盗的防范手段

内部偷盗防范是门店管理中的重要环节,是每一位管理者的重要工作之一。可以说,诚实的良好品德是从事商业,特别是零售营运领域工作人员最重要、最基本的道德要求。管理者要降低损耗、控制损失,必须在内盗的防范上实施有效的管理。

（一）员工的预防教育

对员工从上岗开始就进行不间断的素质教育，采用开会、板报、活动等多种方式从正面、反面等多种方式阐明：① 门店具备严格的管理制度和监视系统。② 门店具有对偷盗行为严厉打击的措施和处罚方法。③ 员工应具备在本行业工作的最基本的道德规范。④ 员工因偷窃将会给个人和家庭带来严重后果，包括承担刑事责任。⑤ 偷盗不仅损害企业利益，也损害同事的利益与福利。

（二）建立内部举报制度

控制损耗是每一位员工的责任和工作内容，因此要鼓励员工检举偷盗行为，设立内部举报奖励制度，调动员工的积极性，弘扬正气。① 内部举报必须是实名举报，不接受匿名举报。公司对举报者的举报姓名、内容予以保密。② 设立举报电话、员工信箱，接受内部员工的举报。③ 查证举报事件由安保部在规定的时间内完成。④ 对于经查证属实的举报者，给予一定的经济奖励。可根据所挽回的经济损失，决定具体奖励的数额。

（三）内部安全检查和监控

为严厉打击内盗，安保部要进行每日安全检查。安全检查不仅仅是案件发生后或接到举报后进行的取证工作，也包括日常工作中随时正在进行的偷盗行为予以制止和查处。对以下列举的异常迹象，尤其需要提高警觉，防患于未然。① 员工背大包上下班。② 员工在工作时间内未从员工通道进出。③ 员工在操作间、洗手间、电梯间吃东西，附近无管理人员在现场。④ 夜间作业员工的场所，发现较多的商品空包装。⑤ 员工表情过于紧张或异样。⑥ 员工与某顾客熟悉并亲自为其挑选商品。⑦ 员工特意为某顾客到仓库取商品。⑧ 员工在仓库对原包装商品进行更换包装。⑨ 员工购买大包装商品。⑩ 贵重商品的销售与电脑库存不能一一对应。⑪ 家电的提货与收银发票的商品品名不符。⑫ 员工特意在某一收银机付款结账。⑬ 收银员擅自离开岗位或未到下班时间中途下班。⑭ 收银员执意要求上某一台收银机。⑮ 收银员经常有小差额的收银差异。⑯ 收银员为其亲属、朋友结账。⑰ 收银员违反收银程序，如不扫描但进行商品消磁。⑱ 收银员某一时段有过多的"作废"或"删除"品项。⑲ 收银员有大金额的收银短账行为等。

七、顾客偷窃行为的防范

（一）设置便衣安保员

设置便衣安保员是防止和发现顾客盗窃的有效手段，他们的隐蔽性好、专业反扒能力强，是门店防盗的主力军。

通常安保员可以通过如下异常现象来发现外盗：① 购买的商品明显不符合顾客的身份或经济实力；② 购买商品时，不进行挑选，大量盲目地选购商品；③ 在门店开始营业或结束营业时,频繁光顾贵重商品区域;④ 在商场中走动,不停地东张西望或到比较隐蔽的角落;⑤ 拆商品的标签,往大包装的商品中放商品,撕掉防盗标签或破坏商品标签;⑥ 往身上、衣兜、提包中放商品;⑦ 几个人同时聚集在贵重商品柜台前,向同一售卖员要求购买商品;⑧ 顾客表情紧张、慌张、异样等。

(二) 采用防盗系统

其主要措施包括：① 防盗安全门系统;② 监视系统;③ 张贴各种警示标语;④ 商品的安全标签。

(三) 顾客偷窃事件的处理方法

(1) 在认定偷窃之前给予顾客有表示"购买"的机会。具体的办法是对藏匿商品的顾客说"您要××商品吗","让我替您包装商品"等。若在收银台时则说"您是否忘了付款"等,再一次提醒顾客"购买"。

(2) 如果提醒之后顾客仍无购买的意思,则要以平静的声音说"对不起,有些事情想请教您,请给我一点时间",将其带入特别室,请求主管一同参与,并作适当的处理。

(3) 在处理偷窃事件时,不要把顾客当做"窃贼",讲话要冷静、自然,尽可能往顾客"弄错"的角度去引导其"购买",不要以"调查"的态度来对待顾客,不要让店内的其他顾客有不愉快的感觉。

(4) 如果误会了顾客,应向顾客郑重地表示道歉,并详细说明错误发生的经过,希望能获得顾客的理解,必要时应亲自到顾客家中致歉。

此外,还必须加强商品进、销、存各个环节的制度化管理,以防止由作业错误而导致的商品损耗。

专栏10-3

为便利店小偷画像

连锁便利店内作案的偷窃者多有迹可循,尽管其手法五花八门。偷窃者类型大致有以下各种：

(1) 偷鸡摸狗型：贼头贼脑,在店内行走漫无目标,害怕店员走近或询问。

(2) 套近乎型：经常到商店与营业员聊天,待其降低警惕心后,乘机行窃。

(3) 做贼心虚型：东张西望,眼神不安,好在店内四角地带游动。

(4) 故作碰撞型：即故意碰落商品,在拾起时乘机行窃。

(5) 固定光顾型：针对防范薄弱的商店下手。

(6) 破坏型：以青年居多,常将商品移位或拆封。

(7) 集体作案型：几人一伙,互相掩护,前后呼应,制造忙乱,乘机行窃。

（8）智慧型：熟悉商店作业程序，窃后不留痕迹。

（9）小偷小摸型：以小孩居多，拿完就跑。

（10）大偷大摸型：在店内滞留时间长，服装肥大或拎大袋，见什么都偷。

（11）蹲下型：拿了东西故做蹲下去乘机装到袋里。

资料来源：便利店联盟高级群，作者：蒋盛娅。

本 章 小 结

1. 调查显示：全球大部分市场零售商品损耗额都有所攀升，零售业者最为担心的问题包括因顾客和员工行窃、供货商欺诈及行政失误导致的商品损失。

2. 损耗率的高低除管理方面的原因外，还取决于对损耗的定义以及损耗处理的原则。

3. 损耗的概念不尽统一，国外将"不明原因的库存短缺金额"称为"损耗"，而把"已知原因的库存减少"，如报损的商品，称为"损失"。

4. 不明原因的损耗是指因营运和流程控制失效所造成的原因不明确的损耗，如订货损耗、收货损耗、搬运损耗、堆放损耗、库存损耗、盗窃损耗、制作损耗、技术损耗、收银损耗、价格损耗、时间损耗、机会损耗等，也叫"软损耗"。

5. 计算损耗的方法有两种：进价计算法与售价计算法。售价计算法方便易行，但会受价格变动的影响；进价计算法能更准确地反映实际损耗程度。

6. 连锁店的损耗分为五大类：偷窃引起的损耗、作业错误引起的损耗、生鲜区管理不当引起的损耗、意外事件引起的损耗与其他损耗。

7. 损耗的预防与控制，是一项系统工程，防损工作既需要独立运作，也需要部门之间的密切配合，应该以"防损管理系统"为基础，建立完整的防损组织架构，形成安全管理机制，倡导"预防为主，查防结合"、"人人防损，群防群治"的防损理念。

8. 企业牌誉损耗也是无形损耗。

问题思考

1. 如何理解损耗？损耗可以分为哪几类？
2. 损耗主要是由哪些原因引起的？
3. 防损管理系统有哪些特征？
4. 如何防范外部偷窃？
5. 如何防范内部偷窃？

6. 如何控制商品实物损耗？

眼花缭乱的"掉包术"

1. 一顾客到店中购买一大堆物品，称钱没带够，要求一位店员替其送货到住处顺便付款，将单价较高的商品先放在店内，先行带着送货的店员往其住处，途中又编理由支开店员，自行先回店内，向门店称其已将款项付给送货的店员，而将暂放于店内高单价的商品取走。

2. 顾客打电话要求送两条芙蓉王和几瓶水到X楼21A，并不断催促。店员送货到那幢楼下时，遇上了顾客。顾客说："你真难等，我有急事赶时间，你先把烟给我，再把水送到21A，我老婆在的，她会把钱给你。没事的，我跟你们店长很熟的。"可当店员到21A时，根本没那回事！

3. 一位顾客购买10条中华香烟，收银员记录批号后将香烟装入马甲袋，放在收银机旁边，然后收取顾客钱款，这时，顾客说还要进去购买其他商品，等一会再来购买香烟，将钱款从收银员处要回后进入商场（此时香烟放在收银机旁边）。一会顾客购买了4罐奶粉说买香烟的钱不够了，回家取钱后再来。收银员将香烟拿起准备放好时发现有异样，一核对批号，结果发现是假烟。

4. 张某正在店内打扫卫生，这时进来了一个西装革履的年轻人，一见面就让老张给他取八条"××"牌卷烟，老张一看这是个大客户，就高兴地走进了柜台。当老张把卷烟拿出来后，这名年轻人就在口袋里掏钱，但他翻遍了口袋却只拿出来100元钱。"大叔，不好意思，刚才出来的慌张，把钱包落在家里了，你稍等，我打个电话，让朋友现在就把钱送过来。"年轻人显得很礼貌，也很诚恳。年轻人走到门口，掏出电话："××，你在哪儿？我现在××商店，我身上带的钱不够，你赶紧把钱送过来。"放下电话，年轻人对老张说道："我的朋友一会儿就来。"遂让老张拿出塑料袋把烟装好，老张刚把烟装好，这名年轻人的电话就响了，"什么？你有急事过不来了？那咋办？我要烟急着去办事的，好了，好了，我自己想想办法。"挂了电话，年轻人对老张说："大哥，我在咱们这里的××工地包了一个工程，需要买几条烟去办点事情。大叔，要不这样吧，我把我这个新买的手机抵押在你这儿，等我办完事情后，再来赎回，行不？"老张听这位年轻人这么一说，当即感到有些问题，就说道："年轻人，要不你到别的地方买吧！""大叔，已经来不及了，我和人家约好四点钟见面的。我把手机交给你，你还不放心啊！你不知道，我这个手机刚买了两天，是名牌，价值1800多元！哦，对了，我身上还带了100元现金，就先付给你吧。"看到年轻人有些焦急，老张觉得有些相信了，同时老张又想，这名年轻人打电话时所拿的手机崭新崭新的,像是刚买的。另外,看这名年轻人的长相憨厚,不像是个骗子。于是,老张就答应了这名年轻人赊账的要求。看到老张答应,年轻人非常高兴,急忙从口袋掏出钱放在柜台上,遂拎起卷烟匆匆忙忙走出了店门。结果发现:不仅手机是假的,100元现金也是假钞。

讨论题:

1. 上述事件中有哪些问题?
2. 企业应采取哪些防范措施?

第十一章　门店安全保障

1. 理解安全保障的重要性。
2. 树立连锁店营运的安全意识。
3. 明确安全管理的内容与作业要求。
4. 掌握消防安全、质量安全、突发事件的管理重点与方法。

由于零售经营的内外部环境越来越复杂，安全保障问题也越来越突出，如消防安全、质量安全、突发事件等，如果管控不严或处理不当，不仅影响营运业绩，更会使企业的品牌受损。所以，应该充分理解连锁店安全保障的重要性，树立全员安全意识，建立完善的安全保障体系、规范化的作业标准与应急预案，加强安全教育与培训，落实安全责任制。

【引导案例】

沃尔玛的"资产保护部"

2006年5月中旬，沃尔玛"防损部"正式更名为"资产保护部"。更名后"资产保护部"也是总体负责食品安全管理的部门。资产管理部有一支质量审核专家团队，负责制定、推动、实施商场食品安全管理程序以及开展供应商审核（Quality Performance Review，QPR）。沃尔玛"防损部"曾以"独立性"著称，如原沃尔玛大中华区的防损总监的职位等同于沃尔玛大中华地区的总裁职位，他直接隶属于亚太区和国际公司防损部总监。从"防损部"的组织架构来讲，它不受经营干扰，不受所在地区的行政领导人的干扰，形成了非常简洁明了、反应迅捷的防损组织体系。据说，沃尔玛总部的"防损部"总监来自美国联邦调查局，他在防损管理上使用了很多先进的仪器和设备。例如，每一个采购人员的电话号码都是公司发放的，而且公司一再重申采购员的业务电话必须

> 使用公司的电话,上班时间只许讲与业务有关的内容,公司会经常不定时地对采购员的业务通话进行信号拦截,并审查对方的电话号码。如今,由从"防损部"更名的"资产保护部"来承担食品安全管理的重任,自然也继承了"防损部"的独立性。实际上,除了"资产保护部"总管食品安全以外,还有公共事务部与营运部门在实施食品安全管理。沃尔玛的食品安全体系不仅具有独立性,更具有相互牵制性,是一个网络状的管理架构。
>
> 资料来源:沃尔玛(上海)大桥店访问调查,作者:周勇。
>
> **阅读思考**:
> 1. 防损部为什么要保持独立性?
> 2. 食品安全为什么要三个部门来管理?

第一节 门店安全管理概述

连锁门店不仅要满足消费者的购物需求,还必须向消费者提供安全舒适的购物环境。安全保障不仅是法律赋予消费者的权利,也是企业减少意外损失、提升形象的重要内容。连锁店所售商品应符合国家质量与卫生安全的相关规定,店铺的设计应符合国家消防安全的相关规定,日常营运过程要严格执行相关的业务流程与操作规程,以确保顾客安全、员工安全、商品安全、消防安全、财物安全。

一、门店安全管理的重要性

门店的安全管理可确保消费者购物安全、确保员工工作环境安全,减少公司财物损失,并维护良好的社区关系。

(1) 确保消费者购物安全。消费者在购买、使用商品和接受服务时享有人身、财产安全不受损害的权利。这是对消费者安全权利明确的法律表述,也包括消费者在购买商品或接受服务时,有权要求有关服务环境、服务设施等符合安全要求,不存在安全隐患。如建筑物、服务设备、消防设施、进出通道、地面、环境等,不仅要符合有关法律法规,还应该保持正常状态,并制订应急预案。如地面湿滑就存在顾客尤其是老年顾客跌倒摔伤的安全隐患;新店开张时由于顾客拥挤,自动扶梯有可能会突然发生停止,导致顾客跌倒受伤;促销力度过大导致顾客极度拥挤,也会发生顾客受伤事件。另外,由于防损防盗处理不当,也会导致顾客身心受到伤害。所以,顾客购物安全不仅要关注大环境的安全,更应注重细节问题,不仅要关注顾客的人身安全,更应关注顾客的心理安全。

(2) 确保员工工作安全。员工依法享有安全与健康的工作环境的权利,连锁门店确保员工安全,提供安全的工作环境,可以减少员工工作上的焦虑和压力,安心执行任务,不仅有利于提高工作效率,还有利于更好地向顾客提供服务。如员工的工作环境安全、采取必要的安全防护措施、员工所使用的各类设备与工具安全、建立科学的工作流程与规范、对员工的工作能力进行评估、加强对员工的教育训练、保持不间断的检查、现场指导、纠正与预防相结合等,都有助于确保员工工作安全。有时候工作上的疏忽也会酿成重大安全事故,如有一个卖场,由于员工使用铝梯时未扣紧安全锁,导致铝梯滑倒而致员工死亡。

(3) 减少损失。任何安全事故,轻则造成财物损失,重则造成人身伤害,而且还会对门店形象与连锁品牌形象产生不利影响。加强安全管理,防患于未然,便能有效地预防和减少各类损失。

(4) 维持良好的社区关系。连锁店深入社区,不仅给社区居民带来生活的便利,但客观上也会对居民产生某些不利影响,如交通拥堵、环境嘈杂、治安与卫生状况不良等。加强安全管理,维护门店周边的环境安全,有利于维持良好的社区关系。

二、安全保障要素

连锁门店的安全保障,由三个基本要素构成:人、质量与设备。人是根本,质量是命脉,设备是基础,关键是要建立和健全安全保障机制,并严格执行与落实。安全保障机制是否发挥了有效的作用,需要对下列因素加以评价:

(1) 负责安全的人员是否接受过安全方面的训练?是否具备必要的安全知识与技能?

(2) 负责安全的人员是否与其他机构保持经常性的联系与合作?并能获取最新的专业动态信息?

(3) 防损或安保部门是否有明确的目标与任务?其他部门的经理是否清楚这些安全目标与任务?是否参与设定安全目标?

(4) 负责安全的人员对门店的业务运作,包括采购、接收、定价、支票兑付等是否有全面的了解?

(5) 针对业务人员的培训项目有没有安保人员参加?

(6) 涉及新店选址、新设备购置、配送中心改造、商店停业、员工解聘、员工招聘、增加夜班人员和延长商店营业时间之类的营运变动等事务性会议,安保人员是否参加?

（7）是否制定了书面的安全程序和规章制度并不断更新？各部门执行情况如何？

（8）损失与事故记录是否被完整地保存下来？

（9）必要的话，安保经理愿意并能够担负其他的防损责任吗？包括员工和顾客的安全、防火损坏控制与存货控制。

（10）是否建立了意外事件的反应程序（应急预案）？

（11）安保经理能否在公司内部建立有效的沟通联络？

（12）管理高层积极支持安全机制吗？各部门是否知道管理高层对安全机制的态度？

一般来说，大型购物中心、商场、超市都建立了安全管理机制，如消防工作组织结构、消防安全工作委员会、应急预案、定期演练等，对偷盗行为也进行严加防范。但是，损耗率与事故发生率仍然居高不下。根本原因取决于，企业内部安全机制的专业水平、全体员工安全认知程度及作业活动操作的规范程度。

三、安全管理小组

安全管理应注重事前防范，除安全设施和措施外，最重要的是要有组织保证，通常是在门店内成立安全管理小组，事先明确各类人员的任务分工及处理办法，一旦发生突发事件，就不至于发生混乱。安全管理小组一般由以下人员组成：

（1）总指挥一人，由店长担任。负责指挥、协调现场的救灾作业，掌握全店员工的动态，并随时将灾害的发展状况及应变处理作业向上级主管单位报告。

（2）副总指挥一人，由副店长担任。负责截断所有电源，并协助总指挥执行各项任务。

（3）救灾组。负责各种救灾设施和器材的检查、维护与使用，水源的疏导，障碍物的排除，以及灾害抢救等任务。各项救灾设施及器材应予以编号，并指定专人负责。

（4）人员疏散组。灾情一旦发生，应以妥善方式组织疏散，并迅速打开各安全门和收银通道，协助顾客疏散到安全地带。要避免引发恐慌，要警戒灾区四周，以防偷窃。

（5）通讯报案组。负责对外报案及内外通报联络等任务，并由专人负责。

（6）医疗组。负责伤员的抢救及紧急医护等任务。

以上各小组应各设组长一名，负责各组人员的任务指派。店长则应将安全管理小组列成名册，并特别注明总指挥、通讯报案人以及重要工作的代理人姓名。同时将"防灾器材位置图"和"人员疏散图"张贴在店内指定位置。

四、安全管理作业

门店在营业前应该严格按照公司的规范和流程操作,做好营业前的各项维护工作,确保门店在已经具备安全的情况下方可开门营业。营业中必须随时检查安全隐患,及时迅速解决存在的隐患,杜绝事故的发生,一旦发生意外,应该立即启动各项紧急预案。

安全管理应做好事前、事中、事后三个阶段的工作,每个阶段的作业重点及原则如下。

1. 事前作业

安全管理的关键是事前预防作业。事前作业应做到:妥善规划,即根据各项安全管理项目,做好事故预防、处理及善后作业的详细步骤和注意事项;定期检查,即定期检查各项安全设施及使用器械,对于老旧、损坏或过期的,应立即修复或更换;定期教育,即定期举办员工安全管理课程,以提升员工的安全常识,加强灾害意识;定期演习,即定期举办各种演习,以测验员工的安全管理能力,获取临场的应变经验;培养员工的警觉心,即培养员工及时发现问题,立即反映情况的习惯。

2. 事中作业

事中作业应做到:沉着冷静,不管发生什么情况,必须保持沉着冷静的态度、迅速而适当地进行处理。

3. 事后作业

事后作业应做到:仔细分析事故发生的原因;追查责任人和责任单位;建立补救措施,以免日后发生类似的事件。

五、日常安全常规检查

安全检查是安全管理的日常工作,一般的检查项目包括后场、商场、外场三个方面。各个部位的检查重点如下。

(一)后场

后场主要是配电间、机房间、泵房间、仓库。

(1)配电间:严禁堆物,通风散热畅通,无临时拉线现象,配备灭火器(干粉或二氧化碳)。

(2)机房间:严禁堆物,通风散热畅通,设备运转无杂声,配备灭火器(干粉或二氧化碳)。

(3)消防泵房间:严禁堆物,保证消防泵压力处于正常状态,控制系统处于联动状态(自动),每月应启动检查一次并做好记录。

(4)仓库:商品堆放整齐不落地,防爆灯完好,无临时拉线现象,配备灭火器

（干粉或二氧化碳）。

（二）商场

商场内部的检查一般包括以下重点：

(1) 各安全通道、购物通道畅通，无障碍。

(2) 地面平整，地沟盖板无破损，地面无湿滑。

(3) 安全出口（疏散）标识清晰，导向正确，员工熟悉商场的疏散方位。

(4) 商场内无乱拉电线现象。

(5) 灭火器定位摆放位置符合要求，灭火器前无阻挡物品。

(6) 消防栓前无阻挡物品（堆物），间距符合规定要求。

(7) 防盗镜角度正确，视频系统处于正常工作状态。

(8) 应急灯完好，充电灯处于充电状态。

(9) 营业期间机动巡视，协助店长维持良好的经营秩序。

（三）场外

商场外的检查一般包括以下重点：

(1) 进口无障碍物，保证购物通道畅通。

(2) 手推车、购物篮配备齐全。

(3) 夜间室外灯箱无损坏，保持开启（关闭）状态。

(4) 停车场设备设施完好，进出车辆无障碍物。

(5) 关店后检查有无物品（手推车、购物篮）遗留在店外。

在实践过程中，不同业态的检查内容有一定的差异，表11-1是某大型综合超市的24小时安全检查工作流程。

表11-1 大型综合超市24小时安全检查工作流程

时 间	工 作 内 容	人 员
6:40～7:00	检查卖场门锁是否完好，打开员工通道，检查生鲜收货所用通道有无异常情况，布置相应岗哨，负责收货安全检查。	值班经理 夜班保安领班 夜班保安员
7:00～7:30	检查所有卖场内部有无异常，布置岗哨，关闭警报系统。	同上
7:30～8:00	员工入场，早班保安员到岗。	
8:00～8:30	早班保安员开班前会，与夜班领班交接工作，布置早班工作。	保安主管 早夜班保安领班 早夜班保安员

(续表)

时　间	工　作　内　容	人　员
其中(8:15~8:30)	监控室人员交接班,夜班有问题须向主管汇报后方可下班。	
8:30~8:40	在早、夜班保安领班带领下,逐岗哨进行早、夜班岗位交接。	早、夜班保安领班 早、夜班保安员
8:40~9:00	早班人员检查各自岗位情况,准备开门迎接顾客;夜班人员开班后会,下班。	
9:00	通过广播,提前1分钟打开顾客出入口门锁,做好顾客进入前的准备; 9:00准时开门,迎接第一批顾客;此时间与开门营业时间一致(为了便利消费,超市普遍提早营业或开设早市); 当天店长或客服部经理、保安主管、保安领班及早班保安员到卖场入口迎宾5分钟。	店长或客服部经理 保安主管 早班保安员
9:00~12:00	保安各岗位正常工作;保安主管、消防巡查员定时段巡视卖场检查工作。	早班保安员 管理人员
12:00~13:30	保安各岗位轮流吃饭,各岗位需有人顶换,不得空岗。	早班保安员 管理人员
13:30~14:45	保安各岗位正常工作。保安主管、消防巡查员定时段巡视卖场检查工作。	早班保安员 管理人员
14:45~15:00	中班保安员到位,由早、中班领班带领,逐岗交接工作。早班人员开班后会,下班。	早、中班保安领班 早、中班保安员
15:00~17:30	保安各岗位正常工作。保安主管、消防巡查员定时段巡视卖场,检查工作。	中班保安领班 管理人员
17:30~19:00	仓库保安员在收货工作结束后,锁仓库大门。	中班保安领班 管理人员
19:00~21:30	保安各岗位正常工作。值班经理定时段巡视卖场,检查工作	中班保安领班 管理人员
21:30	阻止场外顾客进场,此时间必须与所在门店营业结束时间一致。	中班保安领班 中班保安员
21:30~22:00	夜班人员到场,开班前会,下班。	
22:00~22:15	中、夜班领班带领,逐岗进行岗位交接。中班人员开班后会,下班。	中、夜班保安领班 中、夜班保安员

(续表)

时 间	工 作 内 容	人 员
22:30	清场,巡查各销售区域,确保无滞留顾客,关闭卖场大门,这项工作的时间长短及具体操作时段根据当时的客流情况和各门店的营业时间作弹性处理。	值班经理 夜班保安领班 夜班保安员
23:30	监控中心上警报,封场。门店钥匙由值班经理和监控中心各自保管,做到双保险。	值班经理 夜班保安领班 夜班保安员
23:20~6:40	当班保安员每半小时巡视外场一次,如有特殊情况,需由值班经理、保安领班、两名以上保安共同开门入场解决问题,并做详细记录。如遇紧急事端则需即刻通知店长。	值班经理 夜班保安领班 夜班保安员

资料来源:联商网,北京华联《安保手册》。

六、安全防范意识

门店人员必须熟悉和了解所有紧急预案并会应用,掌握防范要领,熟练使用消防器材,了解盗窃嫌疑人的判断方法,加强监督和警惕意识。有关人员应该树立的基本意识如下:

(1) 规程意识:如发生事故的时候什么应该做?什么不应该做?发生事故的时候第一件事做什么?

(2) 报告意识:如填写顾客事故报告单。

(3) 预防意识:发掘员工的预防意识及防止潜在损失。

(4) 服务意识:多给顾客一些人性化的服务。

(5) 代表意识:面对顾客的每一位员工都代表着公司的整体形象。

专栏 11-1

大型综合超市开业典礼突发事件现场应急方案

在开业典礼进行期间,现场指挥分别设在一层广播室与现场,以现场警卫为主要安全力量,各岗位值守人员、执勤人员配备对讲机,并利用设在场内监控系统及广播系统密切注视场内情况,保证联络畅通。

为进一步确保开幕仪式安全顺利的进行,对可能出现的紧急情况处置如下:

(1) 当发生爆炸、起火等事件时,首先由电工拉闸断电,开通事故照明和应急灯,警卫员、保安备勤人员必须携带消防器材,迅速赶赴事故现场进行扑救,并迅速保护现场,把守各要害通道、疏散客流,同时指挥部与现场必须保持通讯畅通,在事故现场附近的管理人员(包括经理、主管、组长),必须看好现场,未接到撤离命令,严禁离开现场,并主动协助疏导附近的顾客。

(2) 当发生个别人带有政治性蛊惑宣传,或造成骚乱,迅速将肇事人员带离现场,恢复正常开幕秩序。

(3) 当发生个别起哄捣乱,引起人员拥挤时,保安人员应马上制止个别人的起哄捣乱行为,并将其带离现场,转交公安机关处理,同时做好顾客的疏导工作,减轻顾客心理压力,稳定现场秩序。

(4) 当发生一般性的治安问题时,保安人员应迅速将主要责任者带离现场,尽量缩小其影响,防止事态的扩大。

(5) 落实开幕仪式应急方案的几点纪律:① 超市各部门必须精心落实、坚守岗位、各负其责,严禁擅自离岗。② 电工保证电、闸、线等设备的安全运转,如发生紧急情况,必须听从现场安全指挥部的安排,必要时对主要事故现场实行拉闸断电。③ 开幕庆典活动期间,本着"谁主管,谁负责"的原则,强调"谁在岗,谁负责"的敬业精神。当安全警卫人员与其他部门工作发生矛盾时,应坚决服从安全规定。

(6) 当紧急事件出现时,在未查清事件起因,未得到超市最高领导层批准的情况下,任何部门、任何人员严禁私自泄露、渲染事件细节,并对现场的新闻单位工作人员和非店内人员婉言劝阻。未经最高领导层批准严禁拍照、摄像及采访,并向保安部提供开幕仪式期间各楼层在岗人员情况,全力保证开幕庆典仪式的顺利进行。

资料来源:联商网,北京华联《安保手册》。

第二节　消防安全管理

消防是指防止火灾(水灾)及灭火和其他灾情处理的专门工作。门店消防工作的重点是:执行消防管理制度,做好消防安全检查,及时纠正、整改与预防。

门店应通过学习消防安全管理制度,懂得防火、防盗、防爆、防汛等常识,增强自防自救能力,维护商场良好的购物环境。对在消防、安全保卫工作中的先进人物应实行精神鼓励与物质鼓励相结合的奖励办法。对职工违反消防管理规范条例的,要视情节的轻重给予批评教育、经济处罚、行政处分、解除劳动合同等。造成严重后果的要根据相关法规予以处罚或追究刑事责任。

消防安全是一项不容忽视的工作,它关系到人身和财产的安全,只有常敲警钟,才能真正实现防患于未然。

一、消防知识

1. 燃烧

燃烧,俗称"着火"、"起火"。燃烧有着火、自燃、爆炸等多种形态。燃烧要同时具备一定的条件并结合在一起才能发生,即:

(1) 一定数量的可燃物:可燃物是指能在空气中燃烧的物品,如可燃建材、化纤棉制品、塑料橡胶制品、高度酒、文化用品和日用品(如发胶)等。

(2) 一定数量的助燃物:助燃物是指帮助和支持燃烧的物质,如空气等。

(3) 达到一定温度和热量的着火源:着火源是指能引起或导致可燃物燃烧的能源,如明火、电火花、烟蒂、火柴梗等。

门店失火原因主要是电器陈旧老化失修,随便拉接电线超负荷运行,吸烟乱扔烟蒂,火柴梗或违章操作明火,照明灯具与可燃物距离过近等。因此,必须有针对性地采取预防措施。

2. 常用灭火方法

(1) 隔离法:把着火的物质与周围的可燃物隔离开来,或把可燃物从燃烧区移开,燃烧会因缺少可燃物而停止。

(2) 窒息法:阻止空气流入燃烧区域,或用不燃烧的惰性气体冲淡空气,使燃烧物因不能得到足够的空气而自动熄灭。

(3) 冷却法:用水或干冰等冷却剂直接喷射到燃烧物上,降低燃烧物的温度至其燃点以下,使燃烧停止。

(4) 抑制法:用含有氟、氯、溴的化学灭火剂喷向火焰,使其在参与燃烧的反应中起抑制作用,从而使燃烧停止。

二、消防管理总原则

(1) 门店开业前必须通过消防部门安全检查合格验收。

(2) 各部门要认真执行国家有关消防方面的法律法规及公司的有关消防安全管理规定,做好消防教育工作,提高员工的防火自觉性,形成"人人重视,群管群防"的局面。

(3) 消防管理要贯彻"预防为主,消防结合"的方针,贯彻"谁主管,谁负责"的原则,各部门负责人是消防安全的第一责任人。

(4) 消防工作实行逐级防火责任制,各部门应该把预防火灾作为整个管理工作的一个重要部分,使防火工作经常化、制度化、档案化。

(5) 门店要按照消防安全自查表定期进行消防安全自查,对不符合要求的,开具《安全隐患整改书》,限期整改并复查。

(6) 员工必须掌握消防器材的性能及使用方法,消防器材不得挪作他用,不得擅自移动,消防设施周围和配电箱(板)前不准堆放物品,配电箱内不准存放杂物,门店通道必须畅通。

(7) 积极参加各项消防工作和活动,认真执行本岗位的防火责任制,对违反防火安全管理行为的,人人有权予以制止和纠正。

(8) 严禁在门店内私自使用各种电热工具和私拉乱接临时电源线,严禁擅自动用明火和在门店、仓库内吸烟。

(9) 严禁将易燃易爆、有毒有害物品带入公司、门店、仓库内,发生火灾时立即报"119"火警,并立刻组织力量扑救,疏散顾客,本部门员工不准擅自离岗。

三、门店消防工作的组织结构

作为消防重点单位的门店必须有专门的消防工作责任人,建立负责消防工作的部门,并建立消防档案,使消防工作由专人和专门部门负责,做到人人知晓、人人有责,从组织、制度上确保消防工作的有序进行。

门店消防工作实行"门店→商品部→商品小组(柜)"三级管理责任制,门店、各商品部和各商品小组的主要负责人是各级消防的第一责任人,安保部是消防工作的责任部门。

(1) 建立消防安全工作委员会。委员会全面负责整个门店的消防工作,制定消防工作的有关规章制度,并负责与政府消防部门的协调。店长为主任,下设有副主任和委员若干。

(2) 各商品部设立消防小组,部门经理为组长,小组成员由消防安全员和部门骨干人员组成,实行岗位责任制,随时对门店消防安全隐患进行监督和检查。

(3) 各商品小组(柜)设消防安全员,督促消防工作的执行,第一时间掌握消防情况和应对突发事件。

四、门店消防制度

(1) 门店实行逐级防火责任制,做到层层有专人负责,各部门要签订《防火责任书》。

(2) 设立门店防火档案,制定紧急灭火预案,进行消防培训,举办消防演习,将各种消防宣传教育资料归档备案。各商品部须具备完整的日常防火检查报告和电器设备使用规定等资料。

(3) 门店内要张贴各种醒目的消防标志,设置消防门、消防通道和报警系统,组建义务消防队,配备完备的消防器材与设施,做到有能力迅速扑灭初起火灾和有效地进行人员财产的疏散转移。

(4) 制定和健全消防安全日常检查制度,用火用电和易燃易爆物品的安全管理制度,消防器材放置和维护保养制度以及事故调查、处理和报告等制度。

(5) 对新老员工要普及门店消防知识,加强对消防器材使用的培训,特别是对专兼消防员要进行专门的消防训练和考核,做到经常化、制度化。

(6) 门店内所有区域全部禁止吸烟和动用明火,存放大量商品和物资的仓库与场地,须设置明显的禁止烟火标志。

(7) 禁止擅自接装电源插座、乱拉电线、私自拆修开关和更换灯管、灯泡和保险丝等,如需要,必须由工程人员、电工进行操作,所有临时电线都必须有明确记录,并在期限内改装。

(8) 门店内所有开关必须统一管理,每日的照明和电梯统一由安全员关开,其他电力系统的控制由工程部负责。如因工作需要而改由其他部门负责,则管理人员和实际操作人员必须就如何正确使用接受培训。

(9) 营业及工作结束后,要进行电源关闭检查,保证各种电器不带电过夜,各种该关闭的开关处于关闭状态。

(10) 必须按规定操作和维修各种电气设备、专用设备,操作人员持相关《操作证》上岗作业。

(11) 货架商品存放要与照明灯、整流器、射灯、装饰灯、火警报警器、消防喷淋头、监视头保持一定间隔。

(12) 销售易燃品,如高度白酒、果酒、发胶等,只能适量存放,要保持通风,发现泄漏、挥发或溢出的现象要立即采取措施。

(13) 门店各部门(区域)要按照"谁主管,谁负责"和"谁在岗,谁负责"的原则,建立消防安全和日常检查制度。

(14) 要与承租厂商和进场的装修(建筑)商订立消防安全责任协议。

五、门店日常消防工作

消防安全工作委员会要定期组织消防员参加消防学习和训练,定期组织店铺灭火演练和消防演习,每月进行消防安全检查和召开消防安全例会,消防小组每周进行消防检查,消防员每日进行全场的消防巡视。消防安全委员会负责与各部门签订《防火安全责任书》,承租厂商进场前要与之签订《引进商户防火安全责任书》,全面管控外来经营商户的消防安全工作。安保部必须制定可行的应急预案,落实专人督促消防工作的执行。

六、门店消防系统

1. 消防标识

消防标识是指门店内外设置的、国家统一规定的有关消防标识。标识可以是文字或图案,如"禁止吸烟"、"危险品"、"紧急出口"、"消防设备"等。门店全体员工要熟记消防标识。

2. 消防通道和紧急出口

消防通道是建筑物在设计建造时留出供消防、逃生使用的通道；紧急出口是门店若发生火灾或意外事故时，紧急疏散人员时能以最短时间离开门店的出口。门店员工要熟悉自己岗位最近的消防通道和紧急出口的位置。通道和出口必须保持通畅干净，紧急出口只能使用专用门锁关闭，平时不能使用。每天营业前，门店安保部要指定专人检查，确保落实。

疏散图是门店（各个层面）紧急通道、紧急出口和紧急疏散通道的标识图。它提供危险发生时指示人员逃生的途径，指示行动的方向、通道和出口。疏散图必须悬挂在商场明显的位置，供员工和顾客使用。

3. 消防设施和器材

消防设施是指用于火灾报警、防火排烟和灭火的所有设备。消防器材是指用于扑救初级火灾的专用轻便灭火器材。消防设施和器材是人身安全的重要保证，必须保证性能灵敏可靠、状况良好，必须建立档案登记，包括位置分布图，严禁非专业人员私自挪用，并对相关人员正确使用消防设施和器材进行培训。门店主要的消防设施和器材有：

（1）火灾警报器：当发生火警时，警报系统发出火警警报。

（2）烟感、温感系统：对门店温度、烟的浓度进行长时间测试，当指标超过警戒时，则系统发出警报。

（3）喷淋系统：火警发生时，喷淋系统自动启动喷水灭火。

（4）消防栓：发生火警，打开消防栓的水阀，取水灭火；平时不得使用。

（5）灭火器：当火警发生时，要使用灭火器进行灭火，迅速扑灭初级火灾。因此，平时应教会员工正确使用门店所配备的各种灭火器，明确其适用范围，这对控制火势、减轻火灾非常关键。

（6）防火卷帘门：当火警发生时，放下防火卷帘门隔离火源，阻止烟及有害气体蔓延，缩小火源区。

（7）内部火警电话：当火警发生时，所有人员均可以打内部火警电话报警，便于迅速组织灭火工作。

4. 监控中心

监控中心是门店设置的监控系统的电脑控制中心，可控制门店消防系统、保安系统、监视系统。监控中心通过图像、对讲系统，24小时对门店各个主要位置、区域进行监控，第一时间处理各种紧急事件。

5. 紧急照明

火警发生时，当门店内的所有电源被切断时，可启动紧急照明系统。

6. 火警广播

当火警发生时,广播室必须立即进行火警广播,稳定顾客情绪。火警广播应有规定的播音内容。

七、门店消防安全自查

门店消防安全自查内容如表 11-2 所示。

表 11-2 门店消防安全自查表

门店: 　　　　　　　　　　　　　　　　日期:

项目	检查内容	检查结果
建筑工程	建筑总面积、层数、单层建筑面积、建筑高度、外开窗总面积	
	建筑工程是否经过消防审核验收	建审文号: 验收文号:
	已经审核、验收合格的建筑有否擅自改变使用性质	
	消防车道是否畅通,防火间距是否被占用	
	有无破坏防火分隔的现象	
	仓库、厨房等特殊场所与其他区域是否进行防火分隔	
	常闭式防火门是否处于开启状态,是否损坏	
	防火卷帘下是否堆物,启动是否正常	
安全疏散	安全出口、疏散通道的数量多少,是否有消防用安全通道出口	
	安全出口营业期间是否上锁或不能保证畅通	
	疏散通道上是否堆物或不能保证畅通	
	安全出口的门采用何种形式,是否朝疏散方向开启	
	疏散指示标志是否完好,是否按要求悬挂,有无被遮挡	
	应急照明采用何种形式,是否完好,照度是否满足	
安全管理	是否确定消防安全归口部门、消防安全责任人、消防安全管理人,是否明确职责	
	消防安全责任人是否有法人授权书	
	是否与公司签订安全管理责任协议书	
	是否建立了各项消防安全管理制度和消防安全操作规程,内容是否健全	
	是否与专柜、招商签订防火安全协议	

(续表)

项目	检查内容	检查结果
安全管理	是否制订灭火疏散预案并定期进行演练	
	消防安全责任人、管理人、消防设施操作人员是否持证上岗	
	新进员工(包括促销员)上岗前是否经过消防安全教育	
	是否建立义务消防队伍	
	特殊工种人员是否持证上岗	
	是否有门店消防安全通道示意图,并张贴在门店显著位置	
	消防控制室是否24小时有人值班,人数多少	
	临时用电是否有归口管理部门,是否及时拆除	
	有无乱拉乱接电线、随意增设电器现象	
	是否有施工现场,有无专人管理	
	明火区域是否有专人管理	
	动火作业是否有分级审批制度,是否严格落实	
	仓库物品堆放是否符合"五距"要求	
	仓库内使用何种灯具	
	仓库内有无使用明火或电加热器具	
	厨房内使用燃气还是用电,有无超负荷用电	
消防设施	消防几路进水,几路进电	
	室外消火栓、水泵接合器的数量多少,是否完整好用	
	是否建立消防器材台账,消防器材的增加、加液与报废是否有记录,有无消防器材分布图	
	灭火器的配置类型是否相符,数量是否满足	
	灭火器材有无损坏、剂量不足或药剂过期	
	灭火器材、固定消防设施是否落实专人负责检查、维护、保养,档案资料是否完整	
	室内消火栓的出水压力是否符合要求	
	消防水泵使用是否正常,处于手动还是自动状态	
	主备电源、主备消防泵是否能够自动切换	

(续表)

项目	检查内容	检查结果
消防设施	消防控制室能否正常启停消防泵	
	消火栓按钮能否直接启泵	
	消火栓箱内部件是否齐全好用	
	喷淋泵使用是否正常，处于手动还是自动状态	
	主备电源、主备喷淋泵是否能够自动切换	
	消防控制室能否正常启停喷淋泵	
	喷淋头布置是否存在盲区	
	末端试水装置是否正常工作	
	湿式报警阀是否正常工作	
	火灾报警系统运行是否正常，处于手动还是自动状态	
	报警是否联动控制非消防电源、防火卷帘、警铃、广播、排烟等	
	报警是否与城市火灾报警系统联网	
	报警探头是否存在盲区	

第三节 突发事件的处理

门店在正常的营运作业过程中突发事件时有发生，其危害之大是不可估量的。因此，为减少和降低财产损失及人员伤亡，迅速有效地处理紧急事件、按照应急预案进行抢救作业，是门店经营管理人员，特别是重点负责此部分工作的安保部必须具备的能力和素质。

一、突发事件的种类

(1) 火灾：门店内发生的火灾，一般有火警和重大火灾之分。
(2) 恶劣天气：指对门店正常经营有影响的台风、暴雨或高温等天气。
(3) 人身意外：指顾客或员工在门店内发生的人身意外，包括意外伤害、中毒、电击和人员昏厥等。
(4) 突然停电：在没有任何预先通知的情况下，营业时间内突然停电。
(5) 抢劫：抢劫现金行为。

(6) 示威或暴力：各种原因引起的示威或过激暴力行动。
(7) 骚乱：门店内或门店进出口处发生的骚乱、打架和人员非正常集聚。
(8) 爆炸物：门店内发现可疑物件或爆炸物。
(9) 威胁(恐吓)：门店收到信件、电话等威胁或恐吓。

二、突发事件的处理原则

紧急事件突发性高，且多属于意外事件。因此，门店要有应对突发事件的专门人员和预案，这样才能使"突发"事件不"突然"。门店要成立由店长任总指挥的突发事件应对小组，并对成员进行明确分工和有针对性的培训，真正做到突发事件前有防范，事件中及时制止，事件后妥善处理。

(1) 预防为主，计划为先。做好门店日常安全检查工作，消灭隐患，以减少紧急事件的发生。

(2) 快速反应，机智灵活。紧急事件发生后，要保持镇静，及时报警；按预案有序处理，控制局面；责任清晰，岗位明确，反馈迅速，一切行动听从指挥，随时调整策略以应对变化的情况。

(3) 以人为先，保护财产。救援的重点是保全和抢救人的生命，然后才是减少财物损失。

紧急情况应对预案是门店安全工作的重要组成部分。它是以书面形式制定的紧急情况防备和发生时如何应对的预备方案，包括紧急小组的成立和人员名单，各个岗位的具体责任和任务，发生各种情况的处理程序，发生紧急事件时可以提供援助的机构或可以求援的机构组织名称和联系方法等。

三、突发事件的处理程序

1. 火灾

(1) 火警的级别：根据门店内实际情况，火警可分为三级：一级，有烟无火；二级，有明火初起；三级，火势从时间和空间上难以控制。

(2) 各级火警的处理程序：一级火警：上报消防主管、安全主管到达现场处理。二级火警：上报消防主管、安全主管、安保部经理以及以下管理人员。白天：店长、副店长；夜间：值班经理；节假日：值班经理、副店长。三级火警：上报消防主管、安全主管、安保部经理、工程部、店长、副店长或在场最高负责人。

(3) 拨打"119"报警应由店长下达指令，但在紧急情况下可由副店长、安全经理或在场最高负责人下达，其后向店长汇报。

(4) 一级、二级和重大火灾应按预案采取不同的灭火程序。一级、二级火灾由安保部组织现场人员,用就近的消防器材进行灭火。火灾扑灭后,安保部要负责保护现场不被破坏,并拍摄照片存取证据,迅速查访知情人,查找火灾起因。重大火灾通知店长后,立即拨打119报警电话。

(5) 突发事件应对小组人员听到消防警报后,迅速赶到安保部,按预案确定行动方案,快速行动,各司其职。

(6) 门店各部门在完成各自职责后,服从"处理小组"的统一指挥和调配,协同配合进行灭火、疏散、救助工作。

2. 台风、暴雨、高温等恶劣天气

门店安保部必须每日关注天气情况,不仅是为了防范恶劣天气带来的灾害,更是为了改善服务。在接到热带风暴的预报后,应该做好以下工作:① 将天气预报的告示张贴在明显位置;② 检查户外广告牌、棚架等是否牢固;③ 检查水渠是否通畅,保证排水系统良好通畅,下水道不堵塞;④ 撤销广场外促销活动的展位;⑤ 门口铺设防滑垫;⑥ 密切注意低洼区域。

3. 人身意外

顾客或员工在门店内发生的人身意外,包括意外事故伤害、中毒、电击以及因个人健康导致突发性昏厥、休克等。处理要求是:

(1) 当发生意外时,在第一时间报告:顾客意外报告安保经理,员工意外报告员工所属部经理和门店安保主管。

(2) 顾客晕倒、突然发病,应立刻通知相关人员进行急救处理,尤其是老年人、残疾人、孕妇及儿童,并迅速拨打120急救电话,请派救护车,由店内人员送顾客到医院。

(3) 发生重大伤害时,员工应立即到医院就医,顾客应在安保经理陪同下立即到医院就医。并把情况及时上报店长和总部,以便更好地处理善后赔偿事宜。

4. 突然停电

营业时间内突然停电,应采取如下措施:

(1) 立即起用备用发电机,保证店内照明和收银机作业正常。

(2) 只能使用紧急照明、手电筒,不能使用火柴、蜡烛和打火机以及任何明火。

(3) 如收银机不能正常运转,收银员应立即将收银机抽屉锁好,并坚守岗位。

(4) 停止收货。

(5) 现金室停止工作,现金入库并锁好。

(6) 安保员对门店进出口进行控制,在暂时不知道停电时间长短时,可先劝阻顾客暂不进入商场。

(7) 启动广播安抚稳定顾客情绪,维持现场秩序,避免发生混乱和抢劫等,如需要停业关店的,则进行有序疏散工作。

(8) 所有电力设备作关闭电源处理,冷库立即封门。

(9) 所有人员坚守岗位,各部门要派人员对本区域内的零散商品进行聚集处理。

(10) 工程部应立即检查停电原因并了解停电时间长短,店长根据实际情况决定是否停止营业。

5. 匪徒抢劫收银台的金钱

(1) 收银员须谨记:没有任何金钱比你的生命更重要,不提倡个人英雄主义,保全生命是第一位的。

(2) 保持冷静,不要作无谓的抵抗,尽量让歹徒感觉你正在按他的要求去做。

(3) 尽量记住匪徒的容貌、年龄、衣着、口音、身高等特征。

(4) 尽量拖延时间,等待其他人员的救助。

(5) 匪徒逃离后第一时间拨打110报警。

(6) 立即凭记忆用文字记录,填写"抢劫叙述登记表"。

(7) 保护好现场,待警察到达后清理现金的损失金额。

当匪徒抢劫收银台时,安保员发现并趁歹徒不注意迅速拨打110报警;对持有武器、枪支的匪徒,不要与其发生正面冲突,保持冷静,在确认可以制胜时,等待时机将歹徒擒获,尽量记住匪徒的身材、衣着、车辆的牌号、颜色、款式等;在匪徒逃离后,保护现场,不能触摸歹徒遗留的任何物品;将无关的人员、顾客疏散离场,将受伤人员立即送医院就医。

6. 骚乱、打架行为

(1) 如发现门店内有人捣乱,立即通知安保人员到场。

(2) 阻止员工和顾客围观,维持现场秩序。

(3) 拨打110报警,将捣乱人员带离现场,必要时交公安机关处理。

(4) 对由此造成的损失进行清点,由警察签字,作为索赔的依据。

四、设置紧急"通讯录"

为保证突发事件的及时汇报和处理,各门店必须设立有关管理人员"通讯录",以备在紧急状况下及时联络。"通讯录"包括:① 店长办公室电话(直线、分机)、家庭电话和手机号码;② 安保经理的办公室电话、家庭电话和手机号码;③ 公司报警电话、门店内部报警电话;④ 最近医院的急救电话和地址;⑤ 所辖本区域警署电话、联系人、地址等;⑥ 门店各部经理的姓名、家庭电话、手机号码。此"通讯录"由门店人事部负责编印,存放于店长办公室、安保部控制中心、人事部,同时分发至经理以上人员。

第四节　商品质量安全管理

商品质量安全管理，应该包括两个层次：一是商品必须符合国家或国际有关法规、商品标准或订购合同中的有关规定，这是商品基本的技术条件；二是商品的各种特性能够满足需要，包括价格实惠、交货准时、服务周到等内容。前者是狭义的质量要求，后者是广义的质量要求。在商品质量安全管理中，涉及商品的内在质量要求、产品标识、价格与计量、食品卫生要求等方面。

一、商品质量安全管理规定与重点环节

连锁企业应该建立由总部、配送中心、门店三个层次构成的质量安全管理体系，并落实到相应的责任部门与责任人。

（一）商品质量安全管理有关规定

随着社会经济的发展，人民生活水平的提高，国家对商品质量的监管也越来越严格。如 2009 年 6 月 1 日实施的《中华人民共和国食品安全法》第三十九条规定，食品经营者采购食品，应当查验供货者的许可证和食品合格的证明文件。食品经营企业应当建立食品进货查验记录制度，如实记录食品的名称、规格、数量、生产批号、保质期、供货者名称及联系方式、进货日期等内容。食品进货查验记录应当真实，保存期限不得少于 2 年。实行统一配送的食品经营企业，可以由企业总部统一查验供货者的许可证和食品合格的证明文件，做好食品进货查验记录。

食品进货查验制度，是食品经营者根据国家有关规定和同食品生产企业或其他供货者之间的合同约定，对购进的食品质量进行检查，符合规定和约定的予以验收的制度。这是对食品经营者规定的一项重要法律义务，其目的是为了严把食品进货关，保证食品经营者所销售的食品的质量。

除食品外的其他商品，尤其是与健康安全相关的产品，如化妆品、消毒产品、"涉水"产品、家电产品、农药产品以及其他消费者关注的产品都必须注意严把进店质量关。

（二）商品质量安全管理重点环节

门店商品质量安全管理的重点环节包括：进货环节、过程监控。

1. 进货环节

门店首先应该严把进货关，对进货商品进行必要的检验，并做好相应记录：

（1）合格商品不予标识。

（2）不合格商品采用"不合格"标牌表示其状态。不合格商品包括外包装破损

商品、标识不全商品、净量不足商品、变质商品、假冒伪劣商品、超报警期或保质期商品、三无商品等,不合格商品应与合格商品、待检商品隔离堆放,并做好标识。

(3) 待检验商品采用"待检"标牌表示其状态。

2. 过程监控

商品的销售过程也必须建立相应的质量检查制度,落实到责任区域与责任人,并做好相应记录:

(1) 门店质检员每日对一定数量商品的标签、实物外观质量进行抽查,保持记录,如发现商品有质量问题,应将此商品记入"门店不合格商品处理登记簿",质量问题应定期汇总、分析与上报。

(2) 门店理货员要对所负责区域的商品进行报警期检查(连锁企业一般在食品质量监控中设置了"报警期",这是一个临近保质期但尚可销售的最低允许期限。可以作出促销、退货等处理),将接近报警期的商品登记入"商品报警期登记簿"。

(3) 门店在日常经营过程中,检查发现有不合格商品都必须在"门店不合格商品处理登记簿"上记录。

(4) 在售中或售后,如顾客发现不合格商品,当班人员必须将投诉内容记录在"商品质量投诉登记簿"上,同时也记录在"门店不合格商品处理登记簿"上,并定期汇总、分析与上报。

调查显示,除商品与原材料供应商转移过来的质量问题外,运输过程、商场环境与商场自制食品的生产过程,是影响零售商销售商品质量的三个关键因素。

二、商品特征与质量管理要求

商品质量安全管理必须以把握商品特征为基础,商品特征是决定商品质量管理的基本因素。

(一) 蔬果的特性及质量管理要求

1. 蔬果的特性

蔬果在生长过程中同时进行着光合作用(同化作用)和异化作用。一经采收,蔬果的同化作用立刻停止,异化作用持续地进行,即其水分供给停止,而水分却不断地蒸散,造成蔬果的枯萎。

(1) 生长。蔬果的生长过程为发芽→开花→结子→枯萎。在卖场销售的蔬果一般是在未"开花"或"结子"之前即已采收,因此仍维持其生长过程。

(2) 蒸散。蔬果采收后,就无法摄取养分及水分,却不断地消耗本身能量,致使重量减少,这就是蔬果的蒸散作用。为降低蔬果的蒸散作用,其主要方法有低温管理及湿度管理。

(3) 呼吸。蔬果吸收空气中的氧,放出二氧化碳、水及能量,此即为蔬果的呼吸作用。温度高时,呼吸作用旺盛;温度低时,呼吸作用能被抑制而达到保鲜效果。因此常见叶菜类用透明塑料袋包起来并打洞,以保持新鲜。

2. 蔬果的质量管理要求

(1) 蔬果质量管理的首要工作是保鲜,其关键是做好温度管理和湿度管理,实行低温管理,以抑制呼吸作用、蒸散作用、发芽、微生物活动、过熟、酵素作用。一般来说,湿度宜保持在90%～95%,保鲜温度在5℃～8℃。

(2) 每天早上开始营业之前,以及下午营业高峰来临之前要对蔬果进行鲜度检查。

(3) 加工处理能够增进蔬果的商品价值,如洗净后再予冷藏,用保鲜膜包装保鲜,用托盘包装,按颗粒大小、品质好坏分级包装等。

(4) 注意事项:蔬果进货时要尽早降温,避免急剧的温度变化,叶菜类要直立保管,有切口应朝下,设立生鲜库,温度为5℃,湿度为95%,最好不用纸箱,而用硬质容器,应避免冷风直吹蔬果。

(二) 肉品的特性及质量管理要求

1. 肉品的特性

各类肉品营养丰富,是人体所需动物性蛋白质的主要来源,也是活力的源泉。一般家庭经常食用的肉品有猪、牛、羊等畜产品及鸡、鸭、鹅等家禽。肉品的商品特性主要有:

(1) 容易变色。肉品屠宰后其颜色呈紫红色,与空气短暂接触后肉色呈鲜红色,放久后肉品的表面干燥,导致肉色呈褐色,此时肉品已变质了,若褐色肉品再转变为绿色时,表示肉品已发生腐败。

(2) 细菌容易繁殖。当肉品的中心温度上升至0℃以上时,细菌就会快速繁殖,细菌增殖是肉品鲜度下降的主要原因。

(3) 肉汁容易渗出。肉汁流失是肉品风味变差的最主要原因,而肉汁流失的主要原因是屠宰时受到紧迫以及环境温度的不稳定所致。

(4) 肉品经熟成处理后增进嫩度。家畜肉品通常以冷冻或冷藏两种温度陈放。以冷藏状态供应时,为增进其嫩度和风味,常须贮存一段时间后才会销售,此种在控制温度、湿度的条件下保存处理,称为熟成。

2. 肉品的质量管理要求

(1) 慎选原料厂商及成品供应商,并以冷冻、冷藏方式运输储存原料、半成品与成品,运输的车辆须保持清洁。

(2) 肉品处理室的温度要加以控制,一般可在12℃～18℃之间,如从业人员能够适应室温最好在12℃以下,且加工处理要迅速,以免肉品中心温度上升。

(3) 肉品表面不宜长时间受冷气吹袭,分装原料肉时需要以保鲜纸包装后再贮存或销售。

(4) 要控制展示柜的温度，冷冻柜的柜温应控制在-18℃以下，冷藏柜的柜温应控制在0℃～4℃之间。

(5) 加强作业场所、作业人员、作业设备的清洁卫生管理工作，以减少商品受污染而带菌，使鲜度下降。

(6) 营业前、营业中、打烊时均应检查肉品鲜度，可以通过嗅味道、看颜色、视其组织弹性、表面状态、中心温度含菌数检查等方法进行。

(三) 水产品的特性与质量管理要求

1. 水产品的特性

由于生活水平的提高，水产品的消费量已大大超过肉品的消费量，如能向消费者提供鲜度佳、品项多的水产品，不仅利润丰厚，而且可带动其他商品的销售。水产品的特性如下：

(1) 种类繁多。如节肢动物、软体动物、棘皮动物、脊椎动物等。

(2) 货源不易掌握。水产品大部分属天然资源，渔期、渔场、渔获量时常发生变化，使货源不易掌握。但随着人工养殖技术的发展，水产品的供应量也日渐丰富，也易于控制产量。

(3) 鱼体成分因季节而变化。鱼类的味道鲜美度有季节性，如鱼类的产卵前由于脂质蓄积较多，往往是味道最鲜美的季节。

(4) 容易腐败变质。水产品比肉品更易变质，原因之一是内脏未取出便运往消费地，原因之二是外皮较薄，且容易滋生细菌。

2. 水产品的质量管理要求

水产品质量管理的基本要求是低温管理和卫生管理。

(1) 采购鲜度良好的原料，冷藏的水产品表面温度应维持在5℃以下，须再敷冰，并以冷藏冷冻方式运输、储存原料、半成品与成品，保持运输车及贮存库的清洁。

(2) 水产品处理室的温度应在15℃以下，且处理、包装作业要迅速，待处理的半成品于冷藏库降温时，须覆盖湿毛巾，以防止表面水分蒸发，已包装的成品应立即送入冷藏库或展示柜。

(3) 冷藏展示柜的柜温应维持在0℃～4℃之间，冷冻展示柜的柜温应维持在-18℃以下，并且每天巡视检测柜温三次，做好记录。

(4) 及时剔除陈列柜中鲜度不良或有异味的水产品。

(5) 加强作业场所作业人员、作业设备的清洁卫生管理工作，以减少商品受污染而带菌，导致水产品迅速变质。

(6) 加强对水产品感官检查，可由其死后硬直状态、眼球、鳃、鱼鳞、肉质、气味、腹部状态等判定新鲜程度。

(四) 杂货商品的特性及质量管理要求

1. 杂货商品的特性

杂货商品品种繁多，如何挑选出适合商圈内顾客需要的商品，是经营的一大课题。其特性如下：

(1) 杂货商品是生鲜食品的辅助品。生鲜食品是每个家庭每日必需的商品，但顾客在购买生鲜食品时也会因烹饪所需而购买一些调味品或杂货商品。

(2) 品种繁多，涵盖面广。广义的杂货范围包括一般食品、糖果、饼干、日用消耗品、衣料、五金、文具、玩具等，凡是无需以冷藏系统来陈列的规格化成品都属于杂货的范围。

(3) 经营成本较低。杂货商品大部分属规格品，无需再经过加工，商品一到门店，只要陈列上架即可销售，不需要太多的人力成本，也无需冷藏予以保鲜，故经营成本较低。

(4) 周转较慢、注重库存管理。一般消费者耗用杂货商品的速度较慢，周转相对也就较慢，所以库存管理显得特别重要，一定要把库存数量控制在标准以内，以免造成管理损失及库存成本的负担。

(5) 毛利率较低。杂货商品由于规格化，各家公司所经营的杂货商品差别并不太大，唯一的差别就是价格，竞争会导致价格下降，毛利降低。如能开发独特的杂货商品，就能扩大毛利，增加利润。

2. 杂货商品的质量管理要求

杂货商品也必须加强鲜度管理，并要加强有效期管理。

(1) 控制影响鲜度的因素。陈列在货架上的杂货商品，会因为周转较慢、顾客动碰损坏等原因导致：商品过期或接近有效期限、瘪听、真空包装遭破坏、包装破旧、产生锈蚀现象、商品变质、商品遭灰尘玷污、商品制造日期、有效期间、成分、来源标识不清、厂商已更改包装但店中仍陈列旧包装的商品。这些情况都会影响商品的鲜度，应加以有效控制，及时整理，并把不合格品撤下货架。

(2) 加强有效期管理。对杂货商品鲜度影响最大的是有效期管理，就是要让消费者在商品保质期内消费，不要让消费者买到或使用到过期的商品。为此必须强调有效期前置概念，即在有效期限前预先将商品撤除，以免消费者使用到过期的商品。如有效期为1年，则9个月时应促销或向厂商退货(3/4 有效期)，6个月为顾客新鲜度心理界限(1/2 有效期)，3个月为进货验证的允收界限(1/4 有效期)。

(3) 加强商品检查。商品检查要将进货检查与现场作业人员检查相结合，检查品质、标识、数量与重量、价格。

（五）商品质量检查要点

(1) 检查商品包装是否完整。包装破损、标识不符合要求的商品不能上架销售，瘪听商品也属不合格品，可作为处理商品折价销售。

(2) 检查商品保质期。上架销售的商品不仅要在有效保质期内，而且要限定有效销售期，超过有效销售期的商品应从货架上撤下。连锁企业应该就各类商品规定有效销售期，因为顾客把商品买回去以后不一定立即使用，商品虽然未过保质期，但如果临近保质期，顾客也不会购买。设定有效销售期既可以确保商品的鲜度，又可以减少不必要的商品损耗，同时提高顾客对连锁企业的信任度。

(3) 检查商品鲜度。由于各种客观因素（如温度、湿度、陈列设备、陈列方法等）的影响，某些即使在保质期内的商品也会发生变质。尤其是生鲜食品，如蔬果、鲜鱼、鲜肉等商品主要不是用保质期来控制商品质量，而是通过感官检查来判断商品的鲜度。对经过加工和包装的生鲜食品，往往是几种材料组合在一起出售或一盒中有几个同样商品，这类商品就要分别进行检查，重点检查特别容易变质的材料，把不良品剔除，否则影响整盒商品质量。

(4) 检查商品清洁度。商品外观是否清洁直接影响顾客的购买欲望，商品表面不洁或有灰尘，顾客就会认为是不常有人购买的商品，因而也就会打消购买的念头。

(5) 检查商品计量。通过计量抽查，验证商品的实际重量与规定重量是否相符，以确保商品计量准足。

三、产品标识

产品标识是指用于识别产品及其质量、数量、特征、特性和使用方法所作的各种表示的统称。产品标识可以用文字、符号、数字、图案以及其他说明物等表示。

（一）产品标识标注规定的要点

(1) 产品应当具有标识（裸装产品除外）。

(2) 产品标识应当标注在产品或者产品的销售包装上。

(3) 产品标识所用文字应当为规范的中文。

(4) 产品标识应当清晰、牢固，易于识别。

(5) 产品标识应当有产品名称。

(6) 产品标识应当有生产者的名称和地址。进口产品应标明产品的原产国/地区，以及代理商或进口商或销售商的名称和地址。

(7) 国内生产的合格产品应当附有产品质量检验合格证明。合格证明有合格证书、合格标签和合格印章三种形式。

(8) 国内生产并在国内销售的产品,应当标明企业所执行的国家标准、行业标准、地方标准或者经备案的企业标准的编号。

(9) 产品标识中使用的计量单位,应当是法定计量单位。

(10) 实行生产许可证管理的产品,应当标明有效的生产许可证标记和编号。

(11) 根据产品的特点和使用要求,需要标明产品的规格、等级、数量、净含量、所含主要成分的名称和含量以及其他技术要求的,应当相应予以标明。净含量的标注应当符合《定量包装商品计量监督规定》的要求。

(12) 限期使用的产品,应当标明生产日期和安全使用期或者失效日期(保质期超过18个月,产品质量相对稳定并经产品标准规定的可以不标保质期,但生产日期必不可少)。

(13) 使用不当,容易造成产品本身损坏或者人体健康和人身、财产安全的产品,应当有警示标志或者中文警示说明。

(14) 性能、结构及使用方法复杂、不易安装使用的产品,应当根据该产品的国家标准、行业标准、地方标准的规定,有详细的安装、维护及使用说明。

(二) 食品标签必须标注的内容

我国2009年6月1日实施的《中华人民共和国食品安全法》第四十二条中对食品标识作了规定。预包装食品的包装上应当有标签。标签应当标明下列事项:

(1) 名称、规格、净含量、生产日期。

(2) 成分或者配料表。

(3) 生产者的名称、地址、联系方式。

(4) 保质期。

(5) 产品标准代号。

(6) 储存条件。

(7) 所使用的食品添加剂在国家标准中的通用名称。

(8) 生产许可证编号。

(9) 法律、法规或者食品安全标准规定必须标明的其他事项。

专供婴幼儿和其他特定人群的主辅食品,其标签还应当标明主要营养成分及其含量。《中华人民共和国食品安全法》实施后,原来的一些国家标准(如GB7718、GB13432等)和部门法规(如《食品标识管理规定》等)都陆续作了相应的修改,应引起销售企业的重视。事实上,我国近年来一直在加强产品标识标注的管理,尤其是一些涉及人身健康安全的产品的标识。例如,家电的"3C"标志和能效标识;农药产品(杀虫剂、驱避剂等)的品名及毒性;服装、玩具商品相关的安全技术类别标识;食品中以芦荟凝胶为配料的警示语;食品添加剂的种类与含量的标注规定等。企业应及时学习和掌握国家对产品标识方面的相关规定,把好销售商品的进货关。

(三)产品标识标注中应注意的问题

产品标识标注中需要注意以下几方面问题。

(1)凡经加工后销售的食品(不包括进口食品、保健食品、现制现售食品)、食品用塑料包装容器工具等制品和食品用纸包装、容器等制品,对检验合格的食品(产品)要加印(贴)市场准入标志——QS标志。没有加贴QS标志的食品不准出厂销售。这样做,便于广大消费者识别和监督,便于有关行政执法部门监督检查,也有利于促进生产企业提高对食品质量安全的责任感。

(2)保健食品应有卫生部(或国家食品药品监督管理局)批准文号并有相应标志。保健食品的标签、说明书不得涉及疾病预防、治疗功能,内容必须真实,应当载明适宜人群、不适宜人群、功效成分或者标志性成分及其含量等;产品的功能和成分必须与标签、说明书相一致。

(3)国家规定需强制性安全认证的产品,其销售包装上必须印有"3C"产品认证标志。

(4)注册商标标志:"R"、"注"、"注册"表示商标已经注册;"TM"表示商标已申请注册,正在审批;"驰名商标"为国家级,"著名商标"为省市级;绿色食品、加碘盐、纯羊毛标志都属证明标志。

(5)绿色食品需有国家绿色食品发展中心认可并有证号,方可在包装上使用绿色食品标志。有机食品需经国家环保总局有机食品发展中心认可后方可使用有机食品标志(分有机食品和有机转换食品两种标志)。

(6)专利产品必须获国家知识产权局批准并有专利号,否则不得在商品包装上标注"专利产品,仿冒必究"之类字样。专利证号一般为ZL×××××××××。其中第一、第二位数字为批准年号,第三位数字是专利的类别(有的前四位是批准年份,第五位是专利类别)。"1"是发明专利,有效期为20年;"2"是实用新型专利,"3"是外观设计专利,有效期均为10年。

(7)产品包装上不得使用"极品"、"最佳"、"第一"等绝对化词语,也不能随意用"绿色"、"对环境友善"之类的用语。一般食品不能宣传保健功能,保健食品不能宣传疗效和做延伸宣传。同样,一般化妆品不能宣传特殊用途化妆品的功效。

四、商品价格与计量管理

(一)价格管理工作要点

1. 促销活动中防止价格欺诈

连锁企业应注意自觉规范价格行为,做到价格诚信。根据《零售商促销行为管理办法》,结合我国《中华人民共和国价格法》、《关于商品和服务实行明码标价的规定》、《禁止价格欺诈行为的规定》等价格法律法规,经营者的促销行为在价格方面应重点防止发生以下价格欺诈行为:

(1) 降价销售所标示的折扣商品或者服务,其折扣幅度与实际不符的。

(2) 虚构原价,虚构降价原因,虚假优惠折价,谎称降价或者将要提价,诱骗他人购买的。

"原价"是指经营者在本次降价前7日内在本交易场所成交的有交易票据的最低交易价格;如前7日内没有交易价格,以本次降价前最后一次交易价格作为原价。

"虚假优惠折价"是指经营者标示的价格等于或者高于本次优惠折价活动前7日内,在本交易场所成交的有交易票据的最低交易价格。

特价商品或者服务的价格等于或者高于本次经营活动前7日内,在本交易场所成交的有交易票据的最低交易价格的,属于价格欺诈行为。

(3) 在开展送现金、返券、馈赠、积分等经营活动中,经营者标示的价格高于本次经营活动前7日内,在本交易场所成交的有交易票据的最低交易价格的,属于价格欺诈行为。

(4) 采取价外馈赠方式销售商品和提供服务时,不如实标示馈赠物品的品名、数量或者馈赠物品为假劣商品的。

馈赠物品或者服务标示价格(或价值)的,应当真实明确;不如实标示的,属于价格欺诈行为。

(5) 销售商品和提供服务带有价格附加条件时,不标示或者含糊标示附加条件的。

采取返还有价赠券方式销售商品或者提供服务时,有价赠券在使用上有附加条件,且没有在经营场所的显著位置明确标示的,属于价格欺诈行为。

(6) 标示的市场最低价、出厂价、批发价、特价、极品价等价格表示无依据或者无从比较的。

(7) 销售商品和提供服务前有价格承诺,不履行或者不完全履行的。

"价格承诺"是指经营者以商业广告、产品说明、销售推介、实物样品或者通知、声明、店堂告示等方式,对商品或者服务价格作出的具体确定的承诺。

(8) 使用欺骗性或者误导性语言、文字、图片、计量单位等标价,诱导他人与其交易。

(9) 其他价格欺诈手段。

2. 价格管理的具体工作

连锁企业对于商品价格管理的具体工作要求如下:

(1) 执行企业总部统一制定的价格政策,严格按照企业核准的商品价格执行销售,不得随意更改。

(2) 对于促销、削价商品,价格变动要经过企业规定的批准手续方可实行变价,并应及时进行价格调整。

(3) 正确书写商品标价签、价目表,商品标价签、价目表等一律不准写上"市场价"字样,不准以不正当手段误导消费者,严防各种价格欺诈行为的发生。

(4) 凡有促销活动的商品,要保证商品的质量,不准以特价为名,销售假冒伪劣商品。

(5) 严格遵守职业道德,严禁不正当竞争,不准低价倾销或牟取暴利,扰乱市场秩序,坑害消费者。

(6) 实行明码标价,必须做到价签价目齐全,标价准确,字迹清晰,标示醒目,货签对应,一货一签,商品价格一律使用阿拉伯数码标明人民币金额。

(7) 商品标价应包括货号、品名、产地、规格、等级、计价单位、零售价等七标内容。七标应正确填写,所有标价签均应经审核后加盖核价章。即做到"七标一章"正确齐全。

(8) 超市和便利店一般实行两种标价签,即明码实价签和明码削价签。明码削价签内,应标明原价、现价、削价原因和促销期限。应防止标示的特价等价格表示无依据或者无从比较的现象。

(9) 为确保标价与系统价的一致,必须及时更新系统信息,妥善管理好牌卡,并防止由系统错误或操作失误引起的价格差错。

(10) POP 书写正确,字迹清楚,张贴整齐,及时更新。

(11) 采取价外馈赠方式销售商品和提供服务时,应如实标示馈赠物品的品名、数量。应防止将假劣商品作为馈赠物品。

(二)"七标一章"要求

一张规范的商品标价签(即商品牌卡)上一般应有"七标一章",即品名、货号、规格、产地、等级、计价单位、零售价、核价章。"七标一章"的规范填写要求如下:

(1) 品名:销售商品外包装上的名称。

(2) 货号:按照公司统一的编号规则填写。

(3) 规格:必须使用法定的计量单位,并且用英文的书写格式。食品的法定计量单位中,固体为 kg(千克)、g(克);液体为 l(升)、ml(毫升);长度单位为 m(米)、cm(厘米)、mm(毫米);电器的功率单位为 W(瓦)。对于一些消费者习惯的非法定计量单位(如"七寸盘"、"26英寸自行车"),可以在打完法定计量单位后,再用括号标上消费者所习惯的计量单位。

(4) 产地：是生产商品最终的制造、加工所在地或者包装(组装)所在地。中国产品，四个直辖市(北京、上海、天津、重庆)生产的商品，直接写直辖市的名称；其他省份生产的商品，先写省份的名称，再写城市的名称，如浙江杭州、江苏南京、广东广州、广东深圳。产品的产地认定以产品的最后组装地或进行加工的分包装地为准。所以在打印价格标签时，应认真核对产品包装上的最终制造商或分包装商的地址。但食品不能简单地以分包装地作为产地，而应标原产地，以便于顾客了解产品的真实来源。因此，应根据产品包装上的原产地进行标注。凡是外国进口产品，"产地"只要写国家的名称即可。

(5) 等级：凡有等级要求的应按商品销售包装上标识的填写，若无等级的可写"合格品"。

(6) 计价单位：指商品的销售单元，如袋、瓶、盒。

(7) 零售价：卖场中有两种颜色的标签，分别表示两种不同的零售价。一种是蓝色标签，代表明码实价商品，即该商品的价格是确定的；另一种是黄色标签，代表明码削价商品，即该商品是优惠价或降价处理的。

(8) 核价章：代表使用的标价签是当地物价局认可的。

七标内容应该由连锁总部维护，这样可以大大节省门店的重复工作量，而且可以最大限度地避免不一致与差错。在七标中，价格在门店可能会因为竞争和商圈或开店因素而有变动。

(三) 计量管理要求

销售企业的计量管理涉及诚信服务体系的构建，应执行《中华人民共和国计量法》、《定量包装商品计量监督管理办法》、《零售商品称重计量监督管理办法》等计量法律法规。一般销售企业在计量管理中主要从计量器具管理、法定计量单位的应用、定量包装商品管理和零售商品称重管理这几个方面入手。

(1) 计量器具一般由公司统一购置，购置的计量器具必须是合格产品，根据所使用范围确保配置合理。使用单位对所配置的营业性计量器具应建立台账，并定期经专门计量部门实行强制检定。未按照规定申请检定或者检定不合格的计量器具，不得使用。计量器具台账中应有检定合格证书、历次强检记录和周期检定计划。使用的计量器具必须有制造计量器具许可证和 CMC 标志。

(2) 使用单位应对在用的计量器具进行自查，每月不少于一次，并有记录，以保证在用计量器具的准确性。引厂进店专柜内使用的计量器具，应纳入所在门店的统一管理。

(3) 保证所售的定量包装产品计量值的准确。门店在进货验证检查和日常质量管理过程中，按有关规定对产品包装上的计量标识及产品计量值进行抽查，发现不合格的不得接收和销售。

定量包装商品的销售应当在其商品包装的显著位置正确、清晰地标注定量包装商品的净含量。净含量的标注由"净含量"(中文)、数字和法定计量单位(或者用中文表示的计数单位)三个部分组成。以长度、面积、计数单位标注净含量的定量包装商品,可以免于标注"净含量"三个中文字,只标注数字和法定计量单位(或者用中文表示的计数单位)。同一包装内含有多件同种定量包装商品的,应当标注单件定量包装商品的净含量和总件数,或者标注总净含量。同一包装内含有多件不同种定量包装商品的,应当标注各种不同种定量包装商品的单件净含量和各种不同种定量包装商品的件数,或者分别标注各种不同种定量包装商品的总净含量。单件定量包装商品的实际含量应当准确反映其标注净含量,标注净含量与实际含量之差不得大于规定的允许短缺量。批量定量包装商品的平均实际含量应当大于或者等于其标注净含量。用抽样的方法评定一个检验批的定量包装商品,应当按规定进行抽样检验和计算。

(4) 销售产品的价格标签、宣传广告等涉及计量单位的均应采用国家法定计量单位和符号,商品规格一般以号码、尺寸、功率、容积、浓度、质量、原材料、形态等来计量,如茅台酒根据其酒精浓度的不同,分为38%、42%、53%三种规格;海尔分体式房间空调器根据其制冷量、功率的不同,分为四种规格,即KF-25GW、KF-27GW、KF-32GW、KF-35GW。

(5) 秤重商品的销售应按零售商品称重计量监督有关规定执行,应做到去皮操作,扣除包装物的重量,不得出现短斤缺两的现象。

(6) 有条件的门店应设公平秤,主动接受顾客的监督。

(7) 计量器具的配备要符合有关规定要求。

五、食品卫生管理

食品卫生管理主要包括:个人卫生、作业场地卫生、设备卫生、温度、仓库卫生、废弃物处理等。

(一) 个人卫生管理

食品从业人员的健康状况,直接关系到广大消费者的健康。如果这些人患有传染病或者是带菌者,就容易通过被污染的食品造成传染病的传播和流行,对消费者的身体健康造成威胁。

为了预防传染病的传播和由于食品污染引起的食源性疾病及食物中毒的发生,保证消费者的身体健康,食品生产经营者必须建立并执行从业人员健康管理制度。从业人员健康管理制度一般包括每年进行健康检查,取得健康证明后方能上岗。食品生产经营者为员工建立健康档案,管理人员负责组织本单位员工的健康检查,员工患病及时申报等。

为了防止通过食品从业人员造成传染病的发生,食品安全法延续了食品卫生法的规定,对患有某些特定疾病的人,禁止其从事接触直接入口食品的工作。这些疾病包括痢疾、伤寒、病毒性肝炎等消化道传染病以及活动性肺结核、化脓性或者渗透性皮肤病等有碍食品安全的疾病。

食品生产经营企业的从业人员必须定期进行健康检查,及时了解自己的身体健康情况。食品生产经营者发现患有碍食品卫生疾病的从业者,应当及时采取调整工作岗位、治疗等措施。健康证明是食品生产经营者经过卫生监督部门的健康体检后取得的书面证明文件。食品生产经营者必须取得健康证明后才能上岗。健康证明过期的,应当立即停止食品生产经营活动,待重新进行健康体检后,才能继续上岗。

食品从业人员应当注意个人卫生。食品生产经营人员应保持外观整洁、指甲常剪、头发常理、经常洗澡等,保持个人卫生,在进行操作接触食品前或便后以及接触污物以后必须将手洗净,方可从事操作或接触食物。出售直接入口食品时,除将手洗净,还必须使用工具售货。操作时应当穿戴统一的清洁工作衣帽,不留长指甲,不涂指甲油,不戴外露饰品,不得吸烟。操作前应洗手,接触直接入口食品前应当消毒。进入加工专间时,必须第二次更换清洁统一的工作衣帽和戴口罩。

个人卫生主要包括:服饰、手部、饰物、身体、习惯五个方面。

(1) 作业时应穿戴清洁束领的工作衣、帽及口罩。凡进入食品作业场的人员,无论是员工、主管或参观人员,都必须穿着工作衣、帽,戴口罩。具体要求是:工作衣面料的选择以不沾毛絮、易洗、快干、免烫、不易脱色为原则;工作衣颜色以白色、浅蓝、浅绿、粉红为主;工作衣要能盖住内服的衣领及袖口,工作衣的袖口要有松紧带,以防止袖口松散;工作帽以能覆盖头发为原则;衣帽的颜色要一致;在作业场工作的员工一律要戴口罩,以防止交谈中口沫混入生鲜食品中而污染商品;工作衣、帽、口罩、工作鞋等要经常换洗。

(2) 作业人员在作业前要洗净或消毒手部,并保持干净。手部的细菌有两种,一种是永久性细菌,须戴手套方能阻止其污染;另一种是暂时性细菌,附着于皮肤表面,可以用清洁剂洗去。手部清洁的方法是:以水润湿手部;擦上肥皂或滴清洁剂;两手相互摩擦;两手背到手指相互摩擦;用力搓两手的全部,包括手掌及手背;作拉手的姿势以擦洗指尖;用刷子除去指甲内的污垢及细菌;以手肘打开水龙头用水冲洗干净;以纸巾或已消毒的毛巾擦干或以热风吹干;以手指消毒器消毒手部残留细菌。手部清洗完毕后,进入作业场时不能用手推门,而应以手肘或脚部推门进入作业场。

(3) 指甲要剪短,不要涂指甲油及佩戴饰物。指甲及饰物内最易纳污藏垢,而指甲油为化学物品,容易剥落或刮落,因此必须严格要求员工不得蓄留指甲,严禁涂指甲油及佩戴戒指等饰物。

(4) 患有皮肤病或手部有创伤、脓肿等浸透性伤口者,及患有传染性疾病者不得接触生鲜和直接入口食品。为此,须定期对从业人员的身体健康状况进行全面的检查。

(5) 作业时员工要有良好的卫生习惯。如出场处理事件或上洗手间后再进场时,一律要再经过消毒手续,且不得随地吐痰,严禁在作业场内吸烟等。

(二) 作业场地卫生管理

从事直接入口食品加工的场地,应当离扩散性污染源(如生食品、非食品)10米以上,从事非直接入口食品加工的场地,应当离扩散性污染源5米以上。墙壁、地面应当采用不透水、不吸潮、易冲洗的无毒防霉材料建造。加工间应当有浅色瓷砖建成的高1.5米以上的墙裙,顶角、墙角和地角呈弧形,地面应当有良好的排水系统。设有与产品品种、数量相适应的储存、加工、包装、冷藏等场地以及防蝇、防鼠、防尘、防腐、通风、照明、工具和容器的洗刷和消毒、盥洗、更衣、废弃物暂存容器等卫生设施。具有充足的符合国家生活饮用水卫生标准的用水。

场地卫生主要包括:更衣室、个人消毒设施、场地设施三个方面。

(1) 作业场前应设置更衣室。更衣室内应设置储衣柜、鞋架,室内须配置镜子以整理员工仪容。

(2) 作业场进口处应设有完整的个人消毒设施。其设计要求是:消毒室墙面须贴白瓷砖;入口处设有刷鞋池,备有鞋刷;入口两边墙壁装有清洁液架,以放置清洁液或肥皂;两边设置洗手台,安置数个肘压式水龙头及毛刷;洗手台下方设置消毒池,池深约20厘米,可淹及鞋面;洗手台后侧墙边设置纸巾架或毛巾架;毛巾架后侧设手指消毒器;设置手肘或脚踏式门,防止手部再污染。

(3) 作业场地设施要求。作业场地须以磨石子或金刚砂等不透水材料铺设,并要有适当的斜度,以利排水;墙面须贴1米以上高度的白瓷砖或用白色漆粉刷;天花板应完整无破损、积水、尘土、蜘蛛网;排水管道要畅通;作业场内不准堆放与作业无关的物品;作业场应有良好的照明及空气调节设施;作业场内应有防止病原体侵入的设施,如防蚊、防蝇、防蟑螂、防跳蚤、防鼠等;设置冷冻、冷藏库储存原料与半成品、成品;不同种类的食品应作区隔处理,以防相互混杂、污染。

(三) 设备卫生管理

接触食品的各种机械设备、工具、容器、包装材料必须符合卫生标准和要求,使用后应当及时洗净,保持清洁。接触直接入口食品的,应当有明显的标志,使用前应当严格消毒。

设备卫生主要包括：冲洗设备、加工设备、容器、运输工具等。

(1) 配置高温及高压热水冲洗设备。实验资料显示，82℃的热水为脂肪的最佳溶解温度，所以，生鲜食品作业场应安装锅炉供应82℃的热水，并用高压喷洗枪冲洗场地、加工设备及运输工具。

(2) 每天清洗各项设备。与生鲜食品有接触的设备，每天应于作业前、作业后及午休前做三次清洗工作。

(3) 清洗并消毒处理刀具。切割用的刀具，每天亦需清洗三次，并于作业结束后以消毒过的毛巾擦干，放入刀具杀菌箱内消毒。

(4) 作业工作台的台面应采用不锈钢材料，每天清洗三次。

(5) 凡进场使用的容器均须以容器洗涤剂冲洗、消毒后，才能再存放生鲜食品。

(6) 运输车辆应每天清洗，并检查车厢内的温度是否符合冷藏或冷冻的标准。

(四) 温度管理

细菌繁殖与温度密切相关，假如在产品中含有1个细菌，当室温控制在0℃时，3天后细菌仅增殖为24个；当温度升高为5℃时，3天后的细菌则增殖为1万个；当温度升高为10℃时，其细菌数则会在3天内迅速增殖为100万个。可见，温度管理对保证生鲜食品的品质至关重要。

(1) 设置空气调节设备，使卖场的温度控制在25℃～28℃之间，使顾客进场购物有舒适感。

(2) 生鲜食品及日配品应根据规定要求分类陈列。

(3) 冷藏冷冻食品的原料、成品及半成品，如需储存时，应放置在冷冻库及冷藏库中，以确保商品的鲜度。

(4) 每天要定时检查各类冷冻冷藏展示柜的温度，以防止展示柜故障而损害食品的品质。

(五) 仓库卫生管理

为防止缺货，商店一般都设有内仓，其卫生管理的要求如下：

(1) 商品应离地堆放，以防止商品受潮。

(2) 堆放商品时不得紧贴墙壁，至少应留有5厘米的距离。

(3) 须有防鼠、防蟑螂等设施，并定期做好除虫消毒作业。

(4) 按类别堆放商品，做好库存商品的定位作业。

(5) 仓库应保持良好通风，做好温度控制。

(6) 应按先进先出法处理库存商品。

(六) 废弃物处理

处理生鲜食品必然会有大量废弃物产生，废弃物应在作业场内分类装入容器，容器要加盖。每天产生的废弃物须当天处理,并运出场外。废弃肉、过期熟食等处理时,应采取捣碎、染色等无害化处理,并做好相应记录,防止被人利用,使这些不合格食品重新流入市场。另外,在卖场外也应设置废弃物箱,有关人员要经常检查废弃物是否入箱,卖场外公共环境中散落的废弃物要及时清扫,以免影响门店的服务形象。

(七)散装食品卫生管理

散装食品是指无预包装的食品、食品原料及加工半成品,不包括蔬果,以及需清洗后加工的原粮、鲜冻畜禽产品和小商品等。食品经营者储存散装食品时,在储存位置标明食品的名称、生产日期、保质期、生产者名称及联系方式,是食品经营者的一项法律义务。基于以下考虑:第一,防止因经营者过失,将不同品种的食品相混淆,防止食品二次污染。第二,便于食品经营者及时清理过期食品,防止将过期食品销售给消费者。第三,防止经营者在食品中掺杂、掺假、以假充真、以次充好,以不合格食品冒充合格食品。第四,食品经营者销售食品后,如发生问题,可以通过生产者名称和联系方式追溯,及时向食品生产者主张权益。

(1)经营者采购散装食品时,必须向制售者索取核对生产者的食品生产许可证和食品检验合格证明等材料,留存复印件备查。经营者应查验散装食品的标签内容是否清晰、完整,制售者必须如实提供。经营者应配备相应设备或工具,对购进的食品进行检验或送检。任何经营者不得经销未取得卫生许可证的生产者生产的食品、无检验合格证明和标签内容不完整的散装食品。

(2)经营者进货后,应按照所采购食品的保存条件及要求进行储存,防止二次污染。

(3)经营者应按照"生熟分开"的原则设定散装食品销售区域。生、熟食品销售地点应保持一定距离,不得在同一区域内销售,防止交叉污染。散装食品的销售区域应具有明显的区分或隔离标志并保持清洁,严禁放置废弃物处理设施和销售任何非食品物品,并且根据所销售食品的需要,设置相应的温度调节、洗涤、消毒和存放设备、设施。

(4)经营者销售的直接入口食品和不需清洗即可加工的散装食品,必须做到:① 食品应有专人负责销售,并为消费者提供分拣及包装服务;② 销售人员必须持有效健康证明,操作时必须戴口罩、手套和工作帽;③ 销售的食品必须有防尘材料遮盖,设置隔离设施以确保食品不能被消费者直接触及,并具有禁止消费者触摸的标志;④ 经营者应在盛放食品容器的显著位置或隔离设施上标识出食品名称、配料表、生产者和地址、生产日期、保质期、保存条件、食用方法;⑤ 经营者具有符合卫生要求的洗涤、消毒、储存和温度调节等设施和设备。

(5)经营者销售需清洗后加工的散装食品时,应在销售货架的明显位置设置标签,并标注以下内容:食品名称、配料表、生产者和地址、生产日期、保质期、保存条件、食用方法等。经营者应保证消费者能够方便地获取上述标签信息。

(6) 由经营者重新分装的食品,其标签应按原生产者的产品标识真实标注,必须标明以下内容:食品名称、配料表、生产者和地址、生产日期、保质期、保存条件、食用方法等。

(7) 散装食品标签标注的生产日期必须与生产者出厂时标注的生产日期相一致。由生产者和经营者预包装或分装的食品,严禁更改原有的生产日期和保质期限。已上市销售的预包装食品不得拆封后重新包装或散装销售。

(8) 经营者应将不同生产日期的食品区分销售,并标明生产日期。如果将不同生产日期的食品混装销售,则必须在标签上标注最早的生产日期和最短的保质期限。

(八) 食品卫生管理的其他要求

连锁店应当对生鲜食品、熟食品、即食品等不同类别的商品实施分类管理。配置足量的冷冻、冷藏设备,保持冷藏(冻)链和食品容器的卫生完好,建立相应的操作规程和管理制度。对直接入口的食品还应当做到:非定型包装熟食当天未能出售,必须及时清理;已经变质的水产品、畜禽食品和感官不好的蔬果不得在现场重新切配包装后出售;糕点、面包、糕团等食品必须包装后出售。散装的饼干、干点、蜜饯等,应当由专人装袋、称重、包装后出售,或者设立专柜销售。加工食品的原料、辅料、食品添加剂和包装材料必须符合相应的国家卫生标准和卫生要求。不得使用生虫、发霉、酸败等污染、变质原料。对采购的原料必须向供货者索取产品合格证明,做好验证、验货工作,并做好记录。

(1) 验收非定型包装熟食卤味和豆制品时,有些地区制定了统一的专用送货单。

(2) 经销畜禽肉品的,必须索验兽医卫生检验检疫证明,查验兽医卫生检验印戳。

(3) 销售和加工非定型包装熟食卤味应当设立防蝇、防尘专间,专间面积不少于6平方米,专间内应当配备空调、紫外线灭菌灯、流动水、净水装置、熟食专用冰箱及清洗消毒设施,专间内温度不得高于25℃。

(4) 烧烤熟食或加工,应当设置专用的初加工、烧烤和冷却(保温)场地。专间必须每天定时进行空气消毒;熟食卤味应当由专人加工制作,非专间人员不得擅自进入专间;加工熟食卤味的工具、容器必须专用,用前必须消毒,用后必须洗净并保持清洁;直接入口食用的蔬菜、水果等食品原料,必须洗净消毒、未经清洗处理的,不得带入专间。

(5) 熟食卤味应当根据销售或供应情况进货或加工,避免储存时间过长。需要进行分割的,应当在销售或供应前即时进行改刀。储存时间超过 2 小时的,应当进行冷藏。需要进行冷藏的熟食卤味,应当在放凉后再冷藏。隔夜以烧制方式加工的非定型包装熟食卤味必须经过充分加热后方可销售或供应。

(6) 采用封闭式冷藏(保温)展示柜销售熟食卤味,必须做到专柜专用,销售时由销售人员为顾客提取,操作完必须及时关闭柜门,熟食卤味不得放在展示柜外,熟食卤味改刀操作需在专柜内进行,改刀后的熟食卤味销售时间不得超过 4 小时。

(7) 加工刨冰、兑制稀释冷饮、鲜果汁(现调机、喷泉式饮料除外)必须设立专间,专间面积不小于 6 平方米,并设紫外线灭菌灯。

(8) 冷饮食品的原料应当符合下列要求:蛋和乳制品等原料应当逐批检验合格后采用;不得加工以糖精、香精、色素兑制的颜色水;其他冷饮食品的原料应当经过挑拣、过滤或过筛,并经过烧煮或者有效消毒;饮料的盛器必须经过仔细检查,一次性使用的塑料瓶禁止重复使用。

(9) 鲜果汁、散装兑制饮料、软冰淇淋、冰霜和刨冰应当以销定产,当天加工当天销售,隔夜禁止出售。喷泉式冷却器不得配制含乳饮料。不得出售去皮瓜果。

(10) 现场烹调菜肴的,必须设置专用场地,配备冷藏设施。需要初加工的,另行设置专用场地。菜肴必须烧熟煮透,做到现做现卖,防止生熟交叉污染。

(11) 糕点食品加热要充分,防止外熟里生。一般月饼中心温度不低于 82℃,鲜肉月饼不低于 90℃。鲜肉月饼应做到当天加工,当天销售,隔夜不得出售。糕点食品应当充分冷却后包装。

(12) 加工裱花蛋糕等冷加工的糕点应当设加工专间,加工裱花蛋糕的专间面积不小于 6 平方米,另设二次更衣室。专间内装空调器、紫外线灭菌灯以及设有供洗涤用的流动水和消毒池等卫生设施,室温在 25℃以下。

(13) 肉品冷藏时应当按入库先后批次、分割时间分别存放。肉品应冷藏销售或置于通风良好的阴凉地方销售,不得靠墙着地,不得与有害、有毒物品一起堆放,防止污染。

(14) 加工肉糜(搅肉)时必须用新鲜、干净的肉做原料,做到无毛、无血、无异物。严禁销售霉变、变质等不符合卫生要求的肉品。

(15) 豆制品成品应当及时冷却,做到低温储存。豆制品应以销定进,当天加工的产品当天销售完,不得出售隔夜制作的产品。

六、卫生检查

为确保卖场内外清洁卫生,必须按表 11-3 所示的规定项目和检查频次进行清扫和检查。

表 11-3　清扫检查表

场　　所		检查	（　　）月度									备注
			1	2	3	4	…	28	29	30	31	
店头	玻璃、门	每日										
	烟灰缸、垃圾箱	每日										
	屋顶、入口处地毯	每日										
外面	自动售货机	周1次										星期日
	公共电话	每日										
	停车场、自行车停车场	每日										
	外壁、卷帘门	月1次										第1周
	启示板	周1次										星期一
	广告牌	月1次										第2周
	阴沟、绿化	每日										
收银区	收银机	每日										
	装物台	每日										
	垃圾箱	每日										
卖场	购物篮、购物车	月1次										第2周
	货架、平台	周1次										星期三
	陈列柜	每日										
	试衣室、镜子	每日										
	荧光灯	月1次										第1周
	地面(垃圾)	每日										
后堂	事务室、检品室	每日										
	更衣室、食堂	每日										
	生鲜作业场	每日										
	厕所	每日										
	仓库、冷藏室	每日										
	清扫用具室	周1次										星期四
	垃圾处理室	每日										

(续表)

场　　所		检查	（　）月度									备注
			1	2	3	4	…	28	29	30	31	
设备	扶手电梯	每日										
	升降电梯	每日										
	楼梯	每日										
	吸烟室	每日										
	服务台	每日										

○已实施　　　　　×未实施

本 章 小 结

1. 连锁店直接面对消费者，零售经营环境越来越复杂，安全保障越来越重要，应该引起经营者的高度重视。

2. 安全保障的重要性主要体现在：确保消费者购物安全、确保员工工作环境安全，减少企业财物损失，并维护良好的社区关系。

3. 连锁店的安全保障，由三个基本要素构成：人是根本，质量是命脉，设备是基础，关键是要建立和健全安全保障机制，并严格执行与落实。

4. 安全管理应做好事前、事中、事后三个阶段的工作，加强日常安全常规检查。商店人员树立五大安全意识：规程意识、报告意识、预防意识、服务意识、代表意识。

5. 消防安全管理是安全保障的重中之重，各部门要认真执行国家有关消防方面的法律法规及企业的有关消防安全管理规定，做好消防教育工作，提高员工的防火自觉性，形成"人人重视，群管群防"的局面。消防管理要贯彻"预防为主，消防结合"的方针，贯彻"谁主管，谁负责"的原则，各部门负责人是消防安全的第一责任人。

6. 对火灾、恶劣天气、人身意外、突然停电、抢劫、示威或暴力、骚乱、爆炸物、威胁(恐吓)等突发事件，要预先制订应急预案，使突发事件不突然。

7. 商品质量安全管理，应该包括符合性与适用性两个层次。

8. 在商品质量安全管理中，涉及商品的内在质量要求、产品标识、价格与计量、食品卫生要求等方面。

问题思考

1. 安全保障的重要性主要表现在哪些方面?
2. 为什么说安全保障有利于维护良好的社区关系?
3. 如何才能有效地做好安全保障工作?
4. 安全管理作业流程分为几个阶段?各有哪些检查重点?
5. 消防管理主要包括哪些内容?
6. 突发事件主要包括哪些类型?如何应对各种突发事件?
7. 商品质量安全管理主要有哪些法律法规的规定?
8. 门店商品质量安全管理的重点和关键环节是什么?
9. 简述各类商品的质量特征与管理要求。
10. 门店商品质量检查有哪些要点?
11. 食品标签必须标注的内容有哪些?
12. 哪些行为构成价格欺诈?
13. 商品标价签的"七标一章"包含哪些内容?
14. 计量管理有哪些基本要求?
15. 食品卫生管理包括哪些内容?

实践应用

细微之处体现安全保障的重要性

某店某日在店门口设摊进行鸡蛋促销活动,一位84岁老太太在排队拥挤时不慎被铺设在店门口的纸板箱接缝绊倒,造成股骨骨折,商店总计赔偿12 000元。

讨论题:

1. 上述事件说明什么问题?
2. 你认为有哪些防范措施?

第十二章 门店绩效管理与经营数据分析

1. 理解绩效管理的作用。
2. 了解绩效考评与绩效管理系统。
3. 熟悉数据分析的目的、流程与方法。
4. 了解关键绩效指标。
5. 熟悉安全性指标、收益性指标、发展性指标、效率性指标。
6. 熟练掌握经营数据分析的方法。

潘石屹说：狼来了，瘸子也会跑。

铁人王进喜说：井没压力不出油，人无压力轻飘飘！

连锁企业通过绩效管理给人压力，提高能力，改善业绩，而经营数据的收集和分析，正是为了正确评价经营绩效，并识别改进机会。

【引导案例】

工资倍增计划

某大型连锁企业每年年末都要编制来年的门店预算，几上几下以后，在工作会议中最后通过协商确定指标。门店的预算包括销售额、毛利率、费用水平、劳效、平效，以及工资福利与奖励措施等多项指标。

该连锁企业对门店员工实施"综合工时制"，保证员工每天工作不超过 8 小时、每周工作不超过 40 小时、每周至少休息一天、延长工作时间的小时数平均每月不超过 36 小时。

员工工资根据门店的不同类型，按毛利额的一定百分比确定，如 22%、25%、30%等。如果月销售额为 300 万元，毛利率为 12%，则毛利额为 36 万元,如果按毛利额25%计提员工工资,总额为9万元。如果店员为40人,则人均工资为2 250元。其中,店长1名,财务1名,领班2名,电脑员1名,店长的工资系数为2,财务、领班、电脑员的工资系数为1.6,则店长的当月工资为4 500元,财务、领班、电脑员的工资各为3 600元,上述5人的工资总额为1.89万元。门店当月工资总额扣除管理人员工资以后,可以用于其他员工分配的工资总额为7.11万元,实际可以发放的员工平均工资额度为2 031元。在这个工资水平基础上,再考虑员工的出勤与服务表现等因素,酌情确定每个员工的实际工资。

为了简化激励门店提高销售的积极性,总部制定了一个"工资倍增计划"的激励方案,即门店店长以及公司聘任的管理人员工资,按照销售额增长幅度倍增。如果销售增长10%,则工资增长20%。

阅读思考:

1. 按照毛利额确定工资的考核办法有什么利弊?
2. 按照销售额增幅倍增管理人员工资的激励方案在实施过程中可能会出现哪些问题?

第一节 绩效管理体系

现代企业绩效管理主要包括绩效计划、绩效辅导、绩效考评、绩效反馈等环节。

一、绩效管理体系概述

绩效管理从绩效考评发展而来,绩效考评是绩效管理的一个核心环节,没有绩效考评就没有绩效管理。但绩效管理比绩效考评的范围更广泛,更注重管理过程,进而能对绩效考评结果加以应用和改进。以下事例反映了绩效考评的不同观念。

(一)绩效与绩效考评

1. 绩效

绩效(Performance)是指组织目标或员工任务完成的程度。即效率与效果(效率是以正确的方法来做事,而效果则是指做正确的事),绩效是工作结果和工作过程的统一(绩效是结果,是行为)。

2. 绩效考评

绩效考评(Performance Appraisal),又称绩效评估、绩效考核、绩效评价,是一种对工作表现与工作成果进行正式的测量与评定的制度化体系。在如何管制人这方面,中国历代建立了非常完整的思想体系与众多的管理方法,但主要以主观的经验判断为主。现代企业的绩效评估体系与方法基本上来自西方国家。在传播过程中,存在两种倾向:一是理想化,追求理念、工具、方法的完美,照搬照抄脱离企业实际情况;二是美化,人力资源总监在介绍成功经验时,对自己的工作实践进行了粉饰和包装,多谈成功而回避失败与问题,还掺杂着一些"应该是"而非"目前是"的东西,过滤了失败、郁闷和苦恼等情节,人们很少能听到真实的发展故事。对这些经过"艺术加工"的"成功经验",应当要有自己的判断。

实际情况是:不少企业都普遍存在对绩效评估不满的情绪,有调查表明,只有不到5%的经理和员工对其公司现有的绩效考评流程感到非常满意。常见的抱怨有:让员工对不能控制的结果负责;数字化考评,评分完全依靠主管的判断,数据未能反映实情;业绩不是靠做出来,而是靠评出来;奖惩设置不公平,苦乐不均,等等。

(二)绩效管理

绩效管理(Performance Management)是依据员工和他们的直接主管之间达成的绩效协议来实施的一个双向式互动的沟通过程。"绩"是工作结果;"效"是达到结果的行为表现;"管"是设计绩效协议(指标);"理"是考评过程。它们的集合就是绩效管理。

英国的理查德·威廉姆斯在《组织绩效管理》一书中指出:绩效管理是把对组织的绩效管理和对员工的绩效管理结合在一起的一种体系。这是对绩效管理比较完整的表述。有一种观点认为,绩效管理是指组织绩效的管理;另一种观点认为,绩效管理是员工绩效的管理。

现代企业的绩效管理体系,是指以企业战略为导向,通过绩效计划、绩效辅导与绩效考评等一系列活动,提高员工能力,改善员工绩效和组织绩效,并体现组织目标、部门目标与个人目标的有效平衡,如图12-1所示。

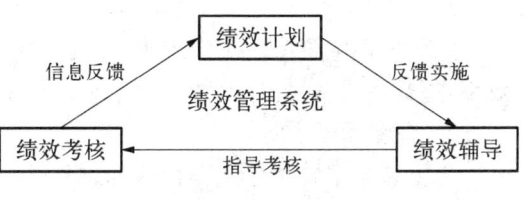

图 12-1 绩效管理体系

(三)绩效管理的作用

绩效管理的实质是追求一种优化的方式,这种方式不是组织单方面的要求,而

应该成为全体员工的习惯与作风,成为企业文化的一个重要组成部分。有效的绩效管理能发挥以下作用:

(1) 组织的战略目标与计划落实到部门、员工。
(2) 在组织与个人之间建立良好的沟通机制。
(3) 绩效考评指标成为员工的行为导向。
(4) 员工的贡献获得客观的评价与奖励。
(5) 绩效辅导促进员工能力提高。
(6) 有助于确定合适的任命与晋升方案。
(7) 发现问题,持续改进。

二、绩效考评系统

绩效考评系统是测评员工职业能力的一个考评体系,包括业绩、态度、能力(性格)、潜力、适应性等方面,如图12-2所示。

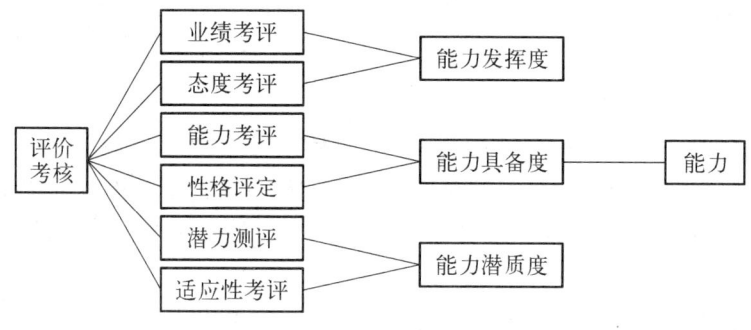

图12-2 职业能力考评体系

1. 业绩考评

业绩考评主要考评工作结果,如任务完成度、工作数量、工作质量等,包括工作效率,指标达成率,处理事物的效率和正确度,勤于整理、整顿、检视自己的工作等。

2. 态度考评

态度考评主要考评工作行为,如积极性、热忱、责任感、纪律性、独立性、协调性等,包括很少迟到、早退、缺勤,工作态度认真,工作从不偷懒、不倦怠,做事敏捷、效率高,遵守上级的指示,遇事及时、正确地向上级报告等。

3. 能力(性格)考评

能力(性格)考评主要考评个人特征,如经验、知识、技能熟练度、判断力、理解力、创新能力、改善力、企划力、研究能力、理解判断能力、计划能力、领导能力、协调能力等,包括工作的胜任度,精通职务履职内容,具备处理事务的能力,掌握个人工作重点,善于计划工作的步骤,积极做好准备工作,严守报告、联络、协商的原则,在既定的时间内完成工作等。

4. 潜力测评

潜力测评主要考评人的潜能,如工作能力、职业经历、考察发现、教育背景等,包括完成新工作的潜力,责任感强,确实完成交付的工作,即使是难的工作,身为组织的一员也勇于面对,努力用心地处理事情,避免过错的发生,预见并预防过错,做事冷静、绝不感情用事、学习力强、有挑战意识等。

5. 适应性考评

适应性考评主要考评人的适合度,如人与岗位、人与人、性格匹配、其他因素等,包括与同事配合、和睦地工作,重视与其他部门的同事协调,在工作上乐于帮助同事,积极参加公司举办的活动,经常评估自己的能力并学习新的业务知识和职业技能,以开阔的视野来看自己与公司的未来,积极虚心地听取他人建议、意见并积极改正自己的缺点,表现热情向上的精神状态、自我舒缓工作中的压力,即使是分外的工作,也能提供积极的支持和协同。

三、绩效管理系统

绩效管理系统包括绩效计划、实施与管理、绩效考评和绩效反馈等流程,如图12-3所示。绩效管理系统强调两个要素:全员参与和高层管理者的支持。

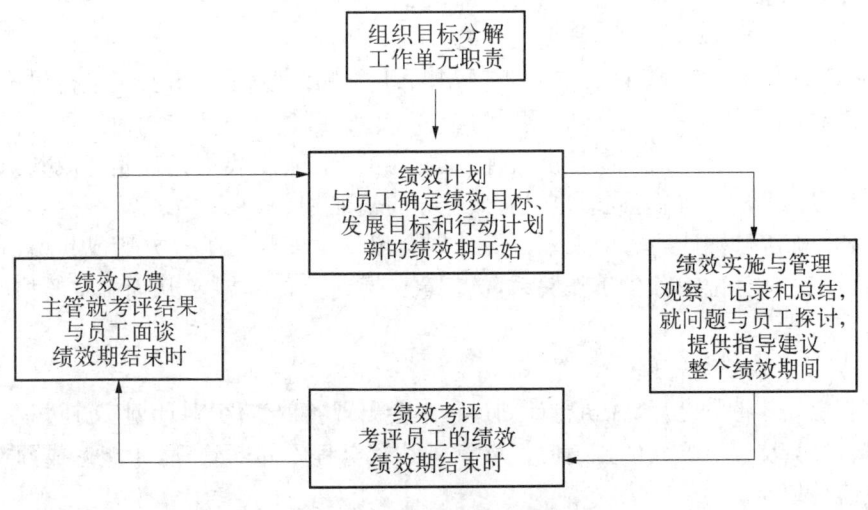

图 12-3 绩效管理系统流程

1. 绩效计划

绩效计划是绩效管理系统的第一个环节,制定绩效计划的主要依据是工作目标和工作职责。绩效计划是主管与员工关于工作目标和工作标准的契约，在帮助员工找准路线、认清方向方面有一定的前瞻性，是整个绩效管理系统中最重要的环节。

绩效计划的主要内容包括：分解公司战略经营计划、本部门工作计划、员工的职责分工；依据本年度的工作计划，就员工在本次绩效周期内所要达到的工作目标展开讨论；对目标如何达成共识，确定达成的程度（量化指标值）；明确这些结果的衡量指标；确认员工工作结果的信息来源；确定员工的各项工作目标的权重；明确员工在完成工作时可以拥有的权力与可以获得的资源；预测员工在达到目标的过程中可能会遇到的困难和障碍；承诺直接主管为员工提供的支持和帮助；明确绩效周期内主管与员工的沟通等。

绩效计划的主要工作如下：

(1) 制定绩效目标计划及衡量标准。绩效目标分为结果目标与行为目标。结果目标是指"做什么"，要达到什么结果，结果目标来源于公司的目标、部门的目标、市场需求目标以及员工个人目标等。行为目标是指"怎样做"。目标的制定要符合SMART原则：

S：具体的（反映阶段的比较详细的目标）；

M：可衡量的（量化的）；

A：可达到的（可以实现的）；

R：相关的（与公司、部门目标的一致性）；

T：以时间为基础的（阶段时间内）。

(2) 对目标计划的讨论。在确定SMART目标计划后，组织员工进行讨论，推动员工对目标达到一致认同，并阐明每个员工应达到什么目标与如何达到目标，共同树立既有挑战性又有现实性的目标，主管与员工之间的良好沟通是达成共识、明确各自目标分解的前提，同时也是有效辅导的基础。

(3) 确定目标计划的结果。目标计划会议使主管与员工双方达成共识，在主管与员工之间建立有效的工作关系，员工意见得到听取和支持，从而确定监控的时间点和方式。

2. 绩效实施与管理

制定绩效计划之后，在执行计划过程中会出现各种变化，对计划实施过程进行跟踪、记录、反馈、沟通、纠正、辅导、咨询、回顾，全程不间断管理，才能达成预期的目标与计划。

(1) 发现三类问题。过程管理中应该反映三类问题：一是计划执行情况，可以用工作进度、活动符合标准的程度等来衡量，这也是人们最关心的问题；二是客观环境的变化，如零售店周边竞争格局、交通状况的改变；三是制度性不合理，如指标与权重设计不合理、考评方法选择不当等,这类问题常常被忽视。

(2) 做好四项工作。有四个方面的工作是至关重要的:一是深入基层才能了解实情;二是坚持记录才能展现实情;三是保持沟通才能发现实情;四是实施辅导才能提高业绩。其核心工作是要做好业绩辅导。

(3) 实施四类辅导。常用的辅导分为四类:一是方法指导,对完成工作所需的知识及能力较缺乏的员工,常常需要给予较具体的辅导,将做事的流程与方法分步传授并跟踪完成情况;二是方向引导,对具有完成工作的相关知识及技能,但偶尔遇到特定的情况不知所措的员工给予适当的指点;三是鼓励,对具有较完善的知识及专业化技能的人员给予一些鼓励或建议,以提升他们的工作热情;四是做导师,指导员工解开企业组织中的种种难解之"谜",要引导员工正确面对企业组织中的种种危机,帮助他们培养处世能力,做导师需要源源不断地就企业组织的目标与经营观为员工提供信息和见识,教导员工如何在企业组织内发挥作用,在员工遇到个人危机时,还要充当他们的知己。

3. 绩效考评

绩效考评是一个动态的、持续的过程,要系统地看待考评内容。考评不但是对员工在特定期限内的工作表现和工作结果给予一个评价,更重要的是在公司要求与员工胜任能力之间寻找"缝隙",并帮助员工去填满这些"缝隙",接近或满足岗位对他的履职要求。在这期间还可以发现员工在某些方面的个人特质和潜力,为员工的职业发展提供个人素质信息,为拓展职业宽度做好预备,主管也有责任帮助和提供更适合员工施展才能的平台,在企业对员工能力的需求和员工可能提供的能力之间找到平衡点,在实现企业目标的实践中实现员工个人的职业价值。

在阶段性工作结束时,必须对阶段性业绩进行评价,以便能公正地、客观地反映阶段性的工作业绩,目的在于不断总结经验,促进下一阶段业绩的改进。

在对阶段性业绩评价之前,要进行信息收集,尤其是对实现目标过程的信息收集,在沟通和综合员工与管理者双方所掌握的资料后,通过会议的形式进行阶段性业绩的评价,包括对实际业绩与预期业绩的比较、管理者的反馈、支持与激励、业绩改进建议、本阶段总结、确定下阶段的计划等。

4. 绩效反馈

在整个持续的绩效管理过程中,沟通和反馈无处不在。为使沟通更有效,必须巧用各种沟通渠道和沟通技巧。按渠道分,沟通分为正式沟通和非正式沟通,正式沟通的方式主要有:书面报告、专题会议、正式面谈、信函等;非正式沟通的方式主要有:走动式管理、开放式办公、工作间歇时的沟通、非正式会议等。主管与员工应在整个绩效期的每一阶段进行沟通,并在绩效期结束时,就考评结果进行面谈。

对个人的回报应以绩效考评为基础,其形式包括工资、奖金、股权、福利、机会、职权等。设定员工业绩衡量指标,评定职位的输出业绩,对关键的业绩进行考核,综合工作能力、工作态度等,并将它们与报酬相结合。

专栏 12-1

压力的影响力

压力对人对物都有重要影响,适当利用压力是必要的。

从生理上看,压力会导致精神紧张,促进肾上腺素分泌。有个真实案例,一位母亲为了解救被压在车轮下的孩子,竟然抬起了汽车。从心理上看,压力会促进人的思考,不是有句俗语"穷人的孩子早当家"吗?

从自然界中考虑,压力或者说逆境也是促进事物发展的重要条件。古诗有云"宝剑锋从磨砺出,梅花香自苦寒来"。甚至某些卵生动物,比如海龟,它们的蛋壳也可以看成是某种压力测试,用来进行自然选择,淘汰那些天生弱小,无法破壳而出的劣种。

上面说到的是压力的积极影响,"凡事无独必有对",压力同样有很大的消极作用。

生理上的过度强压,可能会导致体内腺体分泌严重失调,直接猝死。心理上的压力,可能会导致人自暴自弃,自甘堕落。过度打磨,则至刚易折。

总结来说,压力是双刃剑,适度压力促进发展,过度压力阻碍发展。

资料来源:《店长》2009 年第 5 期,作者:周泓。

第二节 数据分析目的与方法

连锁企业管理的基本发展趋势是数字化管理。

一、数据分析的目的

收集和分析适当的数据,是为了评价经营绩效,并识别改进机会。如果你是店长,如何提高销售额和毛利率?如果你是采购经理,如何开发新商品?如何考评供应商?如果你是督导,如何指点门店订货?如果你是总经理,如何评价各部门业绩?如何考核采购业绩?如何实现差异化?如何陈列商品?如何抓住重点客户?如何和 IT 部门打交道?通过数据分析能为解决上述问题提供依据与思路。数据分析除用于日常统计分析、财务核算、业绩评估外,主要有以下三个目的:

1. 建立常模

常模是指数据正常变动的模式。例如,大型超市周六、周日是销售高峰,而小型超市与大型超市相比每天销售额变动较小。又如,便利店一天中各班次的销售额也存在一个常模,一般通过连续 6 周的数据采集与分析,就可以获得便利店早、中、晚各班次销售的常模。

透过常模的建立与分析,可反映营业额、来客数、客单价、销售数、误打次数等信息,作为异常管理的工具。

2. 关注重点

任何经营业务都具有一定的结构,人们通常用 20/80 来做结构性分析,实际上并不是所有项目都符合 20/80 分割规律。要找出业务重点就必须作经常性的数据分析,如商品结构分析、盈利结构分析等。

例如,某连锁企业通过比对标准超市与折扣店的销售数据后发现:折扣店品类比超市集中,动销品种不到 2 200 个,其中前 10 名商品的销售额占比超过 30%,食品是主导商品,销售额最大的商品依次是蛋、菜、肉、奶、油、酒、米;同类超市 3 400 个单品中的前 10 个销售最大的单品占比不足 30% 的销售额,其中香烟有 5 个单品,销售额占比超过 15%。

3. 挖掘数据

由于 IT 的普及,系统地收集数据已成为行业常态。数据量按照单店、单品、交易明细记录保存,靠人工根本无法利用这些"海量"数据,靠常规报表也难以发现数据内在的联系规律,这就需要在"常模"之外建立一种能依靠 IT 进行数据挖掘的工具,这一技术正在形成并将广泛应用于商业领域,这就是商业智能(Business Intelligence,BI)。

BI 目前尚处于探索期,但一定会有良好的发展前景。经营管理从"大类管理"发展到"单品管理",从"售价核算"发展到"进价核算",这是商业管理的巨大进步,但在差异化定制营销竞争中最重要的两项数据目前仍然无法全面掌握,即顾客消费行为的数据和商品相互关联的数据。这些数据的获取都需要运用商业智能技术。

二、数据分析流程

数据分析可以分为三个基本层次:一是专业职能部门的分析,如成立信息部专业负责信息收集、分析与提供分析报告;二是业务部门为了满足业务管理工作的需要而开展的数据分析,如商品部对采购业务员的考评、对新品引进与老品淘汰的统计分析等,以及门店所开展的数据分析;三是与专业机构合作进行数据分析,这类分析有利于企业了解市场总体数据,可以对本企业经营状况与行业状况进行比对分析。数据分析一般以内部独立分析为主,以外部专业咨询机构为辅。其数据分析流程如图 12-4 所示。

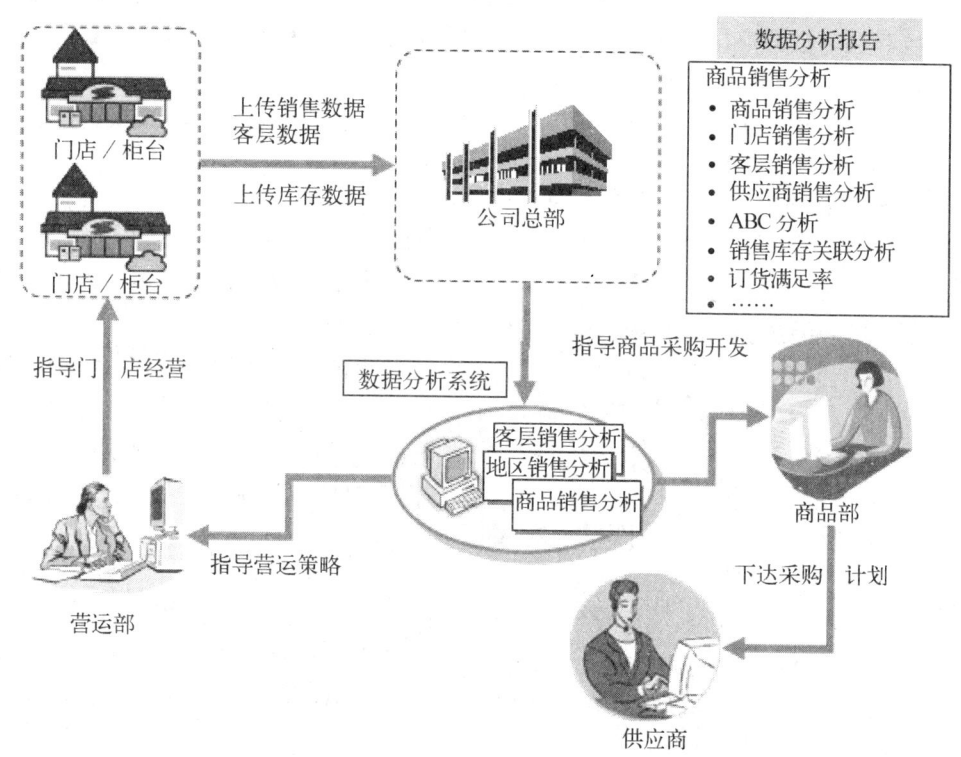

图 12-4　数据分析流程图

三、数据分类与建档

数据可以按照各种标志进行分类,如按照品牌划分,联合利华这个品牌下有三大系列:家庭及个人护理用品类有洁诺、夏士莲、力士、旁氏、多芬、凡士林、奥妙和金纺等品牌;食品类有家乐、立顿等品牌;冰淇淋类有梦龙、百乐宝、可丽波、可爱多、和路雪等品牌;每个品牌下面又分出若干单品。也可以按照区域、客层、供应商、畅销程度等进行分类。零售企业的基本分类是按照商品类别(品类)进行分类,一般分为大类、中类、小类、品项四个层面。

零售商为了满足销售与数据分析的要求而建立自己的分类标志,并要求在引进供应商、引进新品、新品介绍、商品促销、建立台账图等业务中建立统一的主档。

商品相关主档包括系统生效日、配送分类、中分类、品号、品名、小分类、交叉分类、供应商统编、供应商厂编、商品种别、商品等级、条码种类、条码、条码检测、税别、最大订货量、外箱数量、订货方式、付款方式、销售方式、特殊商品别、退货区分、商品特性、单品规格(深度、高度、宽度、重量)、单位、保持期限、允收期限、批发价、箱价、外箱规格(深度、高度、宽度、重量)、其他通路售价等。

四、数据来源

数据分析的基础是信息收集,主要包括内部信息和外部信息两个方面。已建立完善电脑系统的连锁企业,其内部信息可由电脑系统提供,不但资料详细而且速度快、效率高。未建立电脑系统的企业,其信息则需由收银机及通过各项人工记载资料提供,不但资料粗略,且速度慢、效率低。但必须注意的问题是:第一,一个企业实际上有两个系统,首先是人的系统,这是业务系统,也是基础系统,其次才是电脑系统;第二,企业在不同的发展阶段,电脑系统的应用水平会有很大的差异,只有人的系统、业务系统与电脑系统动态地相适应,才能实现高绩效的经营。

1. 内部信息

内部信息收集,依时间来分有日、周、月、季、半年、年等资料:

(1) 日资料:主要有部门、时段的销售资料,来客数及客单价资料(含当天及累计),部门销售额及构成比资料(含当天及累计)。

(2) 月资料:主要有来客数及客单价资料,部门销售额及构成比资料,科目费用资料,部门销售额、毛利额、毛利率及库存额资料,利润表,资产负债表,效率指标等。

周、季、半年、年资料等则是由日、月资料综合而成。

上述各项资料如果按功能区分,则有销售、费用、利益、效率等信息。例如:销售方面包括来客数及客单价资料、部门和时段销售资料、部门销售额及构成比资料、商品销售量、销售额及库存资料等。

2. 外部信息

外部信息收集依加工程度可分为初级资料与次级资料。次级资料从上市公司公告、报纸杂志、书籍中获得,也可从设备或商品供应厂商获得同业资料,属于第二手资料。初级资料是第一手资料,一般是通过市场调查直接从数据源获得的信息资料,如自行开展市场调研、委托学术机构和专业的咨询公司调查,或举办消费者座谈会等。

3. 信息资料利用的要求

(1) 加强基础工作,做好主档维护。如供应商、门店、商品、价格等方面的属性与原始信息必须健全并符合分析的要求。

(2) 门店的进、销、存数据必须以单品为基础,实行进价核算。门店不规范操作是造成数据不准确的重要原因,店长必须保证操作规范。

(3) 及时修正原始数据资料。因为许多不确定性因素会导致销售出现大起大落的情况,必须对其进行修正才具有可比性。

(4) 掌握重要的信息资料,需做好以下工作:第一,建立基本的评估指标,如对某一个中类或小类的占比与毛利的平均水平进行跟踪对比;第二,建立一支专业的数据分析队伍,为业务部门提供改进的机会;第三,建立一个具有统一协调功能的部门来推动业务改进工作;第四,所有部门包括门店不可以使用"还可以"、"差不多"、"大概"、"好像"等非数字化的工作语言,养成用数据与事实说话的习惯;第五,信息资料的收集必须有类目架构,做到固定样本,长期跟踪,对比分析。如选择几家竞争店,对特定类别的商品进行长期的跟踪对比分析。

五、数据分析方法

较好地将商品毛利管理和周转管理结合起来的商品经理,可获得好的经营业绩。所以,在了解经营分析方法之前必须对周转、毛利与利润有一个基本认识,而这些指标在很大程度上取决于商品结构的优化。因此,提高经营业绩,关键在于优化商品结构,并配以适当的促销活动。

(一) 周转与利润

1. 周转

商品周转是销售额与平均库存之比,所以,周转快慢由销售额与库存水平决定。在销售额既定的情况下,减少库存能加快周转;在库存水平既定的情况下,扩大销售额能加快周转。商品周转快能减少费用,如低库存能减少资金占用,进而减少利息费用。但周转快也可能增加费用,如减少库存商品,就需要频繁地订货,这样会损失一定的数量折扣,运输成本、通讯费、管理费、办公费也会增加。同时,减少库存还有可能增加缺货的风险。缺货对销售与顾客惠顾都存在负面影响。

因此,周转虽然是零售企业获利的关键,但并不意味着周转越快利润越高;也不是周转越慢,利润越低。如果企业知道周转速度为 6 次,平均库存 100 000 元,那么企业每年就能创造 600 000 元($6 \times 100\ 000$)销售额。如果零售企业预测的销售额是 500 000 元,根据经验,此时周转速度为 4 次比较合理,那么,企业需要按零售价计算的库存是 125 000 元(500 000÷4)。因此,假设企业走一个极端,每年只订一次货,那么订货成本很低,但因为平均库存大,相应的库存成本就高。再假设企业走另一个极端,每周都订一次货,那么订货成本较高,但平均库存以及与此相关的费用就相对较低。

2. 利润

商品购销存业绩最终的衡量标准不是周转速度,而是利润。商品经理在评价商品经营业绩时可以用毛利额、贡献毛利额、营业利润三种利润标准。

(1) 毛利额＝销售净额－进货成本
(2) 贡献毛利＝销售净额－进货成本－直接费用
(3) 营业利润＝销售净额－进货成本－直接费用－间接费用

(二) 数据分析的常用方法

数据分析的常用方法主要有：比较分析法、动态分析法、时间序列分析、结构分析法、因素分析法等。

1. 比较分析法

比较分析法是通过经济指标的对比,来确定指标间差异,并进行差异分析的一种方法。比较分析法可运用绝对数和相对数两种指标,前者反映差异的数量,后者反映差异的程度。

$$绝对数指标＝实际数－参照数＝差异数$$

$$相对数指标＝差异数÷实际数×100\%＝差异程度$$

2. 动态分析法

动态分析法是用同一经济指标对不同时期的两个数值进行比较,用来观察这一指标在时间上的变动情况,以揭示这一经济指标发展趋势的一种方法。

$$发展速度＝\frac{实际数值(报告期数值)}{基期数值}×100\%$$

$$增长速度＝\frac{实际数值－基期数值}{基期数值}×100\%$$

3. 时间序列分析

时间序列分析是指以时间为序,对事物发展过程的分析,是零售业较为常用的分析手段。可以针对一个对象也可以针对多个对象作时间序列分析。时间序列分析,对揭示季节性因素、节假日因素、气候因素等对商品销售影响的规律具有重要的作用。

如根据表12-1可以直观地发现：某店1月、6月、7月、8月为可口可乐的销售高峰,其中8月份销售额最高。这些数据为编制生产、配送、进货、销售等各项计划提供了依据,也可以利用历年销售记录来制订销售计划或推算销售趋势。例如,下一年度可口可乐的销售计划要在本年基础上提高15%,则平均每月销售额为3 812万元,可以根据表12-1的季节指数制定各月的销售计划,7月份的季节指数为1.75,则按照全年销售计划,7月份应实现销售6 781万元(3 815×1.75)。

表 12 - 1　某商场可口可乐销售记录　　　　　　　　　　　　单位：万元

月份	1	2	3	4	5	6	7	8	9	10	11	12	平均
销售	5 000	2 300	1 800	1 600	1 580	4 500	5 800	6 800	3 000	3 200	2 200	2 000	3 315
指数	1.51	0.69	0.54	0.48	0.48	1.36	1.75	2.05	0.90	0.97	0.66	0.60	

4. 结构分析法

结构分析法是以某个指标的各个组成部分占整体指标的比重来分析的方法。结构分析可以分为数量结构、销售金额结构、利润贡献结构等多种分析形式。ABC分析法也是一种结构分析法。

ABC分析法又称为"帕累托"分析法。它是根据事物有关方面的特征，进行分类、排队，分清重点和一般，有区别地实施管理的一种分析方法。习惯上常把主要特征值的累计百分数达70%~80%的若干因素称为A类，累计百分数在10%~20%区间的若干因素称为B类，累计百分数在10%左右的若干因素称为C类。

ABC分析法在采购决策和销售中的分析实例如表12-2和表12-3所示。

表 12 - 2　ABC 分析在采购决策中的实例

等级标准	占总的采购数量的比重	占总的采购金额的比重
A级产品	10%~20%	70%~80%
B级产品	30%~50%	10%~20%
C级产品	40%~70%	10%~20%

表 12 - 3　ABC 分析在销售中的实例

	销售金额占比(%)	金额占比累计(%)	所属 ABC 类
商品 1	35	35	A 类
商品 2	20	55	A 类
商品 3	15	70	A 类
商品 4	12	82	B 类
商品 5	8	90	B 类
商品 6	4	94	C 类
商品 7	3	97	C 类
商品 8	2	99	C 类
商品 9	1	100	C 类

5. 因素分析法

因素分析法又称因素替代法,它用实际数和基数的差额来寻找差异。

步骤:列出算式(分析对象的确定)、因素替代、找出差异、汇总结论。以毛利额为分析对象,其影响因素如表12-4所示。

表12-4 毛利额影响因素表

项 目	计 划	实 绩	差 异
销售(元)	380 000	400 000	+20 000
毛利率	12%	12.5%	+0.5个百分点
毛利额(元)	45 600	50 000	+4 400

实绩比计划增加毛利额=50 000-45 600=4 400(元)

毛利额的增加受两个因数的影响:销售额与毛利率。

销售额×毛利率=毛利额
380 000×12%=45 600(元)
400 000×12%=48 000(元)
48 000-45 600=2 400(元)(由于销售额增加而影响的毛利额)
400 000×12.5%=50 000(元)
50 000-48 000=2 000(元)(由于毛利率提高而影响的毛利额)
2 400+2 000=4 400(元)(综合影响)

第三节 数据分析指标

一、关键绩效指标及其特点

(一)关键绩效指标的含义

关键绩效指标(Key Performance Indicators,KPI)是反映个体与组织关键业绩贡献的评价依据,是通过对组织内部流程的输入端、输出端的关键参数进行设置、取样、计算、分析,衡量流程绩效的一种目标式量化管理指标。关键绩效指标不是能力或态度指标,主要是用于衡量工作人员工作绩效表现的量化指标,并且是关键性的量化指标。例如,从获利能力出发,企业的价值树一般从净资产收益率开始,层层分解到每个岗位,包括:

(1)常规指标:与岗位职责相关的任务完成时间、质量和成本等指标。

(2) 短期重点指标：依据企业战略在近期必须重点关注和实现的指标。

(3) 集体指标：需要各职能部门共同完成的指标（如总销售、总利润、总成本）。

(4) 流程性指标：为保证企业内的有序运行，对上、下游有制约和影响的岗位任务设置约束性指标（如确保完好率、及时率、支持率）。

(5) 防范性指标：主要指难以完全避免的差错率、事故数等（用惩罚性手段威慑）。

(二) 关键绩效指标的特点

(1) 关键绩效指标取决于公司的战略目标，是对公司战略目标的进一步细化和分解，并随公司战略目标的发展演变而调整。

(2) 关键绩效指标体现员工工作可控效果的衡量，剔除他人或环境造成的其他方面影响。

(3) 关键绩效指标是对重点经营活动的衡量，而不是对所有操作过程的反映，是对公司整体战略目标影响较大、对战略目标实现起到关键作用的工作进行衡量。

(4) 关键绩效指标建立与实施的过程也是目标管理的过程，关键绩效指标不是由上级强行确定下发的，也不是由本职位自行制定的，它由上级与员工共同参与完成，是双方所达成的一致意见的体现。

(三) 关键绩效指标设计的基本步骤

设计关键绩效指标是为了抓住主要问题，解决主要矛盾。编制关键绩效指标的基本步骤如下。

1. 明确战略目标

企业的战略目标由使命决定，是对企业根本属性与发展方向的描述，包括利用资源、环境变化、顾客服务等方面。例如，家乐福的使命是："家乐福所有努力的最大目标是顾客的满意。选择、提供最佳品质及最低价格的商品，来满足顾客多变的需求。"但有些企业并没有制定"使命声明"(Mission Statement)，这并不影响它们同样能建立具体的目标。

以零售业为例，主要的业绩目标包括两个方面：一是市场绩效目标，主要指标是销售额与市场份额，从竞争角度评估企业的市场地位与盈利能力；二是财务绩效目标，可分为盈利性目标与生产率目标，盈利性目标如净利润、销售利润率、净资产回报率等，生产率目标体现每单位的资源投入所获得的产出，如空间生产率（地效＝销售额÷面积）、劳动生产率（劳效＝销售额÷全职员工数量）、商品生产率（销售存货比率＝销售额÷平均存货），这些都是决定利润的关键因素，所以应该纳入关键绩效指标体系。

2. 确定各支持性业务流程及目标

企业的总体战略目标是依靠一系列业务流程来达成的，每一个业务流程在总目标指导下应该建立相应子目标。企业高层确立公司的总体战略目标;企业(中)高层将战略目标分解为主要的支持性子目标(可用鱼骨图方式)。

3. 确认各业务流程与各职能部门的联系

企业的每一项流程都会涉及其他相关部门,所以,企业的主要业务流程、支持性子目标、部门职能与相关各部门之间必须建立关联,从而在更微观的部门层面建立流程、职能与指标之间的关联,以保证企业总体战略目标和部门绩效指标之间的有序链接。

4. 部门级关键绩效指标的提取

从上述环节建立起来的流程重点、部门职责之间的联系中提取部门级的关键绩效指标。

5. 目标、流程、职能、职位目标的统一

根据部门关键绩效指标、业务流程以及确定的各职位职责,建立企业目标、流程、职能与职位职责统一的指标体系。

财务报表能够综合反映经营状况,经营的最终成果都表现在资产负债表及利润表上。但在经营过程中,还需要建立一系列更为具体的指标,以便及时反映经营状况,包括安全性指标、收益性指标、发展性指标和效率性指标。

二、安全性指标

经营的安全性主要是通过财务结构来反映的,评估的主要指标是:流动比率、速动比率、负债比率、自有资本率和固定比率。安全性指标的数据来自资产负债表,其计算项目如下。

1. 流动比率

流动比率又称运用资金比率,表示流动资产与流动负债之间的关系,可用来测试企业偿付短期债务的能力,流动比率越高,反映企业偿付短期债务的能力越强。其计算公式如下:

$$流动比率 = \frac{流动负债}{流动资产} \times 100\%$$

流动比率一般的参考标准在100%~200%之间。

2. 速动比率

速动比率是速动资产与流动负债之比,又称酸性测验。所谓速动资产,是指现金、有价证券、应收票据及应收账款等能快速变现的流动资产,不含变现速度慢的存货以及预付费用。速动比率是较流动比率更为严格的流动性测验,用以测验企业紧急偿债能力。速动比率一般要求在1∶1以上。其计算公式如下:

$$速动比率 = \frac{流动资产 - 存货 - 预付费用}{流动负债} \times 100\%$$

3. 负债比率

负债总额与净值的比率,就是负债比率,它代表偿付长期债务的能力。其计算公式如下:

$$负债比率 = \frac{负债总额}{净值} \times 100\%$$

负债比率如果大于1,债权人所承担的风险比资本要大,负债比率的一般参考标准是100%以下。

4. 自有资本率

净值占总资产的比率,即是自有资本率,亦称权益比率。自有资本率越高,表示负债越少。其计算公式如下:

$$自有资本率 = \frac{净值}{资产总值} \times 100\%$$

自有资本率的一般参考标准是50%,此比率越高,股东权益越多。

5. 固定比率

固定比率是指固定资产与股东权益的比率。其计算公式如下:

$$固定比率 = \frac{固定资产}{股东权益} \times 100\%$$

固定比率的一般参考标准是100%以下,如果超过100%,则表示部分固定资产的投资是靠负债来维持的。此比率若过高,则表示固定资产的贡献不足。

三、收益性指标

收益性指标反映经营的获利能力,评估的主要指标有:营业额达成率、毛利率、营业费用率、净利额达成率、净利率、总资产报酬率、净值报酬率和股本报酬率。收益性评估项目的计算数据大多来自利润表,只是净值报酬率、总资产报酬率、股本报酬率的计算要用到资产负债表里的净值、总资产以及股本。

1. 营业额达成率

营业额达成率是指实际营业额与目标营业额的比率。其计算公式如下:

$$营业额达成率 = \frac{实际营业额}{目标营业额} \times 100\%$$

连锁企业不仅要评估整体营业额达成率,还应该评估各部门的营业额达成率。

一般来说,营业额达成率要在100%~110%之间比较理想,如果高于110%或低于100%,都要检讨。

2. 毛利率

毛利率是指毛利额除以营业额所得的比率。其计算公式如下:

$$毛利率 = \frac{毛利额}{营业额} \times 100\%$$

在国外,超市的毛利率可以达到16%~18%,便利店的毛利率也可以达到30%。但在我国,目前由于超市与便利店还处于贴身竞争阶段,总部的商品管理水平也比较低,毛利率普遍较低。

3. 营业费用率

营业费用除以营业额所得的比率,即为营业费用率。其计算公式如下:

$$营业费用率 = \frac{营业费用}{营业额} \times 100\%$$

在租金与人事费用不断上升的背景下,很多企业的营业费用都超过了毛利,主营业务利润为负数。利润的主要来源是通道费用、年终返利和其他收入。所以,通过提高管理水平增收节支,是所有连锁企业面临的基本问题。

4. 净利额达成率

净利额达成率是指实际净利额除以目标净利额所得的比率。其计算公式如下:

$$净利额达成率 = \frac{税前实际净利额}{税前目标净利额} \times 100\%$$

净利额达成率须在100%以上。所有员工必须要有强烈的意识实现净利额目标。

5. 净利率

净利率是税后净利除以营业额所得的比率。其计算公式如下:

$$净利率 = \frac{税后净利额}{营业额} \times 100\%$$

6. 总资产报酬率

税后净利除以总资产所得的比率,即为总资产报酬率。其计算公式如下:

$$总资产报酬率 = \frac{税后净利}{总资产} \times 100\%$$

总资产报酬率,表示投入资产产生的报酬率,用来衡量经营者的经营绩效,用以测度总资产的获利能力,一般参考标准应在20%以上。

7. 净值报酬率

净值就是股东权益,净值报酬率等于税后净利除以净值。其计算公式如下:

$$净值报酬率 = \frac{税后净利}{净值} \times 100\%$$

净值报酬率,表示经营者的经营绩效及理财绩效。

8. 股本报酬率

税后净利除以股本所得的比率,即为股本报酬率。其计算公式如下:

$$股本报酬率 = \frac{税后净利}{股本} \times 100\%$$

股本报酬率,表示投入股本产生的报酬率,用以测度投入股本的获利能力。

四、发展性指标

发展性指标主要反映企业的成长速度,评估的主要指标有:营业额增长率、开店速度、营业利益增长率和店铺面积增长率。

1. 营业额增长率

营业额增长率主要与去年同期进行比较,其计算公式是:

$$营业额增长率 = \frac{今年(月)营业额}{去年同期营业额} \times 100\%$$

当季节性的影响不大时,营业额增长率也可与上月比。一般来说,营业额增长率要高于经济成长率。理想的参考标准是高于经济成长率的两倍以上。

2. 开店速度

开店是一个战略行为,而在快速发展时期,开店速度一般都非常快。开店速度取决于:发展战略与发展目标、开店的营运标准是否健全、有没有专业的队伍以及资金条件等。

3. 营业利益增长率

营业利益增长率是与去年同期比较的,计算公式如下:

$$营业利益增长率 = \left(\frac{今年(月)营业利益}{去年同期营业利益} - 1\right) \times 100\%$$

营业利益增长率至少要大于零,最好高于营业额增长率,因为它表示营业利益比去年同期好。影响营业利益增长的因素有:营业额的成长、商品获利力的提升、费用的控制、经营效率的改善以及其他净收入的增加。

4. 店铺面积增长率

新店铺的开拓或是既存店店铺面积的扩大,都会使店铺面积增加率大于零。但一般来说,其比率最好低于营业额增加率,这表示所增加营业额的比率高于店铺面积增加的比率,如此效益才会提高。

五、效率性指标

效率性指标主要反映企业的生产力水平,评估的主要指标有:来客数及客单价、损益平衡点或经营安全率、商品周转率、交叉比率、地效、人员绩效、劳动分配率、总资产周转率和固定资产周转率。这些指标的数据有不同的来源,如总资产周转率、固定资产周转率的计算数据来自资产负债表及利润表;商品周转率的计算数据来自商品管理系统;损益平衡点的计算数据来自利润表。

1. 来客数及客单价

营业额等于来客数乘以客单价,因此来客数以及客单价的多少会影响到营业额。

2. 损益平衡点

损益平衡点是用来确定需要完成多少营业额,损益才能达到平衡的指标。其计算公式如下:

$$损益平衡点 = \frac{固定成本}{1-变动成本率}$$

商场的营业费用大多是固定成本,商品进货成本是变动成本,非固定的营业费用,如广告费、包装费、杂费、消耗品等属变动成本。因此损益平衡点的计算公式如下:

$$损益平衡点 = \frac{固定费用}{1-(进货成本率+变动费用率)} = \frac{固定费用}{毛利率-变动费用率}$$

由公式可知,毛利率越高,营业费用越低,则损益平衡点越低。对于一家200平方米左右的超市,假设其毛利率是20%,年固定费用是200万元,变动费用率3.5%,则损益平衡点等于200万元除以0.2减去0.035等于1 212万元。也即该超市每年营业额达到1 212万元时,损益即可平衡,低于该营业额就亏本,高于该营业额则赚钱。

损益平衡点对实际营业额的比率,称为损益平衡点比率。其计算公式如下:

$$损益平衡点比率 = \frac{损益平衡点营业额}{实际营业额} \times 100\%$$

损益平衡点比率的安全尺度为:60%以下超安全;60%~80%为安全;80%~

90%要注意;90%～100%处于危险;100%以上就要破产。

依上述标准来看,损益平衡点比率在90%时,经营十分危险,在这个经营水平上如果销售额降低10%以上,就要亏损了。

经营环境变化莫测,景气循环周而复始,遇到竞争激烈或不景气时,业绩往往会下降,若降到损益平衡点以下将亏本,因此损益平衡点比率也称为不景气抵抗力。抵抗力越强越好,也就是比率越低越好。

此外,也可用经营安全率来代替损益平衡点比率。其计算公式如下:

$$经营安全率 = 1 - 损益平衡点比率$$

经营安全率的安全尺度为:40%以上为超安全;20%～40%为安全;10%～20%为要注意;10%～0为危险;负数(0以下)为破产。

3. 商品周转率

商品周转率等于销售额除以平均存货。其计算公式如下:

$$商品周转次数 = \frac{销售额}{平均存货} = \frac{销售额}{(期初存货 + 期末存货)/2}$$

如果以周转日数来表示,其公式是:

$$商品周转天数 = \frac{营业天数}{商品周转次数}$$

如果要计算当月的周转天数,计算公式如下:

$$月商品周转天数 = \frac{平均库存}{销售额} \times 30 \text{天}$$

在计算商品周转速度的时候有三个问题值得注意:第一,平均库存以月末加月初平均的办法使平均库存要比实际库存少。因为月末盘点以前会减少进货,而月初的库存实际上就是月末库存经过盘点以后的调整数,也是一个偏小的数值。现在已经有条件根据每天的库存计算商品周转速度。第二,有些商品采取售后结算的方式或专柜的方式就不计算库存,这也会影响实际的商品周转速度。第三,配送中心的库存周转不能与门店的库存周转简单相加,因为这两个数值的基数不同。

每一类商品周转率并不相同,一般来说,农产品的周转率最高,水产、畜产及日配次之,而日用百货的周转率相对较低。

4. 交叉比率

商品除了要有合理的毛利率之外,也需要有高的周转率,如果毛利率高而周转率低,则获利额有限。毛利率与周转率的乘积,称为交叉比率,毛利率反映商品的盈利水平,周转率反映商品的畅销程度。这是衡量总体盈利能力的一个综合性指标,它的经济意义是:每投入1元的流动资金,在一定时期内可以创造多少元毛利。其计算公式如下:

$$交叉比率 = 毛利率 \times 周转率$$

如果以1年为周期计算,毛利率达到20%,12天周转一次,全年30次,交叉比率就能够达到:

$$交叉比率 = 20\% \times 30 = 600\%$$

5. 地效

每一平方米店铺的销售额就是地效。其计算公式如下:

$$地效 = \frac{销售额}{店铺面积}$$

地效是用来评估店铺面积有效运用的指标。每一类商品所占的面积、销售金额、周转率不同,其地效也不相同。一般来说,烟酒、畜产、水产的周转率高,单价高、所占面积小,故其地效也高,但一般食品的地效则较低。

6. 人员绩效

人员绩效简称人效,是生产力指标,它以每人每天(或每月)的销售额来表示,一天则以8个工作小时计。其计算公式如下:

$$人员绩效 = \frac{销售额}{员工人数}$$

若聘用兼职人员,则兼职人员数要换算为一天工作8小时的人员数。

7. 劳动分配率

劳动分配率是指人事费用占毛利额的比率。此比率越低,表示生产能力越高,对利益贡献度越高。其计算公式如下:

$$劳动分配率 = \frac{人事费}{毛利额}$$

劳动分配率的一般参考标准是50%以下。

8. 总资产周转率

年营业额除以总资产所得的数值,就是总资产周转率。该数值用来测试总资产的收益程度,因此周转次数越高越好。其计算公式如下:

$$总资产周转率 = \frac{年营业额}{总资产}$$

不同产业与不同规模,在经营上周转率的确定并不相同,一般来说,总资产周转率的参考标准是 2 次以上。

9. 固定资产周转率

年营业额除以固定资产所得的数值,就是固定资产周转率。其计算公式如下:

$$固定资产周转率 = \frac{年营业额}{固定资产}$$

一般来说,固定资产周转率的参考标准是 4 次以上。

专栏 12-2

零售企业关键绩效指标

关键绩效指标在企业管理中,应用于各个环节,如财务方面的资金周转周期、持股价值,销售方面的客户满意度、退货率、销售周期等,许多方面都会有相关的绩效指标来衡量企业的运作状况。可以说关键绩效指标是创造价值的基础,策略实施的脊柱。但是由于没有单一一套指标能对每一家企业都适用,所以必须基于行业特性和企业状况来选择衡量标准。

对于零售企业而言,关键绩效指标主要表现在如下几个关键点上:采购绩效,又分为采购人员绩效和供应商绩效;物流配送绩效;卖场空间绩效;商品管理绩效;宣传营销绩效;服务绩效;财务绩效。在这些纲要下再细化订出各项指标,如订货取消率、毛利控制、交货时间差异、完成程度、供应商贡献度、信用评定、成本差异、耗损率、货架使用率、配送流动率、缺货重复率、价格结构、质量关键值、退货损耗、工时产能、人均产值、分类地效、存货周转、覆盖范围、费用分配、现金流动、利润结构……绩效指标应先确定总体性指标,在每一项绩效指标下再细化订出各部门、流程的绩效指标。

资料来源:联商网,作者:吕芳源。

第四节 经营数据分析

经营数据分析有三个基础:一是基础数据;二是基本报表;三是分析系统。来自店铺 POS 系统的交易明细数据是最基本的数据来源,这些数据每日汇总后构成销售日报表的基础数据,由此可以生成销售周报表、销售月报表、销售季报表和销售年报表。销售数据与进货、库存等数据结合以后,还能生成进销存报表、销售分析报表、库存周转报表、TOP300 报表等。

报表是进行经营数据分析的基本工具,一般可以分为常规报表与自定义报表两类。常规报表是按照既定的格式与要求而由相关部门定期编制的报表,如销售日报表、进销存报表、收银差错报表等;自定义报表是根据特定的需要而生成的报表,如按照供应商的品牌分类形成"各品牌销售占比表",按地区分类形成"各地区销售占比表"。

企业可以通过开发或引进以信息技术为支撑的"数据分析系统",各用户使用自己的用户账号登录系统,并对不同级别的用户设定权限,系统每天对前一天的销售数据进行接收并预处理,也可以建立实时系统,以便用户可以实时查询各类销售数据,并根据需要生成各类销售分析报表。

一、销售增长分析

销售增减变化受多方面因素的影响,销售分析不仅要看总量,更要看结构。影响销售的主要因素如下:

(1) 店铺状况。首先,店铺增加是销售增加的主要原因。例如,我国大型零售企业2009年的销售额20年来首次出现负增长,最主要的原因是投资减少导致新店开发减少,从而影响了销售增长。其次,店铺一般可以根据开业时间的长短分为可比门店、成长型门店与新门店三类。新门店是指当年新开门店;成长型门店又可分为开业时间不足1年的门店与开业时间较短的门店;可比门店是指开业时间较长的老门店。老门店销售增长缓慢甚至会出现负增长,后两类门店的销售增长较快。再次,店铺改造也会影响销售。停业改造店铺不仅会影响销售还会流失顾客,一般采取不停业改造店铺的方法,通过店铺改造,改善环境,引进新的经营项目,往往能提高销售。

(2) 物价水平。物价水平总是呈现上升趋势,某些商品因为价格上涨会导致销售额出现大幅度提高,从短期分析,主要有两个原因:一是价格变动的直接影响;二是受"买涨不买跌"心理的影响,越涨价销售越好。

(3) 社会事件。非典时期,消毒类产品销售大幅度上升,禽流感时期,烤鸡、生鲜类的半成品鸡鸭销售下降,但其他肉类产品销售上升。

(4) 商圈环境。城市规划、交通、办公楼、停车场、购物环境、竞争店、休闲娱乐设施、公寓住宅等商圈环境的变化,将会对销售产生不同程度的影响。

(5) 商品结构。商品结构或经营项目的调整往往会对销售产生显著的影响,例如,有些超市实施差异化经营策略,改造成为生鲜超市或生活馆,销售额大幅度上升。

(6) 促销活动。促销的目的是为了促进销售增长,但并不是每一次促销活动都能达到预期的目标,促销对销售的影响应该综合分析,如分析促销前、促销中、促销后三个阶段销售情况。

二、销售报表分析

1. 分类商品销售报表

分析各个分类(大、中、小类)的销售、品项及占比情况。每一个大分类可以分出若干中类,中分类可以分出小类。销售分析要注意从小类发现问题。

2. 销售日报表

通过销售日报表可以了解日常销售工作的动态、进度,及早发现销售活动中所出现的异常现象及问题,便于及时解决。其主要目的是通过对销售过程的追踪与监控,确保销售目标的实现。

销售日报表并不是单纯的销售记录,它的功能包括:搜集市场与竞争对手的信息;作为员工管理、自我管理的工具;对目标达成程度进行评估;作为销售效率分析的资料,也可以作为销售统计的资料;记录各项活动,作为督导员对门店活动评估、改进的依据。

销售日报表的内容包括"当日销售"、"当月累计销售及同比"、"当年累计销售及同比"、"约当月人效和地效"等指标。还可以对当日销售进行同比,但由于各年同日在一周中处于不同的日子,可比性不是很大,这就需要用周报表来对比。每周的销售变动有一定的规律。

3. 销售周报表

销售周报表不仅可以比较销售额的变化情况,还可以比较客流量、客单价等经营情况的变化。

4. 单品销售排行报表

销售分析不仅要有总体分析还要有结构分析,不仅要有分类分析,还要有单品分析。单品销售排行,可以针对一定时期某个分类的单品销售,按销售金额、销售数量计算20/80商品,20商品以红色序号标出,80商品以黑色序号标出,以便判断哪些是重点商品。在20商品中,可以建立一个用于常规分析的TOP300销售报表,该报表可以按销售区域划分,每周统计。如表12-5所示。

表12-5 TOP300销售额排名报表

序号	货号	品牌	名称	规格	部门	销售额	毛利率	数量
1								
2								
3								

(续表)

序号	货号	品牌	名称	规格	部门	销售额	毛利率	数量
…								
300								
TOP300 商品销售额合计								
全部商品销售额合计								
TOP300 商品占总销售额的比例								

5. 促销效果分析报表

促销商品的销售额占比既不是越低越好，也不是越高越好。占比太低，说明促销效果不佳；占比太高，往往是促销品范围太广，容易引起顾客对商场促销的"视觉疲劳"，反而效果不好。如表12-6所示。

表 12-6 促销商品的销售额和销售比例

部门	销售额	销售比例(%)	其中促销销售额	促销比例(%)	…
水 产	18 927.00	15.73	3 677.25	19.43	
肉 类	25 987.29	21.59	1 887.87	7.26	
蔬 果	18 573.89	15.43	8 788.13	47.31	
日 配	22 387.45	18.60	872.28	3.90	
熟 食	17 937.95	14.91	4 629.12	25.81	
面 点	16 534.80	13.74	1 877.38	11.35	
生鲜食品	120 348.38	15.03	21 732.03	18.06	
…					
销售总额	800 895.34	100.00	148 823.26	18.58	

6. 价格结构分析报表

货架上待销商品的价格结构是否与顾客的购买水平存在差异？比率太高或太低，都会影响门店的价格形象。比率太高说明商圈内的消费者不接受这些高价格、高档次的商品，需要适当引进价格实惠的中低档商品；比率太低则需要调整商品结构，适当提高商品档次，提升价格形象。如表12-7所示。

表 12-7 价格结构表

代　码	分类名称	已售平均单价	待售平均单价	比率(%)	说　明
	白酒	25.57	79.34	310.29	太高
	红酒	52.32	47.92	91.59	偏低
	啤酒	8.90	9.58	107.64	偏高
	果酒	37.18	17.19	46.23	太低
	…				

销售分析还可以按供应商、品牌、新产品等标志与店铺、区域、类别、时间等要素组合以后进行交叉分析。

三、商品结构分析

优化商品结构是改善经营业绩,提高顾客满意度的重要途径。

(一) 优化商品结构的重要性

优化店铺的商品结构的重要性,就像是在整理计算机的注册表,修改得正确,会提高系统的运行速度,不正确的删改,可能会导致系统瘫痪。商品结构的调整有以下几点好处:① 有利于节省陈列空间,提高门店的经营效率;② 有利于商品的汰旧换新;③ 有利于保证主力商品的销售份额;④ 有利于协调门店与供应商的关系;⑤ 有利于提高商品周转率,降低资金积压。

(二) 优化商品结构的途径

优化商品结构的调整,要考虑主辅商品的有效配合。有的公司片面追求单位产出,觉得80%的辅助商品占有面积过大,于是删去了很多,以为不会影响门店的整体销售,同时会提高单位面积的产出比和主力商品的销售份额。但商品陈列不丰满,品种单一,销售却下滑了很多。这是忽视了辅助商品的"绿叶作用"。所以,商品结构的调整,一定要注意商品之间的相互配合。优化商品结构可以从以下指标进行考核。

1. 销售排行榜

现在大部分门店的销售系统与库存系统是连接的,后台电脑系统都能够整理出门店每天、每周、每月的商品销售排行榜。从中就可以看出每一种商品的销售情况,调查其商品滞销的原因,如果无法改变其滞销情况,就应予以撤柜处理。在处理这种情况时应注意:

(1) 新上柜的商品,需要有一段培育期,销售不好也不要轻易撤柜。

(2) 日常生活必需品,虽然销售额很低,也不应该撤柜。因为此类商品能够拉动主力商品的销售,如针线、保险丝、蜡烛等。

2. 周转率

一般来说，周转越快，销售额越高，在同等条件下，盈利也就越多。所以，加快商品周转速度是提高商业经营业绩的基本途径。

3. 贡献率

贡献率是销售占比与毛利率的乘积，销售占比反映商品的重要性程度，毛利率反映商品的盈利能力。所以，贡献率是一个综合性评价指标。

4. 损耗排行榜

销售额高、周转快、贡献率高的商品不一定盈利水平高，因为还有商品损耗。所以，必须对商品损耗加以分析、管理与控制。

5. 更新率

不断更新商品，不仅能更好地满足消费者需求，也能改善工商合作关系，并提升销售业绩。商品更新率与新品贡献度因业态与品类不同而存在很大差异。

6. 商品陈列

运用上述指标对商品结构实施优化分析与调整后，需要落实到门店销售，其中最基本的就是要相应地调整商品陈列，优化商品结构必须优化商品陈列。

值得注意的问题是：零售额变化对利润的影响具有"倍增效应"，销售额与净利润之间存在1:9关系，即销售下降1%，则净利润将下降9%。这是十分可怕的现象，因为销售的变动很容易突破5%的界限。当销售呈现下降趋势时，有以下六点必须十分明确：

第一，商圈的环境是否发生了变化？如竞争店的加入、新业态的出现、人口与交通情况的变化等。关注商圈环境变化是店长必须持续坚持的工作。

第二，竞争店的营销策略是否发生了变化？应该特别注意竞争店的营销方法与策略，营销活动一般是可知的，关键是预先了解。营销应该做在竞争店的前面，这可以通过与供应商沟通获得支持。有两种简便的方法可以掌握竞争店的营销策略，一是要关注竞争店的店头商品（进门可视的端头商品与堆头商品），这些商品往往就是形象商品或动力商品；二是预先确定样本，持续跟踪其价格、促销等方面的情况，以分析其变化规律。

第三，销售结构是否发生了变化？销售结构的变化可能是由商品原因引起的，也可能是由营销原因引起的。还有可能是由经营判断失误（如备货不足）引起的。总之，竞争店的强项可能就是本店的弱项。销售结构的变化会导致毛利额发生显著的变化，而且会影响商店的商品形象，这是十分重要的问题。

第四，销售下降是普遍的还是特殊的？重大事件可能会普遍地影响销售，但如果行业中没有发生普遍的影响，那就是个别店铺的特殊问题。特殊问题又包括总部问题与门店问题，总部问题是大局，门店店长无法左右，门店问题是店长的问题和环境的问题。特殊问题所反映的是经营水平问题。有两种倾向是值得纠正的：一是一味责怪环境与总部；二是一味责怪店长经营不得力。

第五，销售下降是由客单价下降引起的还是由客流量减少引起的？如果是客单价下降，问题可能主要集中在商品、价格、店铺布局与店铺氛围等方面；如果是客流量减少，问题可能主要集中在营销、店铺的整体形象、便利性等方面；如果两者都下降，问题就更严重了。

第六，如何弥补销售的下降？有两种基本的办法可以选择：一是在以后的计划月份中逐月弥补销售额；二是集中力量在一定时期内把下降的销售额补上，如开展一次大型的促销活动。

四、库存分析

（一）缺货与积压并存

我国零售店铺普遍存在：畅销商品断货、库存品种和库存量膨胀、滞销商品长期积压、库存周转率低下、差错率高、库存账不准等问题。缺货可以说是门店最大的困惑。以某超市店铺某年9月份销售情况分析为例，常年陈列的商品有13 405个，而日销售在4件以上的商品品种只有3 600个，仅占品种总数的27%。大量资金被积压商品所占用。

为什么店铺的商品品种数越来越多，库存量越来越大，商品周转越来越慢，但门店缺货率反而越来越高？

（二）缺货与积压原因分析

盈利模式与采购体制是造成上述问题的基本原因。采购是一种代顾客购买商品的活动，因此，评价一个新产品的基本标准是商品的销售力。然而，当大型零售企业纷纷引入"进场费"与"通道费"等概念时，采购变成了一种十分简单的行为，进场费付得越高就越有可能被接受，否则，即使是好的产品也很难进入销售网络。在通道费的诱惑下，零售店铺的货架上可有可无的商品越来越多，排面越来越紧，商品越来越杂乱，品类无法优化，消费者无所适从。销售不好的商品也往往无法即时淘汰。通道费在公司总部所表现的是巨额的利润，而在门店则像一种瘟疫削弱着连锁店的生命力。

（三）缺货分析

缺货除体制上的原因外，最主要的是订货不恰当。所以，订货合适是防止缺货的基本途径。

（1）水、果汁、方便面、啤酒、鲜奶、卷筒纸、沐浴露等七类商品属于"高缺货率、缺货会带来高损失率的商品"。这是门店必须予以高度关注的商品，在其订货和补货过程中应当高度重视。

(2) 牙膏、洗发护发、卫生用品,属于"低缺货率、缺货会带来高损失率的商品"。因为负责此类商品的促销人员较多,补货工作相对较好。

(3) 碳酸饮料、洗衣粉、食用油属于"低缺货率、缺货带来低损失率的商品",这些商品有较强的商品替代性,消费者在购物的过程中可以通过调整采购计划来满足需求。

(四) 积压资金分析

通过分析门店积压资金的构成,能为减少门店的积压资金提供参考。

总积压资金商品＝有盘点无销售商品＋周转天数大于60天的商品

积压资金 A:有盘点无销售的商品。

积压资金 B:周转天数大于60天的商品。

A 的积压资金率＝积压资金 A 的金额(有盘点无销售的商品)/盘点金额
B 的积压资金率＝积压资金 B 的金额(周转天数大于60天的商品)/盘点金额
积压资金率＝A 的积压资金率＋B 的积压资金率

或 积压资金率＝积压资金商品金额/盘店商品金额

积压商品 A 的品种比例＝积压商品 A 的品种数(有盘点无销售的商品)/盘点商品品种数
积压商品 B 的品种比例＝积压商品 B 的品种数(周转天数大于60天的商品)/盘点商品品种数
积压商品品种比例＝积压商品 A 的品种数＋积压商品 B 的品种数

或 积压商品品种数/盘店商品品种数

表 12-8 资金积压分类表 (％)

大　　类	积压资金 A	积压资金 B	积压资金率
32 文体用品	31.94	60.14	92.08
33 家居用品	25.78	59.92	85.70
41 服装鞋帽	19.74	64.51	84.26
51 五金交电	54.82	28.52	83.34
31 洗化类	7.10	65.66	72.75
23 一般食品	14.33	53.96	68.29
22 糖果糕饼	9.12	57.25	66.37
62 特许品	17.09	46.03	63.12
11 冷冻食品大分类	4.72	47.45	52.18

大　　类	积压资金 A	积压资金 B	积压资金率
12 生鲜副食品大分类	11.10	37.09	48.19
21 粮油制品	2.32	34.35	36.67
总　　计	19.26	53.33	72.59

表 12-8 是一个资金积压的典型例子：积压资金率最高的大类是文体用品，积压资金占整个盘点金额的 92.08%；其次是家居用品，占 85.70%；服装鞋帽排第三，积压资金率为 84.26%；五金交电类排名第四，积压资金率为 83.34%；五金交电有盘点无销售的商品的比例却达到 54.82%。

各种数据分析的最终目的是为了改进工作流程，提高工作质量与服务质量，并改善经营业绩。以下三点应该特别注意：一是要避免两个极端，迷信经验的极端与迷信技术的极端，都不利于有效地开展工作；二是要把信息技术人员与经验丰富的业务人员结合起来，让信息技术渗透到业务领域，让业务经营固化到信息系统中；三是要开展经常性的互动沟通，在企业内部建立起用数据与事实为依据进行决策的机制，应该通过人力资源的调整来实现数字化管理。

本 章 小 结

1. 对目标或者指标的最后实现加以考评不能全面反映员工的真实能力，特别是员工的潜力，而这又是一个企业持续发展的基本动力。

2. 绩效管理体系应该包括考核行动过程、行动态度和行动结果为主要内容的绩效考评体系，并包括绩效计划、绩效实施中的管理以及考评后的反馈等环节。

3. 连锁经营发展到以营运为中心的阶段时，应该更注重依靠商品、管理与系统来提升经营业绩，信息技术是最基本的管理手段，信息的有效采集、整理、分析、应用与管理，才是信息技术的价值所在。

4. 加快周转是零售企业获利的关键，但商品进销存业绩的最终衡量标准是利润，衡量利润的标准包括毛利、贡献毛利、营业利润。

5. 数据分析的常用方法有：比较分析法、动态分析法、时间序列分析法、结构分析法、因素分析法等。

6. 连锁经营常用的数据分析指标分为四大类：安全性指标、收益性指标、发展性指标、效率性指标。

7. 经营数据分析不仅要关注来自店铺POS系统的交易明细数据,还要重视顾客的购物体验与反馈意见。要特别重视:销售增长分析、销售报表分析、商品结构分析与库存分析。

问题思考

1. 理解基本概念:绩效、绩效计划、绩效辅导、绩效考评、绩效管理、KPI理论。
2. 绩效管理有什么作用?为什么不少企业无法持续推行绩效管理?
3. 简单阐述绩效考评系统与绩效管理系统。
4. 在熟悉周转、毛利、利润等概念的基础上,掌握数据分析的基本方法。
5. 熟悉零售业安全性指标、收益性指标、发展性指标、效率性指标。

实践应用

连锁店的大量工作离不开数据。

在经营过程中,店长必须利用信息系统和实地观察,掌握一系列基本数据,有关数据的问题都可以作为店长分析门店经营活动的依据。随着店长经营管理水平的提高,店长心中的数据将会越来越多,所以,这是动态的可以扩充的参考指标。

讨论题:

1. 自己的毛利率和成本率与竞争对手有什么差异?
2. 销售下降对净利润的影响有多大?
3. 外地的连锁店卖什么?强势产品有哪些?
4. 什么商品放在配送中心?
5. 新开门店30天以后,有多少商品没有销售量?
6. 新店开张后的不动销商品多少时间处理?
7. 采购员是否知道各类商品的库存是多少?
8. 促销品的占比是多少?
9. 采购成本的下降幅度是多少?
10. 邮报商品缺货的比例是多少?什么时候缺货?
11. 一年中卖出多少件商品?件单价是多少?
12. 促销是否创造了价值?
13. 什么时候做促销?比人家早或晚或同步?
14. 什么时候退出"打仗"?有没有"恋战"现象?
15. 当地采购的比例是多少?

16. 假如叫店长讲一个小时,你准备讲一些什么?
17. 有多少供应商能够死心塌地跟你走?
18. 有多少供应商你可以叫他撤出竞争店?
19. 你公司股票上涨的主要原因是什么?
20. 销售计划没有完成应该怎样在以后的月份中弥补?
21. 你的平均库存是怎么计算的?
22. 商品损耗是多少?防损与防盗是一样的吗?
23. 有没有库存计划指标?
24. 判断问题有没有用数据来说明?
25. 各类商品中是否明确主导品牌、一般品牌、其他品牌?
26. 订货频率最高说明什么问题?
27. 60天没有进货的库存占总库存的比例是多少?
28. 销售商品是否按其功能进行分类?
29. 软百货占比是多少?毛利率是多少?
30. 销售人员与生产人员的比例各占多少?
31. 分析销售的时期主要是日、周、月、季、年?
32. 供应商业务员采用什么方式影响零售终端?
33. 今年哪些商品是亮点?
34. 本店最好的供应商与竞争对手最好的供应商有什么区别?
35. 出去的商品与出去的人有没有管理?
36. 评价供应商最重要的指标是什么?
37. 在与供应商谈判中,要折扣还是要现金?
38. 考核店长的最根本指标是什么?

主要参考文献

[1] 周勇.新编管理理念与实务[M].上海：立信会计出版社,1995.
[2] 周勇.连锁超市运作规范[M].上海：立信会计出版社,1997.
[3] 周勇.连锁超市经营[M].北京：中国商业出版社,1997.
[4] 周勇.连锁店经营管理基础[M].上海：立信会计出版社,2004.
[5] 周勇.连锁店经营管理实务[M].上海：立信会计出版社,2004.
[6] 周勇.连锁经营原理[M].2版.北京：高等教育出版社,2008.
[7] 周勇,张大成,池丽华.商业营运管理[M].上海：立信会计出版社,2010.
[8] 池丽华,朱文敏.市场营销学[M].上海：立信会计出版社,2011.
[9] 张晔清.连锁企业门店营运与管理[M].2版.上海：立信会计出版社,2006.
[10] 夏健民.运营管理[M].上海：立信会计出版社,2002.
[11] 国家经贸委培训司.运营管理[M].北京：中国经济出版社,2002.
[12] 叶守礼.企业运营管理[M].北京：高等教育出版社,2006.
[13] 肖庆国,武少源.会议运营管理[M].北京：中国商务出版社,2008.
[14] 史蒂文森.运营管理（原书第8版）[M].张群,译.北京：机械工业出版社,2005.
[15] 理查德·B·蔡斯,F·罗伯特·雅各布斯,尼古拉斯·J·阿奎拉诺.运营管理（原书第9版）[M].任建标,等,译.北京：机械工业出版社,2007.
[16] 罗伯特·约翰斯顿.运营管理案例[M].3版.北京：经济管理出版社,2005.
[17] 拜伦·J·芬驰.当代运营管理[M].杨东涛,等,译.南京：南京大学出版社,2009.
[18] 陈容秋,马士华.生产与运作管理[M].北京：高等教育出版社,2004.
[19] 季建华.营运管理[M].上海：上海交通大学出版社,2008.
[20] 小塞缪尔·J·曼特尔,杰克·R·梅瑞狄斯,斯科特·M·谢弗,等.项目管理实践[M].林树岚,邓士忠,译.北京：电子工业出版社,2002.
[21] 卢向南.项目计划与控制[M].北京：机械工业出版社,2004.
[22] 南兆旭,滕宝红.让数字管理[M].广州：南方日报出版社,2003.
[23] 宋祥彦.六西格玛管理质疑[M].青岛：青岛出版社,2005.

［24］ 迈克尔·布拉萨德,戴安娜·里特.记忆唤起指南Ⅱ[M].[出版地不详]: GORL/QPC,1994.
［25］ 陈良猷.管理工程学[M].北京:北京航空航天大学出版社,1995.
［26］ 施礼明.生产与作业管理[M].北京:中国财政经济出版社,2000.
［27］ 杨文士.质量管理学[M].湖北:武汉大学出版社,2000.
［28］ 李建中.工业企业质量管理[M].北京:北京航空航天大学出版社,1995.
［29］ 冯根尧.营运管理[M].北京:北京大学出版社,2007.
［30］ 刘伟,王文,赵刚.供应链管理教程[M].上海:格致出版社,2007.
［31］ 李全喜.生产运作管理[M].北京:北京大学出版社,2007.
［32］ 宋克勤.生产运作管理教程[M].上海:上海财经大学出版社,2007.
［33］ 唐纳德·J·鲍尔索克斯,戴维·J·克劳斯.物流管理——供应链过程一体化[M].林国龙,宋柏,沙梅,译.北京:机械工业出版社,1999.